●収録内容一覧

■2025年度中学受験用

光英VERITAS中学校

4年間スーパー過去問

入試問題と解説・解答の収録内容

2024年度　1回	算数・社会・理科・国語 （解答のみ）	実物解答用紙DL
2024年度 特待選抜	算数・社会・理科・国語	実物解答用紙DL
2023年度　1回	算数・社会・理科・国語 （解答のみ）	実物解答用紙DL
2023年度 特待選抜	算数・社会・理科・国語	実物解答用紙DL
2022年度　1回	算数・社会・理科・国語 （解答のみ）	実物解答用紙DL
2022年度 特待選抜	算数・社会・理科・国語	実物解答用紙DL
2021年度 理数特待選抜	理数 （解答のみ）	
2021年度　2回	算数・社会・理科・国語 （解答のみ）	
2021年度 特待選抜	算数・社会・理科・国語	

～本書ご利用上の注意～　以下の点について，あらかじめご了承ください。

★別冊解答用紙は巻末にございます。実物解答用紙は，弊社サイトの各校商品情報ページより，一部または全部をダウンロードできます。

★編集の都合上，学校実施のすべての試験を掲載していない場合がございます。

★当問題集のバックナンバーは，弊社には在庫がございません（ネット書店などに一部在庫あり）。

合格を勝ち取るための
『スーパー過去問』の使い方

本書に掲載されている過去問をご覧になって，「難しそう」と感じたかもしれません。でも，多くの受験生が同じように感じているはずです。なぜなら，中学入試で出題される問題は，小学校で習う内容よりも高度なものが多く，たくさんの知識や解き方のコツを身につけることも必要だからです。ですから，初めて本書に取り組むさいには，点数を気にしすぎないようにしましょう。本番でしっかり点数を取れることが大事なのです。

過去問で重要なのは「まちがえること」です。自分の弱点を知るために，過去問に取り組むのです。当然，まちがえた問題をそのままにしておいては意味がありません。

本書には，長年にわたって中学入試にたずさわっているスタッフによるていねいな解説がついています。まちがえた問題はしっかりと解説を読み，できるようになるまで何度も解き直しをしてください。理解できていないと感じた分野については，参考書や資料集などを活用し，改めて整理しておきましょう。

このページも参考にしてみましょう！

◆どの年度から解こうかな　「入試問題と解説・解答の収録内容一覧」

本書のはじめには収録内容が掲載されていますので，収録年度や収録されている入試回などを確認できます。

※著作権上の都合によって掲載できない問題が収録されている場合は，最新年度の問題の前に，ピンク色の紙を差しこんでご案内しています。

◆学校の情報を知ろう!!「学校紹介ページ」

このページのあとに，各学校の基本情報などを掲載しています。問題を解くのに疲れたら息ぬきに読んで，志望校合格への気持ちを新たにし，再び過去問に挑戦してみるのもよいでしょう。なお，最新の情報につきましては，学校のホームページなどでご確認ください。

◆入試に向けてどんな対策をしよう？「出題傾向＆対策」

「学校紹介ページ」に続いて，「出題傾向＆対策」ページがあります。過去にどのような分野の問題が出題され，どのように対策すればよいかをアドバイスしていますので，参考にしてください。

◇別冊「入試問題解答用紙編」

本書の巻末には，ぬき取って使える別冊の解答用紙が収録してあります。解答用紙が非公表の場合などを除き，（注）が記載されたページの指定倍率にしたがって拡大コピーをとれば，実際の入試問題とほぼ同じ解答欄の大きさで，何度でも過去問に取り組むことができます。このように，入試本番に近い条件で練習できるのも，本書の強みです。また，データが公表されている学校は別冊の１ページ目に過去の「入試結果表」を掲載しています。合格に必要な得点の目安として活用してください。

本書がみなさんの志望校合格の助けとなることを，心より願っています。

株式会社　声の教育社　編集部

光英VERITAS中学校

所在地	〒270-2223 千葉県松戸市秋山600
電　話	047-392-8111
ホームページ	https://www.veritas.ed.jp/
交通案内	北総線「秋山駅」「北国分駅」より徒歩10分,各線「松戸駅」/JR総武線「市川駅」/京成線「市川真間駅」よりバス

くわしい情報はホームページへ

トピックス

★2024年度入試より,「VERITAS探究入試」が新設されました。
★お問い合わせは，入試広報室直通(0800-800-8442)まで。

創立年 昭和58年　男女共学　高校募集あり

応募状況

年度	募集数		応募数	受験数	合格数	倍率
2024	第一	35名	80名	78名	40名	2.0倍
	①	35名	398名	374名	246名	1.5倍
	探究	若干名	27名	25名	8名	3.1倍
	理数	10名	72名	68名	21名	3.2倍
	特選	20名	159名	111名	31名	3.6倍
	②	25名	179名	128名	79名	1.6倍
	英語	5名	6名	5名	3名	1.7倍
	③	若干名	62名	34名	17名	2.0倍

※①で26名，②で12名，英語で１名の特待アップスライド合格を含む。

入試関連行事日程（※予定）

【夏のVERITAS祭】　要予約
７月15日　８：30～12：30
【オープンスクール】要予約
８月11日／８月31日
各日，９：30～11：30
【入試説明会】要予約
10月５日／11月２日／12月７日／１月５日
各日，９：30～11：30
【学校説明会】要予約　※４・５年生対象
12月14日　９：30～11：30
【光英祭（文化祭）】
９月21日・22日

2025年度入試情報

2024年12月１日午前
第一志望入試／国算または国算社理と面接
帰国生入試／国算または国算社理と面接
2025年１月20日午前
第１回入試／国算または国算社理
VERITAS英語入試／国算英
2025年１月20日午後
VERITAS理数特待選抜入試／算理の融合問題
2025年１月22日午前
第２回入試／国算または国算社理
2025年１月22日午後
VERITAS探究入試／ SDGsに関するテーマの探究活動
2025年１月24日午前
特待選抜入試／国算または国算社理
2025年２月４日午前
第３回入試／国算
※１月20日の第１回入試とVERITAS理数特待選抜入試，１月22日の第２回入試，１月24日の特待選抜入試は津田沼会場でも受験可能。
※特待選抜入試以外でも，成績優秀者は特待合格対象となる場合があります。

2024年春の主な大学合格実績

＜国公立大学＞
東京学芸大，東京都立大
＜私立大学＞
早稲田大，上智大，東京理科大，明治大，青山学院大，立教大，中央大，法政大，東京女子大

編集部注―本書の内容は2024年6月現在のものであり，変更されている場合があります。正確な情報は，学校のホームページ等で必ずご確認ください。

算数 出題傾向＆対策

◆基本データ（2024年度特待選抜）

試験時間／満点	50分／100点
問題構成	・大問数…６題 計算１題（３問）／応用小問１題（５問）／応用問題４題 ・小問数…18問
解答形式	答えだけを記入するものが大半だが，考え方を書くものもある。必要な単位などは，あらかじめ印刷されている。
実際の問題用紙	Ａ４サイズ，小冊子形式
実際の解答用紙	Ｂ４サイズ

◆出題傾向と内容

▶過去３年の出題率トップ３
１位：四則計算・逆算24％　２位：濃度，約数と倍数６％
▶今年の出題率トップ３
１位：四則計算・逆算26％　２位：角度・面積・長さ13％　３位：相当算９％

大問１は，四則計算で，小数と分数がまじったものや計算のくふうが必要なものがあります。

大問２は，１～２行程度の文章題を集めたもので，いずれも基本的な問題です。内容としては，数の性質，場合の数，割合と比，速さ，面積，濃度などから，はば広く出題されています。

大問３以降は，応用問題です。水の深さと体積，数列，グラフの読み取り，面積，体積，方陣算，場合の数などの分野から取り上げられています。図形問題と数量分野に重点がおかれています。根気よく調べる問題も出題されています。

◆対策～合格点を取るには？～

基本的な問題が中心なので，対策としては，基礎力に重点をおいて，要点をノートにまとめながら勉強を進めていくとよいでしょう。

算数の基礎になる計算問題は，毎日欠かさずに，５問でも10問でも練習することが大切です。また，計算のくふうについてもひと通り学んでおきましょう。数量分野では，割合や比，数の性質，規則性，場合の数などが特に重要です。図形分野では，求積・求角の基本的な考え方や解き方をはば広く身につけてください。そのほか，流水算，旅人算，周期算，和差算などを中心に，特殊算についても習得しておきましょう。

分野 ＼ 年度		2024		2023		2022	
		１回	特待	１回	特待	１回	特待
計算	四則計算・逆算	●	◎	●	●	●	○
	計算のくふう		○				◎
	単位の計算		○				
和と差	和差算・分配算			○		○	
	消去算						
	つるかめ算						○
	平均とのべ		○	○			
	過不足算・差集め算						
	集まり						
	年齢算						
割合と比	割合と比			◎	○		
	正比例と反比例						
	還元算・相当算	○	○			○	◎
	比の性質						
	倍数算						
	売買損益		○		○		
	濃度	○			○	○	○
	仕事算						
	ニュートン算						
速さ	速さ	○		○		○	
	旅人算						
	通過算				○		
	流水算						
	時計算						
	速さと比						
図形	角度・面積・長さ	○	◎		○		◎
	辺の比と面積の比・相似			○			
	体積・表面積		○		○		○
	水の深さと体積			○		○	
	展開図						
	構成・分割						
	図形・点の移動	○				◎	○
表とグラフ							
数の性質	約数と倍数	○		○		○	○
	N進数				○		
	約束記号・文字式						
	整数・小数・分数の性質	○					
規則性	植木算						
	周期算	○				○	
	数列						○
	方陣算						
	図形と規則				○		
場合の数				○	○		
調べ・推理・条件の整理							
その他							

※　○印はその分野の問題が１題，◎印は２題，●印は３題以上出題されたことをしめします。

社会 出題傾向＆対策

◆基本データ（2024年度特待選抜）

試験時間／満点	30分／60点
問題構成	・大問数…３題 ・小問数…24問
解答形式	記号選択と用語の記入が多いが，40字程度の記述問題も見られる。
実際の問題用紙	Ａ４サイズ，小冊子形式
実際の解答用紙	Ｂ４サイズ

分野	年度	2024 1回	2024 特待	2023 1回	2023 特待	2022 1回	2022 特待
日本の地理	地図の見方		○				
日本の地理	国土・自然・気候	○	○	○	○	○	○
日本の地理	資源						
日本の地理	農林水産業		○				○
日本の地理	工業		○				○
日本の地理	交通・通信・貿易			○			
日本の地理	人口・生活・文化		○				
日本の地理	各地方の特色			○			
日本の地理	地理総合	★		★	★		
世界の地理		○	○	○			
日本の歴史（時代）	原始～古代	○	○	○	○	○	○
日本の歴史（時代）	中世～近世	○	○	○	○	○	○
日本の歴史（時代）	近代～現代	○	○	○	○	○	○
日本の歴史（テーマ）	政治・法律史						
日本の歴史（テーマ）	産業・経済史						
日本の歴史（テーマ）	文化・宗教史						
日本の歴史（テーマ）	外交・戦争史						
日本の歴史（テーマ）	歴史総合	★	★	★	★		
世界の歴史						★	★
政治	憲法		○	○	○		
政治	国会・内閣・裁判所	○	○	○			○
政治	地方自治		○				
政治	経済						
政治	生活と福祉	○					
政治	国際関係・国際政治	○	○	○			○
政治	政治総合		★				
環境問題				★			
時事問題		○				○	○
世界遺産				○			○
複数分野総合		★	★		★	★	★

※　原始～古代…平安時代以前，中世～近世…鎌倉時代～江戸時代，近代～現代…明治時代以降
※　★印は大問の中心となる分野をしめします。

◆出題傾向と内容

●地理…説明文や統計資料などから内容を読み取り，都道府県・都市や地名を答える問題や，特定の地方・都道府県を取り上げて，気候や地形，工業，農林水産業などを問うものが出題されています。また，雨温図の読み取りや世界の地理についても取り上げられています。

●歴史…ある特定の時代を取り上げて重点的に出題するというよりは，古代から現代までのさまざまな時代にわたって，政治史や経済史，文化史，交通史，外交史などの分野からはば広く出されています。人物や文化財の写真資料，年表を用いた問題も見られます。

●政治…日本国憲法，選挙制度，国会・内閣・裁判所のしくみやはたらき，国際政治などが出題されています。また，日本国憲法では，天皇の地位や憲法で保障された権利を問うものも見られます。

さらに，複数分野総合的なものが見られたり，各分野と関係のある時事問題が出されたりするので，注意が必要です。

◆対策～合格点を取るには？～

まず，基礎を固めることを心がけてください。教科書のほかに，説明がていねいでやさしい参考書を選び，基本事項をしっかりと身につけましょう。

地理分野では，地図と統計（表・グラフなど）を参照し，白地図作業帳を利用して国土と自然のようすから産業へと学習を広げていきましょう。また，都道府県の地図上の位置やそれぞれの産業のようすを確かめておいてください。地形図の読み取り方も確認しておきましょう。

歴史分野では，教科書や参考書を読むだけでなく，自分で年表を作ると学習効果が上がります。できあがった年表は，各時代，各テーマのまとめに活用できます。本校では，古代から現代まで広い時代にわたり，さまざまな分野から出題されていますので，この方法は威力を発揮します。また，人物や文化財の写真資料などについても，その時代や何を表したものかなどを覚えておいてください。

政治分野では，日本国憲法の基本的な内容，国会・内閣・裁判所のしくみ，国際連合と日本とのかかわりやそのはたらきについてまとめておきましょう。

また，時事・環境問題も，新聞などのニュースに注意し，ノートにまとめておくとよいでしょう。

理科 出題傾向＆対策

◆基本データ（2024年度特待選抜）

試験時間／満点	30分／60点
問題構成	・大問数…４題 ・小問数…15問
解答形式	記号選択，用語・数値の記入が大半をしめる。記述問題も見られる。
実際の問題用紙	Ａ４サイズ，小冊子形式
実際の解答用紙	Ｂ４サイズ

◆出題傾向と内容

本校の理科は，実験，観察，観測をもとにした問題が多く，各分野から大問１題ずつ出題されています。また，大問のなかで時事問題とからめた小問が出されたこともあります。

●生命…ヒトの消化器官のしくみとはたらきやセキツイ動物の特ちょう，生物のつながりなどが出題されています。

●物質…気体の発生と性質，温度の変化と状態変化，ホウ酸と食塩の溶解度，水溶液と中和，いろいろな水溶液の性質などが出題されています。グラフの読み取りや計算を必要とする問題も見られます。

●エネルギー…密度と浮力，輪軸やてこのつり合い，ばねののび，熱，ふりこの性質，回路と豆電球の明るさなどが取り上げられています。力のつり合いでは，計算問題が出されているので注意が必要です。

●地球…日本の気象，水の循環，火山と岩石，地層のでき方，地球と星の距離，月の満ち欠けなどが出題されています。

分野＼年度		2024		2023		2022	
		１回	特待	１回	特待	１回	特待
生命	植物				★		
	動物			★		★	
	人体	★					
	生物と環境		★				★
	季節と生物						
	生命総合						
物質	物質のすがた		○		★		
	気体の性質					★	
	水溶液の性質				○		★
	ものの溶け方	★		★			
	金属の性質						
	ものの燃え方						
	物質総合						
エネルギー	てこ・滑車・輪軸				★	★	★
	ばねののび方						
	ふりこ・物体の運動	★					
	浮力と密度・圧力		★	★			
	光の進み方						
	ものの温まり方	○	★				
	音の伝わり方						
	電気回路						
	磁石・電磁石						
	エネルギー総合						
地球	地球・月・太陽系	★	★				
	星と星座				★		★
	風・雲と天候			★			
	気温・地温・湿度						
	流水のはたらき・地層と岩石	○				★	
	火山・地震						
	地球総合						
実験器具							
観察							
環境問題							
時事問題							
複数分野総合							

※　★印は大問の中心となる分野をしめします。

◆対策～合格点を取るには？～

各分野とも基本を重視した問題になっていますが，中には多少難易度の高いものも含まれています。基礎的な知識を確実に身につけていく学習をこころがけたうえで，過去の問題もふくめて，問題集を解きながらより応用的な力も身につけてください。

問題の多くは，実験・観察の結果をふまえた設問になっていますから，はじめに，教科書を中心に使って，実験・観察の例からどのようなことがわかるのかを，筋道を立てて考えていく練習をしてください。つぎに，実験・観察の目的や方法，過程と結果，結果を通じてどういうことがわかるかを，ノートにまとめていきましょう。

基本的な知識がある程度身についたら，標準的な問題集にあたりながら，知識をたくわえ活用する練習をしましょう。わからない問題があってもすぐに解説解答にたよらず，じっくりと自分で考えることが大切です。このような積み重ねが考える力をのばすコツになります。

教科書の学習以外に必要とされる知識も少なくありません。科学の進歩や時事問題，環境問題については，日ごろから新聞やテレビのニュースでチェックし，ノートにまとめておきましょう。

国語　出題傾向＆対策

◆基本データ（2024年度特待選抜）

試験時間／満点	50分／100点
問　題　構　成	・大問数…４題 文章読解題３題／知識問題１題 ・小問数…22問
解　答　形　式	記号選択，記述問題，本文中のことばの書きぬき，文章中の空らん補充など，バラエティーに富んでいる。ほかにも100字程度の文章要約が出題されている。
実際の問題用紙	Ａ４サイズ，小冊子形式
実際の解答用紙	Ａ３サイズ

◆出題傾向と内容

▶近年の出典情報（著者名）
説明文：倉林三郎　湯浅浩史　長沼　毅

●読解問題…大問１題の出題となっており，ここ数年は説明文・論説文が取り上げられています。文章量が多めで，小問は，文脈に即した内容理解をためすものが中心です。したがって，段落のつながりをおさえ，事実と筆者の考えを区別し，段落の要点や全体の要旨をつかむことが大切です。

●知識問題…大問が１題で，漢字の読みと書き取りが取り上げられています。

●表現…新聞記事の要約や，文脈に合わせた短文記述などが出されています。

◆対策～合格点を取るには？～

一定量の文章を読んで，設問に適切に答える読解力は，簡単に身につきません。そこで，まずは文章に慣れるために，読書をするとよいでしょう。そのさいの注意点として，指示語の内容や，文脈をとらえ，接続語のはたらきと段落のつながりをおさえて，要点や筆者の考えをつかむこと。さらに，意味のわからないことばが出てきたら，辞書を引いて確かめましょう。

漢字の書き取りは，毎日決まった量を練習し，ことばの知識やことばの決まり（文法）は，一冊の問題集をくり返し学習しましょう。

文章要約の対策としては，結論を短くまとめた文章などに多くふれて，要点をつかむ練習をしてください。

分野＼年度			2024		2023		2022	
			１回	特待	１回	特待	１回	特待
読	文章の種類	説明文・論説文	★	★	★	★	★	★
		小説・物語・伝記						
		随筆・紀行・日記						
		会話・戯曲						
		詩						
		短歌・俳句						
解	内容の分類	主題・要旨	○	○	○	○	○	○
		内容理解	○	○	○	○	○	○
		文脈・段落構成			○			○
		指示語・接続語			○			
		その他			○	○		○
知	漢字	漢字の読み	○	○	○	○	○	○
		漢字の書き取り	○	○	○	○	○	○
		部首・画数・筆順						
	語句	語句の意味						○
		かなづかい						
		熟語			○		○	○
		慣用句・ことわざ				○	○	○
	文法	文の組み立て						
		品詞・用法	○		○	○		
識		敬語						
	形式・技法							
	文学作品の知識		○		○			
	その他							
	知識総合		★	★	★	★	★	★
表現	作文							
	短文記述		○	○	○	○	○	○
	その他		★	★	★	★	★	★
放送問題								

※　★印は大問の中心となる分野をしめします。

カコを追いかけ
ミライをつかめ
「今の説明、もう一回」を何度でも
web過去問
ストリーミング配信による入試問題の解説動画
もっと古いカコモンないの?
カコ過去問
「さらにカコの」過去問をHPに掲載(DL)
声の教育社
詳しくはこちらから

2025年度 中学受験用

光英 VERITAS 中学校

4年間スーパー過去問

をご購入の皆様へ

お詫び

本書、光英 VERITAS 中学校の入試問題につきまして、誠に申し訳ございませんが、以下の問題は著作権上の都合により掲載することができません。設問と解説、解答は掲載してございますので、ご必要とされる方は原典をご参照くださいますよう、お願い申し上げます。

記

2024年度〈特待選抜入試〉国語 三 の問題文

以上

株式会社 声の教育社 編集部

2024年度 光英VERITAS中学校

【算　数】〈第１回入試〉（50分）〈満点：100点〉

（注意）●筆算やたてた式は，それぞれの問題の下側に書いて，消さずに残しておくこと。

1　次の計算をしなさい。

（1）　１０７－７×１４

（2）（1.2３－0.4５）÷0.6×7.8

（3）　$\frac{1}{3}\times\left(\frac{1}{5}+1\frac{3}{10}\right)\div\frac{1}{4}$

（4）$\left(0.75-\frac{2}{3}\right)\times\left(1.3+\frac{1}{2}\right)\div0.25$

2　次の□にあてはまる数を答えなさい。

（1）　全体で□ページの本があります。この本の$\frac{3}{5}$を読んだら，残りが７２ページになりました。

（2）　時計の針が１０時１０分を示すとき，長針と短針とで作る角のうち小さい方は□度です。

（3）　５％の食塩水が２４０gあります。これに水を□g加えると３％の食塩水になります。

（４）　たて１６２cm，横８４cmの長方形のかべを，できるだけ大きな正方形のタイルを並べてぴったりうめつくすとき，１辺□cmの正方形のタイルが□枚必要です。

（５）　０.３をかけても，０.３で割っても答えが整数になるような数のうち，もっとも小さな4けたの整数は□です。

3　池のまわりを１周する道を，光さんと英美さんがそれぞれ一定の速さで同じ向きに歩いています。光さんは英美さんより速く歩きます。途中，光さんは１回だけ休んで，その後再び歩き始めました。下のグラフは，歩き始めてからの時間と，二人の間の道のりの関係を表したものです。次の問いに答えなさい。

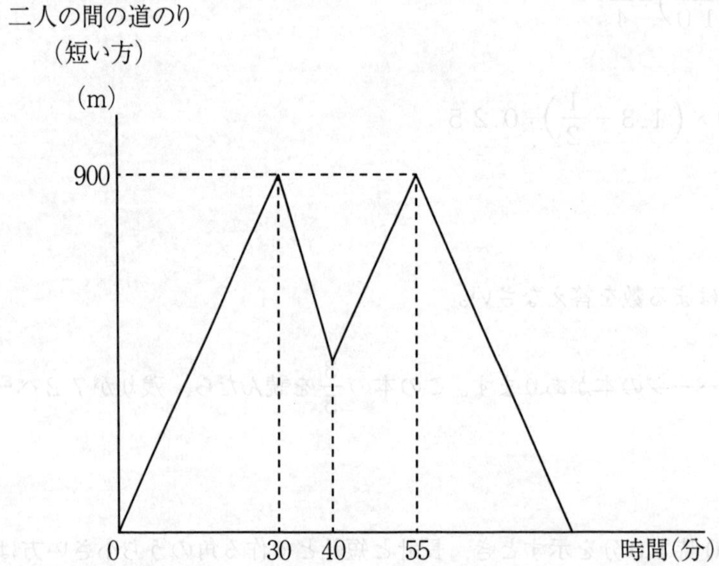

（１）　池のまわりの道は１周で何mですか。

（２）　光さんの歩く速さは分速何mですか。

4 英太さんは電話の通話料金を調べています。A社とB社の料金設定をチラシで調べたところ，次のようになっていました。あとの問いに答えなさい。

〈A社〉通話料金トクトクプラン

＊10時間まではずっと 5000円
＊10時間を超えた場合は
1分につき25円

〈B社〉基本料金最安値パック

○基本料金 3500円
○基本料金のみで10時間までかけ放題
10時間を超えた場合は
1分につき33円かかります

（１） B社よりA社の方が料金が安くなるのは，通話時間が何時間何分からですか。

（２） （１）のときのA社の料金は何円ですか。

（３） 英太さんはC社のチラシも見つけました。C社が３社の中で一番安くなるのは，通話時間が何時間何分からですか。

〈C社〉たくさん電話したい人におすすめコース

★８時間まではずっと 5000円
★８時間を超えた場合は１分につき 10円

5　（図ア）のように，円と直角三角形があります。円を（図イ）のように直角三角形のたての辺にぴったり重なるまで水平に転がします。次の問いに答えなさい。ただし，円周率は３.１４とします。

（図 ア）

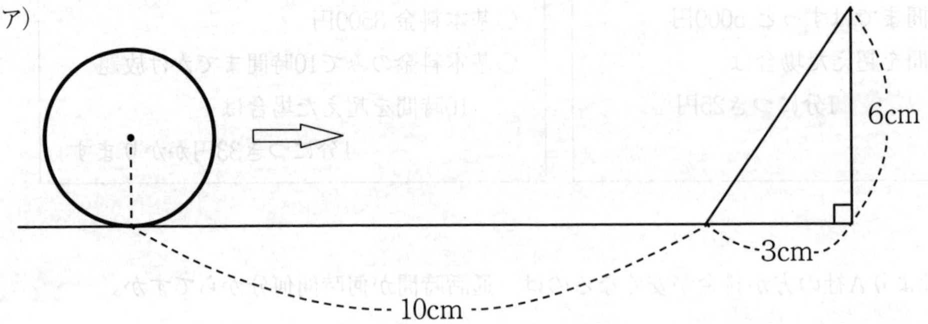

（図 イ）

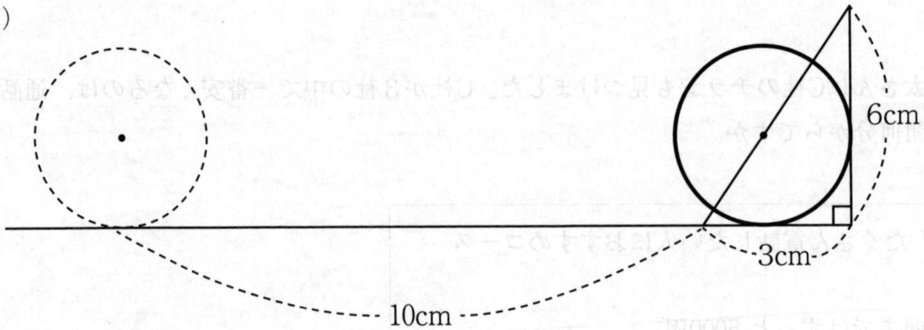

（１）　円の半径は何cmですか。

（２）　円が通った部分の面積は何cm^2ですか。

6 図のように，３辺の長さが７cm，１１ｃｍ，１０ｃｍの四角柱から，底面が正方形の四角柱を切り取ってできる立体を考えます。次の問いに答えなさい。

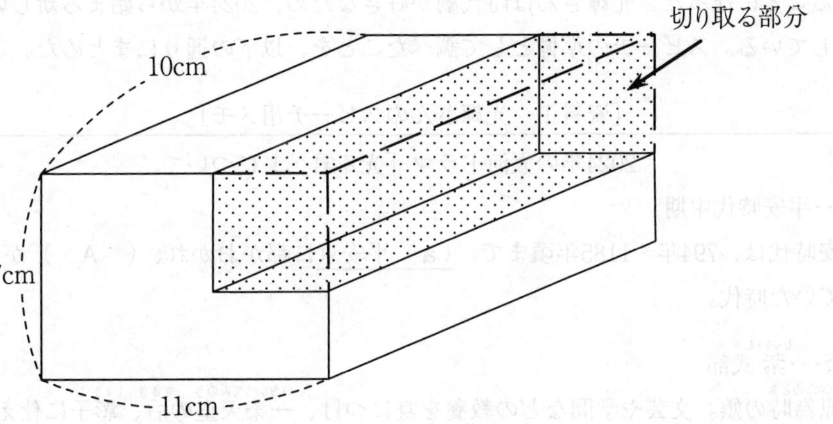

（１）　この立体の表面積が４６４ｃｍ^{2}になるとき，切り取る四角柱の底面の正方形の１辺の長さは何cmですか。

（２）　この立体の表面積が４９６ｃｍ^{2}のとき，体積は何ｃｍ^{3}ですか。

【社　会】〈第１回入試〉(30分)〈満点：60点〉

1　次の文章を読んで、あとの各問いに答えなさい。

光輝《こうき》さんのクラスでは１月の帰りのホームルームで「冬休み明けに楽しみなこと」について、スピーチをすることになった。光輝さんは時代劇《げき》が好きなため、2024年から始まる新しい大河ドラマを楽しみにしている。スピーチの準備として調べたことを、以下の通りにまとめた。

［資料１　光輝さんのスピーチ用メモ］

2024年の大河ドラマ「光る君へ」について

・時代･･･平安時代中期

平安時代は、794年～1185年頃まで。(ａ)平安京に都がおかれ、(　Ａ　)が政治権力を持っていた時代。

・主人公･･･紫式部《むらさきしきぶ》

藤原為時《ふじわらのためとき》の娘。文芸や学問などの教養を身につけ、一条天皇《いちじょうてんのう》の后《きさき》、彰子《しょうし》に仕えた。

・紫式部の代表作･･･『(　Ｂ　)』

(ｂ)かな文字で書かれた、54帖《じょう》からなる大長編小説。小説の主人公の恋愛模様、そして、その一族たちのさまざまな人生を70年余にわたって構成し、最盛期の宮廷《きゅうてい》貴族の生活や朝廷の様子が描かれている。

・注目したいポイント

①きらびやかな平安貴族の生活の様子

②宮廷貴族と地方貴族の生活のちがい

③日本を代表する古典文学の作者の人生

④『(　Ｂ　)』を書いた理由

⑤宮廷内の人間関係

(徳川美術館
国宝源氏物語絵巻)

問１　下線部（**a**）に関連して、この都がおかれた場所は現在のどこか。都道府県名を答えなさい。

問２　空らん（　**A**　）に入る語として、正しいものを**ア〜エ**のうちから一つ選び、記号で答えなさい。

ア　天皇や貴族　　**イ**　武士　　**ウ**　農民や商人　　**エ**　僧など宗教関係者

問３　空らん（　**B**　）に適語を入れなさい。

問４　下線部（**b**）に関連して、次の［資料２］は、古代日本における文字の伝来と使用の歴史を示したものである。これを参考に、あとの各問いに答えなさい。

［資料２　古代日本における文字の伝来と使用の歴史］

時期		動き
①	１世紀ごろ	・漢字が記載された物が中国から日本へもたらされた
②	５世紀ごろ	・日本各地で漢字が記載された物が作られた
③	６〜７世紀	・漢文で書かれた書物や経典《きょうてん》が中国から日本へ伝わった
④	８世紀（奈良時代）	・漢字で書かれた経典を書き写した ・和歌や詩文を漢字で書いた
⑤	９世紀〜(平安時代)	・漢字を簡略《かんりゃく》化《か》した、ひらがなやカタカナが作られた

（１）　①の時期の漢字が記載された出土品として正しいものを**ア〜エ**のうちから一つ選び、記号で答えなさい。

ア　金印《きんいん》

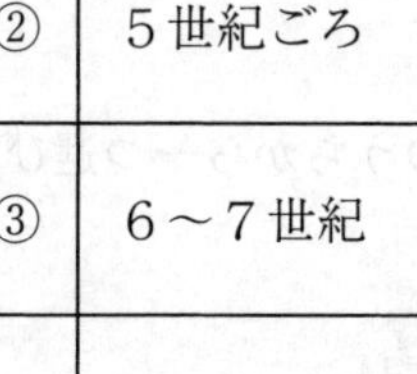

イ　銅鐸《どうたく》

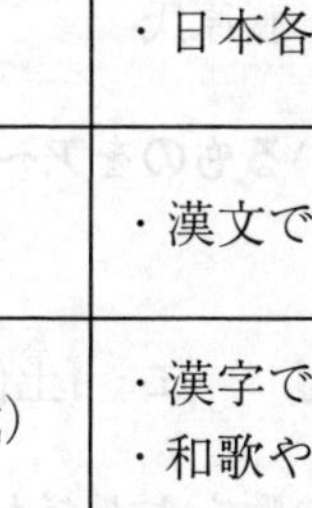

ウ　縄文《じょうもん》土《ど》器《き》

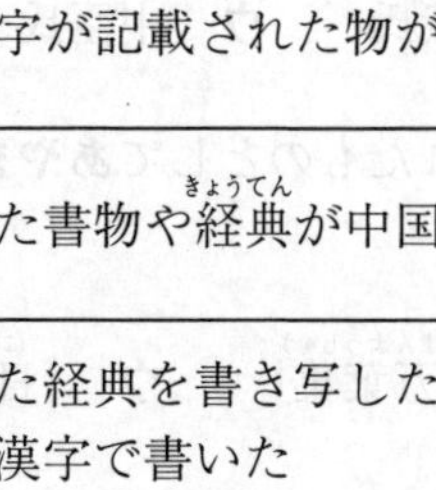

エ　打製石器《だせいせっき》

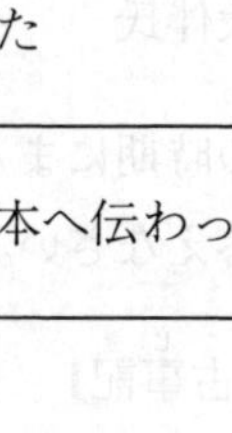

（２）　②の時期に関する出土品として、下の［資料３］の埼玉県稲荷山古墳《さいたまけんいなりやまこふん》から出土した鉄剣《てっけん》がある。この鉄剣には、漢字で「獲加多支鹵大王（ワカタケルおおきみ）」と書かれている。ワカタケル大王のいたヤマト王権が奈良にあったとされていることから、この鉄剣が埼玉県から出土したことはどのようなことを意味するか。「**大王**」という語を**必ず用いて**、簡潔に説明しなさい。

［資料３］

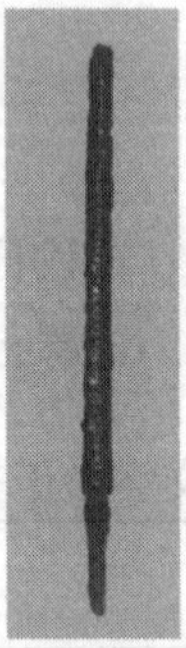

（『詳説日本史図録第10版』、山川出版社、2023年）

（３）　③の時期に活躍した人物として聖徳太子がいる。聖徳太子と協力して政治を行った豪族として正しいものを**ア～エ**のうちから一つ選び、記号で答えなさい。

ア　大伴氏《おおともし》　**イ**　蘇我氏《そがし》　**ウ**　中臣氏《なかとみし》　**エ**　藤原氏《ふじわらし》

（４）　④の時期にまとめられたものとして**あやまっているもの**を**ア～エ**のうちから一つ選び、記号で答えなさい。

ア　『古事記《こじき》』　**イ**　『万葉集《まんようしゅう》』　**ウ**　『日本書紀《にほんしょき》』　**エ**　『土佐日記《とさにっき》』

（５）　④の時期によまれた歌に、以下の歌がある。この歌をよんだ人物が課された、北九州の警備にあたる役割を何というか、答えなさい。

から衣　すそにとりつき　泣く子らを　置きてぞ来ぬや　母なしにして

（意味）

衣服の裾《すそ》にとりついて泣き叫ぶ子どもたちを置いて出てきてしまったなあ。あの子たちにはすでに母もいないというのに。

（解説）

母親が死んでしまい、子どもを育てていた父親が、北九州の警備の仕事のために家を空けることになってしまい、遠い九州の地から子どもたちを思っている歌。

（６）　漢字のほかにも、さまざまなものが中国から伝わった。④～⑤の時期に十数回にわたって、日本が中国に派遣した使節を何というか、答えなさい。

2 次の文章を読んで、あとの各問いに答えなさい。

2024年の夏に、（a）フランスでオリンピック・パラリンピックが開催されます。

フランスで夏季オリンピックが開催されるのは３回目のことで、前回の開催からちょうど100年の節目にあたります。新しい世代が思いやりにあふれ、環境に優しいオリンピック・パラリンピックの実現に向けて、革新的な取り組みがなされる予定です。（b）オリンピックの開会式は首都中心部を流れるセーヌ川で、7月26日午後８時から約３時間にわたって行われます。

また、（c）パラリンピックは、1948年に医師ルードウィッヒ・グッドマン博士の提唱によって、ロンドン郊外のストーク・マンデビル病院内で開かれたアーチェリーの競技会が起源です。（d）第二次世界大戦で主に脊髄《せきずい》を損傷《そんしょう》した兵士たちの、リハビリの一環として行われたこの大会は回を重ね、1952年に国際大会になりました。

問１　下線部（a）に関連して、以下の各問いに答えなさい。

（1）　フランスの首都を答えなさい。

（2）　フランスで一番信者が多い宗教として正しいものを**ア～エ**のうちから一つ選び、記号で答えなさい。

ア　仏教　　**イ**　イスラム教　　**ウ**　キリスト教　　**エ**　ヒンドゥー教

（3）　フランスでは、18世紀にフランス革命が起こった。その理由を［資料１］・［資料２］を参考に、答えなさい。また、この頃の不安定な状況が続く中で軍人として活躍し、のちに皇帝となって権力を握った人物の名前も答えなさい。

［資料１］

［資料２］

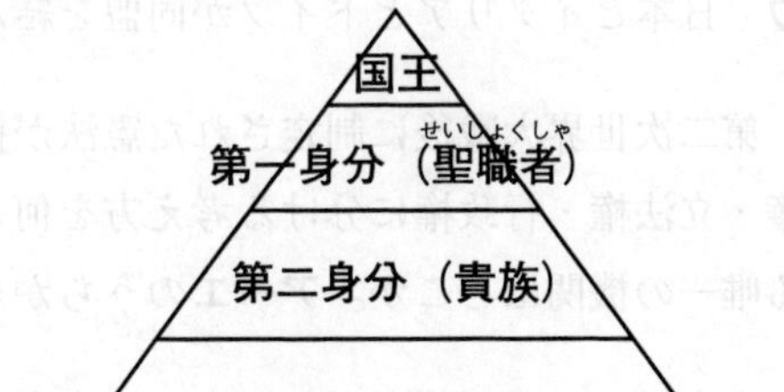

（『詳述歴史総合』実教出版　2023年）

問２　下線部（**b**）に関連して、現地時間の７月26日午後８時から開会式が始まるということは、日本時間では何時から始まることになるか。正しいものを**ア～エ**のうちから一つ選び、記号で答えなさい。なお、フランスの標準時子午線は東経15度であり、サマータイムは考えないものとする。

ア　７月26日午後１時　　**イ**　７月26日午後11時　　**ウ**　７月27日午前４時　　**エ**　７月27日午前７時

問３　下線部（**c**）のパラリンピックとは、障がいの程度に限らず、人が生まれながらにして持っている権利（人権）の象徴として、トップアスリートが出場できる世界最高峰《ほう》の国際競技大会である。以下の各問いに答えなさい。

（１）　人権について述べた**ア～エ**の説明のうち、**人権に関連しないもの**を一つ選び、記号で答えなさい。

ア　話し合いで決まらないときは多数派の意見を採用するという多数決の原理
イ　すべての人を平等に扱うという法の下の平等
ウ　一人一人をかけがえのない個人として扱うという個人の尊重
エ　子供など弱い立場の人も持つ権利

（２）　障がいのある人や高齢者が一般社会で暮らしやすいように、身体的、精神的、社会的な障《しょう》壁《へき》を取り除こうという考え方を何というか答えなさい。

問４　下線部（**d**）に関連して、以下の各問いに答えなさい。

（１）　第二次世界大戦に関連することがらについて述べた次の文章**ア～エ**を、**時代の古い順**に並べ替えなさい。

ア　日本がポツダム宣言を受け入れた。　　**イ**　世界恐慌が起こった。
ウ　日本とイタリアとドイツが同盟を結んだ。　　**エ**　日本軍がアメリカの真珠湾を攻撃した。

（２）　第二次世界大戦後に制定された憲法が採用している、政治の仕組みとして国の権力を司法権・立法権・行政権に分ける考え方を何というか答えなさい。また、このうち、立法権を司る唯一の機関はどこか。**ア～エ**のうちから一つ選び、記号で答えなさい。

ア　内閣　　**イ**　裁判所　　**ウ**　検察庁　　**エ**　国会

（３）　第二次世界大戦後、二度の大戦の反省から国際連合という国際組織が作られた。このうち、世界の平和と安全を維持するために設置された機関を何というか。**漢字７文字**で答えなさい。

3 中学１年生の英香《ひでか》さんは、探究の活動として「島国日本の特徴」について調べ、以下のように表にまとめた。次の表を見て、あとの各問いに答えなさい。

島国日本の特徴

①日本の領域

・北端･･･択捉島　・南端･･･（　A　）　・東端･･･南鳥島　・西端･･･与那国島

②島の数

日本の島数は１万4125島に上る。2023年に国土地理院が日本にある島を36年ぶりに数え直した結果、これまでに公表していた数の２倍以上に増えたと発表した。これまでは、日本の島の数は1987年に海上保安庁が公表した6852島という数字が広く使われてきたが、（a）測量技術の向上と地図表現の詳細化によるもので、日本の国土の面積に影響することはない。

［資料１　島の数が多い都道府県トップ５］

順位	都道府県	島の数
1	（b）長崎県	1479
2	北海道	1473
3	鹿児島県	1256
4	岩手県	861
5	沖縄県	691

（国土地理院「我が国の島の数一覧（全国及び都道府県別）」より作成）

③面積

日本の国土の面積は約38万㎢で世界で61番目の大きさであるが、領海《りょうかい》と排他的経済水域《はいたてきけいざいすいいき》を合わせた面積では世界で６番目の大きさをほこる。

［資料２　世界の海の広さランキング］

順位	国名	領海と排他的経済水域を合わせた面積	国土面積
1	（c）アメリカ	762万㎢	983万㎢
2	オーストラリア	701万㎢	769万㎢
3	インドネシア	541万㎢	191万㎢
4	ニュージーランド	483万㎢	27万㎢
5	カナダ	470万㎢	998万㎢
6	日本	465万㎢	38万㎢

（一般財団法人国土技術研究センター「領海の面積」より作成）

問１　表中の①に関連して、日本の南端の島である（　**A**　）では、右のように護岸工事が行われた。この島の名前を答えなさい。また、護岸工事が行われた理由を20字以内で答えなさい。

国土交通省関東地方整備局京浜河川事務所パンフレットより
(https://www.ktr.mlit.go.jp/ktr_content/content/000090712.pdf)

問２　表中の②に関連して、以下の各問いに答えなさい。

（1）　下線部（**a**）に関連して、日本最古の地図は、奈良時代に行基が作製したものとされている。これと同時期に作られたものとして正しいものを**ア〜エ**のうちから一つ選び、記号で答えなさい。

ア　鹿苑寺金閣《ろくおんじきんかく》　　**イ**　平等院鳳凰堂《びょうどういんほうおうどう》　　**ウ**　三角縁神獣鏡《さんかくぶちしんじゅうきょう》　　**エ**　東大寺《とうだいじ》の大仏

（2）　下線部（**a**）に関連して、江戸時代になると実測による正確な日本地図が作製されたが、地図を国外に持ち出すことは禁止されていた。江戸時代に、出島のオランダ商館で医師として働き、塾を開いて日本人に医学を教えていたが、地図を国外に持ち出そうとして国外追放となった人物がいた。その人物の名前と、その人物が開いた塾の組み合わせとして正しいものを**ア〜エ**のうちから一つ選び、記号で答えなさい。

ア　シーボルト－鳴滝塾《なるたきじゅく》　　**イ**　シーボルト－松下村塾《しょうかそんじゅく》

ウ　ラクスマン－鳴滝塾　　**エ**　ラクスマン－松下村塾

（3）［資料１］下線部（**b**）の長崎県の位置を**ア〜キ**のうちから一つ選び、記号で答えなさい。

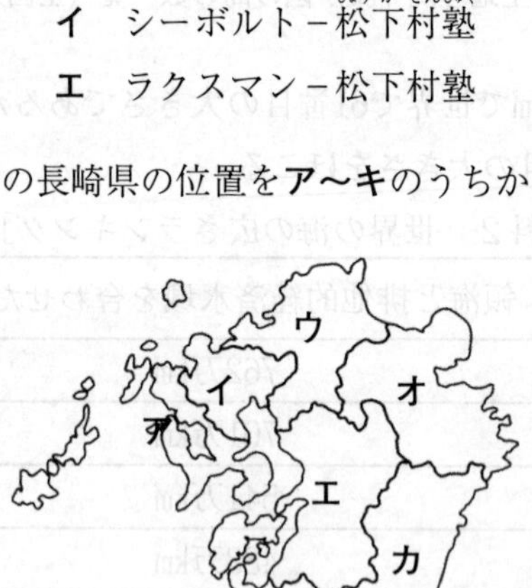

（４）［資料１］下線部（**b**）に関連して、長崎県に含まれる島として正しいものを**ア～エ**のうちから一つ選び、記号で答えなさい。

ア　種子島《たねがしま》　**イ**　屋久島《やくしま》　**ウ**　佐渡島《さどしま》　**エ**　対馬《つしま》

（５）［資料１］下線部（**b**）に関連して、長崎県の歴史として正しいものを**ア～エ**のうちから一つ選び、記号で答えなさい。

ア　チンギス=ハンが日本に軍を送り、戦場となった。

イ　1600年代には、中国やオランダとの貿易の拠点となった。

ウ　1945年８月６日にアメリカによって原子爆弾が投下された。

エ　公害による水俣病が問題視され、1967年に公害対策基本法が制定された。

問３　表中の③に関連して、以下の各問いに答えなさい。

（１）［資料２］下線部（**c**）に関連して、2023年11月現在のアメリカ大統領の名前として正しいものを**ア～エ**のうちから一つ選び、記号で答えなさい。

ア　ドナルド・ジョン・トランプ

イ　ジョセフ・ロビネット・バイデン・ジュニア

ウ　バラク・フセイン・オバマ２世

エ　ロバート・F・ケネディ・ジュニア

（２）［資料２］に関連して、日本の「領海と排他的経済水域を合わせた面積」は「国土」のおよそ何倍の広さにあたるか、答えなさい。

（３）［資料２］に記載されている国のうち、**島国でない国をすべて**答えなさい。

【理　科】〈第１回入試〉(30分)〈満点：60点〉

1 ヒトの血液型を決める要素は「**A**」、「**B**」、「**O**」の３種類の情報によって決定します。この「**A**」、「**B**」、「**O**」の２つを組み合わせることで血液型は決まります。また、血液型には次のようなルールがあります。ルール１とルール２をもとに後の問いに答えなさい。

ルール１

２つの組み合わせが「**AA**」、「**AO**」のどちらかの場合は**A**型。「**BB**」、「**BO**」の場合は**B**型、「**AB**」の場合は**AB**型、「**OO**」の場合は**O**型になります。ただし、順番は考えず「**AB**」と「**BA**」は同じものと考え、どちらも**AB型**になります。

ルール２

２つの情報は親から１つずつもらいます。例えば、母親が「**AO**」の情報を持っている**A**型の場合、子どもは「**A**」か「**O**」の情報をどちらかひとつだけ受け継ぎます。父親が「**BB**」の情報を持っている**B**型の場合、子どもは「**B**」の情報だけを受け継ぎます。その結果、子どもの血液型は「**AB**」を持つ**AB**型か「**BO**」を持つ**B型**になります。

(1)　「**AA**」の情報を持つ**A**型の母親と、「**OO**」の情報を持つ**O**型の父親の子どもは何型になるか、次の**ア～エ**の記号の中から１つ選び答えなさい。

ア　A型　　イ　B型　　ウ　AB型　　エ　O型

(2)　「**AO**」の情報を持つ**A**型の母親と、「**BO**」の情報を持つ**B**型の父親の子どもは何型になるか、次の**ア～エ**の記号の中からすべて選び答えなさい。

ア　A型　　イ　B型　　ウ　AB型　　エ　O型

右図は、ある家の家系図であり、□は男性、○は女性を表している。1と5が**A**型、3が**O**型、6が**B**型であるとき、以下の問いに答えなさい。

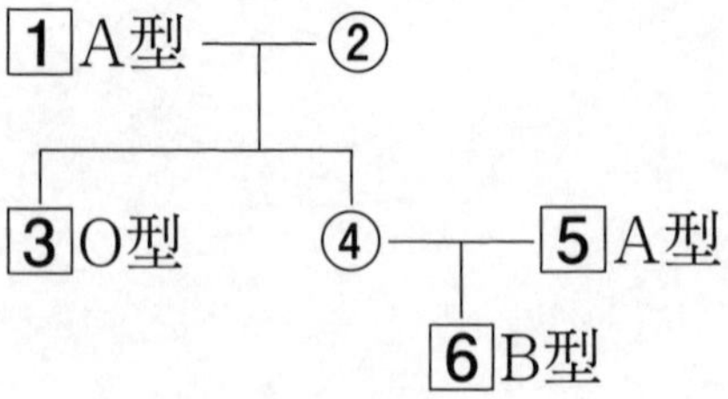

(3)　②の血液型を答えなさい。

(4)　④の血液型について、可能性がある血液型をすべて答えなさい。

(5)　血液型が違う人の血液が混ざると血が固まってしまう場合があります。そのことを考えなければいけない場面を具体的に１つ答えなさい。

2 次の文章を読んで、後の問いに答えなさい。

鉄道の車輪は、図1のように傾斜のある車輪になっています。この傾斜は「遊び」といわれる部分であり、それにはいくつかの理由があります。

図1

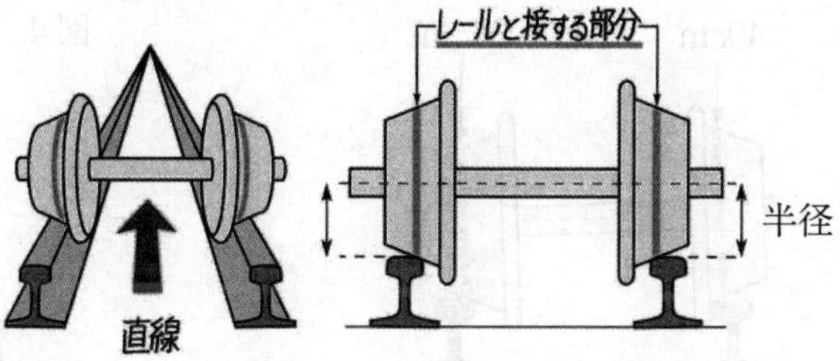

(1) レールと接する部分が、図1よりも車輪の内側に入り込むと、次のどの現象が起こるでしょうか。**ア～エ**から1つ選び記号で答えなさい。

ア 車輪の回転数が同じなら、列車の速度は少し速くなり、列車の車体の高さは少し高くなる。
イ 車輪の回転数が同じなら、列車の速度は少し遅くなり、列車の車体の高さは少し高くなる。
ウ 車輪の回転数が同じなら、列車の速度は少し速くなり、列車の車体の高さは少し低くなる。
エ 車輪の回転数が同じなら、列車の速度は少し遅くなり、列車の車体の高さは少し低くなる。

(2) レールと接する部分が、図1よりも車輪の外側にずれると、次のどの現象が起こるでしょうか。**ア～エ**から1つ選び記号で答えなさい。

ア 車輪の回転数が同じなら、列車の速度は少し速くなり、列車の車体の高さは少し高くなる。
イ 車輪の回転数が同じなら、列車の速度は少し遅くなり、列車の車体の高さは少し高くなる。
ウ 車輪の回転数が同じなら、列車の速度は少し速くなり、列車の車体の高さは少し低くなる。
エ 車輪の回転数が同じなら、列車の速度は少し遅くなり、列車の車体の高さは少し低くなる。

(3) いま、図2のように左右の車輪のレールと接する部分の半径が異なるとき、列車はどのように動くか簡単に答えなさい。ただし、列車は脱線しないものとする。

図2

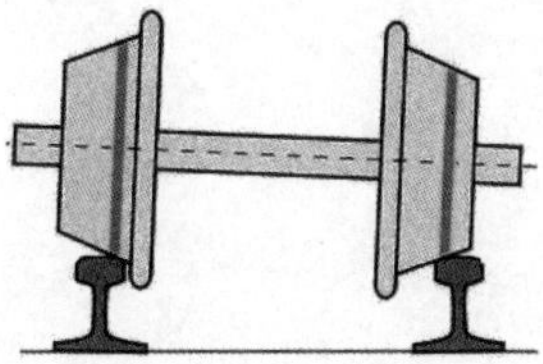

(4)　ある列車がカーブを曲がるとき、図３のように車輪の長い側の半径は４０ｃｍのところを通り、短い側の半径は３５ｃｍのところを通りました。レールの外側の長い側が５６ｍだったとき、短い側は何ｍになるか答えなさい。

図３

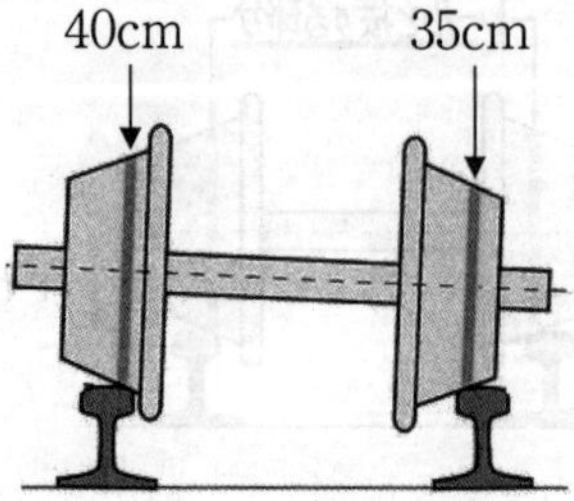

図４

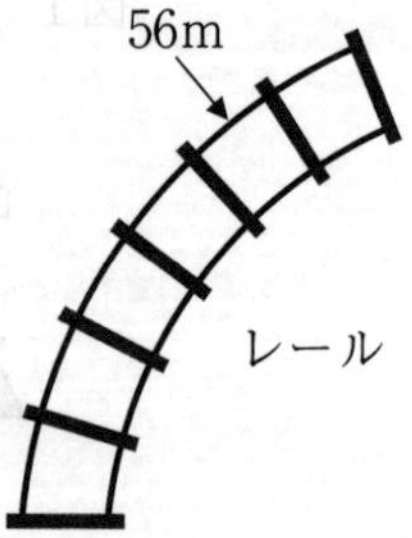

(5)　電車に乗っていると「ガタンゴトン」と音が鳴ることがあります。これは車輪が通るレールとレールの隙間によって生まれているものです。ではなぜ、レールに隙間があるのか「夏と冬では～」という形で始め、簡潔に答えなさい。

3 次の実験の手順を読んで、後の問いに答えなさい。

① ビーカーに水を２００ｇはかりとる。

② ①のビーカーにホウ酸をできるだけとかした。すると１０ｇとけた。

③ ②で作ったホウ酸水溶液を２つのビーカーに同じ重さになるように分け、a、bとした。

④ bのほうに水を加えてよくかきまぜ、bの２倍の重さにしたものをcとする。

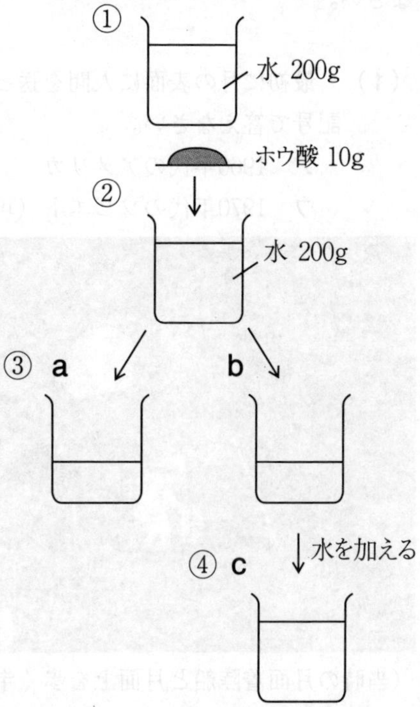

（1） aとcのホウ酸水溶液はどちらのほうがこいか答えなさい。

（2） aとcには、それぞれホウ酸が何ｇずつ入っているか答えなさい。

（3） bからcの状態にするには、水を何ｇ加えるか答えなさい。

（4） aのホウ酸水溶液１０ｇに含まれているホウ酸と同じ量のホウ酸を、cのホウ酸水溶液からえるには、cのホウ酸水溶液は何ｇ必要か答えなさい。

（5） cのホウ酸水溶液には、あと何ｇホウ酸がとけるか答えなさい。

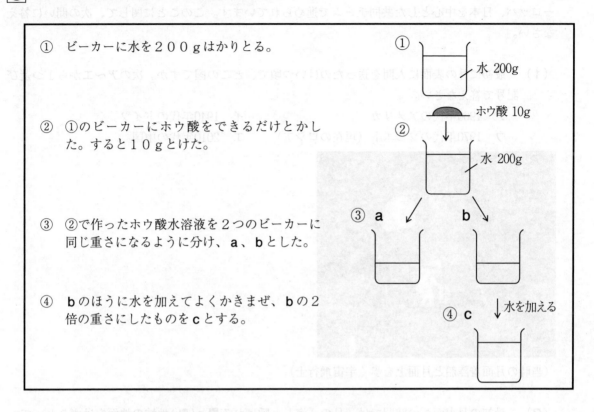

4 月の表面に、ふたたび人間を送り、調査をしたり資源を開発しようとする試みが、アメリカやヨーロッパ、日本を中心とした共同チームで進められています。このことに関して、次の問いに答えなさい。

(1) 最初に月の表面に人間を送ったのはいつ頃で、どこの国ですか。次の**ア〜エ**から１つ選び記号で答えなさい。

ア 1960年代のアメリカ　　**イ** 1940年代のドイツ
ウ 1970年代のソビエト（現在のロシア）　　**エ** 2010年代の中国

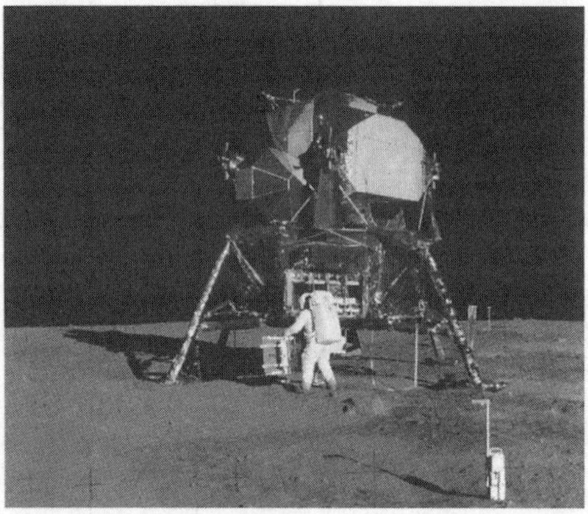

（当時の月面着陸船と月面上を歩く宇宙飛行士）

(2) 最初の月表面への訪問では、月の「海」と呼ばれる**黒っぽい**地域の地面をけずりとって、地球に持ち帰りました。この地面は地球でも見られる有名な岩石でできていました。次の**ア〜エ**から１つ選び記号で答えなさい。

ア かんらん岩　**イ** 砂岩　**ウ** 玄武《げんぶ》岩　**エ** かこう岩

(3) 月は約２７日で地球のまわりを一周（公転）しています。また、日本の昔話ではウサギの餅つきが月面に描かれているように、月はいつも同じ面を地球に向けています。では月の自転はどうでしょうか。次の**ア〜エ**から、最も適当なものを１つ選び記号で答えなさい。

ア 月は自転していない。
イ 月は自転しているが、地球で月が見えないときだけ自転している。
ウ 月は自転しているが、その周期はゆっくりで２７日近くである。
エ 月は自転しており、７日ごとに１回９０度、急回転して自転している。

(4) 将来、月の表面に恒久的な基地や生活施設を建て、人間が生活できるようにするという目標もあります。宇宙（月表面）で人間が生活するうえでの気をつけなければいけない点は何でしょうか。簡潔に３つ答えなさい。

問十三　本文の内容に合うものを次から選び記号で答えなさい。

ア　内容が難しくて、なかなか思考が深まらないような本を読む場合、途中の段階でも、人の感想などを参考にすることが大事である。

イ　ただ本を読むだけでは思考の訓練にならないので、思考力をきたえるためには、読んだ本の内容について必ず友達と対話しなければならない。

ウ　本を読んだ際に、その本について人と対話することで、相手からの質問や違った理解の仕方にふれることを通して、より思考が深まっていく。

エ　あいまいな古い記憶であっても、同じ本を読んだことのある友達とその内容について話すことで、記憶が鮮明《せんめい》によみがえってくることがある。

問十四　あなたはどのような本を読んで、どのように考えを深めたことがありますか。その本の書名を明らかにして書きなさい。

四　次の文章を一〇〇字以内で要約しなさい。（句読点をふくむ）

まぶしい季節がやってきた。水田の緑が緩《ゆる》やかにそよぐ。悠々《ゆうゆう》とたたえる清らかな水が秋の実りまで稲《いね》の成長を守る。田園に抱かれた県民の心も癒《い》やす▼コメを育むだけではない。田んぼのさまざまな役割をどれほど、ご存じだろうか。地下水の量を一定に保ち、地盤沈下《じばんちんか》や地滑《じすべ》りを防ぐ。水蒸気を発散して気温の上《じょう》昇《しょう》を抑《おさ》える。メダカやカエルが遊び、渡《わた》り鳥が羽を休める地にもなる。多様な側面が日本人の暮らしや生業「なりわい」を支えてきた。普段《ふだん》、その恩恵《おんけい》に思いを寄せる機会は少ないが…▼動物の研究者がクジラに驚嘆《きょうたん》する。「まるで海の森林のよう」だと。100トンを超《こ》えて成長し、100年以上生きる種類もいる。体内にため込《こ》む炭素の量は相当という。そのふんで育った無数のプランクトンも大気から炭素を吸収し、やがて他の動物に摂取《せっしゅ》されて生物の多様性を生み出す。環境《かんきょう》保全を求める声が日ごと高まる時代にあって、地球を守る「巨大《きょだい》な守護神」とは言い過ぎか▼自然や生物は言葉を発しない。目を凝《こ》らし、しっかり耳を傾《かたむ》けないと、ありがたみには気付けない。対策をないがしろにすれば、田畑は荒《あ》れる。海水温はさらに上がる。人は安息の揺《ゆ》りかごを失う。

（福島民報「あぶくま抄」二〇二三年六月六日）

問九　――線⑥「読みながらメモする」とありますが、筆者の言う「読みながらメモする」こととして、ふさわしくないものを次から選び記号で答えなさい。

ア　余白をイラストやマーカーで装飾《そうしょく》する。
イ　感情が動いた目印として顔文字を描《えが》く。
ウ　自分が抱《いだ》いた感想をそのまま余白に記す。
エ　実体験と通ずるとき、そのキーワードを記す。

問十　――線⑦「そこで『対話』が必要になる」とあります。これについて後の問いにそれぞれ答えなさい。

(1)　「対話」が必要になるのはどのようなときですか。わかりやすく説明しなさい。

(2)　筆者の言う「対話」とはどういうものですか。本文中の言葉を用いて説明しなさい。

問十一　――線⑧「ネット上の文章は玉石混交《ぎょくせきこんこう》といいます」とありますが、どういうことですか。わかりやすく説明しなさい。

問十二　――線⑨「人におすすめする短い文章を考える」上で大切なことについて生徒が話し合っています。生徒の発言の中から、本文に合わないものを一つ選び記号で答えなさい。

ア　生徒Ａ　読後にキャッチコピーのようなものを作ると思うと、もっと深く理解したいと思えてくるよね。
イ　生徒Ｂ　「面白いのでぜひ読んでみてください」と言っただけでは魅力は伝えきれないものね。
ウ　生徒Ｃ　おすすめする読者層を想定して、おすすめする理由を短くまとめようと思うと難しいな。
エ　生徒Ｄ　その本でしか得られないものを一つだけ探せばいいんだよね。
オ　生徒Ｅ　とりあえず書き始めるのが大切だよ。何か書いたらそれが刺激になることもあるからね。

(2) 筆者が「思考力を使わずにただ読んだだけ」と同じ意味で使っている表現を本文中から九字と十五字でぬき出して答えなさい。

問七 ——線④「思考力があるかどうかは、読書感想文でわかってしまいます」とあります。本文にならって読書感想文を評価する場合、評価A～Dの「…」部にはア～エのどれが入りますか。組み合わせとして最もふさわしいものを1～4のうちから選びなさい。

評価シート

評価	点数	規準
A	10	Bを満たし、かつ…
B	8	Dを満たし、かつ…
C	6	Dを満たし、かつ…
D	4	提出しており、　…
E	0	提出していない。

ア　自分の身に引きつけて書いている。
イ　表面的な反省をのべている。
ウ　あらすじを書いている。
エ　作者の意図をくみ取り書いている。

1　Aア　Bイ　Cエ　Dウ
2　Aア　Bエ　Cイ　Dウ
3　Aエ　Bイ　Cア　Dウ
4　Aエ　Bウ　Cア　Dイ

問八 ——線⑤「夏目漱石《そうせき》」の作品を次からすべて選び記号で答えなさい。

ア『人間失格』　イ『吾輩《わがはい》は猫《ねこ》である』　ウ『注文の多い料理店』　エ『羅生門《らしょうもん》』　オ『伊豆《いず》の踊子《おどりこ》』
カ『蜘蛛《くも》の糸』　キ『走れメロス』　ク『銀河鉄道の夜』　ケ『雪国』　コ『坊《ぼっ》ちゃん』

問四　――線②「感情が動いている」とありますが、その具体例としてふさわしくないものを次から選び記号で答えなさい。

ア　発酵学者の著作を読んで、発酵のすごさに感銘《かんめい》を受け、叫びたくなる。
イ　『ファーブル昆虫記』を読んで、昆虫のすごさに驚いたり感動したりする。
ウ　「発酵」をテーマにした本を読み、発酵のもととなる微生物を大切に思う。
エ　毎月必ず「～月間」と定めて、特定の著者の本を10冊以上読むことに決める。
オ　読むうちに、著者の心と一緒になって、「すごい！」と感動しながら読み進める。

問五　[B]に入る文を次から選び記号で答えなさい。

ア　心が動き出せば、思考も一緒に深まっていきます。
イ　本を目と頭ではなく、心で読むことが大事です。
ウ　何をするにしても、感情を動かすことが重要です。
エ　著者の感動が伝わってはじめて読書と言えるのです。

問六　――線③「思考力を使わずにただ本を読んだだけ」について、あとの二つの問いに答えなさい。

(1)　「思考力を使わずにただ読んだだけ」の「だけ」と同じ働きのものを次から選び記号で答えなさい。

ア　苦労しただけのことはある。
イ　そのことは私だけが知っている。
ウ　横綱《よこづな》だけあって圧倒《あっとう》的な強さだ。
エ　期待していただけに失望も大きい。

私は本の帯文《おびぶん》を頼《たの》まれることがありますが、案を20個くらい出します。とりあえず10個書き出すと止まらなくなって20個になってしまうのです。思考が回転しはじめると、さまざまなアイデアが出てくるものです。

おすすめ文を考えたら、ツイッターなどＳＮＳに投稿《とうこう》するのもいいでしょう。そこでまた対話が生まれるかもしれません。

（齋藤《さいとう》 孝《たかし》『読書する人だけがたどり着ける場所』より）

問一 ――線Ａ～Ｅ「バラ」について、一つだけ他と本文中での意味合いが異なるものがあります。それを記号で答えなさい。

問二 ――線①「自分に引きつけて考えてみましょう」とありますが、「自分に引きつけて考える」とはどういうことですか。二十五字以内で説明しなさい。

問三 ［Ａ］には、次のア～エの文が入ります。文意が通るように正しい順番に並べ記号で答えなさい。

ア だからメモしておくことをおすすめします。
イ 直接書き込《こ》むのでも、メモ帳でも何でもいいと思います。
ウ そのメモを手掛《てが》かりに、あとからまた思考を深めていくことができます。
エ それを放置して読み進めてしまえば、どこではっとしたか、なぜはっとしたのか忘れてしまうもの。

私はレビューを大量に読むのですが、専門書などですごく深く読み込んでいる人のレビューを見つけることがあります。批評や解説を読んでいるかのようです。⑧ネット上の文章は玉石混交といいますが、玉のような価値ある文章もあるわけです。

石のような文章も、「それはないんじゃない」と反論できますから、一人で読んでいるよりは思考を深めることができるはずです。

読書感想文を書くというと、ちょっと重たい感じでなかなか筆が進まない人は多いと思います。では、⑨人におすすめする短い文章を考えるというのはどうでしょう。最近小学校では本のポップを書くという授業が行なわれることがあります。まだその本を読んだことのない人が、「読んでみたいな」と思うようなおすすめ文を書くのです。感想文というよりは、キャッチコピーのような感じです。

いまの若い人はキャッチコピーのような短いフレーズをつくるのが上手で、考えるのも楽しいようです。長い文章を書くのは負担に感じるけれど、短い文章をつくるのはＳＮＳのおかげか慣れているのですね。

ただし、短い文章で本の魅力《みりょく》を伝えるというのは本来難しいことでもあります。「面白かったです、ぜひ読んでみてください」と言っても当然魅力は伝わりません。その本固有の魅力を文章にしなければならないのです。

そうすると、これは誰におすすめしたい本なのか、それはなぜか、これを読むとどう変わるのか、自分にとってはどんな価値があったのかなどを考えることになります。

「夢や目標に向かって頑張《がんば》っている人に読んでほしい本です。置き去りにしている大切なものはありませんか？」

「絆とは単純な『支え合い』ではなく、費やす時間や責任を伴《ともな》うものだと教えてくれました。目に見えないものの価値をあらためて考えさせてくれる本」

１冊の本でも、おすすめ文をたくさん書いてみましょう。「これぞ」というものを最初からひねり出そうとするのではなく、イマイチでもたくさん出してあとから絞《しぼ》るほうがラクにできます。何かしら書けばそれに刺激《しげき》を受けて別の文が思い浮《う》かびますし、思考を深めていくことができます。

対話は、単純なおしゃべりとは違います。思い込みを崩《くず》して、新たな気づきを得られるようなものです。ソクラテスと言えば「無知の知」が有名です。ソクラテスは対話によって「知ったつもりでいたけれど、自分はわかっていなかった」と気づくことが重要だと考えていました。わかったつもりにならなければ、さらに探求し続けることができます。深めていくことができるのです。

思考を深めるには、対話をするのが一番。

だからおすすめしたいのは本を読んだら人に話すことです。話しはじめれば何か言わなければと思考が動き出します。相手から質問をされたり、違った理解の仕方を提示されればさらに考えが深まります。

実際やってみるとわかりますが、記憶《きおく》があいまいだとうまく伝えることができません。相手から質問されて答えられなければ、理解が足りていないのです。

私自身は中学生の頃から、本を読むたびに友達に話していました。友達も同じ本を読んでいれば感想を言い合うし、どちらかだけ読んでいる場合でも、片方が伝えてもう片方が質問をする。読んでいる途中《とちゅう》の段階でもとにかく話す。それが普通になっていました。その友達とは大学、大学院までも一緒《いっしょ》だったので、本を読んでは対話するというのを10年以上繰《く》り返していたことになります。

これはとてもいい思考の訓練になっていました。

『罪と罰《ばつ》』のように長くて途中で挫折《ざせつ》してしまいそうな本も、途中の段階で人に語ると「マイ・ブック」の感覚になってきます。自分の本だ、という気がしてくるのです。気分が盛り上がってきて読み続けられるし、思考も深まります。

語る相手がいない場合には、レビューを読んでみてください。いまの時代、検索《けんさく》すればネット上に感想がたくさん見つかります。

自分と同じ感想を持った人のレビューを読めば「そうそうその通り」と思って考えの確認ができますし、「それは気づかなかった」「なるほどそういう見方もあるのか」と新たな観点に気づかされることもあるでしょう。レビューの中には「いやいや、それはない」「ちょっと浅い感想じゃないかな」と反論したくなるものもあるかもしれません。反論するということは、思考が動いているのです。

③思考力を使わずにただ本を読んだだけの場合、感想を聞かれてもコメントできません。要約はできるけれども、作者の伝えたかったことや自分に引きつけて考えたことが何も言えないわけです。

④思考力があるかどうかは、読書感想文でわかってしまいます。あらすじだけで終わっている読書感想文が最低レベルとして、その次のレベルは「何々に気をつけようと思いました」というような反省で終わるタイプのものです。これも、ほとんど何も考えていません。⑤夏目漱石の『こころ』を読んで、「友達を裏切るのは良くないと思いました」なんていう感想だったとしたら、それは全然思考力を働かせていないだろうという話になります。

ぼんやりと普通《ふつう》に読んでいるだけでは、自分の思考が浅いのか深いのかすらわからないかもしれません。いま何メートル掘《ほ》ったのかわからないと、さらに掘ろうというモチベーションも湧《わ》かないでしょう。一方、深く掘っているぞ、という感覚がある人は掘り続けます。

ですから⑥読みながらメモする。メモをするという作業が、思考の深掘《ふかぼ》りを続ける助けになります。「その通り！」「面白い」といった一言でもいいし、自分の体験とつながる部分はそのキーワードを書くのでもいいでしょう。

感情が動いたら、その感情をあらわす顔文字のようなマークを付けておくのもいいと思います。面白くて笑ったらニコニコマーク、驚いた箇所《かしょ》はビックリした顔のマーク。読みながら得た自分の感触《かんしょく》、インスピレーションをつなぎとめておくのです。

思考は「動かす」ことが必要です。動かすためには刺激《しげき》がなければならない。自分ひとりの頭の中で考えを深めるのは難しいことです。多くの小中学校で、「いまから15分でこれこれの問題について考えてください」というように「考える時間」をつくったりしますが、たいていは最初の1分しか考えていません。あとは全然違うことを考えています。思考が行き詰《つ》まってしまう。⑦そこで「対話」が必要になるのです。

ある考えに対して、ちょっと違う考えをぶつけられれば、次の考えに進むことができます。矛盾《むじゅん》をどうにかしようと思考を働かせられるのです。

対話によって思考を深めるやり方を好み、流れをつくったのはソクラテスとプラトンです。

「自分にとっての狐は昔、心に残る言葉を言ってくれた○○くんかなぁ。ちょっと面倒《めんどう》くさいところがあって邪険《じゃけん》にしてしまったけれど、気乗りしなくても何か約束をして時間をかけることで絆をつくれたのかもしれない」

などと考えていきます。そうすることによって、物語の筋を理解しただけでは到達《とうたつ》できない「深み」が見えてくるのです。

本を読んでいてはっとする部分があったら、きっと自分の経験と何かつながりがあるはずです。

A

どんなジャンルの本にせよ、情報として読むだけでは思考はなかなか深まりません。思考が深まりやすいのは、②感情が動いているときです。

思考力のある人は、感情をよく動かしています。頭と心、両方必要なのです。だから、思考力を深めるには「感情をのせて読む」ことが重要です。

発酵《はっこう》学者の小泉武夫さんは「発酵」というものを研究し、深めています。「発酵」を愛してやまない。「発酵」に心を動かされ続けているのです。発酵食品はすべて気になるし、発酵のもととなっている微生物《びせいぶつ》を大切に思っている。

そんな小泉さんの本を読むと、「発酵ってすごい！すごすぎる」と叫《さけ》びたくなります。私は小泉さんの本が好きで、「小泉武夫月間」のようにして月に10冊ほど読んだときがありました。すると、食べるたびに発酵食品について語らずにはいられないし、微生物の働きに感謝せずにはいられませんでした。

『ファーブル昆虫記《こんちゅうき》』は誰《だれ》でも子どもの頃《ころ》(少なくとも一部は)読んだことのある本だと思います。読みながら「すごい、すごすぎるよ、フンコロガシ！」「昆虫すごいよ！」と興奮したのではないでしょうか。ファーブルの驚《おどろ》きや感動をなぞるように、心を動かしながら読んでいたはずです。同じように、著者の心と一緒《いっしょ》になって「すごい！」と感動しながら読めばいいのです。

B

三　次の文章を読んで後の問いに答えなさい。

思考を深める際にまず大切なのは、自分に引きつけて考えることです。

文章を読んで「そういう意味か、なるほど」と言って終わらせるのではなく、「これは自分の場合の何にあたるだろう?」「自分だったらどうだろう?」と考えるのです。

たとえばサン＝テグジュペリの『星の王子さま』をただ読んでストーリーを理解しただけでは思考は深まらないかもしれません。しかし、王子さまが自分の星に残してきたAバラとは自分にとって何だろう、狐《きつね》とはどんな存在だろうと考えてみると、深まりはじめます。

王子さまの小さな星には一輪だけバラが咲《さ》いていました。一生懸命《けんめい》世話をしていましたが、Bバラの気まぐれな態度と言葉に振《ふ》り回され、逃《に》げるように星を出て旅をする王子さま。「王様の星」や「実業家の星」など一風変わったいくつかの星を経て地球にたどりつきます。そして何千本ものCバラを見て、自分が特別だと思っていた一輪のバラは実はありふれた普通《ふつう》の花だったことを知り悲しみます。

そこへ狐が来たので、気晴らしに遊ぼうと誘《さそ》いましたが、狐は「仲良くなっていないから遊ばない」と言います。狐の言う「仲良くなる」とは、絆《きずな》を深め、他のものとは違《ちが》う存在になること。王子さまは狐との対話を通じて、あのDバラは世界に一つしかないバラだとわかるのです。

狐との別れのときになって、狐は「あんたのEバラをかけがえのないものにしたものは、費やした時間だ」と言い、「大切なものは目に見えない」という秘密を教えてくれました。

作者のサン＝テグジュペリが作品に込《こ》めたメッセージを読み取ろうとするのが「読解」です。

たとえば、大人は権力や名誉《めいよ》やお金などに気をとられ、本当に大切な「絆をつくること」を忘れてしまっている。絆のように目に見えない価値に気づくことで、人生を豊かにすることができるのだ――。そんなメッセージを伝えているのではないか、というように考えるのです。

さらに読解だけでなく、もう一歩①自分に引きつけて考えてみましょう。

二

通っている中学校から、左のメールが届きました。このメールからわかることとして正しいものを選び記号で答えなさい。

××××年×月×日９時００分

件名　本日の午後の授業についてのお知らせ

生徒・保護者各位

昨日の大雪の影響《えいきょう》で、多くの公共交通機関で運転を見合わせていましたが、一部では運転が再開されています。

午前の授業は休講といたしましたが、午後の授業につきましては、１０時の時点での運転状況《じょうきょう》に応じて判断いたします。

１０時過ぎに、再度メールにて午後の授業の有無をお知らせいたしますので、各自、必ず確認してください。

なお、午後のクラブ活動や委員会活動についても同様の対応となります。

〇〇中学校

ア　公共交通機関の運転状況にかかわらず、午前中の授業は10時から始まる。

イ　今日の午後の授業については、10時以降に改めて学校からメールで知らされる。

ウ　10時以降に学校からメールが届いたら、今日の午後の授業は通常通り行われる。

エ　10時以降届くメールの内容にかかわらず、クラブ活動や委員会活動は中止される。

2024年度 光英VERITAS中学校

【国　語】〈第一回入試〉（五〇分）〈満点：一〇〇点〉

一　次の①～⑧について、――線部のカタカナは漢字に、漢字はひらがなに直しなさい。

① 大根の煮物《にもの》にはサトウの甘味《あまみ》が欲しい。

② とある文豪《ぶんごう》のイサクが発見された。

③ 通信機器によるザダン会が開催《かいさい》された。

④ 新居に引っ越《こ》すために大きな家具のサイスンをする。

⑤ 世界的な品薄《しなうす》の影響《えいきょう》でチョゾウしていたものが役立つ。

⑥ 余計な一言で墓穴を掘《ほ》る結果となった。

⑦ 彼の利己的な言動は周囲からよく思われていない。

⑧ えさを求めて柵《さく》の中にいる羊が群がる。

2024年度

光英VERITAS中学校　▶解　答

※　編集上の都合により，第１回入試の解説は省略させていただきました。

算　数　＜第１回入試＞（50分）＜満点：100点＞

解　答

1　(1)　9　(2)　10.14　(3)　2　(4)　$\frac{3}{5}$　2　(1)　180ページ　(2)　115度　(3)　160 g　(4)　6 cm，378枚　(5)　1020　3　(1)　1800m　(2)　分速75m　4　(1)　13時間８分から　(2)　9700円　(3)　11時間58分から　5　(1)　2 cm　(2)　$56.56cm^2$　6　(1)　5 cm　(2)　$680cm^3$

社　会　＜第１回入試＞（30分）＜満点：60点＞

解　答

1　**問１**　京都府　**問２**　ア　**問３**　源氏物語　**問４**　(1)　ア　(2)　(例)　大王が関東まで支配を広げていたことがわかる。　(3)　イ　(4)　エ　(5)　防人　(6)　遣唐使
2　**問１**　(1)　パリ　(2)　ウ　(3)　**理由**…(例)　フランスは厳しい身分社会で，平民の負担が大きかったため，不満が増大した。　**人物**…ナポレオン　**問２**　ウ　**問３**　(1)　ア　(2)　バリアフリー　**問４**　(1)　イ→ウ→エ→ア　(2)　**考え方**…三権分立　**機関**…エ　(3)　安全保障理事会　3　**問１**　**島名**…沖ノ鳥島　**理由**…(例)　水没と排他的経済水域の消失を防ぐため。　**問２**　(1)　エ　(2)　ア　(3)　ア　(4)　エ　(5)　イ　**問３**　(1)　イ　(2)　約12倍　(3)　アメリカ，カナダ，オーストラリア

理　科　＜第１回入試＞（30分）＜満点：60点＞

解　答

1　(1)　ア　(2)　ア，イ，ウ，エ　(3)　Ｂ型　(4)　AB型，Ｂ型　(5)　(例)　輸血
2　(1)　ア　(2)　エ　(3)　(例)　半径が短い方に曲がる。　(4)　49m　(5)　(例)　(夏と冬では)レールの素材である鉄の温度による体積の変化のようすが異なるため。　3　(1)　a　(2)　**a**　5 g　**c**　5 g　(3)　105 g　(4)　20 g　(5)　5.25 g　4　(1)　ア　(2)　ウ　(3)　ウ　(4)　(例)　酸素が供給されること。／水が供給されること。／栄養が供給されること。

国　語　＜第１回入試＞（50分）＜満点：100点＞

解　答

一　①～⑤　下記を参照のこと。　⑥　ぼけつ　⑦　りこ　⑧　むら(がる)　二　イ
三　**問１**　C　**問２**　(例)　文章の内容を自分の場合に置き換えて考えること。　**問３**　エ→ア→イ→ウ　**問４**　エ　**問５**　ア　**問６**　(1)　イ　(2)　情報として読むだけ／ぼんやりと普通に読んでいるだけ　**問７**　2　**問８**　イ，コ　**問９**　ア　**問10**　(1)　(例)　一人で本を読んでいて，刺激がないために思考が行き詰まってしまっているとき。　(2)　(例)　自分とは違った他者の考えに触れて思い込みを崩し，新たな気づきを得られたり，質問されて理解の不足に気づけたりするもの。　**問11**　(例)　レビューの中には，批評や解説を読んでいるような価値のある文章と，そうではない反論したくなるような文章もあるということ。　**問12**　エ　**問13**　ウ　**問14**　(例)　私は芥川龍之介の「杜子春」という話を読み，自分のことを大切に思う人の心のあたたかさを感じた。クラスメイトとこの話について議論すると，私と同じ考えを持った人や，他人の冷たさについて注目した人もいて，人それぞれの読み方があるのだと知った。　四　(例)　田んぼは米を育むだけではなく，生物や環境の安定にも役立つ。海のクジラも生物の多様性を生み出すことなどに役立っている。こうした自然や生物を大切にしなければ，やがて人の安息の場所はなくなるかもしれない。

●漢字の書き取り

一　①　砂糖　②　遺作　③　座談　④　採寸　⑤　貯蔵

2024年度 光英VERITAS中学校

【算　数】〈特待選抜入試〉（50分）〈満点：100点〉

（注意）●筆算やたてた式は，それぞれの問題の下側に書いて，消さずに残しておくこと。

1 次の計算をしなさい。

（1）　$8.1\div(3.4-1.78)$

（2）　$\left\{\left(1.5+1\frac{3}{4}\right)\times\frac{19}{26}-\frac{1}{8}\right\}\div 2.25$

（3）　$1.4\times1.8+1.4\times1.9+3.7\times1.1+2.5\times2.1+5.8\times7.5$

2 次の□にあてはまる数を答えなさい。

（1）　０．１２日は，□時間□分□秒です。

（2）　ある商品が，Ａ店では定価２９００円の２５％引きで売られ，Ｂ店では定価□円の７割で売られています。Ａ店の売り値はＢ店の売り値より７５円高いです。

（3）　１０％の食塩水２００ｇに□ｇの水を加えると，４％の食塩水になります。

（4）　Ａさん，Ｂさん，Ｃさんが１年間で読んだ本の冊数は，ＡさんはＢさんの$\frac{3}{4}$，ＢさんはＣさんの$\frac{2}{5}$でした。Ａさんの読んだ本が６冊ならば，Ｃさんの読んだ本は□冊です。

（5） 図のように直径２０cmの半円と，直径を底辺とする高さ□cmの二等辺三角形を重ねると，ぬりつぶしたアの面積と，しゃ線部分のイとウの面積の合計が等しくなります。ただし，円周率は３．１４とします。

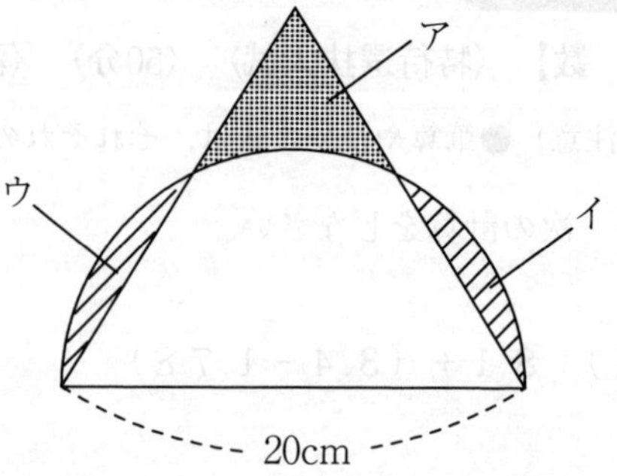

3 となり合うＡ牧場とＢ牧場があります。２つの牧場は同じ広さで，草も同じ量だけ生えています。どちらの牧場も草は毎日一定量生え，どの牛も食べる草の量は同じです。

Ａ牧場に牛を３０頭，Ｂ牧場に牛を５０頭入れたところ，Ｂ牧場の草はちょうど２０日でなくなりました。下のグラフは，牛を入れた日からの各牧場の草の量と日数の関係を表したものです。次の問いに答えなさい。

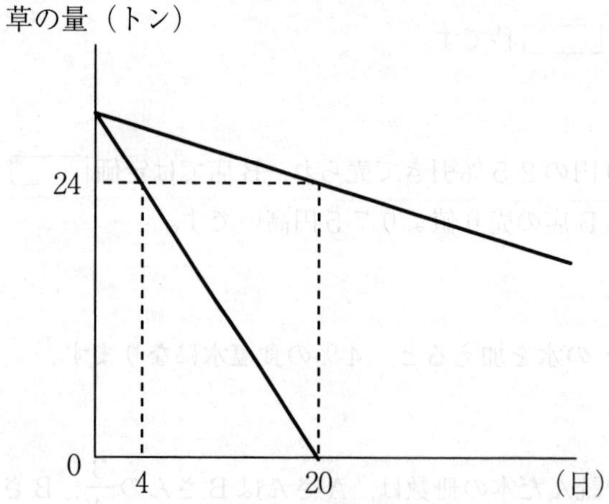

（参考）トンは重さの単位で，
１トン＝１０００kgです。

（1） Ａ牧場の草は，牛を入れてから何日でなくなりますか。

（2） それぞれの牧場で，草は１日に何トンずつ生えますか。

（3） もし，Ａ牧場とＢ牧場のしきりをはずして１つの牧場として牛をまとめて８０頭入れていたら，草は何日目でなくなりますか。

4 Ａ組の人数は２７人，Ｂ組の人数は３０人です。各学級で算数のテストを行いました。Ａ組は当日欠席した光さんと英子さんをのぞいた２５人の平均点が６０点でした。Ｂ組は全員出席し，平均点が６１点でした。光さんと英子さんは後日算数のテストを受け，２人とも同じ点数を取りました。この２人の点数をふくめてＡ組の平均点を計算し直したところ，Ａ組の平均点はＢ組の平均点よりも高くなりました。次の問いに答えなさい。ただし，テストの点数は整数とします。

（1） テストを当日に受けた合計５５人の平均点は何点ですか。小数第3位を四捨五入して小数第2位まで答えなさい。

（2） 光さんの点数は少なくとも何点以上ですか。また，それを求めるための考え方も答えなさい。

（3） テストの点数が高い順に，Ａ組の中で順位をつけます。光さんの点数が８９点だったとすると，光さんの順位は少なくとも何位以上だといえますか。
※順位のつけ方は，もし１００点が3人で，９９点が１人いた場合，１００点の３人は全員1位で，９９点の１人は4位となります。

5　図のように，三角形ABCと線分BCを直径とする半円が２点D，Eで交わっています。線分CDの長さが６cmのとき，次の問いに答えなさい。ただし，円周率は３．１４とします。

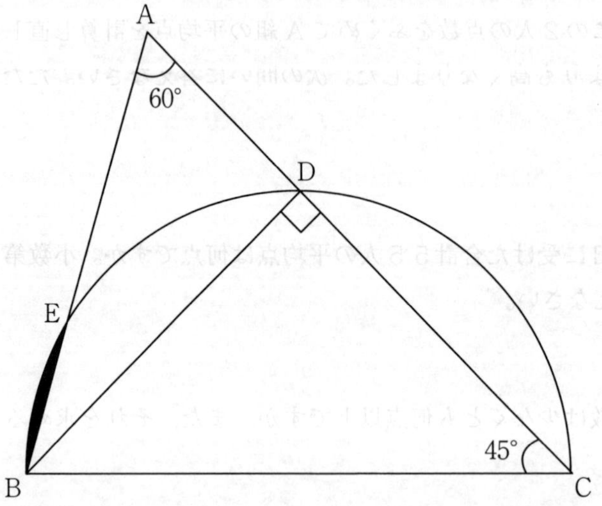

（１）　半円の面積は何cm^2ですか。

（２）　色をつけた部分の面積は何cm^2ですか。

6　図のような，１辺の長さが６ｃｍの立方体があります。次の問いに答えなさい。

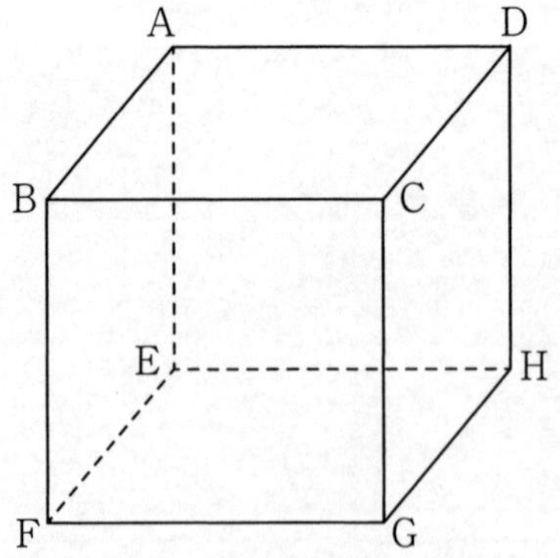

（１）　３点A，C，Fを通る平面で切って２つの立体に分けるとき，小さい方の立体の体積と大きい方の立体の体積の比を，最も簡単な整数の比で答えなさい。

（２）　４点A，C，F，Hを頂点とする立体の体積は何cm^3ですか。

【社　会】〈特待選抜入試〉(30分)〈満点：60点〉

1　次の文章は、千葉県に住む中学生の夏美《なつみ》さんと春樹《はるき》さんとの会話である。この文章を読み、あとの各問いに答えなさい。

夏　美：この間、近くを散歩していたら(a)梨園の近くで貝塚《かいづか》を見つけたの。(b)曽谷《そや》貝塚という名前だった。学校の近くには姥山《うばやま》貝塚があるけど、この辺りには貝塚が多いのかしら？

春　樹：日本全国で(c)縄文時代の貝塚は約2400ヶ所あると言われていて、そのうちの約120ヶ所が千葉市内に集中しているんだって。

夏　美：知らなかった。もっと大規模な貝塚もあるのかな？

春　樹：千葉県若葉区の(d)加曽利《かそり》貝塚は、日本最大級の遺跡《いせき》らしい。千葉県のホームページで調べてみよう。

［説明文］

千葉県の東京湾岸《わんがん》は、全国一の貝塚密集地帯として知られているが、なかでも加曽利貝塚は、直径約140mで円状の北貝塚と、長軸約190mで馬の蹄《ひづめ》形の南貝塚という連接した貝塚からなり、全体としては日本で最大の規模を有する貝塚である。加曽利貝塚には、今から約7,000年前から約2,500年前までの生活の痕跡《こんせき》があるが、巨大な貝塚は、縄文時代中頃《ごろ》の約5,000年前から縄文時代の終わり頃にかけての約2,000年の間に残されたものである。

加曽利貝塚は日本の縄文時代研究にとっても重要な意味をもっており、昭和46(1971)年に国の史跡《しせき》に指定された。貝塚は巨大《きょだい》なタイムカプセルで、食糧《しょくりょう》としたり、道具として利用した魚の骨・動物の骨・植物の残骸《ざんがい》など、さらには葬《ほうむ》られた人の骨が貝によって守られ、縄文時代の膨大《ぼうだい》な情報を遺《のこ》している。

現在は広大な史跡公園となっており、縄文時代のムラの様子を思わせる復元住居群や捨てられた貝殻《かいがら》の様子を観察できる貝層断面、さらには加曽利貝塚博物館などで縄文時代の生活に触《ふ》れることができる。

(千葉県HPより引用、一部表現を易しくした部分がある)

夏　美：なるほど。貝塚は「縄文時代のゴミ捨て場」だと思っていたけれど、当時の集落の様子がわかる、貴重な遺跡だったのね。文字の史料が残っていない分、遺跡からの出土品をもとにその時代を考察していく、考古学って奥《おく》が深いのね。

春　樹：文字の史料をもとに研究する歴史学と、考古学とは方法が異なるけれど、当時の人々が生きた社会がどのようなものだったのかを解明したいという気持ちは同じかもしれないね。

夏　美：貝塚では、（e）炭酸カルシウムを多くふくんでいるから酸性の土におおわれた通常の遺跡では保存されづらい、動物の骨や人骨がよく保存されているんだって。ところで、どうして（f）千葉県に貝塚が多いんだろう？

春　樹：海沿いだけでなく（g）内陸部にまで貝塚がある理由についても、当時の（h）気候やこれまでの歴史、地形もふくめて調べてみる必要がありそうだ。

問１　下線部（a）に関連して、千葉県は日本梨の生産量が全国一位である。次の［資料１］は、日本梨・メロン・ねぎの生産量の割合を示した表である。表中の空らん A に当てはまる都道府県名を、あとの**ア～エ**のうちから一つ選び、記号で答えなさい。

［資料１］

	日本梨	メロン	ねぎ
1位	千葉県（13.0%）	A（25.8%）	千葉県（13.1%）
2位	A（9.5%）	北海道（16.1%）	埼玉県（12.6%）
3位	栃木県（7.7%）	熊本県（13.0%）	A（11.2%）
4位	福島県（7.7%）	青森県（6.7%）	北海道（5.0%）
	その他（62.1%）	その他（38.4%）	その他（58.1%）

（『日本国勢図会』2019/20年版より）

ア　佐賀県　　**イ**　東京都　　**ウ**　兵庫県　　**エ**　茨城県

問２　下線部（**b**）に関連して、次の［資料２］・［資料３］は、松戸市ととなりあう市川市に位置する曽谷貝塚と姥山貝塚周辺の地図である。この地図を読み取った説明文として**あやまっているもの**を、あとの**ア〜エ**のうちから一つ選び、記号で答えなさい。ただし、標高は、地図中の十字マークの地点の高さを示している。

［資料２］

［資料３］

（国土地理院地図より）

ア　曽谷貝塚と姥山貝塚はどちらも、標高20m以上の台地にある。

イ　曽谷貝塚の周辺には住宅地や果樹園が点在しているが、姥山貝塚の周辺には果樹園がない。

ウ　曽谷貝塚の南側には消防署と郵便局がある。

エ　２つの地図のどこにも、市役所は見当たらない。

問３　下線部（**c**）に関連して、縄文時代に関する説明文の内容として正しいものを、次の**ア〜エ**のうちから一つ選び、記号で答えなさい。

ア　縄文時代という名前の由来になったのは、この時代に使用されていた土器の表面に縄目のような文様がつけられていたためである。

イ　縄文時代、人々は地面をほりこんで建てた高床倉庫《たかゆかそうこ》に住んでいた。

ウ　縄文時代を代表する遺跡として、佐賀県の吉野ヶ里《よしのがり》遺跡《いせき》が挙げられる。

エ　この時代に、倭《わ》の奴国《なこく》王が中国に使いを送り、皇帝《こうてい》から金印を授けられた。

問４　下線部（**d**）に関連して、会話文中の加曽利貝塚に関する[説明文]の内容として正しいものを、次の**ア～エ**のうちから一つ選び、記号で答えなさい。

ア　加曽利貝塚には北貝塚と南貝塚があるが、日本最大級の規模の貝塚に当てはまるのは、南貝塚のみである。

イ　今から約7000年前から約5000年前までのおよそ2000年間を、縄文時代という。

ウ　貝塚からは、貝殻だけではなく、人や魚、動物の骨も見つかっている。

エ　加曽利貝塚は開発によって消滅し、現存していない。

問５　下線部（**e**）に関連して、炭酸カルシウムを主成分とする石灰石は、日本で自給できる数少ない資源であり、セメントに加工されて利用されている。次の［資料**X**～**Z**］は、セメント工場・自動車工場・ビール工場のいずれかの分布を示した地図である。分布の特徴《とくちょう》に着目すると、セメント工場は原料地に集まる傾向《けいこう》、ビール工場は消費地に集まる傾向、自動車工場は複数の工場が集中する傾向にある。これをふまえて［資料**X**～**Z**］と工場の種類の組み合わせとして正しいものを、あとの**ア～カ**のうちから一つ選び、記号で答えなさい。

［資料**X**］

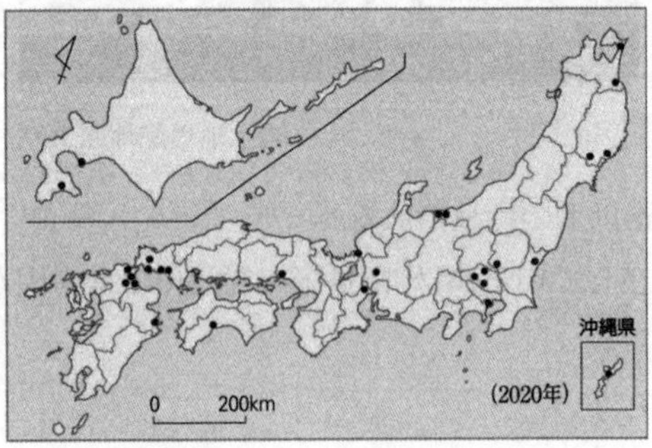

［資料**Y**］

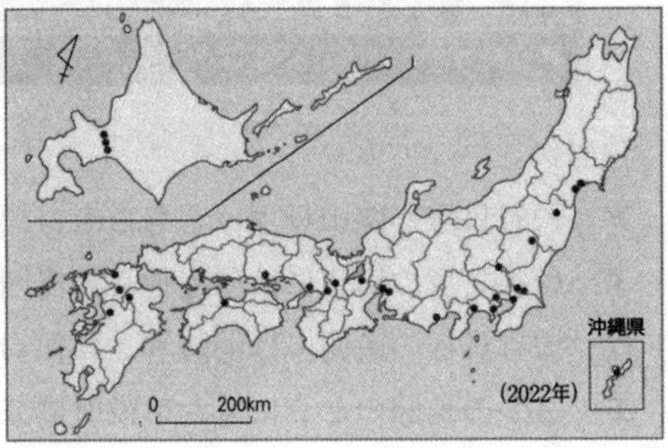

［資料**Z**］

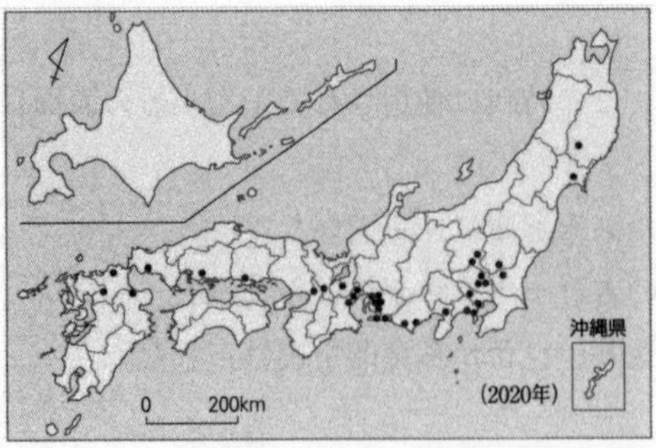

	ア	イ	ウ	エ	オ	カ
セメント工場	X	X	Y	Y	Z	Z
自動車工場	Y	Z	X	Z	X	Y
ビール工場	Z	Y	Z	X	Y	X

（「山川＆二宮ICTライブラリ」より）

問6　下線部（**f**）に関連して、次の［資料4］は、千葉県・香川県・長崎県・福島県のいずれかの面積と海岸線の長さについてまとめたものである。千葉県に当てはまるものを、表中の**ア～エ**のうちから一つ選び、記号で答えなさい。

［資料4］

	ア	イ	ウ	エ
面積（㎢）	4,131	5,158	1,877	13,784
海岸線の長さ（km）	4,183	534	737	167

（環境省「平成29年版環境統計集」より）

問7　下線部（**g**）に関連して、次の［資料5］を参考に、千葉県の貝塚が内陸部にまである理由について、あなたの考えを**40字以内**で簡潔に述べなさい。

［資料5］

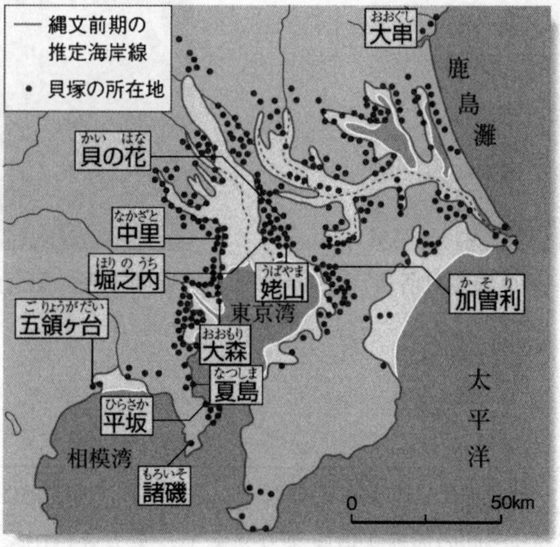

（山川出版社　詳説日本史図録より）

問8　下線部（**h**）に関連して、日本の夏と冬の季節の違《ちが》いが大きいのは、地球の地軸《ちじく》が傾いており、夏と冬では、日照時間の長さが違うことのほかに、夏と冬で吹く方向が逆になる風の影響《えいきょう》もある。この風をなんというか答えなさい。

2 僧侶《そうりょ》や出家した人物を示した［資料１］から［資料４］についての会話文を読んで、あとの各問いに答えなさい。

［資料１］

(唐招提寺所蔵)

［資料2］

(鹿苑寺所蔵)

［資料３］

(瑞峯院所蔵)

［資料4］

(盛岡市先人記念館所蔵)

［会話文］

Aさん：昨日、(a) 奈良時代に唐《とう》から来日した、［資料１］の人物についてテレビで特集していたんだ。5回の渡航《とこう》失敗を乗りこえて、東大寺に出家するための戒壇《かいだん》をもうけたり、唐招提寺《とうしょうだいじ》を建立したりして、仏教の発展に大きく貢献《こうけん》したと聞いて、並々ならない覚悟《かくご》を感じたよ。

Bさん：仏教は中世に入ると武士たちにも信仰《しんこう》されるようになったんだよね。日本と明の国交を回復させ、(b) 日明貿易（勘合《かんごう》貿易）を行った［資料２］の人物は、禅《ぜん》寺として有名な相国寺《しょうこくじ》を建立するなど、熱心な禅宗保護者でもあったみたい。

Aさん：九州地方の戦国大名である［資料３］の人物は、1562年に出家をしたあと、1578年にキリスト教の洗礼を受けたことから、キリシタン大名と呼ばれているよ。（c）ポルトガルなどとの南蛮《なんばん》貿易を行ったこの人物の地元、（d）大分県に伝わる郷土料理の黄飯《おうはん》は、キリスト教宣教師が作った「パエリア」に由来すると言われているんだ。南蛮文化が今も息づいているんだね。

Bさん：（e）江戸時代に入ると、（f）キリスト教は禁止されたけれど、その後（g）明治時代の初期には神道が国教化され、（h）廃仏毀釈《はいぶつきしゃく》が起こったんだよね。浄土真宗の僧侶である［資料４］の人物は、こうした仏教を排除《はいじょ》する動きに対抗《たいこう》して、明治政府に（i）信教の自由と政教分離《せいきょうぶんり》をうったえたことで知られているよ。

Aさん：仏教や僧侶に対するイメージが変わったよ。もっと調べてみたいな。

問１　下線部（a）に関連して、この時代に成立した著作物に関する説明として**あやまっているもの**を、次の**ア〜エ**のうちから一つ選び、記号で答えなさい。

ア　諸国の地名や伝説、産物などをまとめた『風土記《ふどき》』が成立した。

イ　天皇や貴族、防人《さきもり》など様々な職業、身分の人による日本最古の和歌集である『万葉集』が成立した。

ウ　神話の時代から持統天皇までの伝説や歴史をまとめた『日本書紀』が編さんされた。

エ　天皇の命令で、紀貫之《きのつらゆき》らが『古今和歌集』を編集した。

問２　下線部（b）に関連して、勘合とは正式な貿易船とどのような人々の船を区別するために用いられたのか、最も適切なものを次の**ア〜エ**のうちから一つ選び、記号で答えなさい。

ア　元軍　　**イ**　キリスト教宣教師　　**ウ**　農民　　**エ**　倭寇《わこう》

問３　下線部（c）に関連して、ポルトガル（リスボン）はイギリスのグリニッジ標準時を採用しており、イギリス（ロンドン）と同じタイムゾーンに位置する。ポルトガル（リスボン）が、2024年1月1日午前0時のとき、日本（東京）では西暦《せいれき》何年何月何日の何時か。午前・午後の区別をつけて答えなさい。ただし、文中のカッコ内表記は首都を示し、計算にはサマータイムを考えないこととする。

問４　下線部（d）に関連して、**大分県と接していない県**を次の**ア〜エ**のうちから一つ選び、記号で答えなさい。

ア　福岡県　　**イ**　佐賀県　　**ウ**　熊本県　　**エ**　宮崎県

問5　下線部（e）に関連して、次の［政策］①～④は江戸時代に実施《じっし》された政策である。これに関するあとの各問いに答えなさい。

［政策］

① 仏教思想や儒学《じゅがく》の考えをもとに、動物や捨て子や傷病人などの保護を命じた
② 大名を領地と江戸に一定期間交代で住まわせた
③ 一般庶民《いっぱんしょみん》の幕政についての意見をもとめるために投書箱を設置した
④ ききん対策として蔵を作らせ、米をたくわえさせた

（1）［政策］①～④はなんという政策か、**ア～カ**のうちから一つずつ選び、それぞれ記号で答えなさい。

ア 目安箱　**イ** 百姓一揆　**ウ** 生類憐《あわれ》みの令　**エ** 囲《かこ》い米《まい》
オ 参勤交代　**カ** 一国一城令

（2）［政策］①～④のうち、③を実施した江戸幕府第８代将軍はだれか。**漢字４字**で答えなさい。

問6　下線部（f）に関連して、いわゆる鎖国下《さこくか》での日本の対外関係についての説明文のうち、正しいものを次の**ア～エ**のうちから一つ選び、記号で答えなさい。

ア 対馬藩《つしまはん》を通じて中国との交易を続けていた。
イ 松前藩《まつまえはん》を通じてアイヌとの交易を続けていた。
ウ 長崎の幕府の直轄地《ちょっかつち》でスペインとの交易を続けていた。
エ どの国や地域とも交易をしなかった。

問7　下線部（g）に関連して、次の［資料**X**］と［資料**Y**］は明治時代に結ばれた下関条約とポーツマス条約の条文の主な内容をまとめたものであり、［資料**Z**］は日清戦争と日露戦争による負担を示したものである。これらを参考に、あとの各問いに答えなさい。

［資料**X**］下関条約の主な内容

①清国は、朝鮮の独立を認める。
②清国は遼東半島《りょうとうはんとう》、台湾《たいわん》、澎湖諸島《ほうこしょとう》を日本にゆずる。
③清国は賠償《ばいしょう》金2億両《テール》（日本円で約3億1千万円）日本に支払う。（現在の価値で約9千億円）

［資料**Y**］ポーツマス条約の主な内容

①韓国《かんこく》での日本の優越権《ゆうえつけん》を認める。
②日本に樺太（サハリン）の南半分をゆずる。
③日本に旅順、大連の租借権《そしゃくけん》をゆずる。
④日本に南満州の鉄道をゆずる。

（旺文社　『小学総合的研究　わかる　社会　改訂版』より　一部改変）

［資料Z］

	日本（日清《にっしん》戦争）	日本（日露《にちろ》戦争）	ロシア（日露戦争）
出兵兵士数	24万616人	約108万人	約129万人以上
死者総数	1万3488人	約8万4000人	約5万人
臨時戦費	2億48万円	17億1644万円	約20億円
軍艦《ぐんかん》数	28隻《せき》	106隻	63隻（太平洋艦隊）
軍艦総トン数	5万7613t	23万3200t	19万1000t（同上）

『週刊朝日百科日本の歴史』，宮地正人ほか監修『明治時代館』による

（「山川＆二宮ICTライブラリ」より）

（１）［資料X］中の②について、ロシア・ドイツ・フランスは日本に対し、清へ遼東半島を返還《へんかん》することを要求し、日本は追加の賠償金と引き換えにこの要求を受け入れた。この出来事をなんというか、**漢字４字**で答えなさい。

（２）日露戦争の講和条約が結ばれると、東京の日比谷公園で行われた講和条約反対国民大会をきっかけに、首都・東京における最初の民衆暴動である日比谷焼き打ち事件が起こった。なぜ民衆は講和条約の内容に反対したのか。［資料**X～Z**］の内容を総合的に判断して、あなたの考えを**40字以内**で述べなさい。

問８　下線部（**h**）に関連して、1868年の神仏分離令《しんぶつぶんりれい》をきっかけに、各地の寺院や仏像など仏教関連の文物を壊し（廃仏）、釈迦《しゃか》の教えを捨てる（毀釈）運動が起こった。この頃に起こった出来事についての説明文**ア～ウ**を古い順に並べかえ、記号で答えなさい。

ア　江戸城の無血開城のあと、箱館《はこだて》の五稜郭《ごりょうかく》で戊辰《ぼしん》戦争が終結した。

イ　江戸幕府15代将軍徳川慶喜《よしのぶ》は、政権を朝廷に返す大政奉還《たいせいほうかん》を行った。

ウ　江戸幕府の大老井伊直弼《いいなおすけ》は朝廷からの許可をとらずに日米修好通商条約を結んだ。

問９　下線部（**i**）に関連して、日本国憲法では、基本的人権の一つ、自由権の中で信教の自由を認めている。基本的人権に関して述べた次の［説明文］中の空らん［ A ］・［ B ］に当てはまる語句をそれぞれ**漢字２字**で答えなさい。

［説明文］

人が生まれながらに持っている権利を基本的人権といい、自由権（自由に活動できる権利）、平等権（差別を受けることなく平等である権利）、［ A ］権（国民が人間らしい生活をする権利）の３つがあり、それらを守るために参政権（国民が代表者を通して間接的に政治に参加する権利）、請求権《せいきゅうけん》（基本的人権がおかされたとき、国などに救済を求める権利）がある。基本的人権は国家や法律によって制限されない永久の権利だが、社会全体の幸福や利益（公共の［ B ］）のために制限されることもある。

3 次の［資料１］と［資料２］の記事を読んで、あとの各問いに答えなさい。

［資料１］

〔編集部注…ここには，「インド人口、中国抜き世界最多に　今年半ばに14億2860万人＝国連」（BBC NEWS JAPAN 2023年４月20日付）の記事から抜粋された文章がありましたが，著作権上の都合により掲載できません。〕

〔下線部の内容〕

下線部(ａ)「世界人口」

下線部(ｂ)「インドと中国」

下線部(ｃ)「中国の出生率は近年，急低下しており，昨年には人口が1961年以来初めて減少に転じた。」

［資料２］

（ｄ）総務省が、住民基本台帳に基づく今年1月1日時点の人口を発表した。日本人の人口は1億2242万3038人で、前年より80万523人減った。減少数は過去最多だった前年よりも18万人以上多かった。唯一《ゆいいつ》人口が増えていた（ｅ）沖縄県も減少に転じ、今の調査方法になった1973年以降、初めて全都道府県で（ｆ）日本人の人口が減少した。

人口は（ｇ）2009年をピークに14年連続で減少し、速度は加速している。昨年1年間に生まれた日本人の子ども（出生数）は77万1801人（前年比4万235人減）で過去最少。調査開始以来、初めて80万人を割った。

（朝日新聞デジタル　2023年7月26日）

問１　下線部（ａ）に関連して、次の問いに答えなさい。

（１）　2023年時点での世界人口に最も近いものを、次のア～エのうちから一つ選び、記号で答えなさい。

ア　60億人　　イ　70億人　　ウ　80億人　　エ　90億人

（2） 次の［資料**X**〜**Z**］は、ドイツ、フィリピン、アルゼンチンのいずれかの国の人口ピラミッドである。組み合わせとして正しいものを、あとの**ア**〜**カ**のうちから一つ選び、記号で答えなさい。

［資料X］　［資料Y］　［資料Z］

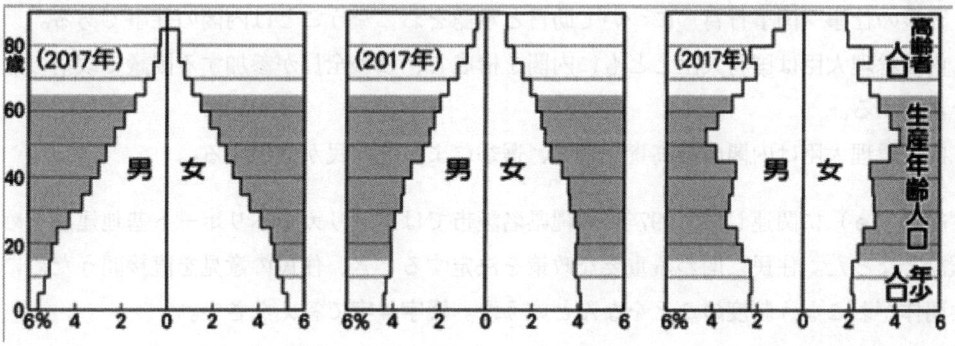

（「山川＆二宮ICTライブラリ」より）

	ア	イ	ウ	エ	オ	カ
ドイツ	X	X	Y	Y	Z	Z
フィリピン	Y	Z	X	Z	X	Y
アルゼンチン	Z	Y	Z	X	Y	X

問２　下線部（**b**）に関連して、インドと中国はともに経済成長が著しい新興国をまとめて呼ぶ「ＢＲＩＣＳ」にふくまれている。「ＢＲＩＣＳ」に関する次の［資料３］の空らん［ A ］に当てはまる国名を答えなさい。

［資料３］

今後、著しい経済成長の発展が見込まれる新興国の代表国で、もともとはブラジル、ロシア、インド、中国の４カ国を表す造語として、2001年ゴールドマン・サックスによって「ＢＲＩＣｓ」と名付けられた。その後、［ A ］が加わり、複数形を表していた小文字の「**s**」が［ A ］を表す大文字の「S」となり、ＢＲＩＣＳ（新興５カ国）と称されるようになった。

問３　下線部（**c**）に関連して、中国で2015年に廃止《はいし》となった、人口の増加をおさえるため、夫婦で子ども一人の家庭を優遇《ゆうぐう》する政策のことをなんというか答えなさい。

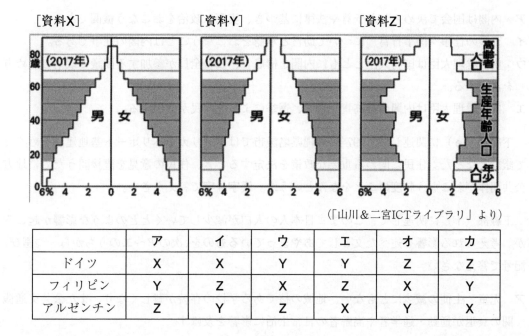

問４　下線部（**d**）に関連して、総務省は内閣のもとに置かれる行政機関の一つで、その長官は内閣総理大臣によって任命される国務大臣である。内閣や内閣総理大臣に関する説明として**あやまっているもの**を、次の**ア～エ**のうちから一つ選び、記号で答えなさい。

ア　内閣は国会で決められた予算や法律に基づき、実際に政治をおこなう機関である。

イ　天皇の仕事（国事行為《こくじこうい》）について助言と承認をおこなうことは内閣の仕事である。

ウ　内閣総理大臣は国務大臣とともに内閣を構成し、この全員が参加する閣議で政治の進め方を決定する。

エ　内閣総理大臣は内閣の最高責任者で、選挙によって国民が選出する。

問５　下線部（**e**）に関連して、1997年、沖縄県名護市ではアメリカ軍ヘリポート基地建設をめぐって議論となった。住民に関わる重要な政策を決定するとき、住民の意見を直接問うために地方公共団体がおこなう制度のことをなんというか。**漢字４字**で答えなさい。

問６　下線部（**f**）に関連して、このまま日本人の人口が減少していくとどのような影響が起こるか。考えられる影響を述べた文として**あやまっているもの**を、次の**ア～エ**のうちから一つ選び、記号で答えなさい。

ア　児童・生徒の減少にともない、地域の核である学校の存続が難しくなり、また公共交通機関の衰退《すいたい》が通勤・通学者や高齢者の日常生活に影響を及ぼす。

イ　経済はマイナス成長におちいり、産業や雇用《こよう》面が縮小し、結婚や出産をのぞむ人が減り、さらに人口減少が加速する。

ウ　高齢人口の減少により、医療《いりょう》や介護の需要の減少が見込まれる一方で、支える側の生産年齢人口は増加するため、社会保障制度を維持することが難しくなる。

エ　財政に余裕《よゆう》がなくなり、公共施設《しせつ》・インフラの老朽化《ろうきゅうか》への対応等が難しくなり、全般的に行政サービスの低下を招く。

問７　下線部（**g**）に関連して、2009年5月に日本の裁判員制度が開始された。裁判や裁判員制度に関する次の［資料４］の空らん［ **A** ］・［ **B** ］に当てはまる語句をそれぞれ**漢字２字**で答えなさい。

［資料４］

裁判には、お金の貸し借りや土地のもめごとなど、人と人との間の争いごとを裁く［ **A** ］裁判と、人を傷つけたり、ものを盗《ぬす》んだりして罪を犯した疑いのある人を裁く刑事《けいじ》裁判の２種類がある。選挙権のある国民の中から抽選《ちゅうせん》された６名の裁判員が、３名の裁判官とともに裁判に参加する制度を裁判員制度という。裁判員には、裁判に関する秘密を外部にもらしてはいけない［ **B** ］義務がある。

【理　科】〈特待選抜入試〉（30分）〈満点：60点〉

1　次の文章，図，表を読み後の問いに答えなさい。

次の**図１**は生き物が生きている環境での生産と消費の関係を示したものです。生産者が光合成などによって合成したもの（総生産量）のうち，自身での消費（＝呼吸）を除いたものが純生産量であり，そのうちの一部が被食量として上位の栄養段階に受け渡されていく。

図１

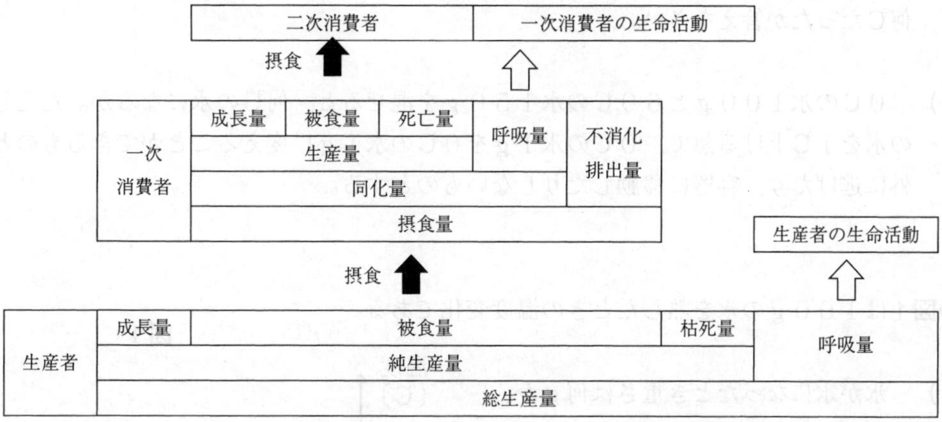

表１は，ある湖で測定された，生産者，一次消費者，二次消費者のエネルギーの配分（単位はJ/（cm^2・年））を示している。なお，この湖に三次消費者は存在しないものとする。

表１

	生産者	一次消費者	二次消費者
総生産量・同化量	470	**x**	14
呼吸量	100	18	**z**
枯死・死亡量	10	1	1
成長量	300	**y**	5
被食量	60	15	0
不消化排出量		2	1

（1）　この湖における生産者の純生産量を，次の**ア～オ**のうちから１つ選び記号で答えなさい。

ア　40　　**イ**　370　　**ウ**　400　　**エ**　450　　**オ**　470

（2）　**表１**の**x**，**y**，**z**に入る数値を答えなさい。

（3）　この湖において，分解者によって利用され得られると考えられるエネルギー量の合計は湖の生物の不消化排出量と枯死・死亡量としたとき，その数値を次の**ア～オ**のうちから１つ選び記号で答えなさい。

ア　3　　**イ**　7　　**ウ**　10　　**エ**　12　　**オ**　15

2 水は温度変化によって，氷や水蒸気に状態を変化させる。水の温度変化に関係する以下の問いに答えなさい。

（1） ３０℃で２００gの水と６０℃で１００ｇの水を混ぜると何℃になるか答えなさい。

（2） ４０℃で３００ｇの水にある温度の水を５０ｇ加えると４５℃になります。加えた水は何℃だったか答えなさい。

（3） ０℃の氷１００ｇと６０℃の水１５０ｇを混ぜると，何℃の水になるか。ただし，８０ｇの水を１℃上げる熱で，０℃の氷１ｇを０℃の水１ｇに変えることができるものとし，熱は外に逃げたり，容器に移動したりしないものとする。

次の**図１**は１００ｇの氷を熱したときの温度変化である。

図１

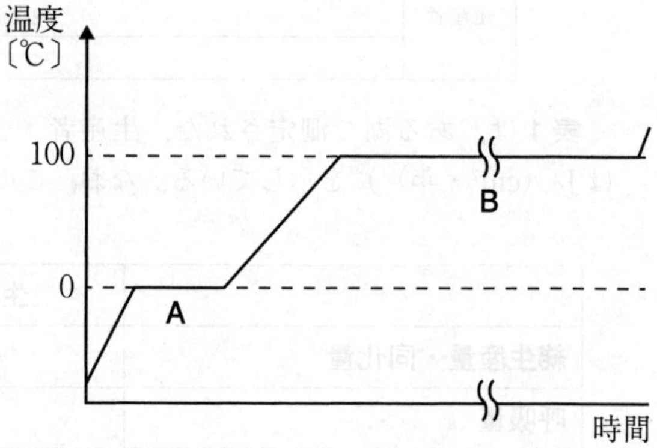

（4） 氷が水になったとき重さは何ｇか。

（5） **A**と**B**はなぜ温度変化が起こらないのか答えなさい。

3 氷と水の関係に関する2人の会話を読んで，後の問いに答えなさい。

英雄君　：コップの水に氷を浮かべて，コップのふちすれすれまで水を注ぐ。この状態で氷がとけると，どうなるかわかるかな。

光さん　：氷の一部は水面から出ているので，とけるとその分だけコップから水があふれると思うわ。でも，氷はとけて水になると体積が小さくなるし…。

英雄君　：氷が押しのけている水の重さと，氷自体の重さの関係を考えればわかると思うよ。

光さん　：なるほど。すると水面は［　あ　］ということね。このことを利用すると，氷と水が同じ体積のときに重さの比がどのようになるか確かめることができるわね。

英雄君　：そうだね。実験して確かめてみよう。

(1)　［　あ　］に入る言葉として最も適当なものを次の**ア～ウ**の中から1つ選び記号で答えなさい。

ア　上がる　　**イ**　下がる　　**ウ**　変わらない

(2)　1辺が**5ｃｍ**の立方体の氷を浮かばせたとき，立方体の底面が水面と平行の状態で水面から**4．5ｃｍ**沈んだとする。水と氷の重さが同じとき，水は氷の体積の何倍か。

英雄と光は氷と水の密度の関係について，学んだことを先生に伝えた。そのときの会話を読んで次の問いに答えなさい。

英雄君　：先日，授業で浮力について学んだので，氷と水の違いについて調べました。

先生　　：よく調べているね。では，さらに理解を深めるために先生が用意した実験をしてみよう。

実験１　体積がともに等しい水が入った容器２つを用意する。容器は上皿てんびんにのせてつりあった状態である。さらに，重さが等しく，体積の異なる２つの物体**A**，**B**を用意する。物体の体積は**A**より**B**のほうが大きい。物体はかたい棒の両端に，同じ軽いばねと糸でつり下げられている。棒を水平に保ちながら，２つの物体をつり下げた状態で図のように沈める。物体は沈めた際，容器の底にふれておらず，水面から一部が出ていないとする。

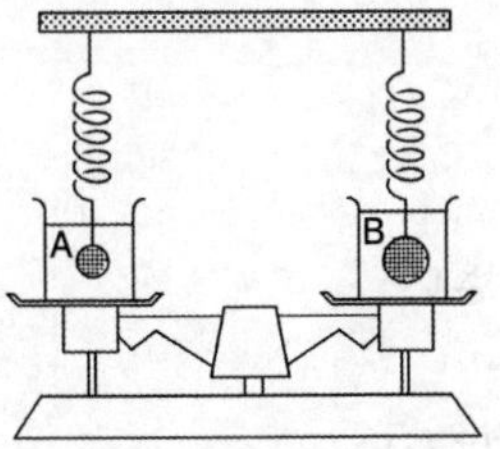

光さん　：浮力を考えるとてんびんの傾き，ばねの伸びについて考えることができそうだね。

英雄君　：体積が大きいと浮力も大きくなるけど，ばねはどちらが伸びているんだろう。

(3)　てんびんが傾く方向，ばねが伸びている方向として正しいものを次の**ア～エ**のうちから1つ選び記号で答えなさい。

	ア	**イ**	**ウ**	**エ**
てんびんが傾く方向	左	左	右	右
ばねがより伸びた方向	左	右	左	右

4 次の**図１**は地球と月のようすを表したものである。後の問いに答えなさい。

図１

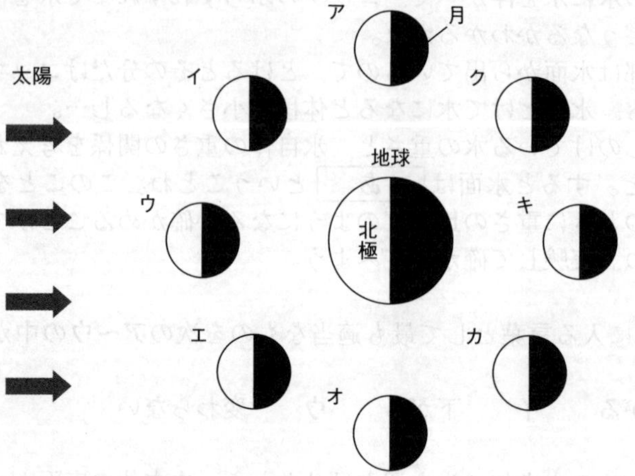

(**1**)　日本で地上から**図２**のように見えるのは月がどこにあるときか，**図１**の**ア〜ク**から１つ選び答えなさい。

図２

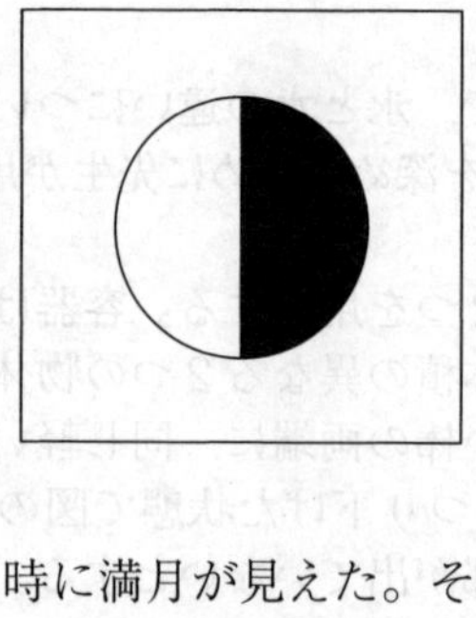

(**2**)　ある日，夜１２時に満月が見えた。その日の一週間後の朝６時に月はどちらの方角に見えるか，次の**ア〜エ**から１つ選び記号で答えなさい。

ア 北　　**イ** 南　　**ウ** 東　　**エ** 西

(**3**)　月が常に同じ面を見せているのはなぜか，理由を**2つ**書きなさい。

(**4**)　月の公転周期と月の地球での月の満ち欠けは日にちが同じではない。
月の公転周期を**２７日**，地球の公転周期を**３６０日**としたとき，満月から次の満月までは何日になるか。**小数点第一位**まで計算して答えなさい。

問十一　S・T・Uの組み合わせとして、正しいものを次から一つ選びなさい。

ア　S-あまりかわりません　T-あまりかわりません　U-0度より低い
イ　S-あまりかわりません　T-日かげと日なたではちがいます　U-0度より高い
ウ　S-日かげと日なたではちがいます　T-日かげと日なたではちがいます　U-0度より低い
エ　S-日かげと日なたではちがいます　T-あまりかわりません　U-0度より高い

問十二　この文章では疑問を実験によって解決しています。そこで、あなたが今身近で疑問に思うことと、それを解消するための実験を考えて書きなさい。

四　次の文章を一〇〇字以内で要約しなさい。（句読点をふくむ）

発見からわずか27年で絶滅《ぜつめつ》したという。ジュゴンと同じ「海牛」の仲間、ステラーカイギュウだ。カムチャツカ半島近くのベーリング海に約2千頭が生息していたとみられ、遭難《そうなん》した探検隊が1741年に発見した▼肉が美味とのうわさが広まり、ハンターたちが訪れるようになった。傷ついた仲間がいると助けようと集まる習性が災いしたようだ。岡山市の岡山シティミュージアムで21日まで開催《かいさい》中の「わけあって絶滅しました。展」で「やさしすぎて絶滅」したと紹介《しょうかい》されている▼会場のパネルによると、生物の絶滅理由は三つある。激しい寒冷化など「理不尽《りふじん》な環境《かんきょう》の変化」、獲物やすみかを奪《うば》う「ライバルの出現」、乱獲《らんかく》や環境破壊《はかい》といった「人間のせい」だ▼この三つは現代人にとっても脅威《きょうい》である。大地震《だいじしん》など自然災害にはあらがえない。対話型人工知能（AI）も利便性の半面、想定できないような問題が生じるリスクが指摘《してき》される。扱《あつか》いを誤れば、怖《こわ》い「ライバル」になりかねない▼そして「人間のせい」の代表格といえば地球温暖化だろう。産業革命前からの気温上昇幅《じょうしょうはば》が今世紀末に1.5度を超《こ》える恐《おそ》れがあり、今後10年間の対策が数千年にわたり影響《えいきょう》を与《あた》えるとされる▼人類が地球上で生存していくため、どう行動すべきか。人間のせいで〝滅《ほろ》びる〟というわけにはいかない。

（山陽新聞「滴一滴」二〇二三年五月七日）

(2) 「野菜」や「大きな木」がかれにくい理由を、「毛管現象」という語を使って分かりやすく説明しなさい。

(3) これとは逆に、植物がかれやすく、はえにくい場所を、本文から十一字でぬき出し、はえにくい理由を分かりやすく説明しなさい。

(4) 土のすき間がせまい場合、「毛管現象」はどれほどの力を発揮しますか。「〜の力」につながるように本文から二十二字でぬき出しなさい。

問八 [B] には、――線⑤「その他の性質」としてふさわしいものが入ります。次から**三つ**選び記号で答えなさい。

ア 水はけがよく、降った雨がはやくしみこむ土
イ 酸素と結びついて褐色になった、団粒が少なく、砂が多い土
ウ バクテリアが多く、枯《か》れ葉がよく分解されて養分の供給が多い土
エ 水もちがよく、晴れた日が続いてもいつもほどよいしめりけをもつ土
オ 土のすき間を通して空気が出入し、いつも土の中に新鮮《しんせん》な空気のある土

問九 ――線⑥「ふみ固められた道路や校庭には、ほとんどありません」とありますが、なぜですか。分かりやすく説明しなさい。

問十 ――線⑦「霜柱ができる第一のひみつは土の温度がにぎっています」とありますが、霜柱ができることと「土の温度」はどのように関係していますか。その説明としてふさわしいものを次から選び記号で答えなさい。

ア 土の中が0度以上であれば、毛管水はこおらず、不純物も混入しないため、長いきれいな霜柱を作る要因となる。
イ 霜柱は地中の氷が地面から顔を出した物であるので、地中で水がこおるように、土の中が0度以下である必要がある。
ウ 地中でこおった水と、地表に出てこおった水とでき裂《れつ》が生じては霜柱が長くならないため、地中の温度は一定でなくてはならない。
エ 土の中の水がこおっていては、霜柱を作る毛管水が上に登らないため、土の中が0度以上であることが、霜柱ができる前提となる。

問四　――線③「人間の力」とありますが、「人間の力」としてふさわしくないものを次から選び記号で答えなさい。

ア　ローラーで土を押し固める。
イ　水をひいて土の上に流しこむ。
ウ　時間とともに、風化し腐食する。
エ　耕運機やくわで田んぼをたがやす。
オ　水田を作る時に、表面の土をはぎとる。

問五　[A]には、次のア〜エの文が入ります。文意が通じるように正しい順番に並べ記号で答えなさい。

ア　ガーゼはセメダインで筒《つつ》にのりづけするとよいでしょう。
イ　竹を十センチぐらいの長さに切って作った竹筒《たけづつ》を三本用意します。
ウ　上の図のように筒の下にガーゼをあて、ガーゼをひもで筒にしばりつけ、ガーゼの上にわたを少しつめて下さい。
エ　いらなくなったものほしざおを切ってもよいし、ポリコップの底を同じ大きさに切りぬいて作った筒でもさしつかえありません。

問六　[P]・[Q]・[R]に入る語句として、ふさわしいものを次からそれぞれ選び記号で答えなさい。

ア　砂　　イ　粘土　　ウ　コップの中の土　　エ　ローソクのろう　　オ　畑や花だんの土

問七　――線④「野菜はそう簡単にはかれませんし、大きな木は一カ月ぐらい雨が降らなくてもかれません」とあります。これについて後の問いに答えなさい。

(1)　このことの背景には「毛管現象」があります。「毛管現象」とは何か、説明しなさい。

(1) W-X-Y-Zの組み合わせとして正しいものを次から選び記号で答えなさい。

ア　W-褐色　X-褐色　Y-黒ずんだ灰色　Z-黒ずんだ灰色
イ　W-褐色　X-褐色　Y-黒ずんだ灰色　Z-青色
ウ　W-褐色　X-黒ずんだ灰色　Y-褐色　Z-青色
エ　W-褐色　X-黒ずんだ灰色　Y-青色　Z-褐色
オ　W-黒ずんだ灰色　X-褐色　Y-褐色　Z-青色

(2)（　Ⅰ　）に入れるのにふさわしい言葉を、本文中から四十五字以内でぬき出して答えなさい。

(3)（　Ⅱ　）に入る、「その色になる理由」を、本文中の言葉を用いて説明しなさい。

問二　――線①「褐色やこげ茶色の小さいしみのようなはん点」の元となる成分は何ですか。本文中から六字でぬき出して答えなさい。

問三　――線②「次の実験」とありますが、どのような仮説を、どのような方法を使って検証する実験ですか。その答えとしてふさわしいものを、次からそれぞれ選び記号で答えなさい。

〈仮説〉
ア　褐色の土は、灰色や青っぽい土とはでき方がちがう。
イ　黒っぽい灰色や青っぽい土も、空気に触れれば褐色になる。
ウ　地表の土と地中の土の色を分けるのは触れる酸素の量である。
エ　褐色の土は、触れる空気が少なくなれば灰色や青色に変色する。

〈方法〉
ア　水田の土を、水をはらないで放置し、酸素に一定期間触れさせる。
イ　畑の土で水田を模した状況《じょうきょう》をつくり、土に触れる酸素の供給を止める。
ウ　土の上に張った水にポンプで空気を送りこみ、土に触れる酸素を増やす。
エ　土に住むバクテリアにえさをやり、活発に働かせて土に触れる酸素を減らす。

三　次の文章を読んで後の問いに答えなさい。

〔編集部注：課題文は著作権上の問題により掲載しておりません。作品の該当箇所につきましては次の書籍を参考にしてください〕

・倉林三郎 著『生きている土』（古今書院 昭和六一年七月初版第一刷発行）

六五ページ九行目～六九ページ十行目

（中略）

七六ページ十行目～八三ページ最終行

問一　次の表は、本文を読んだ生徒が土についてまとめたものです。続く問いに答えなさい。

土の場所		色	その色になる理由
畑		W	空気と触《ふ》れ合って、土の中に茶色の鉄さびと同じような鉱物ができるから。
水田	表面二～三センチ	X	（　Ⅰ　）から。
	下の層	Y	（　Ⅱ　）
	地下水が浅いところにある場合のさらに下の層	Z	地下水が浅いところにある水びたしの水田では、土の中の酸素が非常に少なく、青色の鉄の鉱物ができるから。

二　契約《けいやく》をして利用しているお弁当屋さんから、手紙が届きました。ご案内で紹介《しょうかい》されている割引サービスの内容について、正しいものを選び記号で答えなさい。

秋の味覚堪能《たんのう》キャンペーンのご案内

いつも当店の「お弁当宅配サービス」をご利用くださいまして、誠にありがとうございます。ご契約をいただいておりますお客様に、この秋のお得なキャンペーンのご案内でございます。

10月1日から2か月間、「秋の味覚堪能キャンペーン」を実施《じっし》いたします。すでにご契約いただいておりますお客様には、期間中すべてのキャンペーン商品について、15％割引の特別価格でご提供させていただきます。購入《こうにゅう》を希望される方は、9月末日までにご予約をお願いいたします。

なお、これまで通り、ご契約いただいておりますお客様は、すべての商品をいつでも10％割引でお買い求めいただけます。あわせてご利用ください。

商品のご案内、ご予約の方法などにつきましては、裏面をご覧ください。

ア　「秋の味覚堪能キャンペーン」の商品を購入した人は、10月中に限りその他の商品についてもすべて10％割引で購入することができる。
イ　「お弁当宅配サービス」の契約をしている人は、10月中だけ「秋の味覚堪能キャンペーン」の商品を15％割引で購入することができる。
ウ　「秋の味覚堪能キャンペーン」の商品を9月末日までに予約した人は、その他の商品についてもすべて15％割引で購入することができる。
エ　「お弁当宅配サービス」に契約しており、9月末日までに予約した人は「秋の味覚堪能キャンペーン」の商品を15％割引で購入することができる。

2024年度 光英VERITAS中学校

【国　語】〈特待選抜入試〉（五〇分）〈満点：一〇〇点〉

一　次の①～⑧について、――線部のカタカナは漢字に、漢字はひらがなに直しなさい。

① 病院で予防のためにチュウシャをうつ。

② 芸術家の豊かな才能にケイフクする。

③ 心理学の観点から文芸作品をヒヒョウする。

④ 海賊《かいぞく》はザイホウを求めて航海を続ける。

⑤ 東京でシュノウ会談が来月行われる予定だ。

⑥ すぐに意見を変える政治家は節操がない。

⑦ 情報社会による変化は枚挙に暇《いとま》がない。

⑧ 歌舞伎《かぶき》の公演で平家の興亡を描《えが》く。

2024年度

光英VERITAS中学校 ▶解説と解答

算　数　＜特待選抜入試＞（50分）＜満点：100点＞

解　答

1 (1) 5　(2) 1　(3) 58　2 (1) 2時間52分48秒　(2) 3000円　(3) 300ｇ　(4) 20冊　(5) 15.7cm　3 (1) 100日　(2) 1.5トン　(3) 34日目　4 (1) 60.55点　(2) 74点以上　(3) 17位以上　5 (1) $28.26cm^2$　(2) $0.21cm^2$　6 (1) 1：5　(2) $72cm^3$

解　説

1 四則計算，計算のくふう

(1)　8.1÷(3.4−1.78)＝8.1÷1.62＝5

(2)　$\left\{\left(1.5+1\frac{3}{4}\right)\times\frac{19}{26}-\frac{1}{8}\right\}\div2.25=\left\{\left(1\frac{1}{2}+1\frac{3}{4}\right)\times\frac{19}{26}-\frac{1}{8}\right\}\div2\frac{1}{4}=\left\{\left(1\frac{2}{4}+1\frac{3}{4}\right)\times\frac{19}{26}-\frac{1}{8}\right\}\div\frac{9}{4}=\left(2\frac{5}{4}\right.$ $\left.\times\frac{19}{26}-\frac{1}{8}\right)\div\frac{9}{4}=\left(\frac{13}{4}\times\frac{19}{26}-\frac{1}{8}\right)\div\frac{9}{4}=\left(\frac{19}{8}-\frac{1}{8}\right)\div\frac{9}{4}=\frac{18}{8}\div\frac{9}{4}=\frac{9}{4}\times\frac{4}{9}=1$

(3)　$A\times B+A\times C=A\times(B+C)$となることを利用してはじめから順に計算すると，1.4×1.8＋1.4×1.9＝1.4×(1.8＋1.9)＝1.4×3.7，1.4×3.7＋3.7×1.1＝3.7×(1.4＋1.1)＝3.7×2.5，3.7×2.5＋2.5×2.1＝2.5×(3.7＋2.1)＝2.5×5.8，2.5×5.8＋5.8×7.5＝5.8×(2.5＋7.5)＝5.8×10＝58と求められる。

2 単位の計算，売買損益，濃度《のうど》，相当算，面積

(1)　1日は24時間だから，0.12日は，24×0.12＝2.88(時間)とわかる。また，1時間は60分なので，0.88時間は，60×0.88＝52.8(分)となる。さらに，1分は60秒だから，0.8分は，60×0.8＝48(秒)である。よって，0.12日は2時間52分48秒となる。

(2)　定価の25％引きの値段は定価の，1−0.25＝0.75(倍)になるので，A店の売り値は，2900×0.75＝2175(円)である。さらに，B店の売り値はこれよりも75円安いから，B店の売り値は，2175−75＝2100(円)とわかる。これがB店の定価の0.7倍にあたるので，B店の定価は，2100÷0.7＝3000(円)と求められる。

(3)　(食塩の重さ)＝(食塩水の重さ)×(濃度)より，10％の食塩水200ｇに含《ふく》まれている食塩の重さは，200×0.1＝20(ｇ)とわかる。また，食塩水に水を加えても食塩の重さは変わらないから，水を加えて濃度が4％になった食塩水にも20ｇの食塩が含まれている。よって，水を加えた後の食塩水の重さを□ｇとすると，□×0.04＝20(ｇ)と表すことができるので，□＝20÷0.04＝500(ｇ)と求められる。したがって，加えた水の重さは，500−200＝300(ｇ)である。

(4)　(Bさんが読んだ冊数)$\times\frac{3}{4}$＝6(冊)と表すことができるから，Bさんが読んだ冊数は，$6\div\frac{3}{4}$＝8(冊)とわかる。すると，(Cさんが読んだ冊数)$\times\frac{2}{5}$＝8(冊)と表すことができるので，Cさんが読んだ冊数は，$8\div\frac{2}{5}$＝20(冊)と求められる。

(5)　下の図で，アの部分と(イ＋ウ)の部分の面積が等しいから，それぞれにエの部分を加えると，

(ア＋エ)の部分と(イ＋ウ＋エ)の部分の面積も等しくなる。つまり，三角形と半円の面積が等しくなる。また，半円の半径は，20÷２＝10(cm)なので，半円の面積は，10×10×3.14÷２＝157(cm^2)となり，三角形の面積も157cm^{2}とわかる。よって，三角形の高さを□cmとすると，20×□÷２＝157(cm^2)と表すことができるから，□＝157×２÷20＝15.7(cm)と求められる。

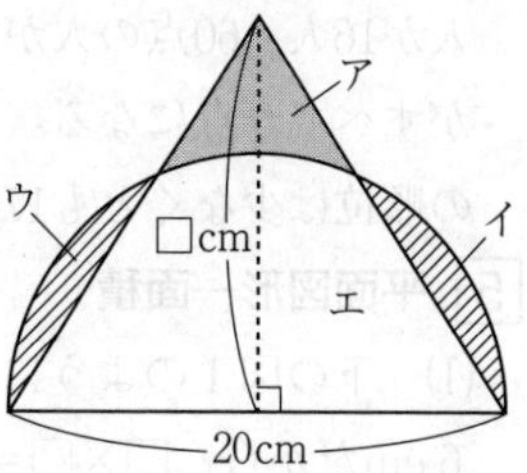

3 ニュートン算

⑴　右の図１から，Ｂ牧場の草は，20－４＝16(日)で24トン減ったことがわかる。よって，１日あたり，24÷16＝1.5(トン)の割合で減ったから，20日で減った量は，1.5×20＝30(トン)と求められる。つまり，はじめの草の量(図１の□)は30トンである。すると，Ａ牧場の草は20日で，30－24＝６(トン)減ったので，１日あたり，６÷20＝0.3(トン)の割合で減ったことがわかる。したがって，Ａ牧場の草がなくなるまでの日数は，30÷0.3＝100(日)と求められる。

図１

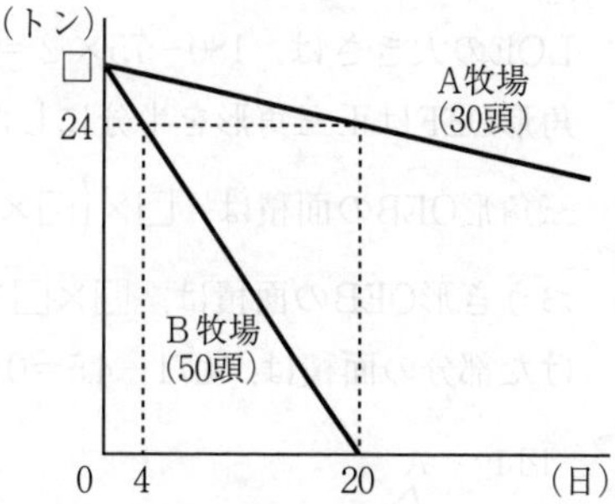

⑵　１日に生える草の量を①とする。また，１頭の牛が１日に食べる草の量を$\boxed{1}$とすると，30頭の牛が１日に食べる草の量は$\boxed{30}$，50頭の牛が１日に食べる草の量は$\boxed{50}$となるから，右の図２の式を作ることができる。図２より，$\boxed{50}$－$\boxed{30}$＝$\boxed{20}$にあたる量が，1.5－0.3＝1.2(トン)となるので，$\boxed{1}$＝1.2÷20＝0.06(トン)と求められる。つまり，１頭の牛が１日に食べる草の量は0.06トンである。さらに，これを図２のＡ牧場の式にあてはめると，①＝0.06×30－0.3＝1.5(トン)と求められるから，１日に生える草の量は1.5トンとわかる。

図２

(Ａ牧場)　$\boxed{30}$－①＝0.3(トン)
(Ｂ牧場)　$\boxed{50}$－①＝1.5(トン)

⑶　２つの牧場を合わせると，はじめの草の量は，30×２＝60(トン)，１日に生える草の量は，1.5×２＝３(トン)になる。また，80頭の牛が１日に食べる草の量は，0.06×80＝4.8(トン)だから，１日に，4.8－３＝1.8(トン)の割合で草が減る。よって，60÷1.8＝33余り0.6より，33＋１＝34(日目)に草がなくなることがわかる。

4 平均とのべ，条件の整理

⑴　(合計点)＝(平均点)×(人数)となるから，Ａ組の25人の合計点は，60×25＝1500(点)，Ｂ組の30人の合計点は，61×30＝1830(点)である。よって，当日に受けた55人の合計点は，1500＋1830＝3330(点)なので，この55人の平均点は，3330÷55＝60.545…(点)と求められる。これは小数第３位を四捨五入すると60.55点になる。

⑵　光さんと英子さんを加えた27人の平均点が61点よりも高いから，この27人の合計点は，61×27＝1647(点)よりも高いことがわかる。よって，光さんと英子さんの合計点は，1647－1500＝147(点)よりも高いので，１人あたりの点数は，147÷２＝73.5(点)よりも高くなる。したがって，光さんの点数は少なくとも74点以上である。

⑶　光さんよりも点数が高い人の人数が最も多くなる場合を考える。そこで，89＋１＝90(点)の人が最も多くなる場合について考えると，1500÷90＝16余り60より，たとえば下の図のように90点の

人が16人，60点の人が１人いて，残りがすべて０点になる。よって，光さんの順位は少なくとも17位以上である。

　　　　16人
はじめ　90点，…，90点，60点，０点，…，０点
あと　90点，…，90点，89点，89点，60点，０点，…，０点
　　　　光さんと英子さん

5 平面図形―面積

(1)　下の図１のように半円の半径を□cmとすると，１辺の長さが□cmの正方形の対角線の長さが６cmだから，□×□＝６×６÷２＝18(cm^2)となる。よって，半円の面積は，□×□×3.14÷２＝18×3.14÷２＝９×3.14＝28.26(cm^2)と求められる。

(2)　三角形OEBは二等辺三角形であり，角EBOの大きさは，180－(60＋45)＝75(度)なので，角BOEの大きさは，180－75×２＝30(度)とわかる。よって，ＥからBCに垂直な線EFを引くと，三角形OEFは正三角形を半分にした形の三角形になるから，EFの長さは$\left(\square\times\frac{1}{2}\right)$cmとなる。よって，三角形OEBの面積は，$\square\times\left(\square\times\frac{1}{2}\right)\times\frac{1}{2}=\square\times\square\times\frac{1}{4}=18\times\frac{1}{4}=4.5$(cm^2)と求められる。さらに，おうぎ形OEBの面積は，$\square\times\square\times3.14\times\frac{30}{360}=18\times3.14\times\frac{1}{12}=1.5\times3.14=4.71$(cm^2)なので，色をつけた部分の面積は，4.71－4.5＝0.21(cm^2)となる。

図１
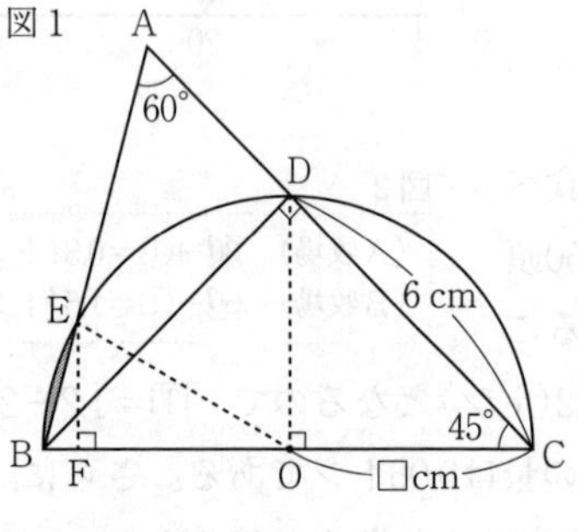

図２
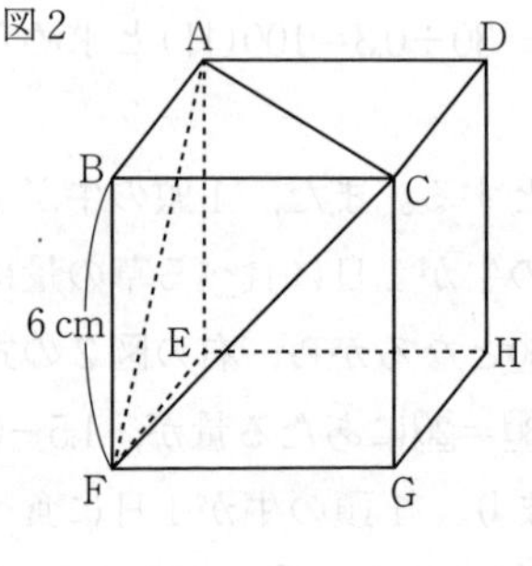

図３
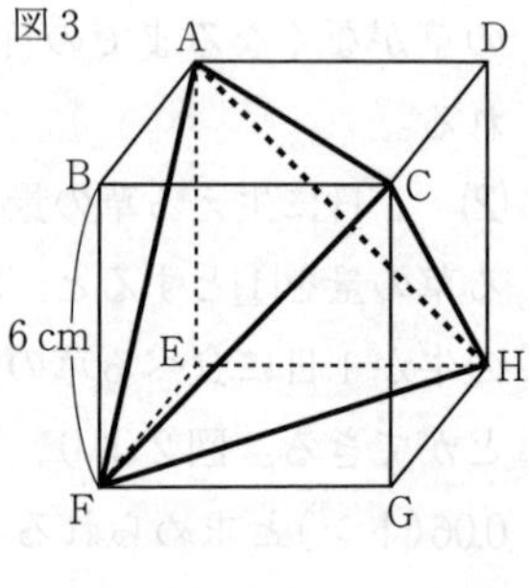

6 立体図形―分割，体積

(1)　切り口は上の図２の正三角形ACFである。小さい方の立体は三角すいF－ABCだから，小さい方の立体の体積は，$6\times6\times\frac{1}{2}\times6\times\frac{1}{3}=36$(cm^3)とわかる。また，もとの立方体の体積は，６×６×６＝216(cm^3)なので，大きい方の立体の体積は，216－36＝180(cm^3)となる。よって，小さい方の立体と大きい方の立体の体積の比は，36：180＝１：５と求められる。

(2)　４点Ａ，Ｃ，Ｆ，Ｈを頂点とする立体は上の図３の太線で囲んだ三角すいである。これは，もとの立方体から４つの三角すいF－ABC，H－ACD，C－FGH，A－EFHを取り除いたものである。(1)より，取り除いた４つの三角すいの体積はすべて36cm^{3}だから，太線で囲んだ三角すいの体積は，216－36×４＝72(cm^3)である。

社　会　＜特待選抜入試＞（30分）＜満点：60点＞

解　答

1 **問１**　エ　**問２**　イ　**問３**　ア　**問４**　ウ　**問５**　イ　**問６**　イ　**問７**　(例)　縄文時代は海面が高く，貝塚が分布している地域は，当時海岸線の近くだったから。　**問８**　季節風(モンスーン)　**2** **問１**　エ　**問２**　エ　**問３**　2024年１月１日午前９時　**問**

4 イ　**問5** (1) ① ウ　② オ　③ ア　④ エ　(2) 徳川吉宗　**問6** イ
問7 (1) 三国干渉　(2) (例) 日清戦争よりも多くの犠牲を払ったのに，賠償金を獲得することができなかったから。　**問8** ウ→イ→ア　**問9** A 社会　B 福祉　**3** **問1** (1) ウ　(2) オ　**問2** 南アフリカ共和国　**問3** 一人っ子政策　**問4** エ　**問5** 住民投票　**問6** ウ　**問7** A 民事　B 守秘

解説

1 千葉県の貝塚を題材とした地理と歴史についての問題

問1　大消費地である東京に近いエの茨城県は，新鮮《しんせん》な作物を安く大都市に出荷できるという長所を生かした近郊農業がさかんで，農業生産額は北海道・鹿児島県に次いで全国第3位になっている。茨城県のメロン・ピーマン・はくさいの生産量は全国でも最も多く，日本梨《なし》・レタス・ごぼうの生産量は全国第2位である(2021年)。

問2　資料2の曽谷《そや》貝塚周辺，資料3の姥山《うばやま》貝塚周辺，どちらにも果樹園(♁)がある(イ…×)。なお，地形図の下方に示された数値より，曽谷貝塚の標高は22.8m，姥山貝塚の標高は24.2mとわかる(ア…○)。曽谷貝塚の南側(下側)には消防署(Y)と郵便局(〶)がある(ウ…○)。どちらの地形図にも市役所(◎)は見られない(エ…○)。

問3　縄目《なわめ》のような文様がつけられた縄文《じょうもん》土器が使用された時代であることから，縄文時代と名づけられた。縄文時代の土器は黒褐色《かっしょく》で厚《あつ》くてもろいことが特徴《とくちょう》で，主に木の実などを煮炊《にた》きするために使われた(ア…○)。なお，人々が住んでいたのは竪穴《たてあな》住居である。高床倉庫は稲作が広がり，穀物の保存が必要になった弥生時代から使用されるようになった(イ…×)。吉野ヶ里遺跡《いせき》は弥生時代の遺跡である(ウ…×)。奴国《なこく》王は，弥生時代の1世紀に後漢(中国)に使いを送った(エ…×)。

問4　説明文中に，「魚の骨・動物の骨・植物の残骸《ざんがい》など，さらには葬《ほうむ》られた人の骨が貝によって守られ」と書かれている(ウ…○)。なお，北貝塚と南貝塚からなる加曽利貝塚は，全体として日本最大の規模を有する(ア…×)。約5000年前は縄文時代の中ごろと書かれている(イ…×)。加曽利貝塚は国の史跡に指定され，現在は史跡公園となって貝層断面などが残っていると説明文にある(エ…×)。

問5　セメント工場は原料地に集まる傾向《けいこう》があるので，石灰石の産地である山口県や埼玉県に多いXがセメント工場の分布を示している。消費地に集まるビール工場は，札幌(北海道)・仙台(宮城県)・東京・横浜(神奈川県)・名古屋(愛知県)・大阪などの大都市周辺に立地しているYとわかる。多数の部品を組み立てて完成させるため関連工場の多くが集中して立地する自動車工場は，愛知県・静岡県・神奈川県・北関東などに集中しているZと判断できる(イ…○)。

問6　千葉県は4県の中で2番目に面積が大きい(イ…○)。なお，アは北海道に次いで日本で2番目に海岸線が長い長崎県，ウは日本で最も面積が小さい香川県，エは北海道・岩手県に次いで日本で3番目に面積が大きい福島県である。

問7　現在よりも温暖であった縄文時代は，氷河がとけて海水面が高かったため，海岸線が現在よりも内陸奥深くに入り込《こ》んでいた。したがって，現在は海から遠く離れた内陸部であっても，当時は海岸線の近くであったと考えられるため，貝塚が分布している。

問8　季節風(モンスーン)は，大陸と海洋の温度差によって発生し，季節によって吹《ふ》く向きの異な

る風である。夏に南東から吹く季節風は日本の太平洋側の地域に雨を多く降らせ，冬に北西から吹く季節風は日本海側の地域に雪を多く降らせる。

2 僧侶や出家した人物に関わる歴史的なことがらについての問題

問１　『古今和歌集』は，醍醐《だいご》天皇の命令によって平安時代につくられた最初の勅撰《ちょくせん》和歌集である。紀貫之らによって選ばれた約1100首の和歌が，二十巻にまとめられている(エ…×)。

問２　日明《にちみん》貿易は，室町幕府第３代将軍を務めた足利義満が，明(中国)の皇帝が求めた倭寇《わこう》(朝鮮・中国沿岸を荒《あ》らしていた海賊《かいぞく》)の取りしまりに応じる代わりに明と国交を開いたことから始まった。倭寇と正式な貿易船を区別するために勘合が用いられたことから，日明貿易は勘合貿易とも呼ばれる。

問３　地球は１日(24時間)で360度回転するので，経度15度ごとに１時間の時差が生じる。グリニッジ標準時(経度０度)を採用するポルトガルのリスボンと東経135度の経線を標準時とする東京との経度差は135度なので，リスボンと東京の間には，135÷15＝９より，９時間の時差があることがわかる。また，日付変更線をまたがずに地球上の位置関係を見た場合，東へ行くほど時刻は進むため，リスボンより東に位置している東京の時刻は，リスボンより９時間進んだ2024年１月１日午前９時となる。

問４　大分県は，西側でアの福岡県とウの熊本県，南側でエの宮崎県と接しているが，福岡県の西に位置するイの佐賀県とは接していない。

問５　⑴　①　儒教を重んじた江戸幕府第５代将軍の徳川綱吉は，捨て子・傷病人・高齢者・動物などを保護するためにウの生類憐《あわれ》みの令を出した。犬を特に愛護したことから犬公方《くぼう》と呼ばれたことでも知られる。　②　江戸幕府第３代将軍の徳川家光は武家諸法度を改定し，オの参勤交代を制度化した。これによって大名は，１年おきに江戸と領地に住むこと，妻子を人質として江戸におくことを義務づけられた。　③　江戸幕府第８代将軍の徳川吉宗は，アの目安箱を設置して一般庶民《しょみん》の意見を政治に取り入れた。庶民からの投書によって町火消が整備されたり，小石川養生所(無料の医療《いりょう》施設)がつくられたりした。　④　寛政の改革を行った老中の松平定信はエの囲い米を実施し，ききんに備えて米をたくわえさせた。　⑵　問５⑴③の解説を参照のこと。徳川吉宗は幕府の財政を立て直すために享保の改革を行った。目安箱の設置も改革の中で行われた政策の１つである。

問６　鎖国の完成後も松前藩を通じてアイヌとの交易が続けられた(イ…○)。なお，対馬《つしま》藩を通じて交易が行われたのは朝鮮である(ア…×)。長崎ではキリスト教の布教を行わないオランダと中国に限り交易が行われた(ウ…×)。ほかにも，薩摩《さつま》藩を通じて琉球《りゅうきゅう》王国とも交易を行った(エ…×)。

問７　⑴　日本は日清戦争後に結ばれた下関条約で遼東《りょうとう》半島を獲得《かくとく》したが，中国や朝鮮に勢力をのばそうとしていたロシアがフランス・ドイツをさそって遼東半島の清への返還《へんかん》を求める三国干《かん》渉《しょう》を行った。日本はこれを受け入れ，追加の賠償《ばいしょう》金と引き換《か》えに，遼東半島を清に返還した。
⑵　資料Ｘ・Ｙより，下関条約では賠償金２億両《テール》を得ているが，ポーツマス条約では賠償金を獲得できていないことがわかる。また，資料Ｚからは日清戦争よりも日露戦争の方が，人の犠牲《ぎせい》も戦費も多かったことが読み取れる。以上のことから，人々はポーツマス条約の内容に不満を持ち，暴動を起こしたと考えられる。

問8　アは1868年(戊辰《ぼしん》戦争の終結)，イは1867年(大政奉還)，ウは1858年(日米修好通商条約の締結《ていけつ》)の出来事であるので，年代の古い順にウ→イ→アとなる。

問9　**A**　人間らしい生活を送ることを保障した社会権は，20世紀になって認められるようになった権利である。生存権(健康で文化的な最低限度の生活を営む権利)，教育を受ける権利，勤労の権利，労働三権(団結権・団体交渉権・団体行動権)がこれに当てはまる。　**B**　公共の福祉《ふくし》とは，社会全体の共通の幸福や利益のことである。個人の自由や権利は，公共の福祉に反しないかぎり最大限尊重される。

3　世界の人口や日本の政治についての問題

問1　(1)　国連人口基金の発表によると，2023年の世界人口は約80億4500万人で，初めて80億人を突破した(ウ…○)。　(2)　一般的に人口ピラミッドは経済の成長にともない，富士山型→つりがね型→つぼ型へと移行する。したがって，発展途上国であるフィリピンは出生率が高い典型的な富士山型のX，先進国であるドイツは年少人口が少ないつぼ型のZ，経済的に両国の間に位置するアルゼンチンはつりがね型のYと判断できる(オ…○)。

問2　著《いちじる》しい経済発展が見こまれるブラジル・ロシア・中国・インドに南アフリカ共和国を加えた5か国は，それぞれの頭文字をとってBRICSと称《しょう》されるようになった。

問3　中国では爆発的に増える人口を抑《おさ》えるため，1979年に一人っ子政策が導入された。しかし，急速に進む高齢化と労働人口の減少に対応するため，2015年10月には一人っ子政策の廃止《はいし》が発表され，全ての夫婦が2人の子どもを持つことが認められるようになった。

問4　内閣総理大臣が国民による選挙で選出されることはない。内閣総理大臣は，国会議員の中から国会が指名し，天皇が任命する(エ…×)。

問5　住民投票は，特定の地域の住民にとって重要な問題について，その地域の住民に直接意見を問う制度である。沖縄県名護《なご》市におけるアメリカ軍へリポート基地建設のように，地方議会で住民投票条例を制定して実施する場合のほか，特定の地方公共団体だけに通用する特別法を制定する場合や，地方議会の解散請求，首長や地方議員の解職請求(リコール)が成立した場合などに行われ，住民にその是非《ぜひ》を問う。

問6　人口の減少にともない高齢人口も減っていくが，支える側の生産年齢人口はそれ以上のスピードで減少するため，納められる保険料だけでは社会保障費をまかなえず，医療や介護《かいご》の担《にな》い手も不足して，社会保障制度の維持《いじ》が難しくなると考えられる(ウ…×)。

問7　**A**　民事裁判は，個人どうしや個人と団体などの間の権利と義務についての争いを解決するために行われる。民法などの法律にもとづいて判決が出されるが，裁判の途中で和解が成立したり，訴えが取り下げられたりすることもある。　**B**　裁判員には守秘義務があるため，評議の過程や各裁判官・裁判員の発言など，裁判に関する情報を外部にもらすことは禁止されている。また，自身が裁判員として裁判に参加している間は，裁判員であることをインターネット上で公開するなどして不特定多数の人に明かす行為《こうい》も禁じられている。

理　科　＜特待選抜入試＞（30分）＜満点：60点＞

解　答

1 (1) イ　(2) x 58　y 24　z 8　(3) オ　2 (1) 40℃　(2) 75℃　(3) 4℃　(4) 100ｇ　(5) （例）状態変化に熱エネルギーを使っているから。　3 (1) ウ　(2) 0.9倍　(3) ウ　4 (1) ア　(2) イ　(3) （例）自転と公転が同じ方向だから。／自転と公転の周期が同じだから。　(4) 29.2日

解　説

1 生き物の生産と消費の関係についての問題

(1) 図1において，生産者の純生産量は，総生産量のうち，呼吸量を除いたものなので，(純生産量)＝(総生産量)−(呼吸量)＝470−100＝370とわかり，イが正しい。

(2) **x** 図1の一次消費者を見ると，一次消費者の摂食《せっしょく》量は生産者の被《ひ》食量と等しい。したがって，(一次消費者の同化量)＝(生産者の被食量)−(一次消費者の不消化排《はい》出量)＝60−2＝58(J/(cm^2・年))より，xには58があてはまる。 **y** 図1の一次消費者において，(同化量)＝(生産量)＋(呼吸量)だから，(生産量)＝58−18＝40(J/(cm^2・年))である。また，(生産量)＝(成長量)＋(被食量)＋(死亡量)なので，(成長量)＝(生産量)−(被食量)−(死亡量)＝40−15−1＝24(J/(cm^2・年))とわかり，yは24となる。 **z** 二次消費者も一次消費者と同様に考えると，同化量14J/(cm^2・年)のうち，(生産量)＝(成長量)＋(被食量)＋(死亡量)＝5＋0＋1＝6(J/(cm^2・年))なので，(呼吸量)＝(同化量)−(生産量)＝14−6＝8(J/(cm^2・年))より，zには8が入る。

(3) 一次消費者と二次消費者の不消化排出量と，生産者，一次消費者，二次消費者の枯《こ》死・死亡量の合計は，(2＋1)＋(10＋1＋1)＝15(J/(cm^2・年))となる。よって，分解者に利用されると考えられるエネルギー量の数値は，オが正しい。

2 水の状態変化についての問題

(1) 1ｇの水の温度を1℃上げるのに必要な熱の量を1とする。0℃を基準とすると，30℃で200ｇの水は，30×200＝6000，60℃で100ｇの水は，60×100＝6000の熱を持っていることになる。これを混ぜると，熱の量の合計は，6000＋6000＝12000となり，合わせて，200＋100＝300(ｇ)になる水の温度は，12000÷300＝40(℃)とわかる。

(2) 加えた水の温度を□℃として，(1)と同様に考えると，加える前とあとの熱の量の合計は同じだから，40×300＋□×50＝45×(300＋50)が成り立つ。□＝(15750−12000)÷50＝75より，加えた水は75℃であったと求まる。

(3) 0℃の氷100ｇを0℃の水100ｇに変えるためには，80×100＝8000の熱の量が必要である。これを，60℃の水150ｇから受け取って残った熱の量は，60×150−8000＝1000なので，100＋150＝250(ｇ)の水の温度は，1000÷250＝4(℃)になる。

(4) 氷が水になると体積は減るが，重さは変わらない。

(5) Aでは固体の氷から液体の水へ，Bでは液体の水から気体の水蒸気へ状態が変化している。このように状態が変化しているあいだは，加えている熱が状態変化に使われるため，水の温度は上が

らず一定になる。

3 浮《ふ》力，力のつりあいについての問題

(1) 氷が一部を水面から出して浮《う》いているとき，氷が押《お》しのけている水の重さと氷自体の重さは同じになる。氷はとけて水になると体積が小さくなり，水に浮いているときに押しのけていた水の体積と同じになるので，水面の高さは変わらず，水はあふれない。

(2) 1辺が5cmの立方体の氷の体積は，5×5×5＝125(cm^3)である。氷が水面から沈《しず》んでいる部分の体積は，5×5×4.5＝112.5(cm^3)で，これは，125cm^3の氷の重さと同じだから，水の体積は氷の，112.5÷125＝0.9(倍)であるといえる。

(3) 物体Bは物体Aより体積が大きいので，容器の水に沈めたときに押しのける水の体積も大きく，水から受ける浮力も大きい。物体Aと物体Bは重さが等しく，それぞれ，ばねにかかる力は浮力の分だけ小さくなるから，右のばねの伸びの方が短くなる。また，容器の水には，物体にはたらく浮力分の力がかかるので，これを支えるてんびんについては，物体Bを沈めた容器がのっている右側の皿が下に傾《かたむ》く。

4 月の見え方についての問題

(1) 図2のように，地球から見て左半分が明るく見えるのは，図1のアの位置に月があるときである。

(2) 満月のとき，月は図1のキの位置にある。月は約1か月(4週間)で地球の周りを1回左回りに公転するので，1週間後の月はアの位置とわかる。地球は，北極上空から見て左回りに自転していて，朝6時は夜から昼になるさかい目にあたるため，アの位置の月を南の方角に見ることができる。

(3) 月は地球の周りを1回公転する間に，同じ回転方向に1回自転している。これによって，地球には常に同じ面が向いていることになる。

(4) 月の公転周期を27日とすると，月は1日に，360÷27＝$\frac{40}{3}$(度)公転する。また，地球の公転周期を360日とすると，地球が1日に公転する角度は，360÷360＝1(度)である。このとき，図1の地球に対する月の位置は1日に，$\frac{40}{3}-1=\frac{37}{3}$(度)ずつずれていくので，満月から次の満月まで，360÷$\frac{37}{3}$＝29.18…より，約29.2日かかる。

国語 ＜特待選抜入試＞（50分）＜満点：100点＞

解答

一 ①～⑤ 下記を参照のこと。 ⑥ せっそう ⑦ まいきょ ⑧ こうぼう

二 エ　三 **問1** (1) イ (2) バクテリアが食べて少なくなった土の中の酸素を，出入りする水にとけこんだ酸素がおぎなう (3) (例) 好気性バクテリアの食物が多く，バクテリアが活発に働いて土の中の酸素を食べてしまい，酸素が少なくなった結果，灰色になった土が腐植したから。 **問2** 鉄やマンガン **問3** **仮説**…エ **方法**…エ **問4** ウ **問5** イ→エ→ウ→ア **問6** **P** ア **Q** イ **R** オ **問7** (1) (例) 水が，細いすき間があると上に登ろうとする現象。 (2) (例) 毛管現象によって，土のすき間を地下の水が登っていき，植物の根がその水を吸収できるから。 (3) 海岸や砂丘あるいは砂場 **理由**…

（例）　水が登るのには砂つぶと砂つぶの間が広すぎ，毛管水がほとんどないから。　(4)　地面の土のかたまりやできた氷を押し上げるほど（の力）　**問８**　ア，エ，オ　**問９**　（例）土のすき間がほとんどなく，霜柱を作る毛管水ができないから。　**問10**　エ　**問11**　エ　**問12**　（例）　私の疑問は，なぜこんぶは海中でだしが出ないのかということだ。塩水ではだしが出ないと仮説を立て，さまざまな濃度の塩水にこんぶを入れて，味の変化を調べたい。　四　（例）　生物の絶滅理由は，「理不尽な環境の変化」「ライバルの出現」「人間のせい」の三つ。現代人にとっても，これらは災害やAIの出現，地球温暖化などにそれぞれ対応する。人間が人間のせいで滅びるわけにはいかない。

●漢字の書き取り

一　①　注射　②　敬服　③　批評　④　財宝　⑤　首脳

解　説

一　漢字の書き取りと読み

①　針をさして，薬液などを体内に入れること。　②　心から感心し，尊敬すること。　③　ものごとの善悪や是非《ぜひ》，優劣《ゆうれつ》などを見分けたり，指摘《してき》したりして価値を判断し，意見を言うこと。　④　お金や宝物。　⑤　政府や会社など，組織や団体の中心的役割を果たす人。　⑥　自分の信じることを守り，考えや立場を変えないこと。　⑦　「枚挙に暇《いとま》がない」は，数えられないほど多いさま。　⑧　栄えることとおとろえること。

二　資料の読み取り

この案内は「お弁当宅配サービス」の契約《けいやく》者あてで，契約者は「秋の味覚堪能《たんのう》キャンペーン」の商品を購入《こうにゅう》してもしなくても，すべての商品をいつでも10％割引で購入できるのだから，アの内容は合わない。「秋の味覚堪能キャンペーン」は10月１日から２か月間実施《じっし》されるので，キャンペーン商品が15％割引となるのは11月末までである。よって，イも正しくない。また，15％割引になるのはキャンペーン商品のみで，この案内が届いた「お弁当宅配サービス」の契約者がその他の商品を買う場合は10％割引になると書かれているので，ウも間違《まちが》っている。

三　出典：倉林三郎《くらはやしさぶろう》『生きている土』。畑と水田の土の色のちがいや，どのような土が水はけがよいか，日照り続きでも植物がかれないのはどんな土かなどについて，実験や資料をまじえて説明されている。

問１　(1)　第二段落に「畑の土の色は黒っぽい褐色《かっしょく》や褐色」とあるので，表のWには「褐色」が入る。第四段落に「水田の土の色は，土の表面から二センチか三センチぐらいの深さまでは～褐色」，「その下の土は黒みがかった灰色」とあるので，Xは「褐色」，Yは「黒ずんだ灰色」がふさわしい。第八段落に，地下水が浅いところにある低い平野の水田では，灰色の土の下に「青色がかった土の層」があると書かれているので，Zには「青色」が入る。よって，イが選べる。　(2)　水田の表面から二～三センチぐらいの深さまでの土が，畑の土のように褐色なのは，「バクテリアが食べて少なくなった土の中の酸素を，出入りする水にとけこんだ酸素がおぎなう」からだと，第六段落で述べられている。　(3)　第五段落の前半に，水田の土の表面から二～三センチぐらいまでの層の下の土が「黒ずんだ灰色」である理由が説明されている。「食物が豊富で働きがはげしくなった好気性《こうきせい》バクテリアが土の中の酸素を食べてしまい，酸素が少なくなったために灰色になった土が，さらに腐植《ふしょく》して黒っぽくなるから」のようにまとめるとよい。

問2　第七段落に，農家では，水田の水がもれないように「押《お》し固められた土の層」（すき床）をつくるとあり，「すき床の下の土もやはり灰色」だが，褐色やこげ茶のはん点がたくさん入っていると書かれている。筆者によれば，この「はん点」は，水田の表面近くの土からとけ出した「鉄やマンガン」が土中の酸素と結びついて沈殿《ちんでん》したもので，褐色は「鉄分」の色，こげ茶は「マンガン」の色で，これらは「水田の土にだけ見られる特徴《とくちょう》」である。

問3　ぼう線②の一つ前の段落に，水田の灰色や青色の土も，空気にふれれば表面が褐色になると書かれている。また，直前の文にあるとおり，ここで行う実験は「畑や花だんの褐色の土」にふれる空気が少なくなった場合，水田の土のような灰色や青色に変わるかどうかを確かめるためのものなので，〈仮説〉はエにあたる。〈方法〉は次の段落にあるように，土の中のバクテリアにえさの砂糖を与えて活発に働かせ，土中の酸素を減らすエがふさわしい。

問4　ローラーで土を押し固めたり，水を土の上に流しこんだり，耕運機やくわで田をたがやしたり，水田を作るときに表面の土をはぎとったりするのは，人間の働きによるものだが，ウの風化や腐植は，時間がたったことによる結果である。

問5　図のような実験装置をつくる必要があるので，まず，材料の「竹筒《たけづつ》を三本用意します」とあるイがきて，このイの筒について，ものほしざおやポリコップでもよいと説明を加えているエが次になる。そして，用意した筒にどのような細工をして装置をつくるかを説明したウを続け，最後に，つくり方を補足しているアをつなげると文意が通る。よって，イ→エ→ウ→アとなる。

問6　P，Q，R　空らんAでつくった三本の筒の中に種類のちがう土をつめ，土と筒がふれあっている部分にローソクのろうをとかしこんでから，それぞれに同じ量の水を注ぎ，筒の下に置いたコップの水の量を調べて水はけのよさを比べる実験である。空らんP～Rをふくむ文の最初に，前の内容を言いかえるときに使う「つまり」があるので，直前の文に注目する。水はけのよいものほど下のコップにたまる水量が多いのだから，水はけのよい空らんPには，アの「砂」，水はけの悪い空らんQには，イの「粘土」，その中間の空らんRには，オの「畑や花だんの土」が入る。

問7　⑴　筆者は，ぼう線④の二つ後の段落で，毛管現象とは「細いすき間を水が上昇《じょうしょう》すること」だと説明している。　⑵　ぼう線④の三つ後の段落に，毛管現象によって「土の中のせまいすき間を上がってゆく水」は「毛管水」と呼ばれ，「植物の根は毛管水を吸収するので，日照りが続いてもなかなか植物はかれません」と書かれている。日照りが続くと「地面に近い土」はかわいてしまうが，「植物の根がのびている少し下の土の層」では毛管水のおかげで土がしめっており，植物の根はその水分を吸収するので「そう簡単には」かれないのである。　⑶　ぼう線④の三つ後にある段落の最後に，「海岸や砂丘あるいは砂場」は土に砂がたくさん含まれ，水が登るのには砂つぶと砂つぶの間が広すぎ，毛管水がほとんどないために草がはえにくいとある。　⑷　文章の最後から二番目の段落に，土の「すき間がせまいほど，水の上昇ははげしく」，毛管水は「地面の土のかたまりやできた氷を押し上げるほど」の力を発揮《はっき》すると書かれている。

問8　筆者は，植物がよく育つ土の「その他の性質」として，養分が多いこと以外の性質をあげようとしているので，養分の供給が多いとあるウは合わない。砂が多い土は水もちが悪く，草がはえにくいと，ぼう線⑤の二つ前の段落にあることと，団粒《だんりゅう》が多い土はすばらしい働きをすると直前の段落に述べられていることから，「団粒が少なく，砂が多い」というイも正しくない。

問９　最後の二段落に注目すると，筆者は“霜柱《しもばしら》は毛管水でできるが，ふみ固められた道路や校庭には「土のすき間」がほとんどなく，霜柱をつくる毛管水ができないため，霜柱もほとんどできない”と説明しているので，この内容をまとめて書く。

問10　問９でみたように霜柱は毛管水がないとできないが，土の中の水がこおると毛管水が下から上がってこられず，霜柱をつくる水がなくなってしまう。霜柱ができるために，土は，水がこおらない「０度以上」の温度でなければならないので，エがふさわしい。「地中で水がこおる」ことを条件にしているイとウは合わない。また，ぼう線⑦をふくむ部分の次の段落に，土の中の水がこおらないだけでは「長いきれいな霜柱ができるわけを説明したこと」にはならないとあるので，アも正しくない。

問11　「土の深さによる温度のちがい」を記した資料に，「地面の土の温度差」が１日に「６℃」あると書かれていることから，土の表面の温度は「昼と夜」で差があり，「日かげと日なた」でも異なると考えられる。よって，空らんＳには「日かげと日なたではちがいます」が入る。また，「深さ20cmの土の温度差」は１日で0.6℃で，「日なたと日かげ」「昼と夜」とを比べても温度に大きな差はないので，空らんＴは「あまりかわりません」とするのがよい。次の段落に，「土の表面の温度が０度以下」でも「地面から数センチ入ると，温度は０度以上」だとあるので，空らんＵには「０度より高い」が入る。よって，エが選べる。

問12　「私の身近な疑問は～ということだ。～という実験をし，疑問を解消したい」などといった形式で書けばよい。疑問が解消できると思われる内容の実験を考えて，簡潔にまとめる。

四　出典：「滴《てき》一滴」（「山陽新聞」2023年５月７日朝刊）

「ステラーカイギュウ」の絶滅《ぜつめつ》の話題は，読者の興味を引くためのきっかけにすぎないので，その内容は省き，まず「生物の絶滅理由」の三つをあげる。続いて，その「理不尽《りふじん》な環境《かんきょう》の変化」「ライバルの出現」「人間のせい」という三つが，現代人にとって何にあたるかを具体的に説明し，文章の最後に書かれた“人間自身が人間のせいで滅《ほろ》びるわけにはいかない”という筆者の主張でまとめればよい。

Dr.福井の 入試に勝つ！脳とからだのウルトラ科学

試験場でアガらない秘けつ

キミたちの多くは，今まで何度か模擬試験（たとえば合不合判定テストや首都圏模試）を受けていて，大勢のライバルに囲まれながらテストを受ける雰囲気を味わっているだろう。しかし，模擬試験と本番とでは雰囲気がまったくちがう。そういうところでも緊張しない性格ならば問題ないが，入試独特の雰囲気に飲みこまれてアガってしまうと，実力を出せなくなってしまう。

試験場でアガらないためには，試験を突破するぞという意気ごみを持つこと。つまり，気合いを入れることだ。たとえば，中学の校門前にはあちこちの塾の先生が激励《げきれい》のために立っている。もし，キミが通った塾の先生を見つけたら，「がんばります！」とあいさつをしよう。そうすれば先生は必ずはげましてくれる。これだけでもかなり気合いが入るはずだ。ちなみに，ヤル気が出るのは，TRHホルモンという物質の作用によるもので，十分な睡眠をとる，運動する（特に歩く），ガムをかむことなどで出されやすい。

試験開始の直前になってもアガっているときは，腹式呼吸が効果的だ。目を閉じ，おなかをふくらませるようにしながら，ゆっくりと大きく息を吸う。ここでは「ゆっくり」「大きく」がポイントだ。そして，ゆっくりと息をはく。これをくり返し何回も行うと，ノルアドレナリンという悪いホルモンが減っていくので，アガりを解消することができる。

よく「手のひらに“人”の字を書いて飲みこむことを3回行う」とアガらないというが，そのようなおまじないを信じて実行し，自分に暗示をかけてもいいだろう。要は，入試に対するさまざまな不安な気持ちを消し去って，試験に集中できるようなくふうをこらせばいいのだ。

Dr.福井（福井《ふくい》一成《かずしげ》）…医学博士。開成中・高から東大・文Ⅱに入学後，再受験して翌年東大・理Ⅲに合格。同大医学部卒。さまざまな勉強法や脳科学に関する著書多数。

Memo

2023年度 光英VERITAS中学校

【算　数】〈第１回入試〉（50分）〈満点：100点〉

（注意）●筆算やたてた式は，それぞれの問題の下側に書いて，消さずに残しておくこと。

1 次の計算をしなさい。

（1）　$92-20\div5\times(4+6\times3)$

（2）　$2000\times0.003\div0.25\times0.5$

（3）　$2\frac{3}{4}+\left(1\frac{1}{4}-\frac{5}{6}\right)\div1\frac{2}{3}$

（4）　$\left(1.25-\frac{2}{3}\right)\div14+\frac{5}{8}\times\frac{7}{15}$

2 次の□にあてはまる数を答えなさい。

（1）　９５をある整数でわるとあまりが１５になります。このような整数のうち一番小さい整数は□です。

（2）　１２００円の品物を□％引きしたときの売価は１０２０円でした。

（3）　家から学校まで行きは時速６km，帰りは時速９kmで往復しました。平均の速さは時速□kmです。

（4）　あるクラスの人数は３５人で，男子は女子より３人少ないそうです。女子は□人です。

（5）　計算テストで４回目までの平均点が８０点でした。５回目のテストの得点が□点だったので，５回目までの平均点が８２点になりました。

3 光くんと英治くんの２人は，家から３kmはなれた博物館へ一緒に歩いて向かいました。途中で光くんが忘れ物に気づき，英治くんはそのまま進みましたが，光くんは立ち止まって４分間考えた後，歩く速さの３倍の速さで走って家に戻りました。帰宅後，光くんは忘れ物を探し，時速３０kmの車でお父さんに送ってもらった結果，英治くんよりも５分早く博物館に着きました。下のグラフは，２人が家を出発してからの時間と，家からのきょりの関係を表したものです。次の問いに答えなさい。

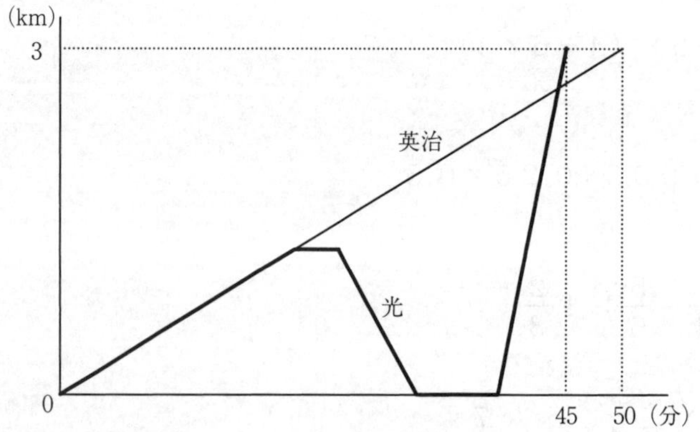

（1） ２人の歩く速さは分速何mですか。

（2） 光くんが車で家を出発したのは，２人が一緒に家を出発してから何分後ですか。

（3） 光くんは，走った時間と同じだけ家にいました。光くんが帰宅した時刻に，英治くんは家から何mはなれたところにいましたか。

4 整数を２以上の整数の積で表し，その和を考えます。ただし，かけ算の順番のみが違《ちが》う組み合わせ同士は，同じものとして扱います。下の〔例〕を参考に，次の問いに答えなさい。

〔例〕
１８は３通りに表せます。
１８＝２×９　　　→　和は，２＋９＝１１
１８＝３×６　　　→　和は，３＋６＝９
１８＝２×３×３　→　和は，２＋３＋３＝８

（１）　３０は何通りに表せますか。

（２）　２１０を２以上の整数の積で表し，その和を考えたとき，**最も大きい和**は何ですか。

（３）　２０２３を２以上の整数の積で表し，その和を考えたとき，**最も小さい和**は何ですか。

5 たて４ｃｍ，横７ｃｍの長方形ABCDがあります。頂点Bから発射された点Pは，直進して長方形の辺にぶつかると反射して，再び直進します。このとき，点Pの進路と辺との間の角度は，辺にぶつかるときと反射するときで同じになるものとします。また，直進と反射をくり返して，長方形の頂点にぶつかると点Pは止まります。次の問いに答えなさい。

（１）　図１のように辺ABと４５度の角度で発射すると，点Pが止まるまでに辺に何回ぶつかりますか。点Eを１回目とし，終わりの点も回数にふくめるものとします。

（２）　図２のように発射すると，点Pが止まるまでに動くきょりの合計は何ｃｍになりますか。

(図1)

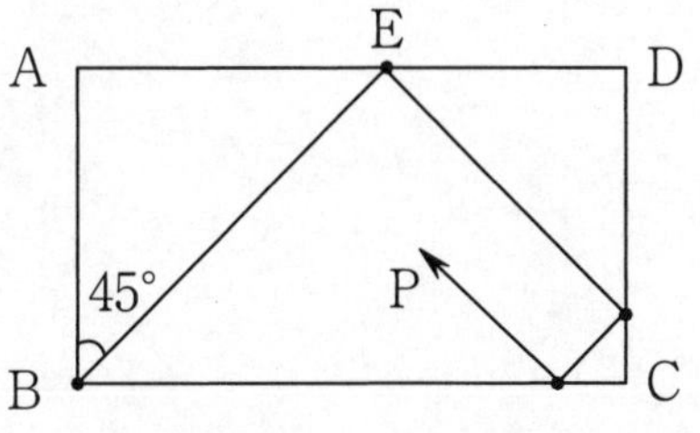

(図2)

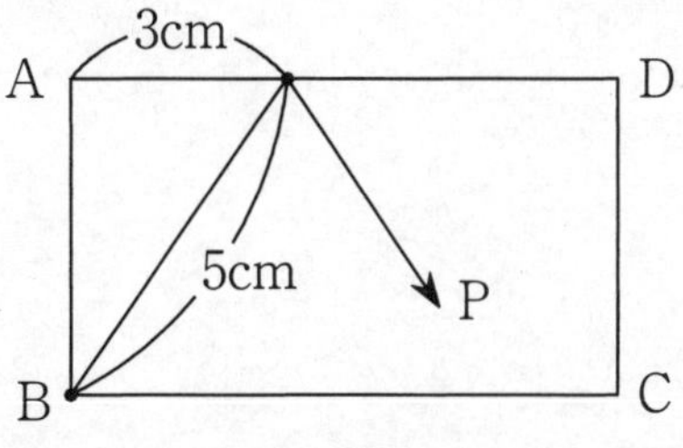

6 下の図のような直方体を２つ組み合わせた容器に上から５ｃｍのところまで水が入っています。次の問いに答えなさい。

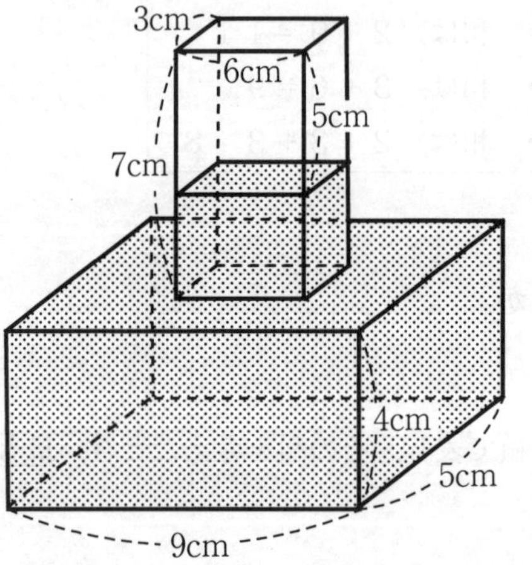

（１）　容器に入っている水の体積は何ｃｍ^{3}ですか。

（２）　この容器にふたをして容器をひっくり返しておいたとき，水が入っているのは上から何ｃｍまでですか。ただし，水はこぼれないものとします。

【社　会】〈第1回入試〉(30分)〈満点：60点〉

1　中学1年生のひかるさんが夏休みの自由研究に取り組んでいます。以下のレポートを読んであとの問いに答えなさい。

夏休みの自由研究：SDGsと地球環境問題について

(1)テーマを選んだ理由

ニュースでSDGsという言葉を聞き、興味を持ったため。

(2)SDGsとは

2015年9月のa国連サミットで加盟国の全会一致で採択された、2030年までに持続可能でよりよい世界を目指す国際目標のこと。

(3)主な地球環境問題とSDGｓについて

現象	説明	影響	SDGsの番号
地球温暖化	地球上の気温は上昇傾向にあり、経済活動が活発な北半球の上昇がいちじるしい。	氷河の減少、ゲリラ豪雨(突然の大雨)などの異常気象。	13 気候変動に具体的な対策を
海洋汚染	最近では、原油流出だけではなく細かい粒子状に分解されたマイクロプラスチックなどが世界の海に広がっている。	魚や貝などが汚染され、沿岸の漁業や観光などは深刻な影響が出ている。	12 つくる責任 つかう責任 14 海の豊かさを守ろう
(　①　)	経済成長とともにエネルギー資源の消費量が急速に増え、工業地帯の排煙や自動車の排ガスの増加が進んでいる。	中国から大量の物質が季節風によって日本の上空まで運ばれるなど、国境を越えて影響が出ている。	15 陸の豊かさも守ろう
(　②　)	過度の放牧や耕作、燃料のための樹木のばっさいなどの人為的な要因が大きい。	干上がった場所からは塩類や有害な化学物質を含む砂嵐が多発し、周辺住民への健康被害も引き起こしている。	13 気候変動に具体的な対策を 15 陸の豊かさも守ろう

(4)研究して分かったこと

・b地球環境問題への国際的な取り組みが進んでいることが分かった。

・c世界はいま、地球規模で労働力・資源・商品などの交流が広がり、結びつきが深まっている。

このため、競争を生むようになり、競争力の高い先進国と競争力の弱い発展途上国ではd経済格差が生まれる。地球環境問題に対する取り組みも格差が生まれないように協力していくべきだ。

問１　レポート内の(3)の表について、現象（　①　）・（　②　）に当てはまる語句として正しいものを以下の語群から選び、答えなさい。なお、選択されない語句もある。

語群＊　大気汚染・海洋汚染・オゾン層の破壊・砂漠化・生物多様性の減少・地球温暖化

問２　下線部**a**について、国連とは国際連合の略称であり、第二次世界大戦後の世界の平和と安全を守るために1945年に設立された。次の**ア～エ**の文のうち、国際連合について正しく説明したものを一つ選び、記号で答えなさい。

ア　世界の平和と安全の維持を目的とする安全保障理事会があり、５カ国の常任理事国と５カ国の非常任理事国からなる。

イ　総会は国連の主たる審議機関で、各国の立場は対等である。

ウ　本部はワシントンD.C.にあり、議会の決議方法は多数決である。

エ　専門機関として、国連教育科学文化機関（WHO）や世界保健機関（UNESCO）などがある。

問３　下線部**b**について、以下の表は国際的な取り組みをまとめたものである。空らん（　**あ**　）・（　**い**　）に当てはまる語句を答えなさい。

年号	説明文
1972	環境問題を話し合う、世界で初めての会議がストックホルムで開かれた。ここでは、環境問題が地球規模の課題であることが確認され「かけがえのない地球」をテーマに掲げる「（　**あ**　）」が採択された。
1992	リオデジャネイロで（　**い**　）が開かれ、「環境と開発に関するリオ宣言」で地球温暖化の防止に関する条約が採択された。
1997	地球温暖化防止京都会議が開かれ、京都議定書が採択された。温室効果ガスの排出量を減らす、各国の目標値が定められた。

問４　下線部**c**について、このことを何というか。カタカナを含む**８字**で答えなさい。なお、だく点も１文字とする。

問５　下線部**d**について、経済格差が起こらないようにするためにもまずは国内での政治の方向性が定まっている必要がある。以下の文章は法律を定めることができる唯一の機関である国会について説明したものである。**ア～エ**の中から**ふさわしくないもの**を一つ選び、記号で答えなさい。

ア　国会は、衆議院と参議院の二院制で構成される。

イ　毎年１回１月中に開かれる会議を常会という。おもに次年度の予算について話し合う。

ウ　不適任だと訴えられた裁判官の裁判を行う国政調査権がある。

エ　衆議院には参議院よりも強い権限が与えられている。

2　中学１年生の**光英**くんが家族（**父親**、**母親**、弟の**聖太**くん）と来年の家族旅行の計画を立てています。以下の会話文を読んであとの問いに答えなさい。

光英：来年の家族旅行は、世界遺産めぐりをしようよ。
母親：いいわね。最も世界遺産の登録が多い国は、ヨーロッパ州の（　A　）だけれども少し遠いわね。２番目に世界遺産の登録が多いアジア州のa中国なんてどうかしら。
父親：外国の世界遺産も素晴らしいが、まずは日本の世界遺産を巡ってみないか？
聖太：たしかにそうだね。b移動も国内のほうが楽だよね。
母親：c歴史文化遺産をたくさん見学することができるd近畿地方に行くのもいいわね。
光英：いろいろ調べていくと、世界遺産に登録されていなくても観光地として人気の場所はたくさんあることが分かったよ。
父親：e山岳高原保養地型、自然環境保全型、歴史文化遺産型、都市文化型、地場産業型など様々なかたちで観光業は盛り上がっているよ。ほかにも、温泉保養地型施設などもあるよ。熱海（静岡県）などが有名だね。すでに江戸時代には、全国の温泉に順位をつけた温泉番付が発行されるほど温泉が人気だったよ。
聖太：どこも素敵だね。旅行に行くとなると、f天気も重要になってくるね。
母親：天気といえば、過去に発生した津波、洪水等の自然災害について記載した記念碑であるg自然《しぜん》災害《さいがい》伝承《でんしょう》碑《ひ》があるよ。自分たちの地域についてはもちろん、旅行先でも調べてみると勉強になるわね。
光英：早速、計画を立ててみよう！

問１　空らん（　A　）に当てはまる国名を答えなさい。

問２　下線部aについて、中国は人口の９割を「特定の民族」が占めている。その民族の名前を答えなさい。

問３　下線部**ｂ**について、以下の表は、様々な条件からみた各交通機関の長所と短所についてである。空らん**Ａ〜Ｄ**に当てはまる交通機関を以下の**ア〜エ**から選び、それぞれ記号で答えなさい。

◎とてもよい　○よい　※条件により異なる　△やや悪い　×悪い

交通機関名	経済効率					外部条件	
	目的地まで早く着ける	目的地まで便利に行ける	少ない運転要員で人や物を運べる	多くの人や物を運べる	動力を効率よく利用できる	環境条件を悪化させない	広い土地を必要としない
Ａ	◎	×	※	△	×	※	※
Ｂ	○	△	◎	◎	○	△	○
Ｃ	△	◎	×	△	×	×	×
Ｄ	×	×	◎	◎	◎	○	◎

ア　船　　**イ**　自動車　　**ウ**　航空機　　**エ**　鉄道

問４　下線部**ｃ**について、そのうちの１つである厳島神社は平氏ゆかりの地とされている。当時、日宋貿易のために瀬戸内海の航路を整え、宋銭の輸入により貨幣経済を浸透させた人物の名を答えなさい。

問５　下線部**ｄ**について、**近畿地方にない**世界遺産を次の**ア〜カ**の中から二つ選び、記号で答えなさい。

ア　古都奈良の文化財
イ　紀伊《きい》山地の霊場と参詣《さんけい》道
ウ　百舌《もず》鳥・古市《ふるいち》古墳群
エ　白川郷《しらかわごう》・五箇山《ごかやま》の合掌造り集落
オ　法隆寺地域の仏教建造物
カ　石見《いわみ》銀山遺跡とその文化的景観

問６　下線部ｅについて、以下の**２・４**の説明に当てはまる地域を以下の**ア〜エ**から選び、記号で答えなさい。

１　山岳高原保養地型
スキーや登山ブームを背景に発達したが、現在も避暑地やリゾート地として人気である。
２　自然環境保全型
世界自然遺産の登録により、環境保全の意識を高め、地域活性化にもつなげている。
３　歴史文化遺産型
歴史的町並みや地域固有の伝統文化を観光資源として、周辺に宿泊施設が集積している。
４　都市文化型
豊富な品ぞろえの専門店、テーマパークなどの観光資源が存在し、外国人観光客も多い。

ア　京都府、奈良県
イ　軽井沢（長野県）、箱根（神奈川県）
ウ　秋葉原（東京都）、東京ディズニーリゾート（千葉県）
エ　白神山地（青森県・秋田県）、知床（北海道）

問７　下線部ｆについて、以下の図は東京、エジプト、タイ、シンガポール、昭和基地の雨温図である。以下の雨温図**ア〜オ**から東京の雨温図を選び、記号で答えなさい。折れ線グラフは月平均気温（℃）、棒グラフは月平均降水量、横軸は時期（月）を表している。

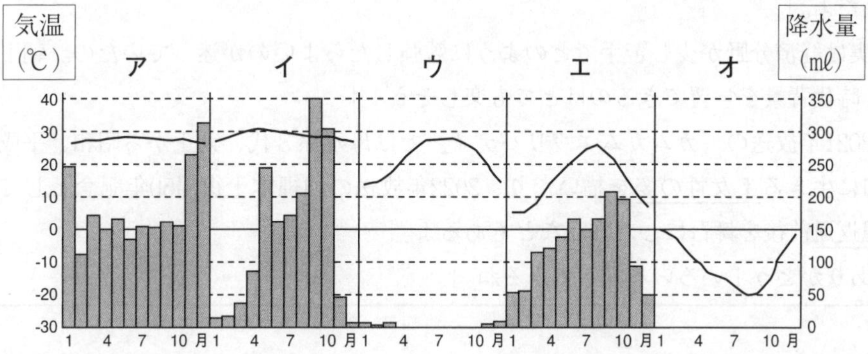

問８　下線部ｇについて、自然災害伝承碑の地図記号を以下の**ア〜エ**から選び、記号で答えなさい。

ア

イ

ウ
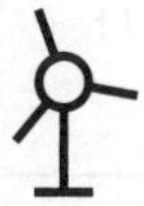
エ

3　中学１年生の**光子**さん、**英二**くん、**聖華**さんのある昼休みの会話です。文章を読みあとの問いに答えなさい。

英二：「光子さんは朝の連続テレビ小説（以下、朝ドラ）が好きと言っていたね。」
光子：「そうなの。最近の作品はもちろん、過去の作品も親と見逃し配信でたくさんの作品を見ているの。」
聖華：「そもそも朝ドラはいつから始まったのかな。」
光子：「1961（昭和36）年、月曜から金曜まで１年間続く帯番組としてスタートしたよ。当時は20分間の番組だったよ。その後15分間になり、2019年放送の**a**北海道を舞台にした『なつぞら』で100作目の節目を迎えたよ。」
英二：「最近の作品にはどんなものがあるの？」
光子：「2020年放送の『エール』は、日本が**b**生糸輸出量世界一となった1909年（明治42）年に誕生し、音楽家へと成長したヒーローが戦争で傷ついた人々の心を音楽の力で勇気づけようとした作品だよ。」
聖華：「**c**戦時中に歌をつくる大変さなどが分かる作品だね。」
光子：「2012年放送の**d**終戦直後の東京を舞台にした作品である『梅ちゃん先生』には、どのような状況でも前向きに生きるヒロインの姿に勇気をもらったよ。」
英二：「当時の人々の生活について知らなかったから、勉強する良いきっかけになりそう。」
光子：「当時の人々の生活について、といえば2017年放送の『ひよっこ』は、**e**高度経済成長期前後の時代を舞台に名もなき人にスポットを当て、毎日の暮らしを温かく描いた作品だよ。」
聖華：「実は経済分野が少し苦手でどのように勉強したらよいのか迷っていたの。朝ドラを見て時代背景を学習できるのはとても楽しそう！」
光子：「2021年放送の『カムカムエヴリバディ』では母娘孫３代、大正から昭和、平成から令和に生きる**f**女性の姿を描いたり、2022年放送の沖縄本土復帰50年記念として、**g**沖縄返還前後を舞台にした作品などもあるよ。」
英二：「ありがとう！いろいろ調べてみるね。」

問１　下線部**a**について、北海道について説明している以下の文を読んで空らんに当てはまる語句を答えなさい。なお、空らんには同じ語句が入る。

北海道は、明治時代まで蝦夷地《えぞち》とよばれた。蝦夷地の（　　　）民族は、活発に日本人との貿易を行った。やがて和人（本州の人々）は（　　　）民族と衝突を起こし、後に江戸幕府が蝦夷地を直接支配した。

問２　下線部**b**について、明治時代の出来事を説明した文章として**ふさわしくないもの**を次の**ア～エ**から選び、記号で答えなさい。

ア　藩を廃止して府や県を置き、中央政府から府知事・県令を派遣し中央集権化を図った。

イ　薩摩藩の監督のもとに、将軍や琉球王国の代替わりごとに江戸に使節が送られた。

ウ　満20歳以上の男子に３年間の兵役の義務を定めた。

エ　フランスから機械を導入して政府が群馬県に製糸場を建設した。

問３　下線部**c**について、以下の空らん（　①　）～（　③　）に当てはまる語句を答えなさい。

1939年、ドイツがポーランドに侵攻したことをきっかけに始まった、世界を二分した戦争を（　①　）という。戦争の状態が激しくなると、日本では空襲の被害を避け、都会の小学生を学校単位で地方の農村などに避難させる（　②　）などを行うようになった。1945年８月６日に広島に、９日には（　③　）に原子爆弾が投下され、８月14日、日本は無条件降伏を勧告するポツダム宣言を受け入れた。

問４　下線部**d**について、以下の表は終戦後の日本で起きた出来事をまとめた表である。空らん（　①　）～（　⑥　）に当てはまる語句を答えなさい。なお、1946年の出来事を表す絵の中にある文字は、問題の都合上一部省略している。

年号	出来事	出来事を表す絵や写真
1946	11月３日に（　①　）が公布される。国の政治を決める主体は国民にあるとする国民主権、人が生まれながらにもっている（　②　）の尊重、軍隊をもたず永久に戦争をしないとする（　③　）を三大原則とした。	 文部省（現在の文部科学省）が中学校１年生向けに発行した社会の教科書
1951	日本は、アメリカやイギリスなど48か国との間で（　④　）平和条約を結び、翌1952年、独立国として主権を回復した。	 吉田茂首相が調印している様子。
1964	東京（　⑤　）の開催にあわせて、東京―大阪間で東海道新幹線が開通し、鉄道網や高速道路網の整備が進んだ。	 東京（　⑤　）の公式エンブレム
1973	第４次中東戦争がきっかけで（　⑥　）が起こり、世界経済に大きな影響をもたらした。	 石油の値上がりにより、トイレットペーパーなど生活必需品も不足するとの情報が流れた。

問５　下線部 **e** について、高度経済成長期の出来事を説明している文章として、**ふさわしくないもの**を次の**ア～エ**から選び、記号で答えなさい。

ア　1960年代前半には電気冷蔵庫、白黒テレビ、電気洗濯機の購入が増えた。
イ　富山県の神通川の下流では、水俣病の被害が発生した。
ウ　政府は1971年には環境庁を設け、環境を保全する政策を進めた。
エ　産業が集中する大都市では人も集中して過密になり、ごみ問題などが起こるようになった。

問６　下線部 **f** について、以下の表は歴史上の人物を女性に焦点をあててまとめたものである。以下の（１）・（２）の問を答えなさい。

（１）　人物紹介①・④に当てはまる紹介文を以下の**ア～エ**から選び、記号で答えなさい。
（２）　人物**A～D**を活躍した時代が古い順に並べ替え、**A～D**の記号で答えなさい。

記号	人物名	人物紹介
A	与謝野晶子	①
B	清少納言	②
C	卑弥呼	③
D	北条政子	④

ア　中国の歴史書である『魏志《ぎし》』倭人伝に、邪馬台国を治めた女王として書かれている。
イ　出兵した弟に対する「君死にたまふことなかれ」という詩をつくり、反戦の意を表明した。
ウ　源頼朝の死後、主導権を握り、承久の乱の際、御家人をまとめた。
エ　日常の出来事をするどく観察し、感想を述べた随筆、『枕草子』を著した。

問７　下線部 **g** について、以下の**ア～オ**は、それぞれ沖縄の出来事について説明したものである。起こった出来事**ア～オ**を古い順に並べ替え、記号で答えなさい。

ア　太平洋戦争で、アメリカ軍が上陸し地上戦が開戦となる。
イ　帝国議会が開設されるも、沖縄県民には参政権がなかった。
ウ　アメリカの施政下におかれていたが、日本に復帰する。
エ　アメリカ軍がベトナム戦を開始する。沖縄に爆撃機が配備される。
オ　将軍の代替わりには慶賀使《けいがし》、国王の代替わりには謝恩使《しゃおんし》を江戸に送らせた。

【理　科】〈第１回入試〉（30分）〈満点：60点〉

1　文章を読んで，次の問いに答えなさい。

図１は６０℃の水に溶けるだけ溶かしたホウ酸の量を示しています。**図２**は６０℃で１０％の濃さの食塩水に溶けるだけ溶かしたホウ酸の量を示しています。

ただし，食塩水の濃さは，食塩水の重さに対する溶けている食塩の重さの割合を百分率で表したものです。

図1

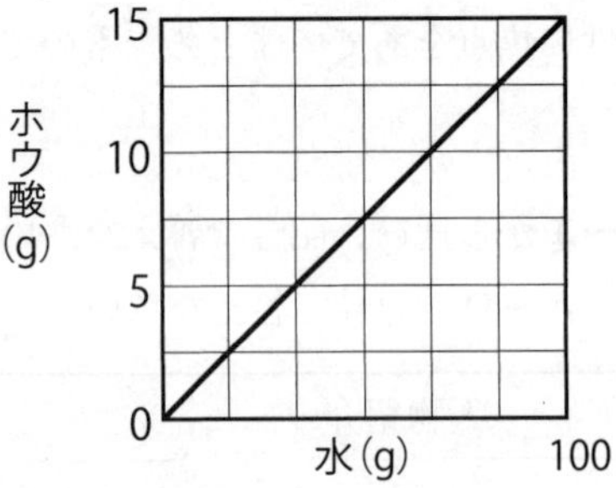

図2

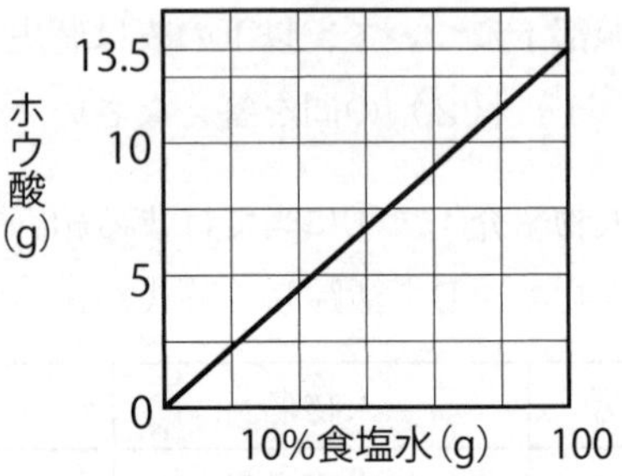

(1)　６０℃の水５０ｇにはホウ酸は何ｇまで溶けるか，答えなさい。

(2)　ホウ酸１３．５ｇを溶かすには，少なくとも６０℃の水は何ｇ必要か答えなさい。

(3)　ホウ酸１３．５ｇを６０℃で１０％の濃さの食塩水に溶かしたとき，食塩水にふくまれる水は少なくとも何ｇ必要か，答えなさい。

(4)　ホウ酸が水に溶ける量は，食塩が溶けているとどうなりますか。次の**ア〜ウ**から１つ選び，記号で答えなさい。

ア　食塩が溶けていると，ホウ酸の溶ける量は減る。
イ　食塩が溶けていても，ホウ酸の溶ける量は変わらない。
ウ　食塩が溶けていると，ホウ酸の溶ける量は増える。

(5)　温度によって水に溶けるホウ酸の最大量は変化します。例えば，２０℃の水１００ｇにはホウ酸は最大で５ｇしか溶けません。

いま，６０℃の水５０ｇにホウ酸を溶けるだけ溶かしました。この溶液を２０℃まで温度を下げると何ｇのホウ酸が溶けずに出てくるか，答えなさい。

2 光君と英樹先生の会話文を読み，後の問いに答えなさい。

光君　「先生，今日は浮力の授業でしたが質問してもいいですか？」

英樹先生「はい，なんでしょうか？」

光君　「先日，インターネットの動画で，死海とよばれるとても塩分濃度が高い湖では人が浮きやすいというのをみたのですが，これも浮力に関係あるんですか？」

英樹先生「日常の話と授業での話を結びつけられるのはすばらしいですね！質問についてですがとても関係ありますよ。どのような要素でしょう？」

光君　「ちょっと想像がつかないなあ。」

英樹先生「では今日の授業の復習をしながら，なぜ死海で人が浮きやすいのか考えていきましょう。」

光君　「はい，よろしくお願いします。」

英樹先生「まず，今日の授業の浮力というのは何と一緒と話したかな？」

光君　「浮力はその物体が押しのけた液体の重さといってました。」

英樹先生「そうだね，それではこの**図１**の場合，浮力は何ｇの力ではたらいているかな？」

光君　「これは授業でやったのでできます。（　①　）ｇの力ですね。あと，この物体の重さは浮かんでいることから（　②　）ｇとわかるんですよね？」

英樹先生「そうだね，すばらしい。では**図２**ではどうなるかな？」

光君　「これは，沈んでいても浮力がかかることは変わらないから（　③　）ｇの力ですか？」

英樹先生「そうだね，状況が変わっても原則に従って考えることが，重要。この沈んでいる物体Ｂの重さが６３０ｇで，これを**図３**の状態にしたいときに，水５００cm^3に対して食塩が溶けるときに体積は増えないものとすると，どのように考えればいいと思いますか？ヒントは死海について理解していれば解けますよ。」

光君　「浮力の大きさを大きくしたいから（　　　　④　　　　）」

英樹先生「すばらしいですね。では実際に死海の塩分濃度を計算してみましょう！」

図１

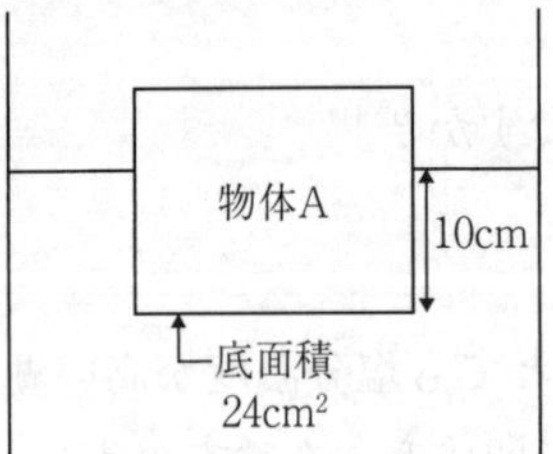

図２

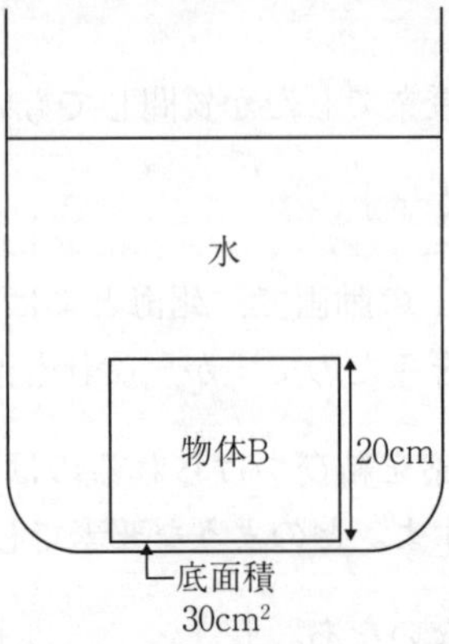

図３

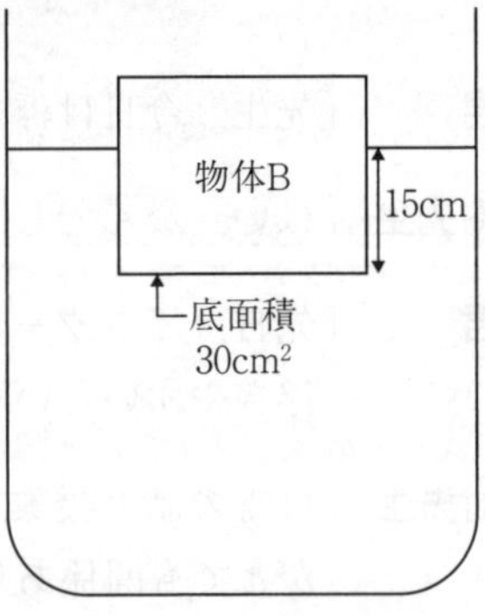

(1)　会話文中の（　①　）～（　③　）に入る数字を次の**ア～カ**のうちから１つ選び，記号で答えなさい。水は１ｃｍ^{3}で重さ１ｇとする。また，同じ記号を何度使ってもよいものとする。

ア　１００　**イ**　２００　**ウ**　２４０　**エ**　３６０　**オ**　４８０　**カ**　６００

(2)　会話文中の（　　　④　　　）に入る具体的な方法を書きなさい。

(3)　たて１５０ｃｍ，横３０ｃｍ，高さ３０ｃｍで重さ５８．５ｋｇの物体Ｃを**図４**のようにするためには，塩分濃度は何％になるか，割り切れない場合は，小数点第１位を四捨五入して答えなさい。

図４

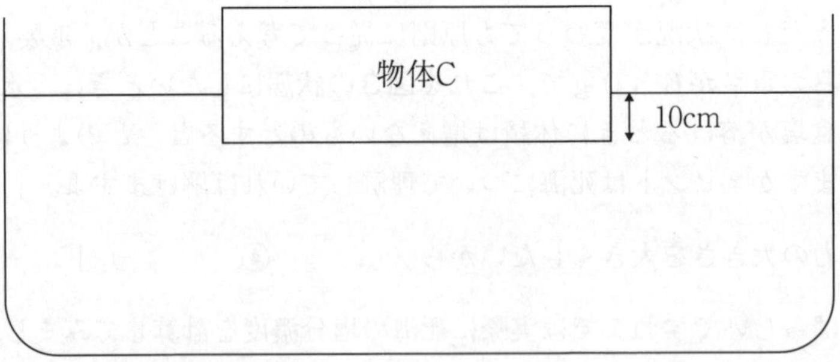

3 次の文章を読んで，後の問いに答えなさい。

ライオンは，プライドとよばれる群れで生活をしています。群れでは成長したメスが主に食糧の確保（狩り）を行います。今回このライオンの群れの大きさによる狩りの効率について調査しました。その結果を**表１**にまとめました。また，ライオンが１日に必要な食物量を１頭当たり６ｋｇとして考えるものとし，理論上１回の狩りで群れが必要とする何日分の食料が得られるかを食物の理論値として求めました。

表１

群れの個体数（頭）	狩りの成功率（%）	１頭当たりが確保した食物量（ｋｇ）	狩り１回での期待値（ｋｇ／回）	必要な食物量（ｋｇ／日）	食物の理論値（日分／回）
1	１５	２００	３０	6	5.0
2	３７	１４０	１０４	１２	③
3	３８	９３	１０６	②	5.9
4	３９	７０	１０９	２４	4.5
8	４１	３５	①	４８	2.4

(1)　**表１**の①，②，③に入る数値として，最も適当なものを次の**ア～コ**からそれぞれ１つ選び，記号で答えなさい。

ア　０.７　　**イ**　２.９　　**ウ**　８.７　　**エ**　１８　　**オ**　２０
カ　３６　　**キ**　７２　　**ク**　１０８　　**ケ**　１１５　　**コ**　２３１

(2)　**表１**の狩りの成功率に関する記述として最も適当なものを次の**ア～エ**から選び，記号で答えなさい。

ア　狩りの成功率は群れの個体数に比例して増えていく。
イ　狩りの成功率は群れが大きくなると成長したライオンが多くなるので大きく増加していく。
ウ　１頭増えるごとの狩りの成功率の上昇は，１頭から２頭で大きく上昇するがそれ以降はあまり上昇しなくなる。
エ　狩りの成功率は表から考えると６頭のとき３頭の倍の７６％になると考えられる。

(３)　**表１**から考えられることとして最も適当なものを次の**ア～カ**から**２つ選び**，記号で答えなさい。

ア　食物の理論値が最も大きい３頭が群れのサイズとして最適だと考えられる。

イ　食物の理論値が最も大きい２頭が群れのサイズとして最適だと考えられる。

ウ　狩り１回での期待値が最も高い４頭が群れのサイズとして最適といえる。

エ　狩り１回での期待値が最も高い８頭が群れのサイズとして最適といえる。

オ　１頭当たりが確保した食物量は１頭の場合は２００ｋｇの食物を得るが，２頭以上で１頭当たりが確保した食物量が減っているのは，得た食物が減っているからである。

カ　１頭当たりが確保した食物量は１頭の場合は２００ｋｇの食物を得るが，２頭以上の場合は，約２８０ｋｇを得てそれを個体数で分けた数字になっている。

4 水はあたたまりにくくさめにくい性質があります。地面はあたたまりやすくさめやすい性質があります。空気はあたたまると上昇し，さめると下降する性質があります。次の問いに答えなさい。

（1） 晴れた日の昼間，太陽が陸と海を均等に照らしたとして陸と海のどちらがよりあたたまるでしょうか。

（2） 昼間，陸と海の空気はどのように動くでしょうか。次の**ア～エ**から１つ選び，記号で答えなさい。図の中の矢印は空気の動く向きを示しています。

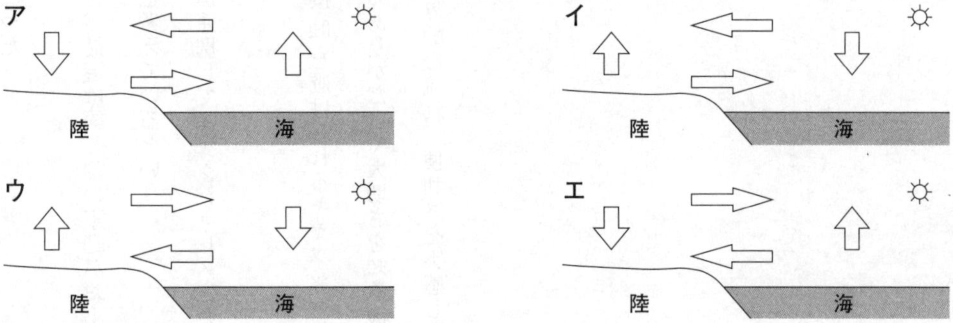

（3） 夜おそくなって冷えてきました。そのときの陸や海の空気はどのように動くでしょうか。次の**ア～エ**から１つ選び，記号で答えなさい。図の中の矢印は空気の動く向きを示しています。

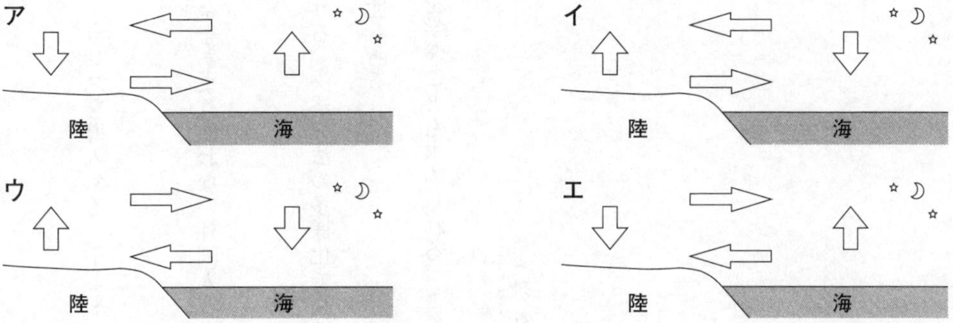

（4） **（2）**と**（3）**の結果より，昼と夜で風の向きが変化するとすれば，どこかの時間で風が方向を変えるために止まる時間帯があるはずです。それは１日に何回起きるでしょうか。次の**A～D**から１つ選び，記号で答えなさい。

A １回　　**B** ２回　　**C** ３回　　**D** ４回

（5） もしこの**（2）**と**（3）**の性質を，人類のエネルギー不足を補《おぎな》うために使うとすれば，どんな方法が考えられるでしょうか。

四 次の文章を一〇〇字以内で要約しなさい。（句読点をふくむ。）

幼少期にお小遣《こづか》いを手に駄菓子《だがし》屋に駆《か》け込《こ》んだ人も多いはず。手持ちの現金で何が買えて、おつりはいくら戻《もど》るのか。頭を悩ませた経験は消費者として独り立ちする第一歩になった

▼ＭＭＤ研究所の調べによると、最近は約二割の家庭がお小遣いにキャッシュレスを導入する。子どもの買い物履歴《りれき》を確認でき、現金のように紛失《ふんしつ》の心配がないことなどを利点と考えているという

▼県内では金融《きんゆう》機関と自治体が連携《れんけい》してキャッシュレス化を推進する。現金をあまり使わない外国人客を地域の店舗《てんぽ》に呼び込み、県経済の発展につながることも期待できる

▼コロナ下では現金を介《かい》した接触《せっしょく》を避《さ》けられるキャッシュレスが推奨《すいしょう》される。決済方法の多様化で利便性も向上した。一方、おつりなどを自分で計算する機会が減少し、お金のありがたさや大切さを知る機会を失う可能性もある

▼キャッシュレスの普及《ふきゅう》は世界的な流れ。便利さを実感しながら注意点を学ぶことも求められる。この機会に正しいお金との付き合い方を身に付けて、賢《かしこ》い消費者になりたい。

（琉球《りゅうきゅう》新報「金口木舌」二〇二二年二月二十日）

問七 [A] には、次のア〜エが入ります。文意が通るように正しい順番に並べ記号で答えなさい。

ア 七夕の発祥《はっしょう》の地の中国にはその習俗《しゅうぞく》はみられません。

イ また、七夕にタケを立てるのは、神の依代《よりしろ》としての役目が潜在《せんざい》するからです。

ウ これはマダケなど日本人の生活のなかでタケが欠かせず、その需要《じゅよう》があったからです。

エ 現代でも、どんな近代的な建築であっても、起工式にはタケを四方に立てて囲んだ神の領域を作り、地鎮《じちん》祭が行われることからも、神と結びついたタケの存在がわかります。

問八 [B] に入る語句を次から選び記号で答えなさい。

ア 大胆不敵《だいたんふてき》　イ 奇想天外《きそうてんがい》　ウ 猪突猛進《ちょとつもうしん》　エ 変幻自在《へんげんじざい》　オ 縦横無尽《じゅうおうむじん》

問九 ――線⑧「地球温暖化」とありますが、地球温暖化が進みモウソウチクがよりいっそう広がることで、どのような心配事が生まれてくるというのですか。「〜たり、〜たり」という表現を用いて、分かりやすく説明しなさい。

問十 ――線⑨「さらに心配な問題もあります」とありますが、さらなる心配が引き起こされる原因を二十五字以内で説明しなさい。

問十一 [Ⅰ]〜[Ⅲ] に入る言葉を次からそれぞれ選び記号で答えなさい。

ア いずれにしても　イ そうなると　ウ たしかに　エ さすがに　オ そればかりか

問十二 ――線⑩「植物による災害」とありますが、ここで述べられているモウソウチクが原因の事故や災害を食い止めるために、どうするべきだと筆者は考えていますか。分かりやすく説明しなさい。

問十三 ――線⑪「タケの現代的な利用」とありますが、あなたが良いと考える「タケの現代的な利用」方法と、その理由を書きなさい。

問三　――線③「それを見て、驚《おどろ》きました」とありますが、何に驚いたのですか。分かりやすく説明しなさい。

問四　――線④「紫式部《むらさきしきぶ》」が記した古典作品を次から選び記号で答えなさい。

ア　平家物語　　イ　源氏物語　　ウ　徒然草《つれづれぐさ》　　エ　枕草子《まくらのそうし》　　オ　奥《おく》の細道

問五　――線⑤「里山と奥山の間に『外山』がある」とありますが、この「外山」の話を通して筆者が述べようとしたこととしてふさわしいものを次から選び記号で答えなさい。

ア　モウソウチクが里山と奥山をつなげる働きがあることを示し、それが人々の生活を野生動物から守っているということを述べようとしている。

イ　日常生活としての里山と非日常生活としての奥山との間に、野生生物が簡単に越えられない「外山」という場があることを述べようとしている。

ウ　奥山と里山の中間である「外山」という場がモウソウチクの侵入によって消失した事実に触《ふ》れることで、モウソウチクの広がる脅威《きょうい》を表している。

エ　モウソウチクが、日常と非日常を隔《へだ》てている外山にまで侵入しつつあることを示し、モウソウチクの繁殖《はんしょく》能力がとても強いということを述べようとしている。

問六　――線⑥「なぜこのようにモウソウチクが広がり、暴れだしたのでしょうか」とありますが、その原因はモウソウチクが人の管理下を離《はな》れて、手入れがされなくなっていったことにあると述べています。この原因を生み出した背景として、**ふさわしくないもの**を次から選び記号で答えなさい。

ア　安価で美しいプラスチック製品の普及で、竹の需要が失われていった。

イ　段ボールが普及し、容器としての利用度の高かった竹かごが必要とされなくなった。

ウ　外国からの輸入木材が増えたことで、日本の森林の木材が使われなくなっていった。

エ　山村の高齢化や過疎化が進んだために、林業に従事する人材が確保できなくなった。

オ　燃料の革命が進んだことで、薪や炭として利用されてきた竹がその役割を終えることになった。

ろ予測や対策など叫《さけ》ばれていますが、その地震対策ですら二〇一一年の東日本大津波《つなみ》・大震災は想定外とされ、甚大な被害をもたらしました。まして、それ以外の災害、なかでも⑩植物による災害というのは、多くの人は考えていないかもしれません。しかし、多くの災害と同様、起きてしまったら取り返しがつかないでしょう。地滑りや新幹線に土砂《どしゃ》崩れが起きてからでは遅いのです。

モウソウチクの手入れは、自然保全だけではなく、国土保全、災害の防止の観点から、国家的に取り組む必要があると考えます。しかし、これに関心を抱《いだ》いている人は非常に少ない。先に述べたように、竹林管理のボランティア活動をされている方はいますが、政治家や国土交通省などは、あまり関心を抱いていないのではないでしょうか。是非《ぜひ》、災害が起こる前になんとか対策をとっていただきたいと願っております。

現在の環境《かんきょう》変動、地球温暖化から引き起こされる、いくつもの事態を予測して、対策を講じておかなければなりません。次章以下、多くの問題を取り上げますが、まず日本国内で取り組むべき問題として、モウソウチクの管理があると思います。

では、どのようにコントロールできるのでしょうか。

まず、⑪タケの現代的な利用を考えることです。

（湯浅浩史《ひろし》『植物からの警告』より）

問一　――線①「日本には、帰化植物が、史前帰化植物も含《ふく》めて、一二〇〇種も侵入《しんにゅう》していると思われますが、森林の中にはほとんどありません」とありますが、それはなぜですか。六十五字以内で、分かりやすく説明しなさい。

問二　――線②「ように」・⑦「ように」と同じ働きのものをそれぞれ選び記号で答えなさい。

ア　彼《かれ》の言っていることが正しいように思える。
イ　小さな子どものように泣きじゃくっている。
ウ　眠《ねむ》くならないように冷たい水で顔をあらった。
エ　どんな危険にも対応できるように気をつけている。
オ　大谷選手のように投打で活躍《かつやく》できる選手になりたい。

雨が降って、竹林の根の下までが十分水を含んでしまうと、そのまま雪崩のように流されてしまう。このような現象は、数年前に実際に四国で起こっています。地滑《じすべ》りを起こす事態に十分に注意しなければなりません。台湾では二〇一〇年に大雨による地滑りが各地で起こり、甚大《じんだい》な被害《ひがい》がもたらされましたが、そのため山の斜面の竹林が地滑りを起こしているところも、あちこちで見られます。

⑨<u>さらに心配な問題もあります</u>。タケはいつまでも茂っているわけではなく、花が咲《さ》くことがあります。めったに咲きませんが、いつかは花が咲きます。そして、咲いたら枯れるのです。これはササなども同じですが、ササと違《ちが》って、モウソウチクの開花は遅《おそ》いといわれています。周期についてはいろいろな説がありますが、遅い説だと一二〇年周期。一世紀以上かかってやっと開花する。もう少し早い説ですと六〇年から七〇年です。

日本にモウソウチクが渡来《とらい》してからまだ三〇〇年たっていませんが、咲いたモウソウチクの種子をとって、蒔《ま》いた人がいます。それは六〇年で咲いたというのです。早いと六〇年で開花するかもしれません。

前回は、昭和四〇年代に、モウソウチクがあちこちで開花しました。四〇年代から五〇年代のはじめにかけて、日本の関東以南あちこちで開花しました。これから計算して、もし六〇年もしくは七〇年で、モウソウチクが開花するとしたら、早ければ二〇三〇年代には全国でいっせいに開花するのではないかと私は予測しています。

開花時期については私だけの予測ですが、［Ⅲ］、いつかは、モウソウチクは開花して枯れます。日本の、とくに太平洋沿岸を広大に占《し》めているタケがいっせいに枯れてしまい、夏がきても枯れたタケが突《つ》っ立っている状態になると、当初はたいして見苦しいとは思わないかもしれませんが、いずれ枯れたタケは風化して茶色くなって見る影《かげ》もなくなります。その状態が、次のタケが種子から回復するまで一〇年も二〇年も続くわけです。景観的には本当に見苦しくなると思います。

しかも、豪雨《ごうう》が降ると、枯れている竹林そのものがそのまま地滑りで崩《くず》れ、非常に危険な事態が引き起こされるかもしれません。モウソウチクが茂っているのは、ほとんど人里で、裏山が地滑りすると、そこに住んでいる人の家は、埋《う》まってしまいます。人的な被害が出るでしょう。さらに大きな被害が出ると予測されるのは、新幹線のそばに竹林があって、それが枯れて、大雨のために地滑りで新幹線の線路の上に流れてきたり、あるいは高速道路や道路の上に土砂崩れが起きる場合です。もしそうなったら、大きな事故になるのではないかと恐れています。

このような事故を避《さ》けるため、早めに対策を講じなければなりません。災害はいつも起きてから大騒《おおさわ》ぎになります。それでも、地震だけはいろいこれに加えて、燃料の革命もタケの管理に影響《えいきょう》しました。昔は田舎では、炊飯《すいはん》やお風呂《ふろ》を沸《わ》かすのに、薪《まき》を使っていたし、いろりにも薪や炭を使いました。山を手入れして、いらなくなった枯れ木をとったり、邪魔《じゃま》な間伐《かんばつ》材を切ってきて、それを薪や炭にした。薪として竹林も、利用されていました。このように利用されることで、里山はよく手入れされていました。

また、高度成長期以前は、日本の森林の材木で家を建てていたのが、昭和四〇年代以降は、外国から木材を買ったほうが安い、ということで、輸入材がたいへん増えました。そのために林業が衰退《すいたい》して、日本の山は手入れがされなくなり、現在では、山村の高齢《こうれい》化や過疎《かそ》化が進み、さらに里山の手入れがされない状態です。それとともにモウソウチクもコントロールされなくなったのです。

昔は、余分な竹は切り倒《たお》し、一方ではたけのこを採っていました。適当な間隔《かんかく》でタケが茂《しげ》っているのは美しく、それ以上に広がってもいかない。隣《となり》の土地や田畑にまで広がっていかないようにコントロールされていました。今は、コントロールできず、たとえば静岡県あたりでは、茶畑にまで侵入してくる。［Ⅱ］、これは茶畑を持っている人が退治しているようですが、猛烈に、地下で広がっていきます。一年で一〇メートルも、ときには二〇メートルも伸びていって、思わぬところからひょいと地上に顔を出してはびこっていく。本当に［B］といっていい。加えて⑧地球温暖化です。やはりモウソウチクは温かいところのほうが育ちます。日本でも、東北の北のほう、青森県や秋田県、もちろん北海道では育ちませんが、これは寒いから育たないのであって、温暖化すると、モウソウチクも東北のあたりまで育つ可能性も十分にあると思います。

広がっているこのモウソウチクを、森のギャングと称《しょう》して、竹林の手入れ、管理に取り組んでいるボランティアや団体は日本にいくつもあります。認識《にんしき》の非常に高い、いい運動だと思います。しかし、やはりタケ、竹林の面積からするとかなり無理も感じます。このままでは関東以西の里山は中国原産のモウソウチクに占領《せんりょう》されて、日本本来の景観が失われてしまうのではないかと恐《おそ》れています。それだけではなく、竹林では、日本本来の在来の動植物が必ずしもうまく成長できないということもあって、在来の動植物にも影響を与えるのではないかと思われます。

竹林は根がびっしりと張るので、「地震《じしん》のときは竹林に逃げ込《こ》め」とよくいわれますが、避難《ひなん》場所として有効なのは平地でのことです。タケはびっしりと根を張りますが、あまり深くありません。木に比べると浅い。せいぜい五〇センチメートルくらいです。斜面の竹林は、大きな地震で揺《ゆ》れると、タケの根が張っているところだけ揺すられて雪崩《なだれ》のように流されてしまう恐れもあります。

とくに雨が降った後の地震では危険性が高い。実際、地球温暖化の影響で、雨の降り方が偏《かたよ》り、劇的に大雨が降る年が訪《おとず》れている。そういう大がった概念《がいねん》で、京都大学の四手井綱英《しでいつなひで》によって広められました。言葉自体は江戸時代でも一部で記録されていますが、広がったのは四手井が使い出した一九七〇年代以降です。今、その里山はどんどん拡大されて、里山の次は、奥山だと思われているほどです。つまり奥山と里山がつながっているような使われ方をしていますが、実は、里山と奥山の間に、外山だとか、端山《はやま》、そういう概念がありました。里山は日常生活の場で、奥山は猟師や木工の木地師など一部の人を除けば、非日常生活の場でした。かつて多くの野生生物は、人や犬がこわくて、外山を越え里に進出してくることはあまりありませんでした。また、外山は屋根をふくカヤ場や牛馬の採草地になっていました。モウソウチクは里の裏山を越えて、この外山のほうまで侵入しつつあるのです。

マツが全国的に枯《か》れてしまったのと対照的にタケがはびこってきたのです。

⑥なぜこのようにモウソウチクが広がり、暴れだしたのでしょうか。この原因はマツが枯れただけではなく他にもあると考えられます。

モウソウチクは、昭和三〇年代ぐらいまでは、人の管理下に置かれて、手入れが非常によくて、いろいろ利用もされていました。たとえばタケでつくる竹かご、ざるなど。昔、買い物かごなどもタケで作られていたこともありました。また家の土壁《つちかべ》。これは泥《どろ》を塗《ぬ》っていく前に、必ずタケで格《こう》子《し》状に編んで、そこに土を塗りこめていった。あるいは竹垣《たけがき》や、たけのこ。このようにタケはあますところなく利用されていたのです。

日本では古くから『竹取物語』の竹取りの翁《おきな》の⑦ようにタケを伐《き》って売る人たちがいました。[A]ただし、日本の古代にタケと呼ばれたメダケ、矢として重要なヤダケなどでは植物分類上はササとして扱われます。タケは竹の子の皮が落ちやすく、ササはそれが残存するので、区別がつきます。ちなみにオカメザサは小さく稈《かん》(イネ科の茎《くき》)も細いのですが、皮が落ち、タケです。

タケの利用が広くされていた証拠《しょうこ》に、昔は、農家や一般《いっぱん》家庭にも、タケを割る道具があったのです。ちょうど丸い金具で真ん中が十字になっていて、それをタケの上端《じょうたん》に乗せてぐっと力をいれると、タケがバリバリと折れていく。その竹わり機、そういう道具が田舎《いなか》にはあって、タケを割り、農家や山を持っている人が利用していました。ところが昭和四〇年代から高度成長期になると、タケが利用されなくなりました。

その第一の理由は、段ボールの普及《ふきゅう》だと思います。昔は物を入れる容器として竹のかごというのは非常に利用の度合いが高かったと思われますが、段ボールが出現してくると、竹のかごは必要とされなくなったのです。さらにプラスチックが出てきました。安くて、美しくて、しかも値段の安いプラスチック製品がいろいろなところでタケに替《か》わり、タケの需要は急速に失われていきました。

薩摩藩《さつまはん》が中国から取り寄せたモウソウチクだと思います。一七三六年、薩摩藩の第二一代藩主、島津吉貴《しまづよしたか》の時代、中国から取り寄せられ、吉貴は別邸《べってい》に植えた。別邸は、現在は鹿児島《かごしま》市の磯《いそ》公園という場所がありますが、その中だったそうです。その後、江戸屋敷《やしき》に移されたようです。それで各地に広がっていったとみられます。江戸から関東に広がり、薩摩からも広がっていったのでしょう。江戸は参勤交代で各地の大名が集まりますので、「珍《めずら》しいものがある」と聞きつけたら分けてもらったのではないでしょうか。

とにかく一八世紀以降、モウソウチクは日本各地に広がり、最初は屋敷や寺院の庭に植えられていたと思いますが、だんだん庶民《しょみん》の里山の裾《すそ》や、あるいは川岸に植えられて、竹林をなしていったと推測されます。

二〇〇七年、福井県の一乗谷に行きました。信長に滅《ほろ》ぼされた朝倉城の遺跡《いせき》のあるところで、朝倉氏が住んでいた家の裏山です。そこにモウソウチクが広がっていて近くまで行ってみますと、なんと杉《すぎ》林のなかに侵入して、まるで杉林を押《お》しのけるように、スギを圧倒《あっとう》するような広がり方でした。

江戸時代後期に、朝倉氏の遺跡が絵巻にされ、近くの博物館に保存されています。③それを見て、驚きました。信長に焼き討《う》ちにされたので建物は残っていませんが、江戸時代に少し再建された門や塀《へい》、その一角はきれいに描《えが》かれていて、裏山はマツとモミジと雑木が描《えが》かれています。モウソウチクは一切描かれていません。つまり、この絵巻がつくられた江戸時代以降に、誰《だれ》かがモウソウチクを植え、それが今、斜面《しゃめん》を這《は》い上がっているということです。遠くからでもはっきりとわかる、かなりの面積をしめています。

福井県には④紫式部が一時住んでいた武生《たけふ》という土地がありますが、その北陸線に面した山は、斜面にモウソウチクがはびこり、すでに低い山の鞍部《あんぶ》に達しています。山を超《こ》えて繁殖《はんしょく》できる能力をモウソウチクはもっているのです。

この現象は、福井県にはかぎりません。関東から九州にいたるまで、里山はモウソウチクで侵されているといってもいいのではないかと思えるほどです。

新幹線で東京から九州まで移動中、車窓から目にできる山らしい緑のところは、どこでもモウソウチクが目につきます。人家の裏山、いわゆる里山です。そこにモウソウチクがはびこって、さらにその里山を一山越《こ》えて、奥《おく》にある「外山」まで広がっています。

いま里山ブームで、里山は奥山と対比されていますが、⑤私は里山と奥山の間に「外山」があると思っています。里山というのは、比較的新しく広

三　次の文章を読んで後の問いに答えなさい。

①日本には、帰化植物が、史前帰化植物も含めて、一二〇〇種も侵入していると思われますが、森林の中にはほとんどありません。まるで、日本の森林ががっちりとスクラムを組んで、海外からの植物をはねつけているように見えます。実のところ、その大きな理由は、侵入した帰化植物のほとんどが太陽の光をよく好む、日当たりのいいところを好む植物だからです。森林のなかでは、下草、林床《りんしょう》はあまり日が差さないので、日陰《ひかげ》を好むような植物しか生えません。それで、日本には、まだ海外からの樹木や草が本州、九州、四国の森林にはほとんど侵入していないのです。

一部、東北などでニセアカシアを林業関係で植えたことがあったり、あるいはモリシマアカシアのようなアカシアの類を九州で植えたりしましたが、そういう造林目的以外には、ほとんど日本の森林のなかには、外来植物がありません。これは非常に幸いなことだと思います。

ただ残念なことに、小笠原《おがさわら》では台湾《たいわん》から導入されたアカギというトウダイグサ科の大木が猛烈《もうれつ》に広がって、小笠原諸島の固有の木々を圧迫《あっぱく》しています。また沖縄でも明治四三年にスリランカより緑肥《りょくひ》植物（土にすきこんで肥料にする植物）として入れられたギンネムが海岸沿いの林をむしばんでいます。

一方、本州から九州にかけても、ある植物だけ、ガン細胞《さいぼう》のように日本の森林を猛烈に侵《おか》しているのです。

それは、日本の木でも草でもなく、竹、モウソウチクです。

②私がモウソウチクを悪者扱《あつか》いしたり、まるでエイリアンのように述べると、多くの人は「えっー？」というような顔をします。「モウソウチクの竹林はすばらしいではないか。安らぎを与《あた》えてくれるし、日本の美しい風景である。しかも、たけのこはおいしい」というふうに思われるからでしょう。

［Ｉ］、たけのこはおいしいですし、手入れをされた竹林は美しい。しかし、これは日本本来の景観ではありません。モウソウチクは中国原産の植物です。

では、モウソウチクはいつ日本に持ちこまれたのでしょうか。いくつかの説がありますが、もっとも有力で由来がはっきりしているのは江戸《えど》時代、

2023年度

光英VERITAS中学校

【国　語】〈第一回入試〉（五〇分）〈満点：一〇〇点〉

一 次の①～⑧について、――線部のカタカナは漢字に、漢字はひらがなに直しなさい。

① 放課後の校庭で友達とテツボウの練習をする。

② 売り上げが伸《の》びたのはセンデンの効果によるものだ。

③ 月の引力が潮のカンマンに影響《えいきょう》している。

④ 討論会において政治家がベンゼツをふるう。

⑤ 目がサめるような色づかいが印象的な絵だ。

⑥ 今回は従来とは違《ちが》う方法で解決した。

⑦ 友達の相談を親身になって聞く。

⑧ その道の専門家が額を集めて対応策を練る。

二 「あわてている」のが「私」になるように、次の語句を並べ替《か》えて一文を作りなさい。読点（、）と句点（。）を一回ずつ用いること。

あわてて　父親を　届けるために　追いかけた　駅に向かった　私は　忘れ物を

2023年度
光英VERITAS中学校　▶解　答

※　編集上の都合により，第１回入試の解説は省略させていただきました。

算　数　＜第１回入試＞（50分）＜満点：100点＞

解　答

1 (1)　4　(2)　12　(3)　3　(4)　$\frac{1}{3}$　2 (1)　16　(2)　15%　(3)　時速7.2km　(4)　19人　(5)　90点　3 (1)　分速60m　(2)　39分後　(3)　1920m　4 (1)　4通り　(2)　107　(3)　41　5 (1)　10回　(2)　35cm　6 (1)　$216cm^3$　(2)　2cm

社　会　＜第１回入試＞（30分）＜満点：60点＞

解　答

1 **問１**　①　大気汚染　②　砂漠化　**問２**　イ　**問３**　**あ**　人間環境宣言　**い**　地球サミット（国連環境開発会議）　**問４**　グローバル化　**問５**　ウ　2 **問１**　イタリア　**問２**　漢民族　**問３**　**A**　ウ　**B**　エ　**C**　イ　**D**　ア　**問４**　平清盛　**問５**　エ，カ　**問６**　**2**　エ　**4**　ウ　**問７**　エ　**問８**　イ　3 **問１**　アイヌ　**問２**　イ　**問３**　①　第二次世界大戦　②　疎開（集団疎開）　③　長崎　**問４**　①　日本国憲法　②　基本的人権　③　平和主義　④　サンフランシスコ　⑤　オリンピック　⑥　石油危機　**問５**　イ　**問６**　(1)　①　イ　④　ウ　(2)　C→B→D→A　**問７**　オ→イ→ア→エ→ウ

理　科　＜第１回入試＞（30分）＜満点：60点＞

解　答

1 (1)　7.5g　(2)　90g　(3)　90g　(4)　イ　(5)　5g　2 (1)　①　ウ　②　ウ　③　カ　(2)　（例）　食塩を溶かせばいいと思います。　(3)　23%　3 (1)　①　ケ　②　エ　③　ウ　(2)　ウ　(3)　イ，カ　4 (1)　陸　(2)　ウ　(3)　ア　(4)　B　(5)　（例）　海風と陸風を利用して風力発電を行う。

国語 ＜第１回入試＞（50分）＜満点：100点＞

解答

一 ①～⑤ 下記を参照のこと。 ⑥ じゅうらい ⑦ しんみ ⑧ ひたい

二 （例） 私は忘れ物を届けるために，駅に向かった父親をあわてて追いかけた。

三 **問１** （例） 帰化植物のほとんどが日当たりのいいところを好む植物であるために，下草や林床に日が差さない日本の森林では育つことができないから。 **問２** ② イ ⑦ オ **問３** （例） 今，一乗谷に繁茂しているモウソウチクが，江戸時代後期につくられた絵巻には一切描かれていないこと。 **問４** イ **問５** エ **問６** エ **問７** ウ→イ→ア→エ **問８** オ **問９** （例） 日本本来の景観が失われてしまったり，在来の動植物に影響を与えたり，山野斜面の竹林が地滑りを起こしたりという心配事が生まれてくる。 **問10** （例） モウソウチクがいっせいに開花し，枯れてしまうこと。 **問11** Ⅰ ウ Ⅱ エ Ⅲ ア **問12** （例） モウソウチクの手入れに国家的に取り組むべきだと考えている。 **問13** （例） プラスチックゴミなどを減らすことにつながるため，タケの利用をもう一度普及させ，竹製品を多く用いることや，森林伐採の対策にも結びつくので，割りばしを木製ではなく竹製にするなどの方法があると思う。

四 （例） キャッシュレスの普及は，便利な一方でお金のありがたさや大切さを知る機会を失う可能性もある。賢い消費者になるため，便利さを実感しつつも正しいお金とのつき合い方を身につけることが重要である。

●漢字の書き取り

一 ① 鉄棒 ② 宣伝 ③ 干満 ④ 弁舌 ⑤ 覚(める)

Memo

2023年度 光英VERITAS中学校

【算　数】〈特待選抜入試〉（50分）〈満点：100点〉

（注意）●筆算やたてた式は，それぞれの問題の下側に書いて，消さずに残しておくこと。

1 次の計算をしなさい。

（1）$(2+8\div2.5)\div1.3$

（2）$\left(\frac{1}{2}+4\frac{1}{4}-0.75\right)\div\left(7\frac{9}{13}\times0.26\right)$

（3）$0.01+0.99\times3\frac{1}{3}-\frac{1}{6}\times6.3+3.7\div5$

2 次の□にあてはまる数を答えなさい。

（1）濃度５％の食塩水３００ｇと，濃度□％の食塩水２００ｇを混ぜ合わせると，濃度７％の食塩水になります。

（2）容積が□Ｌの水そうをいっぱいにするのに，毎分９Ｌずつ水を入れると，毎分６Ｌずつ水を入れるより２分３０秒短くてすみます。

（3）図のように道がたてと横に通っています。ＡからＢまで行くのに，最短の道順は□通りあります。

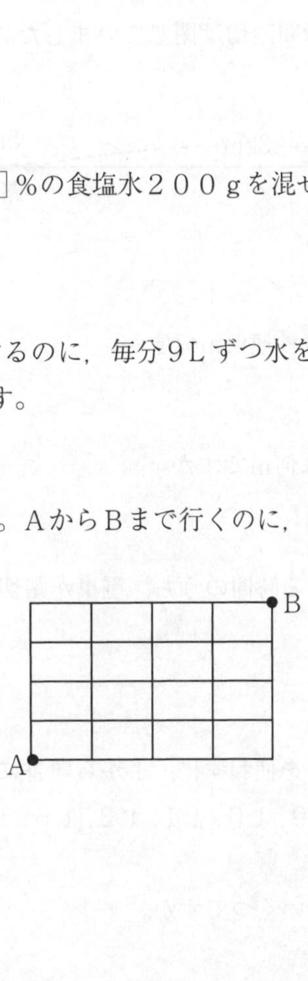

（4）　原価が□円の品物に３割の利益を見込んで定価をつけたところ，売れなかったので１割引きの３５１０円で売りました。

（5）　半径が６ｃｍ，弧の長さが３１．４ｃｍのおうぎ形の面積は□ｃｍ^2 です。ただし，円周率は３．１４とします。

3　地点Ａと地点Ｂを直線で結ぶ鉄道があり，その間に踏切があります。踏切の長さは５ｍで，地点Ａから踏切までの距離と，地点Ｂから踏切までの距離はともに３ｋｍです。電車Ｃの長さは１９０ｍで，地点Ａから地点Ｂへある一定の速度で進みます。

また，電車Ｄは地点Ｂから地点Ａへ秒速１２ｍの速さで進みます。

踏切は電車の先頭が踏切に入る３０秒前から閉じ，電車の最後尾が踏切を出た１０秒後に開きます。

電車Ｃの先頭が地点Ａを，電車Ｄの先頭が地点Ｂをそれぞれ同時に通過し，その2分５０秒後から1分４５秒間踏切は閉じていました。

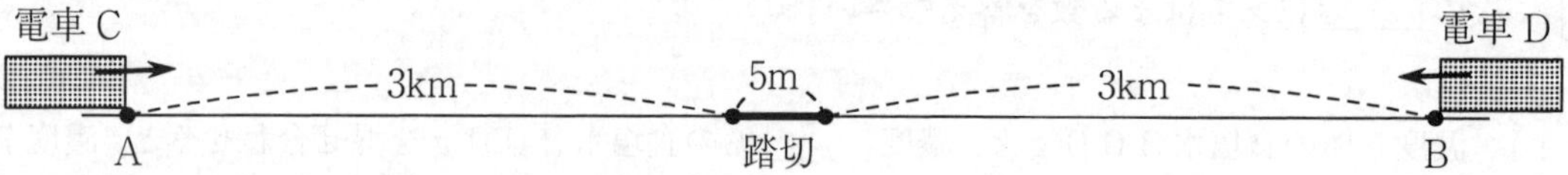

（1）　電車Ｃの速さは秒速何ｍですか。

（2）　電車Ｄの長さは何ｍですか。

（3）　踏切が閉じている時間のうち，電車が踏切を通過していない時間は何分何秒間ですか。

4　下のように3と４を使わずに，１から順番に数字を並べます。

１，２，５，６，７，８，９，１０，１１，１２，１５，１６，…

（1）　２０番目の数はいくつですか。

（２） 太郎さんは「９９は何番目の数ですか。」という問題について，次のように考えて答えを出しました。しかし，この答えは正しくありません。なぜ正しくないか理由を具体的に述べ，正しい答えを書きなさい。

★太郎さんの答え
３と４を使って数えた場合，９９は９９番目の数である。
この中から，３と４を使った数の個数を引けばよい。

まず，一の位が３もしくは４である，
３，４，１３，１４，…，９３，９４
の合計２０個の数がこの中から引かれる。

次に，十の位が３もしくは４である，３０から４９までの２０個の数も，
この中から引かれる。
よって，計算式は　９９－２０－２０となり，答えは５９番目である。

（３） ５１５は何番目の数ですか。

5 白，赤，紫，青，緑，黄の６色がこの順番でくり返し並ぶロープがあります。
一つの色あたりの長さは４．７１ｃｍで，ロープの全長は６１．２３ｃｍです。

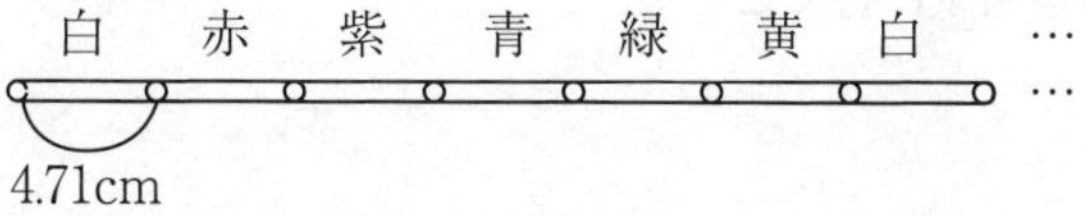

ある円の円周にそって，このロープをぐるりと一周巻き付けます。次の問いに答えなさい。ただし，ロープの太さは考えないものとし，円周率は３．１４とします。

（１） 巻き付けたロープの６色の長さがすべて同じになるのは，円の直径が何ｃｍのときですか。すべて答えなさい。

（２） 巻き付けたロープの赤と青の長さの比が６：５となるのは，円の直径が何ｃｍのときですか。３通りすべて答えなさい。

6 下の図のように，底面が１辺３ｃｍの正方形で，高さが１０ｃｍの直方体Ａをたて横それぞれ３個ずつ，合計９個くっつけて並べ，直方体Ｂをつくりました。

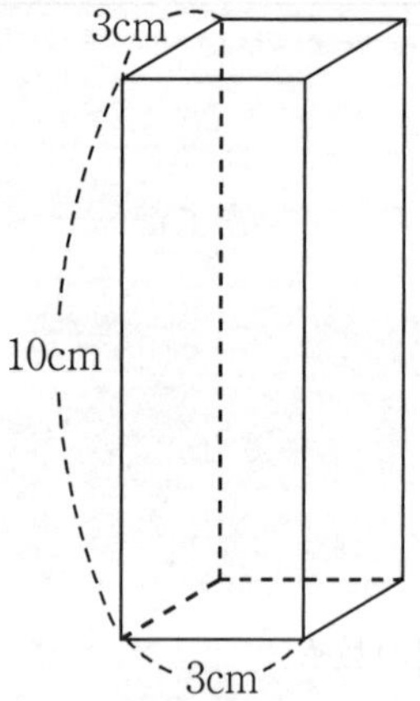

直方体 A

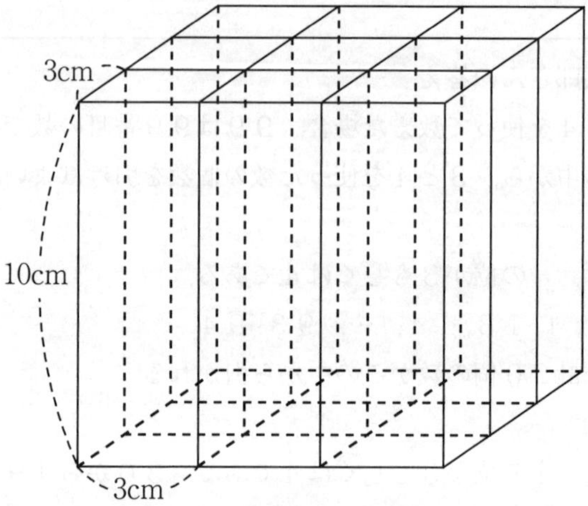

直方体 B

（１） 直方体Ｂから中央の直方体Ａのみを引き抜いたとき，残った立体の表面積は何ｃｍ^2 になりますか。

（２） 直方体Ｂから直方体Ａを２個引き抜いたら，表面積が２４ｃｍ^2 増えました。どの２個を引き抜いたのか，解答らんの上から見た図で引き抜いた部分を黒くぬって答えなさい。

<解答らん>※答えは解答用紙に書くこと。

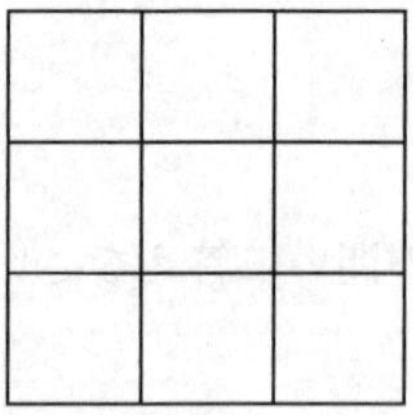

【社　会】〈特待選抜入試〉（30分）〈満点：60点〉

1　日本の自然環境や防災に関する次の文章＜Ａ＞～＜Ｃ＞を読み、あとの問いに答えなさい。

＜Ａ＞日本の地形は、日本付近に位置する４枚のプレートの動きと深く関わっている。また、プレートが沈み込む所では地下にマグマができやすいため、日本には火山が多い。それに加え、プレートが沈み込む圧力によって、地震も発生しやすい。自然と共生して生きる私たちは、①日本各地の環境に合わせて、こうした被害を最小限に抑える「減《げん》災《さい》」に日頃から取り組む必要がある。

問１　日本列島に関する下の説明文の中で正しいものはどれか、**ア～エ**から一つ選び、記号で答えなさい。

ア　＜Ａ＞の文章中の「４枚のプレート」とは、太平洋プレート・ユーラシアプレート・北アメリカプレート・オーストラリアプレートを指す。

イ　2011年に起きた東日本大震災は、太平洋プレートと北アメリカプレートの境界にあたる水深6000m以上の深い溝で起きた「海溝型《かいこうがた》地震」だった。

ウ　本州は、500万年ほど前に、太平洋プレートの沈み込みで北アメリカプレートがおされてできた溝であるフィヨルドで東西に分かれている。

エ　日本列島はユーラシア大陸と大西洋に挟まれており、本州や北海道、四国、九州などの多くの島々からなる。

問２　下線部①に関連して、次の［表１］は日本の諸都市の１月、７月、および年間の平均気温と降水量を示したものである。これについてあとの問いに答えなさい。

［表１］日本の諸都市の気候

		Ⅰ	Ⅱ	Ⅲ	Ⅳ
１月	気温	－3.6℃	－0.4℃	5.5℃	2.4℃
	降水量	113.6㎜	35.9㎜	38.2㎜	419.1㎜
７月	気温	20.5℃	23.6℃	27.0℃	24.6℃
	降水量	81.0㎜	138.4㎜	144.1㎜	210.6㎜
年間	気温	8.9℃	11.8℃	16.3℃	13.6℃
	降水量	1106.5㎜	1031.0㎜	1082.3㎜	2755.3㎜

（気温と降水量は1981年～2010年の平年値）〈気象庁資料〉

（1）　Ⅰ～Ⅳにあてはまる都市名を、**ア～エ**から一つ選び、記号で答えなさい。

ア　上越《じょうえつ》市（新潟県）　　**イ**　松本市（長野県）

ウ　高松市（香川県）　　**エ**　札幌市（北海道）

（2）　次の説明文**ア～エ**はⅠ～Ⅳのうちいずれかの都市の「減災」について説明したものである。**ア～エ**の中でⅠ～Ⅳにあてはまるものを、それぞれ選び、記号で答えなさい。

ア　高緯度に位置し、年間を通して気温が低いため、二重窓などで寒さに対する対策を行う。

イ　北西季節風の影響を受け、世界有数の豪雪《ごうせつ》地帯となっており、除雪中に事故が起こることも多いため、除雪は複数人で行うなどの対策をする。

ウ　海に面しているため津波の対策として、防波堤や海岸堤防を設置する必要がある。

エ　山地に挟まれており、年間を通して降水量が少ない。土砂災害が起こりやすく、大雨になりそうな日を天気予報であらかじめ確認しておく。

＜Ｂ＞2000年に北海道の有珠山《うすざん》が23年ぶりに噴火した。住宅地の近くにできた火口からの噴《ふん》石《せき》によって、家の屋根に穴が空く被害が続出した。また、降り積もった火山灰が降雨《こうう》によって土石流となり、住居が破壊されるなどの被害も生じた。しかし、周辺３自治体の１万６千人の住民は、噴火予知によって全員避難していたために無事だった。避難が成功した要因は、1977年に起こった噴火直後から徹底して行われた防災教育によって、住民が火山災害の恐ろしさを理解していたことにある。しかし、私たちは②火山のマイナス面だけをみるのではなく、私たちにもたらされる自然の恵みにも目を向けてうまく付き合っていくことが大切である。

問３　下線部②に関連して、日本の山に関する下の説明文の中で、**あやまっているもの**はどれか、**ア～エ**から一つ選び、記号で答えなさい。

ア　中央高地の飛騨《ひだ》山脈・木曽《きそ》山脈・赤石山脈は、標高3000mをこえる山が連なり、ヨーロッパのアルプス山脈にならって「日本アルプス」とよばれる。

イ　**＜Ｂ＞**の文章から、火山の噴火による被害をおさえるためには、防災教育が重要であることがわかる。

ウ　日本は環太平洋造山帯に位置し、火山活動が活発な国である。

エ　阿蘇《あそ》山のように、噴火で火口の中央部が落ち込んでしまった火山のくぼ地のことをシラス台地という。

問４　**＜Ｂ＞**の文章中にある火山によってもたらされる自然の恵みとして考えられることとして最も適切なものはどれか、**ア～ウ**から一つ選び、記号で答えなさい。

ア　火山灰が積もった土地は保水性が極めて高いため、農業に適している。

イ　寒流と暖流がぶつかる潮目では、魚が豊富に獲れる。

ウ　噴火による溶岩や火山灰が、長い年月を経て付近の土壌に栄養分を与えている。

＜Ｃ＞③ハザードマップは、将来発生する可能性がある災害の範囲や被害状況を予測した地図であり、過去の災害記録や、地形・地質などに関する資料などからつくられる。洪水や地震など、自然災害の種類別につくられ、その地域に暮らす住民の災害に対する意識を高めたり、災害発生時に取るべき行動を考えたりする際に有効である。ハザードマップを見る際には、自分が住んでいる場所にも被害が及ぶのか、及ぶ際には避難《ひなん》所《じょ》などにどのように避難すればよいのかということを、地図から読み取る必要がある。

問５　下線部③に関連して、次の**地図１・２**は、浦安市の洪水ハザードマップをもとに作成した地図である。この地図をどちらも参照した**太郎さん**のコメント**ア～オ**の中で、**あやまっているものを全て選び、**記号で答えなさい。

ア「ディズニーシー駅の標高はおよそ３m以上だね。」

イ「浦安駅よりも北側の地域には指定避難所が１つもないね。」

ウ「浦安駅からテーマパークまでは10km以上離れているので、歩くと１時間はかかるね。」

エ「浦安駅に比べて、埋立地であるテーマパーク周辺のほうが、標高が低いことがわかるね。」

オ「テーマパーク周辺には水害が予測されているけれど、浦安駅周辺には水害が予測されていないね。」

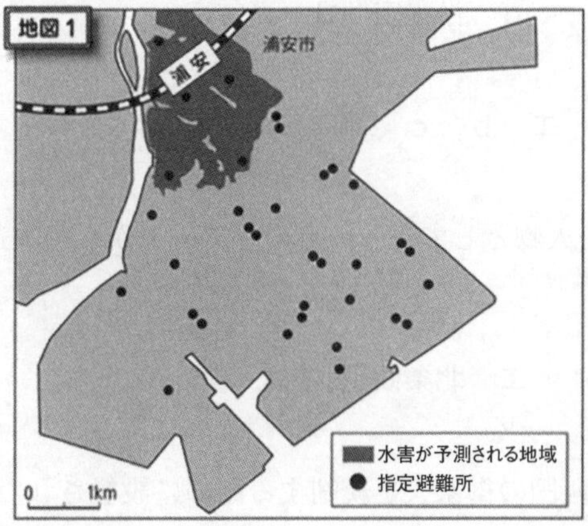

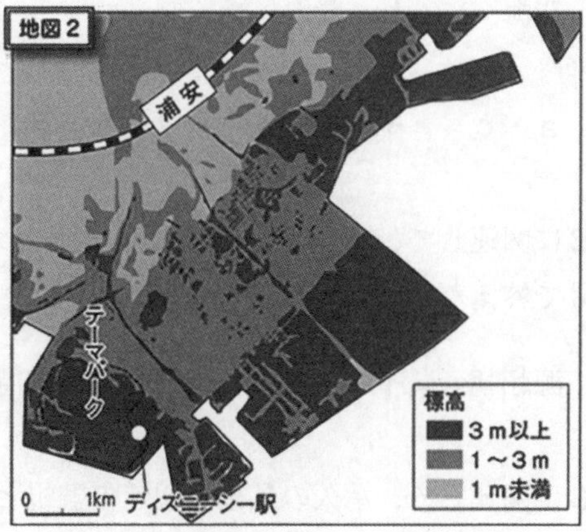

（東京書籍HP「Hello,GIS!」より）

2 次の各問いに答えなさい。

問1 古代から中世にかけての天皇および上皇に関して述べた**A～D**のカードを参考に、あとの問いに答えなさい。

A 貴族や寺院の勢力をおさえ、天皇中心の新しい政治を行うため、現在の京都市に、唐の都にならって新たな都をつくった。

B 幕府の勢力をきらい、朝廷の権力を建て直すために院政を行い、さらに承久の乱を起こしたが、幕府勢力におさえられて隠岐島《おきのしま》に流された。

C 女性として初めて天皇の位につき、おいの聖徳太子を摂政に立て、蘇我馬子《そがのうまこ》とともに天皇中心の強い国家体制づくりを目指した。

D 鎌倉幕府滅亡後、建武《けんむ》の新政と呼ばれる政治を行ったが、公家や寺社を優先し、武士に対する恩賞《おんしょう》が少なかったため、武士の不満をまねいた。

(1) **A**に関連して、この天皇の名前を**漢字2字**で答えなさい。また、この天皇が参考にした唐の都を、**漢字2字**で答えなさい。

(2) **A**の人物のころ、唐から日本に伝わった宗教について、その開祖と宗派の組み合わせとして正しいものを**ア～エ**から一つ選び、記号で答えなさい。

開祖

a 空海 **b** 最澄《さいちょう》

宗派

c 浄土宗 **d** 真言宗

ア a・c **イ** a・d **ウ** b・d **エ** b・c

(3) **B**に関連して、この人物が排除しようとした人物として正しいものを**ア～エ**から一人選び、記号で答えなさい。

ア 源頼朝 **イ** 平清盛 **ウ** 北条義時 **エ** 北条政子

(4) **B**に関連して、承久の乱後に朝廷の監視と西国の御家人を統制するために設置された機関の名称を**漢字**で答えなさい。

(5)　**C**に関連して、聖徳太子が行った政策を**ア～オ**から**全て**選び、記号で答えなさい。

ア　国分寺の建立　　**イ**　十七条の憲法の制定　　**ウ**　三世一身《さんぜいっしん》の法の制定
エ　墾田《こんでん》永年私財法の制定　　**オ**　冠位十二階の制定

(6)　**D**に関連して、この天皇に対抗して新たに天皇をたて、征夷大将軍として新たな幕府を開いた人物の名前を、**漢字４字**で答えなさい。

(7)　**D**に関連して、鎌倉幕府の衰退の背景には、２度にわたる元軍との戦い（元寇《げんこう》）があった。次の史料を参考に、元寇に関して述べた文として正しいものを**ア～エ**から一つ選び、記号で答えなさい。

（『蒙古襲来絵詞《もうこしゅうらいえことば》前巻、絵七』より）

ア　弘安の役のほうが、文永の役よりも古い時期に起こった出来事である。
イ　文永の役のあと、幕府は博多湾の岸に石塁を築き、九州の武士を交代で沿岸部の警護につかせ、防衛を固めた（異国警固番役《いこくけいごばんやく》）。
ウ　元軍は集団で弓などを用いて戦い、これに対して幕府軍は「てつはう」と呼ばれる火薬を用いた武器を使って優位に戦った。
エ　元寇のあと、幕府は元から領土を奪い、戦功をあげた御家人に十分な恩賞を与えることができた。

(8)　**A～D**の天皇を、時代の古い順にならべたとき、**３番目にくるもの**はどれか、一つ選び、記号で答えなさい。

問２　近世から現代にかけての天皇に関して述べた**E～G**のカードを参考に、あとの各問いに答えなさい。

> **E**　孝明天皇を父にもち、江戸を東京と改称した天皇である。在位中には大日本帝国憲法の制定や、殖産興業《しょくさんこうぎょう》の発展、日清戦争・日露戦争の勝利など、強力な近代国家を確立した。

> **F**　江戸時代後期以来、約200年ぶりに譲位《じょうい》による皇位継承を行った人物である。また、公務のかたわら、魚のハゼ類の研究を行う研究者でもある。譲位に伴い、新天皇の即位とともに、新たな元号が制定された。

> **G**　第113代天皇である東山天皇のころ、ある将軍が「武力によらず、制度や儀礼によって幕府の権威を示す政治」を目指していた。儒学を重んじ、学問や教育の発展に力を入れる一方で、生類憐れみの令と呼ばれる極端な動物保護令を出した。

（１）　次の**史料Ⅰ・Ⅱ**は、**E**の人物のころ、それぞれフランスの画家が描いた日清戦争に関する風刺画《ふうしが》である。どちらの史料が**日清戦争後の国際情勢**を示しているものか。どちらかを選んで解答らんに記入しなさい。また、そのように判断した理由について、風刺画の中に擬人化《ぎじんか》して描かれている清《しん》（中国）の様子についてふれながら、50字以内で簡潔に述べなさい。

史料Ⅰ

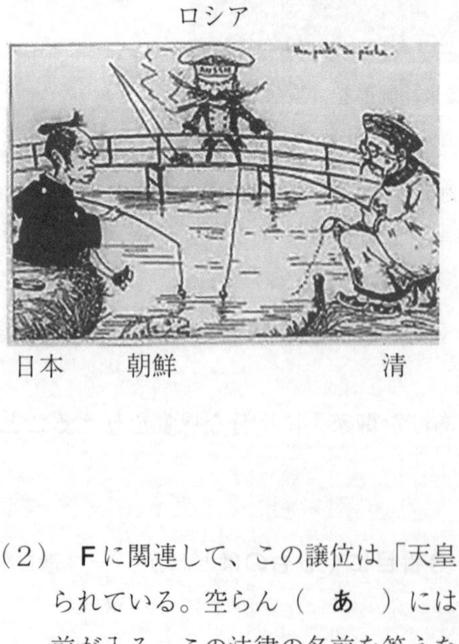

史料Ⅱ

（２）　**F**に関連して、この譲位は「天皇の退位等に関する（　**あ**　）特例法」という法律に定められている。空らん（　**あ**　）には、天皇や皇室に関する重要なことがらを定める法律の名前が入る。この法律の名前を答えなさい。

(3)　Gに関連して、幕府の三大改革の名称と、その内容を正しく組み合わせなさい。ただし、解答らんに合わせること。

a　天保の改革　　b　寛政の改革　　c　享保の改革

ア　ききんが続く中、老中松平定信が、幕府財政の建て直しや荒廃した農村の復興のために行った改革。

イ　キリスト教の布教を危険視した将軍徳川秀忠が、中国船以外の外国船の来航を平戸と長崎に限定した改革。

ウ　百姓一揆や打ちこわしが続く中、老中水野忠邦が、きびしい倹約《けんやく》令を出して株仲間を解散させるなどの政策を行った改革。

エ　幕府の権威と財政を建て直すために、将軍徳川吉宗が、上米の制など質素・倹約や増税を行った改革。

3　次の各問いに答えなさい。

問1　日本国憲法について、次の条文の空らん(　ア　)～(　カ　)にあてはまる言葉を語群からそれぞれ選び、漢字で答えなさい。なお、条文は現代仮名づかいに直してあります。

第1条　天皇は、日本国の象徴であり日本国統合《とうごう》の象徴であって、この地位は、(　ア　)の存する日本国民の総意に基づく。

第9条①　日本国民は、正義と秩序を基調とする国際平和を誠実に希求《ききゅう》し、国権の発動たる(　イ　)と、武力による威嚇《いかく》又は武力の行使は、国際紛争を解決する手段としては、永久にこれを放棄する。

第14条①　すべて国民は、(　ウ　)の下に平等であって、人種、信条、性別、社会的身分又は門地により、政治的、経済的又は社会的関係において、差別されない。

第22条①　何人も、(　エ　)の福祉に反しない限り、居住、移転及び職業選択の自由を有する。

第25条①　すべて国民は、健康で(　オ　)的な最低限度の生活を営む権利を有する。

第98条①　この憲法は、国の(　カ　)法規であって、その条規に反する法律、命令、詔勅《しょうちょく》及び国務に関するその他の行為の全部又は一部は、その効力を有しない。

＜語群＞

公共	文化	福祉	精神	社会	神	法
最高	象徴	自由	戦争	紛争	主権	

問２　次の**資料１・２**からどのような問題点が読み取れますか。**資料１・２**のいずれかを選び、どのような点が問題なのかについて簡潔に述べなさい。その上で、日本に住むこどもたちが、学業における将来の夢を実現するために、政府がすべき対策について、50字程度で具体的に述べなさい。

資料１　両親年収別の高校卒業後の進路

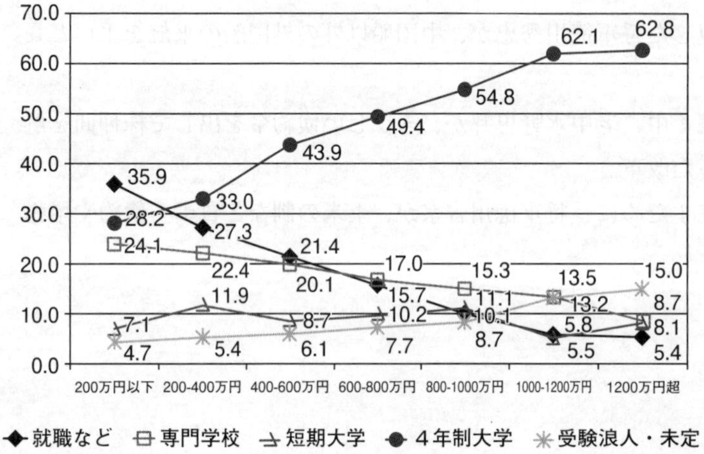

（東京大学大学院教育学研究科大学経営・政策研究センター『高校生の進路追跡調査 第１次報告書』より）

縦軸《たてじく》はそれぞれの折れ線グラフの割合（%）を、横軸《よこじく》は両親の年収を示します。

資料２　教育関連の公的支出（対GDP比）

順位	国	割合（%）
1	ノルウェー	6.28
2	フィンランド	5.58
3	アイスランド	5.52
4	ベルギー	5.35
5	スウェーデン	5.02
6	イスラエル	4.89
7	ニュージーランド	4.69
8	オーストリア	4.61
9	フランス	4.54
10	スイス	4.51
11	カナダ	4.37
12	ラトビア	4.35
13	オランダ	4.34
14	イギリス	4.25
15	メキシコ	4.21
16	ポルトガル	4.14
17	韓国	4.12

順位	国	割合（%）
18	アメリカ	4.11
19	ポーランド	4.02
20	エストニア	4.01
21	オーストラリア	3.95
22	チリ	3.84
23	スロベニア	3.79
24	スロバキア	3.79
25	トルコ	3.77
26	ドイツ	3.62
27	スペイン	3.51
28	ギリシア	3.38
29	イタリア	3.35
30	ルクセンブルク	3.28
31	ハンガリー	3.23
32	チェコ	3.18
33	アイルランド	3.11
34	日本	2.93

（OECD資料より作成）

※各国のGDP（国内総生産）に対する、政府による教育関連の支出の割合（%）を示す。

※「公的支出」…国の政府による支出のこと。

【理　科】〈特待選抜入試〉(30分)〈満点：60点〉

1　以下の問いに答えなさい。

５種類の粉，A，B，C，D，Eがあります。これらの粉は，マグネシウム，鉄，アルミニウム，食塩，銅のいずれかです。この粉が混ざったものが全体で１６．５ｇあります。

この混ざった粉に磁石を近づけたらAだけがくっつき残りは１５ｇになりました。つぎに磁石につかなかった粉を水に溶かしたらBだけが溶け，粉が１３．２ｇが溶けずに残りました。残った物を３等分して，その１つをうすい水酸化ナトリウム水溶液に溶かしたらCの粉が溶け，２．６ｇが溶けずに残りました。次に溶けなかったものをうすい塩酸に溶かしたらDだけが溶け，最後にEが１．１ｇが溶けずに残りました。

ただし，溶かすための液体は十分に加えられたとものとします。

(1)　実験の結果からA～Eの組み合わせとして最も正しいものを下のア～カの中から１つ選び記号で答えなさい。

	A	B	C	D	E
ア	銅	アルミニウム	マグネシウム	鉄	食塩
イ	銅	アルミニウム	鉄	マグネシウム	食塩
ウ	アルミニウム	銅	食塩	マグネシウム	鉄
エ	アルミニウム	銅	マグネシウム	食塩	鉄
オ	鉄	食塩	アルミニウム	マグネシウム	銅
カ	鉄	食塩	マグネシウム	アルミニウム	銅

(2)　溶け残った粉とそれ以外の粉が溶けている溶液を分ける方法は何と呼ばれますか。

(3)　(2)以外の方法で，２つのものが混ざったものを分ける方法名を１つあげ，どのようなものを分けるときか，例をあげて答えなさい。

(4)　最初，マグネシウム，鉄，アルミニウム，食塩，銅の粉はそれぞれ何ｇずつ含まれていましたか。小数以下が出た場合は小数第二位を切り捨てして小数第一位まで答えなさい。

2 光君は自分が使っている自転車のギアの仕組みについて調べ，レポートにまとめました。レポートの内容を踏まえて後の問いに答えなさい。

自転車のギアに関するレポート

　自転車が進むときのギアによる違いを調べるために，**図1**の自転車の構造のペダル，前ギア，後ろギア，チェーン，クランク，後輪に当たる部分の模式図（**図1**）を作成した。

　今回，後ろギアは半径が１０ｃｍのギア**A**と半径が２０ｃｍのギア**B**のみで調べた。

　また，後輪の半径は４０ｃｍ，前ギアの半径は２０ｃｍ，ペダルまでのクランクの長さは２５ｃｍで検証を行った。

図1

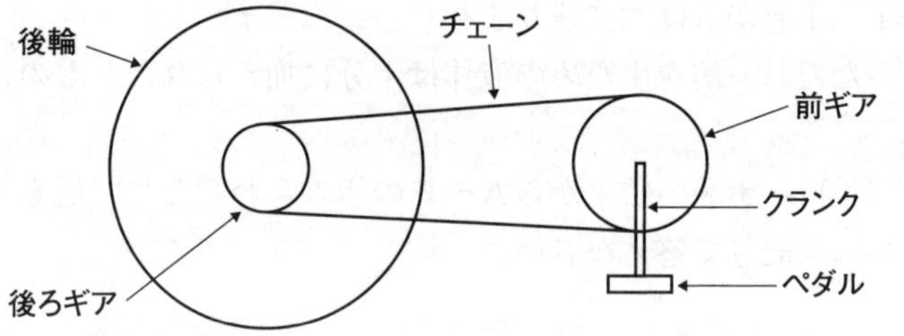

①　自転車の後ろギアを変えることによって，後輪が何周するのか調べた。

②　自転車の後ろギアを変えることによって，ペダルを押す力がどのように変わるのか調べた。

①について

　ギア**A**の場合

　　ペダルを１周させると前ギアは（　**ア**　）周した。そのとき後ろのギア**A**が（　**イ**　）周することで後輪も同じだけ回った。

　ギア**B**の場合

　　ペダルを１周させると前ギアは（　**ウ**　）周した。そのとき後ろのギア**B**が（　**エ**　）周することで後輪も同じだけ回った。

②について

　ギア**A**の場合

　　ペダルをふむ力を（　**オ**　）としたとき，前ギアからチェーンに伝わる力はクランクの長さと前ギアの半径から（　**カ**　）となる。また同じ力が後ろのギア**A**に伝わり，後輪に伝わる力は１０となった。

　ギア**B**の場合

　　ペダルをふむ力を（　**キ**　）としたとき，前ギアからチェーンに伝わる力はクランクの長さと前ギアの半径から（　**ク**　）となる。また同じ力が後ろのギア**B**に伝わり，後輪に伝わる力は１０となった。

①と②の結果から［　結論　］とわかった。

(1)　レポート内の（　**ア**　）～（　**ク**　）に入る数字を答えなさい。

(2)　レポート内の結論の部分として最も適当なものを次の**ア～エ**のうちから１つ選び記号で答えなさい。

ア　後ろのギアの半径が小さくなることでペダルをふむ力は増え，その分後輪の回転数は減った。

イ　後ろのギアの半径が小さくなることでペダルをふむ力は減り，その分後輪の回転数も減った。

ウ　後ろのギアの半径が小さくなることでペダルをふむ力は増え，その分後輪の回転数も増えた。

エ　後ろのギアの半径が大きくなることでペダルをふむ力は増え，その分後輪の回転数も増えた。

(3)　後輪に伝わる力が１０としたときにペダルを押す力が増える場合として正しいものを次の**ア～カ**の選択肢の中から**２つ選び**記号で答えなさい。

ア　ペダルまでの距離を長くする。　**イ**　ペダルまでの距離を短くする。

ウ　後輪の半径を大きくする。　**エ**　後輪の半径を小さくする。

オ　チェーンを短くする。　**カ**　チェーンを長くする。

3　植物のはたらきを調べるために次の２種類の実験を行いました。それぞれの実験について，あとの問いに答えなさい。

実験１　晴れた日に，同じ種類でほぼ同じ大きさの枝を２つ選び，一方の葉を全部とった。その様子を示したのが右の**図１**である。それぞれの枝にポリエチレンのふくろをかぶせ，ひもで口をしばり，１５分程度放置した後，ふくろの内側の様子を調べた。その結果，葉のついた方の植物ではふくろの内側に水てきが多くみられたが，葉をとったものは水てきがほとんどみられなかった。

図１

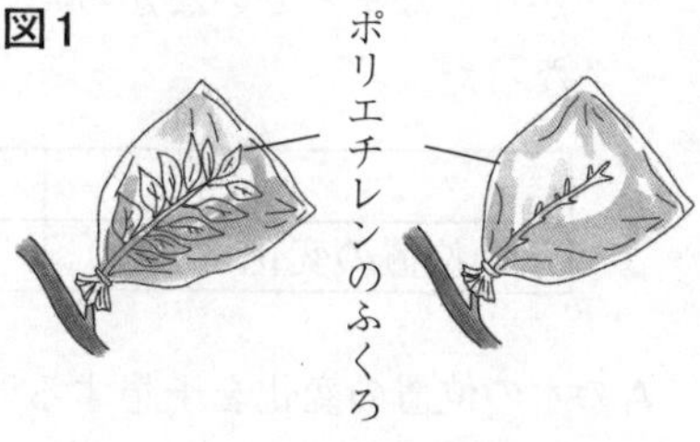

(1)　ふくろの内側に水てきが多くみられたことから，植物体内の水は，葉の表面から水蒸気となって空気中に出ていくことがわかる。水蒸気が出ていく植物の体の表面にある小さなあなを何というか。

(2)　このはたらきが行われる理由として考えられることを次の**ア～エ**から<u>すべて</u>選びなさい。

ア　水を水蒸気として出すことで植物の温度を下げる。

イ　水を水蒸気として出すことで栄養分を生み出す。

ウ　水を水蒸気として出すことで根から水を吸い上げるのを促進する。

エ　水を水蒸気として出すことでエネルギーを生み出す。

次に，どこでこのはたらきがさかんに行われるかを調べるために，**実験２**を行った。

実験２　アジサイの葉を４枚用意し，Ａ～Ｄとした。
Ａ～Ｄの条件は以下のようにした。

Ａ：何もしない。
Ｂ：葉の表側にワセリンをぬる。
Ｃ：葉の裏側にワセリンをぬる。
Ｄ：葉の両面にワセリンをぬる。

図2

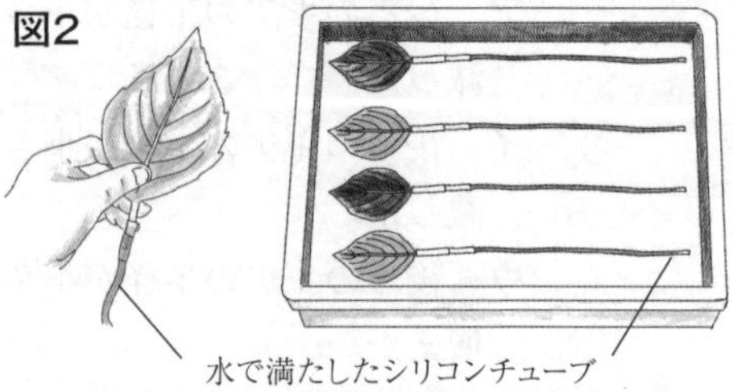

図3

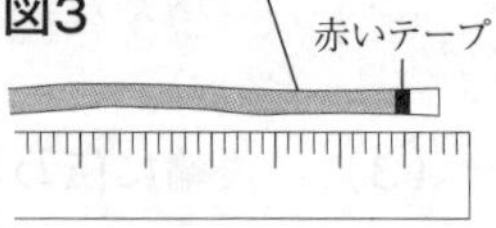

その葉を**図２**のように水で満たしたシリコンチューブにつなぎ，最初の水の位置を**図３**のように赤いテープをつけた。１０分程度置いた後，水の位置の変化をものさしで調べた。結果は以下のようになった。

	Ａ	Ｂ	Ｃ	Ｄ
水の位置の変化（ｃｍ）	２．４	１．９	０．８	０．３

(３)　葉の表側からの水の減少量を表しているものは次のうちのどれか。

ア　Ａ　　イ　Ｂ　　ウ　Ｃ　　エ　Ｄ
オ　Ａ＋Ｂ　　カ　Ａ－Ｂ　　キ　Ａ＋Ｃ　　ク　Ａ－Ｃ

(４)　別の植物に変えて**実験２**と同様の実験を行った。しかし，このときＡのチューブだけしっかりとはまっていなかったため実験結果が得られなかった。Ａ以外の結果は下の表のようになった。

	Ａ	Ｂ	Ｃ	Ｄ
水の位置の変化（ｃｍ）	－	１．４	０．５	０．１

Ａの水の位置の変化を予想するとおよそ何ｃｍ変化していると考えられるか。最も近いものを次の中から選びなさい。

ア　２．０　　イ　１．９　　ウ　１．８　　エ　１．７

(５)　大気汚染を調査するためにマツの葉が観察に用いられることがあります。マツの葉の表面を顕微鏡で観察すると大気の汚染度合いがわかるのですが，どの部分のどんな様子から判断できますか。

4 次の問いに答えなさい。

冬の夕方，北の空をながめたら，次のような星が見られた。

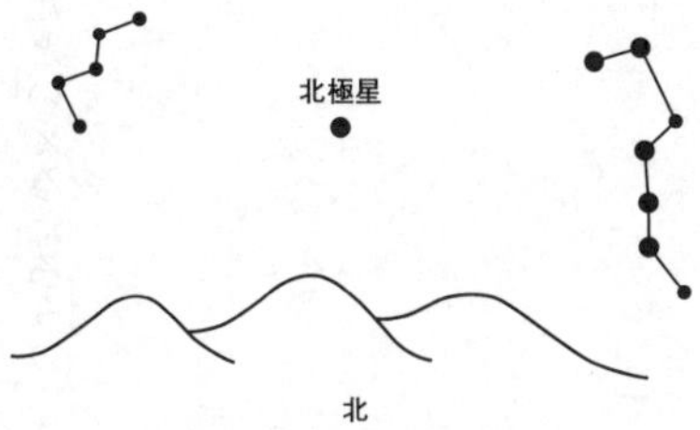

(1)　右の７つの星の集まりを何というか。

(2)　この図の中の１３個の星は，明るさが２種類の星しか描かれていない。その組み合わせは次のどれか。**ア～ウ**の中から１つ選び記号で答えなさい。

ア　１等星と２等星
イ　１等星と３等星
ウ　２等星と３等星

(3)　北極星は昔から船乗りが真北を決める目印として知られていた。それはなぜか。次の**ア～エ**の中から一つ選んで答えなさい。

ア　毎晩，北極から徐々に真上に上るように見えたから。
イ　空気や水分がレンズのはたらきをして，常に北にあるように見えたから。
ウ　夜空の星の動きは回転であり，この星はちょうど回転軸の延長にあるので動かないように見えたから。
エ　古い地図の上に真北を示す星として描かれ，それは真実ではないのに長らく信じられてきたから。

(4)　私たちの太陽は－（マイナス）２７等星の明るさと言われる。この夜空の図にある星はどれも太陽とほぼ同じくらいの大きさや年齢である。にもかかわらず，１等や２等や３等などという太陽に比べれば暗い星に見えるのか。その理由を簡単に述べなさい。

(5)　地球から見た星のみかけの明るさではなく，その星の真の明るさということを比較するには，次のどの条件を満たせばよいか。**ア～ウ**の中から１つ選び記号で答えなさい。

ア　どの星も観測者から同じ距離に置いたときの明るさを考える
イ　どの星も距離は変えず同じ大きさに換算したときの明るさを考える
ウ　どの星も距離や大きさは変えず，年齢によって若い星を１等星，中年の星を２等星，老年の星を３等星というように決めて考える

四 **次の文章を一〇〇字以内で要約しなさい。(句読点をふくむ。)**

一日、改正民法が施行《しこう》され、成人の年齢《ねんれい》が二〇歳《さい》から十八歳に引き下げられた。成人年齢に関する規定変更《へんこう》は一四六年ぶりという。

「大人」を定義することは、古今東西を問わず社会にとって重要な意味を持つ。社会の一員としての一定の能力と価値観の共有が求められ、中には命がけの通過儀礼《ぎれい》もある。

わが国の成人の儀式は、奈良時代の「元服」が始まり。男性が髪型《かみがた》や服装を改めて、頭に冠《かんむり》や烏帽子《えぼし》などをつけてもらう儀式で形を変えながら近世まで続いた。

そのやり方は時代や地方、身分によって異なり、成人年齢もはっきり決まっていなかった。周囲の環境《かんきょう》や本人の能力によって、大人になる年齢も変わるのは合理的な考え方かもしれない。

とはいえ、法治国家では成人年齢をはっきり決める必要がある。これからは十八、十九歳も大人の仲間入りをし、親の同意なくさまざまな契約《けいやく》できる自由を得る。

一方で知識不足から支払《しはら》い能力を超《こ》えた契約をしたり、悪徳商法の標的になる恐《おそ》れもある。こうした「未熟な大人」たちをサポートすることも、社会の役割だといえるだろう。

(二〇二二年四月二日付　奈良新聞「國原譜《くにはらふ》」※著作権の本文の一部にルビを振り、漢数字に直しました。)

問九　――線⑧「チューブワームの仲間たちは、ある意味でスタンダードな地球生命なのだと考えざるを得ません」とありますが、このことを通して筆者が言いたいことはどのようなことですか。ふさわしいものを次から選び記号で答えなさい。

ア　海は陸地よりはるかに広いので、その海底に薄く広く存在するチューブワームのような「辺境生物」は地球規模で見れば「例外」とは言えず、むしろ地球生命の本質を見つけるのに必要であるということ。

イ　地球生命を存続するのにチューブワームのような辺境生物は必要不可欠であるため、たとえ「いきにくい」場所に住む生物であったとしても、研究者たちはそのような存在を無視してはいけないということ。

ウ　チューブワームの仲間たちの「エネルギー源」である硫化水素が大量に存在する海底を調査することで、これまで発見されてこなかったスタンダードな地球生命を新たに発見できる可能性があるということ。

エ　硫化水素を「エネルギー源」とする生物は海底のあらゆるところに存在するにもかかわらず、海底火山周辺で発見されたチューブワームを「奇妙」だと捉《とら》えることは、常識にとらわれた愚《おろ》かな行為《こうい》だということ。

オ　陸地に暮らす人間にとっては「奇妙」に感じられるチューブワームの仲間たちだが、従来の常識から見れば「ふつう」の存在であるので、地球規模で生命の普遍《ふへん》性を考えるための貴重な研究対象であるということ。

問十　――線⑨「人間にとっては2つの意味で『いきにくい』辺境です」とありますが、ここでいう「2つの意味」について記されている一文を本文中からぬき出し、最初と最後の五文字を答えなさい。（句読点をふくむ。）

問十一　⑩・⑫に入る語句を次からそれぞれ選び記号で答えなさい。

ア　そんな時に　　イ　その意味で　　ウ　それに加えて　　エ　その限りで　　オ　そちらにこそ

問十二　――線⑪「深海底の生物は研究がしにくい」とありますが、それはなぜですか。次の空欄《くうらん》にふさわしい文を入れて説明しなさい。

熱水噴出孔周辺の生物は（　　　　　　　　　　）のに対して、

ふつうの深海底の生物は（　　　　　　　　　　）から。

問十三　あなたが今後「研究」したいもの（こと）を一つ挙げ、その理由を説明しなさい。

問四　――線③「熱帯雨林地帯」と――線④「海底火山の周辺にある『熱水噴出孔《ふんしゅつこう》』」について、生物学者にとっての両者の相違点《そうい》（ちがい）と共通点をそれぞれ分かりやすく説明しなさい。

問五　――線⑤「チューブワーム」の特徴として当てはまるものを選び記号で答えなさい。（ただし、答えは一つとは限らない。）

ア　体内の微生物に栄養を作らせる。　　イ　体内の消化器官が発達している。

ウ　太陽光でエネルギーを生成する。　　エ　動物ではなく植物に分類される。

オ　高温の熱水噴出孔でも生きられる。　　カ　物を食べなくても死ぬことはない。

問六　次の文の――線部「ない」と同じ働き（品詞）の「ない」を本文中の＝＝線A～Eから記号で選びなさい。（ただし、答えは一つとは限らない。）

・このお皿は二つとない名品である。

問七　――線⑥「誰《だれ》も予想しなかった謎《なぞ》の深海生物も発見されてしまった」とありますが、それによってどのようなことが考えられるようになったのですか。分かりやすく説明しなさい。

問八　――線⑦「有機物」の作られ方について、本文を読んだ生徒たちが話し合いをしています。**適当でない**発言を次から選び記号で答えなさい。

ア　Aさん「『原始のスープ』という言葉は、ぼくも聞いたことがあるよ。筆者の述べている通り、アミノ酸や糖といった有機物がたくさん入っている太古の海の中で、最初の生命が生まれたという説だよね。」

イ　Bさん「その有機物の発生を確かめるために『ユーリー＝ミラーの実験』が行われたんだよ。当時の地球の大気と同じ成分をガラス容器に封じ込めて、６万ボルトもの高圧電流を流したんだ。」

ウ　Cさん「実験の結果、無機物から有機物を生成できるのは、やはり大気の中だけであることが証明されたんだ。メタン、水素、アンモニア、水蒸気に電流を流せば、大気中に有機物を作り出すことができるね。」

エ　Dさん「実験によって、数種類のアミノ酸が発生することがわかったね。この文章に出てくるチューブワームは海底火山の周辺で発見されたそうだから、チューブワームのすみかでも有機物は生成されているのかもしれないね。」

問一 A ～ D には次の小見出しが入ります。その組み合わせとしてふさわしいものを後のア～オより選び記号で答えなさい。

① 謎の深海生物・チューブワーム
② 地球全体で見れば、「辺境」の方が圧倒的に広い
③ 「極限環境」と「辺境」は同じだけどちょっと違う
④ 海底火山の発見が、科学に大きな意識変革をもたらした

ア A……③ B……① C……② D……④
イ A……② B……① C……④ D……③
ウ A……③ B……① C……④ D……②
エ A……② B……③ C……① D……④
オ A……③ B……② C……① D……④

問二 ① に入る言葉としてふさわしいものを次から選び記号で答えなさい。

ア 住めば都 イ 灯台もと暗し ウ 乗りかかった船 エ 郷《ごう》に入っては郷に従え

問三 ――線②「辺境生物の研究は、正直なところ、めんどくさい」とありますが、それはなぜですか。理由としてふさわしいものを次から選び記号で答えなさい。

ア 実験室で「辺境」の生物を増殖させるには途方《とほう》もない労力が必要で、研究者にとっては精神的につらい作業だから。
イ 「辺境」に暮らす生物は見つけること自体が困難なため、研究者同士で協力しないと成果をあげることができないから。
ウ アクセスしにくい「辺境」は実験するためのサンプルを集めるのが困難で、効率よく研究を進めることができないから。
エ 生物学を専門とする学者の多くが、「辺境」に生息する生物のサンプルを集めて研究することの意義を見出《みいだ》していないから。

ドな地球生命なのだと考えざるを得ません。

ここで大事なのは、「辺境」は決して「例外」ではないということです。⑨人間にとっては2つの意味で「いきにくい」辺境ですが、そこにも多様な生物が存在します。しかも、地球を見渡《わた》せば、辺境のほうが面積も体積も圧倒《あっとう》的に大きいのですから、地球上の生命について考えるなら、辺境生物を無視できるわけがありません。むしろ、［⑩］地球生命の本質があるかもしれないのです。

ところが、⑪深海底の生物は研究がしにくい。その理由は、アクセスが難しいことだけではありません。研究者にとっては、もうひとつ厄介《やっかい》な問題があります。それは、ライフサイクルが「遅《おそ》い」ことです。

たとえばバクテリアのような微生物は細胞分裂《さいぼうぶんれつ》によって増殖しますが、そのペースは生きている環境に大きく左右されます。単純な話、エサが豊富な環境のほうが、ライフサイクルは速くなると考えていいでしょう。エサの少ない環境では、ライフサイクルの遅い生き物のほうが生き残りやすいのです。

深海生物でいえば、海底火山の熱水噴出孔周辺はエネルギーや化学物質が豊富なので、生物の増殖や代謝反応などが速くなります。そこで採取したバクテリアは、実験条件をうまく整えれば、たとえば1日に1回のペースで分裂してくれるものもある。これは、研究者にとって実にありがたいことです。研究には大量のデータが必要ですから、それが早く集まれば集まるほど効率がいい。1日1回のペースで分裂すれば、サンプルが10日で１０２４倍になるのですから、成果も早く出せるでしょう。つまり、「回転の速い生物」を研究対象にしたほうが、論文を量産しやすいわけです。

それに対して、海底火山も活断層もない「ふつうの深海底」は、エネルギー源や化学物質がきわめて少ないので、そもそも生物がほとんどいません。しかも、わずかに存在する生物のライフサイクルが非常に遅い。生きるのに必要な材料が少ないので、ノロノロとゆっくり増えるタイプの生物しか暮らせないのです。

したがって研究者にとっては、ひどく効率が悪い。なかなかデータが増えないので、下手をすれば10年に1本ぐらいしか論文が書けないかもしれません。

［⑫］、成果を求める研究者にとっても、辺境は「いきにくい」カテゴリーなのです。

ちなみに、最近話題になった深海生物のダイオウグソクムシは、5年間絶食しても生きているとびっくりされました。なぜそれで生きていけるのかのメカニズムはまだわかっていませんが、非常に興味深いことです。砂漠にいるサソリの中にも、1年以上食べなくても生きる種がいるそうです。もしあなたがこれらの生物を研究すると考えたら、気が遠くなりませんか？

（長沼毅『辺境生物はすごい！　人生で大切なことは、すべて彼らから教わった』より）

そこで注目されるのが、海底火山の熱水噴出孔です。そこで起きている熱水循環《じゅんかん》という現象を実験室で再現したところ、やはりメタンやアンモニアなどの無機物からアミノ酸などの有機物が生成されることがわかりました。そのため、海底火山が「生命の起源」として有力視されるようになったのです。

チューブワームは、その海底火山周辺で発見されました。だから私は研究者になった当初、海底火山の世界にのめり込んでいったのです。

D

◇

しかし発見から三十数年が経《た》ち、研究が進んだ結果、チューブワームはそんなに「珍《めずら》しい生物」ではないことがわかってきました。似たような生物は、海底火山以外の深海にもたくさんいるのです。

身近なところでは、たとえば相模湾《さがみわん》の周辺。江ノ島《えのしま》沖や熱海《あたみ》の沖などに、熱水噴出孔は存在しませんが、そこには大きな活断層があります。そこから出てくるガスが「エネルギー源・栄養源」となり、熱水性のチューブワームの仲間を生かしているのです。

海底火山には「エネルギー源」である硫化水素が大量にあるので、チューブワームを見つけやすいのはたしかでしょう。しかし火山の存在は、チューブワームが生きるため絶対に必要な条件ではありません。海底火山以外でも硫化水素が出てくれば、そこでもチューブワームが生きていくことはできる。海底火山の周辺は個体数が多いから、たまたまそこで最初に発見されたというだけのことです。

ただし少し前まで、チューブワームのような生物は、海底火山や海底活断層の周辺だけの限定的な存在だと考えられていました。ところが最近になって、火山も活断層もないごくふつうの深海底にも、チューブワームの親戚《しんせき》がいることがわかっています。海底の泥《どろ》にも硫化水素が含まれており、それを使えば微生物が「暗黒の光合成」を行うことができるのです。

そんなふつうの海底にいるなら、なぜ海底火山を発見するまで見つからなかったのかと不思議に感じる人もいるでしょう。ごもっともな疑問です。でも、海底の泥というのは実に扱いにくく、生物学者にとってはいちばん苦手な代物《しろもの》。仮にチューブワームの仲間がそこにいても、ゴミと区別がつかずに捨ててしまったケースがあるかもしれません。

海底火山周辺で発見された当初、チューブワームは、従来の生物観を覆《くつがえ》すような「奇妙な動物」として注目されました。しかし深海底のどこにでもいるとなると、それは決して例外的な存在ではありません。これまでの常識に照らせば「奇妙」かもしれませんが、地球全体から見れば、少しも珍しくない「ふつう」の生き物だといえるでしょう。

なにしろ、海は私たちが住んでいる陸地よりもはるかに広いのです。その海底に薄《うす》く広く存在する⑧チューブワームの仲間たちは、ある意味でスタンダーギーの代わりに使って、自分自身とチューブワームのための栄養を二酸化炭素から作り出します。この仕組みは、太陽の光エネルギーと水と二酸化炭素から栄養を作る植物の光合成とほぼ同じ。いわば、「暗黒の光合成」です。

◇ C

光合成をしないという意味では植物ではなく、物を食べないという点では動物ともいいがたい――そんなチューブワームは、生物の「共生」を考える上でも重要な意味を持つのですが、それについては別の章で詳《くわ》しくお話ししましょう。

ともかく、この不思議な生物の発見は学界に強い衝撃《しょうげき》を与《あた》えました。高校生から大学生になった頃《ころ》の私も、そのニュースに大きな関心を持ち、「生命とは何か」「生物の起源は何か」といった大テーマと関連してこの深海生物に惹《ひ》かれるようになったのです。ですから、のちに研究者として「しんかい２０００」という潜水《せんすい》船に乗り込《こ》み、初めて深海の熱水噴出孔でチューブワームの大群を目の当《ま》たりにしたときは、大いに感動しました。

70年代の後半にチューブワームが発見されたのは、プレートテクトニクスによって海底火山が見つかったからです。理論が予言する場所に行ってみたら、たしかに海底火山がありました。それ自体は想定の範囲《はんい》内だったのですが、海底火山だけでなく、⑥誰も予想しなかった謎の深海生物も発見されてしまったわけです。

私がチューブワームに惹かれたのは、それが「生命の起源」という大テーマと関係がありそうに思えたからでした。地球最初の生命はおよそ40億年前に誕生したと考えられていますが、それがどこでどのように生まれたのかはまだわかっていません。しかし、仮説はいろいろあります。

たとえば、「原始のスープ」という言葉を見聞きしたことのある人は多いでしょう。40億年前の海にはアミノ酸や糖などの⑦有機物が豊富に含《ふく》まれており、その「スープ」の中で有機物が化学反応を起こして生命が生まれた――という考え方です。

では、その有機物はどうやって作られたのか。

それを説明するために行われたのが、有名な「ユーリー＝ミラーの実験」（１９５３年）です。この実験では、地球の原始大気に含まれていたと思われるメタン、水素、アンモニア、水蒸気をガラス容器に封入《ふうにゅう》し、そこに６万ボルトの高圧電流を放電しました。ちょうど、原始の大気中に雷《かみなり》が発生したのと同じ状態です。これによって数種類のアミノ酸が発生することがわかり、太古の地球で無機物から有機物を作ることが可能だったことが実証されました。

ただし、無機物から有機物が作られるのは大気の中だけとはかぎりません。

ています。日本で暮らす一般の人々から見れば、③熱帯雨林地帯も十分に「辺境」でしょうが、生物学者にとっては「中心地」のようなもの。簡単にアクセスできるジャングルなら、多種多様な微生物のサンプルを大量に集めることができるので、効率よく研究を進めることができます。

深海生物の分野なら、多くの研究者が集中するのは海底火山の周辺です。もちろん、深海はアクセスが困難なのでそれ自体が「辺境」といえるでしょうが、その中にも、サンプルを集めやすい場所とそうではない場所があるのです。

とくに④海底火山の周辺にある「熱水噴出孔」は、生物の宝庫。そこまで行くのは大変ですが、いったん行けば、さまざまな生物をごっそり持ち帰ることができます。

ちなみに、私が生物学の世界に進むきっかけのひとつだった「⑤チューブワーム」も、海底火山周辺の熱水噴出孔で発見されました。最初に見つかったのは、1977年のこと。それは言ってみれば「ぬるま湯」のようなものでした。本格的な高温の熱水噴出孔で発見されたのは2年後で、私は当時まだ高校生でした。

ちょっと話は逸《そ》れますが、本書では今後も何度か登場すると思われるので、チューブワームについて少し説明しておきましょう。

チューブワームは、実に奇《き》妙《みょう》な生物です。その名のとおり、1本の白い筒《つつ》（チューブ）の先に赤い花のような物がついた形をしているのですが、そこには口も消化管も肛門《こうもん》もありません。「それではエサが食べられないじゃないか」と思うでしょう。でも、心配はご無用。チューブワームは、動物なのに物を食べないのです。

物を食べずに生きているなら、それは動物ではなく植物のような気がしてきますが、それはあり得ません。チューブワームが発見された深海には、太陽の光が届かないAからです。

植物の特徴は「光合成」をすること、すなわち、光エネルギーを使って水と二酸化炭素から炭水化物（たとえばデンプン）を作ること。だから、光のないB深海で植物は生きられないC、したがってチューブワームは植物ではないD、ということになるのです。

では、物を食べず、光合成もしないEチューブワームは、どうやって栄養を得ているのでしょうか。

驚《おどろ》いたことに彼らは「光合成とほぼ同じこと」をほかの生物にやらせています。体内に共生する微生物（イオウ酸化細菌）が、チューブワームのために栄養を作っているのです。

そのエネルギー源は、海底火山から噴出する硫《りゅう》化《か》水素という火山ガス。イオウ酸化細菌はそれを燃やして化学エネルギーを取り出し、それを光エネル

三　次の文章を読んで後の問いに答えなさい。

◇　A

北極や南極、砂漠《さばく》、深海などのことを、生物学の世界では一般《いっぱん》的に「極限環境《かんきょう》」と呼びます。英語では、「extreme environment」。米国の宇宙生物学プログラムでもこの言葉が使われており、その流れで「極限環境生物学会」という学会も誕生しました。ですから、これが学問上の正式名称《めいしょう》になります。

でも、そこに棲《す》んでいる生物にとって、その環境は「極限」でも何でもないでしょう。「　①　」という言葉もあるように、環境に適応して生きている者にとって、そこは暮らしやすい場所のはずです。あくまでも、私たち人間から見れば「極限」のように思えるということにすぎません。もし地球外に知的生命体が存在した場合、彼《かれ》らから見れば、人類のほうが「極限環境生物」かもしれないわけです。

とはいえ、そういう環境に生息する生物が、私たち人類と同じような環境で暮らしている生物――イヌやネコやカエルやバッタや大腸菌《きん》などなど――とは異なる特徴《とくちょう》や性質を持っているのも事実。したがって、「極限環境生物」のような名前をつけて区別することには学問的にも重要な意味があります。

そこで私が好んで使うのは、「辺境生物」という言葉。もちろんこれも、人間を基準とした表現という点で「極限環境」と変わりません。そこに棲んでいる生物にとっては、そこが中心であって、「辺境」ではないでしょう。彼らから見れば、人類のほうが「辺境生物」ということになります。

それでも私が「極限環境」より「辺境」という言葉を好むのは、こちらのほうが「アクセスしにくい」というニュアンスが伝わりやすいからです。極地や深海や砂漠は人間にとって「生きにくい環境」であると同時に、「行きにくい場所」でもある。辺境は、2つの意味で、私たちにとって「いきにくい」わけです。

だからこそ、②辺境生物の研究は、正直なところ、めんどくさい。

微生物《びせいぶつ》研究は、現地で採集したサンプルを持ち帰って実験室で増殖《ぞうしょく》させるのですが、いつまでもなくならないわけではありません。最初のサンプルを採取するだけでも大変なので、実験をしながら「これ、なくなったらまた取りに行かなきゃいけないんだよな……」と憂鬱《ゆううつ》な気分になったりもするわけです。

◇　B

そんなこともあって、大多数の研究者は辺境生物を扱《あつか》いません。たとえば生物の多様性研究であれば、熱帯雨林や珊瑚礁《さんごしょう》などに多くの研究者が集中し

2023年度 光英VERITAS中学校

【国語】〈特待選抜入試〉（五〇分）〈満点：一〇〇点〉

一　次の①～⑧について、――線部のカタカナは漢字に、漢字はひらがなに直しなさい。

①　万が一に備えて生命ホケンに加入する。

②　愛読しているザッシを書店に買いに行く。

③　難民をキュウサイする方法について考える。

④　気象庁から関東地方に大雨ケイホウが発表された。

⑤　近日公開の映画にお気に入りのハイユウが出演する。

⑥　彼《かれ》の快進撃《かいしんげき》はほんの序章に過ぎない。

⑦　渋沢《しぶさわ》栄一の故郷は養蚕がさかんな町だ。

⑧　店の経営をいよいよ息子の手に委ねることにした。

二　「ずぶぬれになっている」のが「小犬」になるように、次の語句を並べ替《か》えて一文を作りなさい。読点（、）と句点（。）を一回ずつ用いること。

ふるえていた　拾ってきた　歩いていた　姉は　小犬を　ずぶぬれになって　家に向かって

2023年度

光英VERITAS中学校 ▶解説と解答

算 数 ＜特待選抜入試＞（50分）＜満点：100点＞

解 答

1 ⑴ 4 ⑵ 2 ⑶ 3 2 ⑴ 10% ⑵ 45 L ⑶ 70通り ⑷ 3000円 ⑸ 94.2cm² 3 ⑴ 秒速15m ⑵ 175m ⑶ 1分17秒間 4 ⑴ 26 ⑵ **正しくない理由**…（例） 33，34，43，44の4つの数を重複して2回引いてしまっているから。／**正しい答え**…63番目 ⑶ 203番目 5 ⑴ 9 cm，18cm ⑵ 5.75cm，10.8cm，14.5cm 6 ⑴ 624cm² ⑵ 解説の図Ⅱを参照のこと。

解 説

1 四則計算

⑴ $(2+8\div2.5)\div1.3=(2+3.2)\div1.3=5.2\div1.3=4$

⑵ $\left(\frac{1}{2}+4\frac{1}{4}-0.75\right)\div\left(7\frac{9}{13}\times0.26\right)=\left(\frac{2}{4}+4\frac{1}{4}-\frac{3}{4}\right)\div\left(\frac{100}{13}\times\frac{13}{50}\right)=4\div2=2$

⑶ $0.01+0.99\times3\frac{1}{3}-\frac{1}{6}\times6.3+3.7\div5=0.01+\frac{99}{100}\times\frac{10}{3}-\frac{1}{6}\times\frac{63}{10}+0.74=0.01+\frac{33}{10}-\frac{21}{20}+0.74=0.01+3.3-1.05+0.74=3$

2 濃度《のうど》，割合と比，場合の数，売買損益，面積

⑴ 濃度5％の食塩水300 gには，300×0.05＝15(g)の食塩がふくまれ，できあがった濃度7％の食塩水，300＋200＝500(g)には，500×0.07＝35(g)の食塩がふくまれる。すると，200 gの食塩水には，35－15＝20(g)の食塩がふくまれていたことになるので，この食塩水の濃度は，20÷200×100＝10(%)である。

⑵ 毎分9 Lずつ水を入れるときと，毎分6 Lずつ水を入れるときでは，水そうをいっぱいにするのにかかる時間の比が，$\frac{1}{9}:\frac{1}{6}=2:3$になる。この比の差の，3－2＝1が，2分30秒，つまり，2＋30÷60＝2.5(分)にあたるので，毎分9 Lずつ水を入れると，2.5×2＝5(分)で水そうがいっぱいになる。よって，水そうの容積は，9×5＝45(L)とわかる。

⑶ Aからそれぞれの交点まで，最短で行くときの道順が何通りあるかを調べる。右の図で，たとえばCに行くときの道順は，左からの1通りと下からの2通りがあるから，1＋2＝3(通り)となる。同様にして調べると図のようになるので，Bまで行く道順は，35＋35＝70(通り)とわかる。

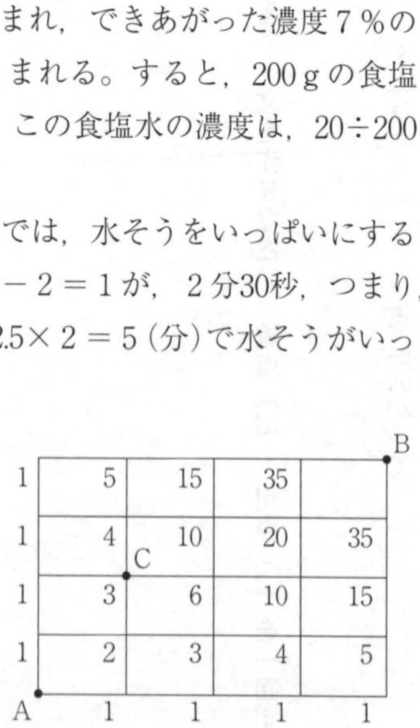

⑷ 原価を1とすると，3割の利益を見込《こ》んでつけた定価は，1×(1＋0.3)＝1.3になる。また，定価の1割引きをした値段は，1.3×(1－0.1)＝1.17である。これが3510円にあたるから，原価は，3510÷1.17＝3000(円)と求められる。

⑸ おうぎ形の中心角を△度とすると，おうぎ形の弧《こ》の長さについて，$6\times2\times3.14\times\frac{\triangle}{360}=31.4$

(cm)と表すことができる。よって，$\frac{\triangle}{360}=31.4\div(6\times2\times3.14)=\frac{5}{6}$になるので，このおうぎ形の面積は，$6\times6\times3.14\times\frac{\triangle}{360}=36\times3.14\times\frac{5}{6}=30\times3.14=94.2$(cm^2)とわかる。なお，(おうぎ形の面積)＝(弧の長さ)×(半径)÷2より，31.4×6÷2＝94.2(cm^2)と求めることもできる。

3 通過算

(1) 電車C，Dの先頭が地点A，Bを通過して2分50秒後，つまり，60×2＋50＝170(秒後)から踏切《ふみきり》が閉じたので，170＋30＝200(秒後)に，速い方の電車の先頭が踏切に差しかかったとわかる。電車Dは地点Bから踏切まで，3000÷12＝250(秒)かかるので，速い方は電車Cである。よって，電車Cの速さは秒速，3000÷200＝15(m)となる。

(2) 踏切が開いたのは，電車C，Dの先頭が地点A，Bを通過して，2分50秒＋1分45秒＝4分35秒後，つまり，60×4＋35＝275(秒後)である。また，電車Cの最後尾《さいこうび》が踏切を通過したのは，200＋(190＋5)÷15＝213(秒後)だから，電車Dの最後尾が踏切を通過したのは，275－10＝265(秒後)とわかる。よって，電車Dが265秒間で進む距離《きょり》は，12×265＝3180(m)だから，電車Dの長さは，3180－(3000＋5)＝175(m)と求められる。

(3) 電車Cの先頭が踏切に差しかかったのは200秒後で，最後尾が踏切を通過したのは213秒後である。また，電車Dの先頭が踏切に差しかかったのは250秒後で，最後尾が踏切を通過したのは265秒後である。そこで，電車が踏切を通過していた時間の合計は，(213－200)＋(265－250)＝28(秒間)になる。踏切が閉じていたのは1分45秒間，つまり，60＋45＝105(秒間)だから，このうち電車が踏切を通過していない時間は，105－28＝77(秒間)より，1分17秒間とわかる。

4 数列

(1) 3と4を使って数えた場合，20番目の数は20である。このうち，3，4，13，14の4個は実際には並ばないので，20は，20－4＝16(番目)の数とわかる。よって，17番目は21，18番目は22，19番目は25だから，20番目の数は26になる。

(2) 一の位が3もしくは4である数のうち，33，34，43，44の4個は，十の位が3もしくは4である数にもふくまれる。したがって，正しくは，20＋20－4＝36(個)の数を引かなくてはならないから，99は，99－36＝63(番目)の数である。

(3) 3と4を使って数えた場合，515番目の数は515である。ここから，3もしくは4を使った数を除いていく。(2)より，1から99までの中に3もしくは4を使った数は36個ある。同様に，100から199までと，200から299までの中にも，3もしくは4を使った数は36個ずつある。また，300から499までの200個は，すべて百の位が3もしくは4になる。さらに，500から515までの中で，3もしくは4を使った数は，503，504，513，514の4個ある。したがって，515は，515－(36×3＋200＋4)＝203(番目)の数とわかる。

5 図形と規則

(1) ロープは，61.23÷4.71＝13(個)の部分に分かれていることになる。ロープの色は，｛白，赤，紫，青，緑，黄｝の6色がこの順番で並んでいるから，6個目あるいは12個目のところで円が1周すれば，6色の長さがすべて同じになる。円の1周がロープの6個目のところで終わるとき，円周の長さは，4.71×6＝28.26(cm)だから，円の直径は，28.26÷3.14＝9(cm)である。また，ロープの12個目のところで終わるとき，円周の長さは，4.71×12＝56.52(cm)だから，円の直径は，56.52

÷3.14＝18(cm)である。

(2) ロープは13個の部分に分かれており，赤は２個目と８個目，青は４個目と10個目である。赤と青の長さの比が６：５になるとき，円の１周が４個目の青の途《と》中《ちゅう》で終わる場合(ア)，８個目の赤の途中で終わる場合(イ)，10個目の青の途中で終わる場合(ウ)の３通りある。まず，アの場合，赤の長さは4.71cmだから，青の長さは，$4.71\times\frac{5}{6}$＝3.925(cm)となり，円周の長さは，4.71×３＋3.925＝18.055(cm)，円の直径は，18.055÷3.14＝5.75(cm)とわかる。次に，イの場合，青の長さは4.71cmで，赤の長さの合計は，$4.71\times\frac{6}{5}$＝5.652(cm)だから，８個目の赤の，5.652－4.71＝0.942(cm)のところで円の１周が終わることになる。すると，円周の長さは，4.71×７＋0.942＝33.912(cm)，円の直径は，33.912÷3.14＝10.8(cm)になる。さらに，ウの場合，赤の長さの合計は，4.71×２＝9.42(cm)で，青の長さの合計は，$9.42\times\frac{5}{6}$＝7.85(cm)だから，10個目の青の，7.85－4.71＝3.14(cm)のところで円の１周が終わることになる。すると，円周の長さは，4.71×９＋3.14＝45.53(cm)，円の直径は，45.53÷3.14＝14.5(cm)となる。したがって，条件にあてはまる円の直径は，5.75cm，10.8cm，14.5cmである。

6 立体図形―表面積

(1) 直方体Ｂの底面の正方形の１辺の長さは，３×３＝９(cm)なので，直方体Ｂの表面積は，９×９×２＋９×10×４＝522(cm^2)である。ここから，中央の直方体Ａを引き抜《ぬ》くと，直方体Ａの上下の面の分だけ表面積が減り，側面の分だけ表面積が増える。つまり表面積は，３×３×２＝18(cm^2)だけ減り，３×10×４＝120(cm^2)だけ増えるので，残った立体の表面積は，522－18＋120＝624(cm^2)になる。

(2) 直方体Ｂを上から見ると，下の図Ⅰのようになる。(1)より，アを引き抜くと，表面積は，120－18＝102(cm^2)増える。また，イを引き抜くと，３×３×２＝18(cm^2)だけ減り，３×10×２＝60(cm^2)だけ増えるので，表面積は，60－18＝42(cm^2)増える。さらに，ウを引き抜くと，表面積は，３×３×２＝18(cm^2)だけ減る。よって，42－18＝24より，イとウを引き抜くと，表面積が24cm^{2}増えることがわかる。ただし，隣《とな》り合うイとウを引き抜くと，表面積は，３×３×４＝36(cm^2)だけ減るから，隣り合わないイとウを引き抜けばよい。したがって，引き抜いた部分は下の図Ⅱのようになる。

図Ⅰ

ウ	イ	ウ
イ	ア	イ
ウ	イ	ウ

図Ⅱ

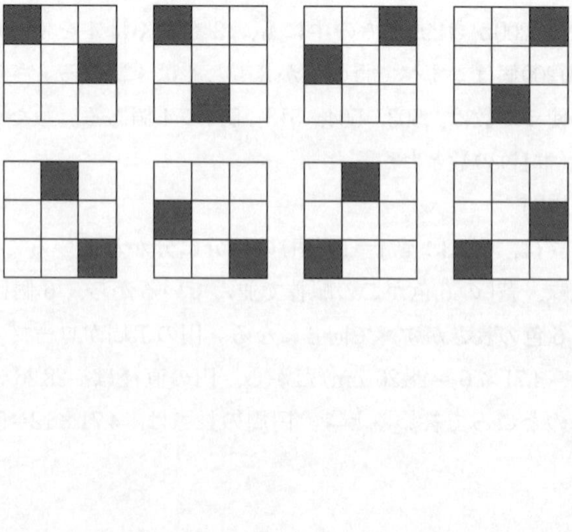

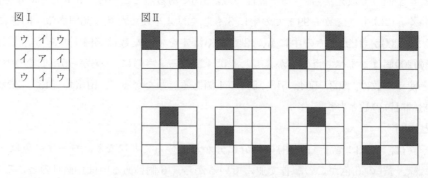

社会 ＜特待選抜入試＞（30分）＜満点：60点＞

解答

1 **問1** イ　**問2** ⑴ Ⅰ エ　Ⅱ イ　Ⅲ ウ　Ⅳ ア　⑵ Ⅰ ア　Ⅱ エ　Ⅲ ウ　Ⅳ イ　**問3** エ　**問4** ウ　**問5** イ，ウ，エ，オ　**2** **問1** ⑴ 桓武，長安　⑵ イ　⑶ ウ　⑷ 六波羅探題　⑸ イ，オ　⑹ 足利尊氏　⑺ イ　⑻ B　**問2** ⑴ **史料**…Ⅱ　**理由**…（例）史料Ⅰは日本と清が朝鮮をねらっている風刺画であり，日清戦争前と判断できるから。（史料Ⅱは，日清戦争後，清にヨーロッパの国々や日本が侵略しているようすを描いているから。）　⑵ 皇室典範　⑶ **a** ウ　**b** ア　**c** エ　**3** **問1** **ア** 主権　**イ** 戦争　**ウ** 法　**エ** 公共　**オ** 文化　**カ** 最高　**問2** **資料**…（例）１　**問題点**…（例）両親の年収が高ければ高いほど，４年制大学に進学する割合が増えており，年収を理由に４年制大学に進学できない生徒がいることが問題である。
対策…（例）日本は先進諸国に比べて教育関連の支出の割合が低いので，特に高等教育の公的支出を積極的に増やすべきである。

解説

1 **日本の自然環境《かんきょう》や防災についての問題**

問1 日本列島は，陸のプレートであるユーラシアプレートと北アメリカプレート，海のプレートである太平洋プレートとフィリピン海プレートの境界に位置している。2011年３月11日に発生した東日本大震災は，太平洋プレートと北アメリカプレートの境界にあたる水深6000ｍ以上の深い溝で起きた海溝《かいこう》型地震であった。なお，ウについて，日本には氷河によってつくられる地形であるフィヨルドはみられない。かつてアジア大陸の一部だった日本列島が大陸から切り離されるときにフォッサマグナとよばれる大きな裂《さ》け目ができ，その西端に日本列島を東西に分ける糸魚《いとい》川―静岡構造線という名の大きな断層がある。エについて，ユーラシア大陸と太平洋に挟《はさ》まれている。

問2 ⑴ ４都市の中で，Ⅳだけが年間降水量（2755.3mm）も１月の降水量（419.1mm）も多いので，日本海側に位置し，冬の冷たく湿《しめ》った北西の季節風の影響《えいきょう》を受けて降雪量が多くなる上越市（新潟県）と判断する。残った３都市は気温で判断でき，１月・７月・年間とも低いほうから順に，Ⅰが札幌市（北海道），Ⅱが松本市（長野県），Ⅲが高松市（香川県）となる。　⑵ Ⅰ 北海道は冬の気温が低く氷点下になるため，雪や寒さに対する工夫として，窓や玄関を二重にし，壁を厚くしたり断熱サッシを使用したりしている。　Ⅱ 長野県松本市は，周りを山々に囲まれた盆地にあるため，大雨による土砂災害（がけ崩れ・土石流・地すべり）が起こりやすい状態になっていないか気を配る必要がある。　Ⅲ 香川県高松市は瀬戸内海に面しており，地震（特に南海トラフ地震）発生時の津波対策として，海岸堤防《ていぼう》を築いたり津波避難ビルを指定したりしている。　Ⅳ 新潟県上越市は豪雪《ごうせつ》地帯となっているので，除雪車や消雪パイプなどを利用して道路の除雪をし，人手や機械で住宅周りの除雪や屋根の雪おろしを行っている。

問3 阿蘇《あそ》山は，熊本県東部に位置し，現在も噴火活動を続ける火山である。この噴火活動により地下にあったマグマが一度に大量に出たときに，マグマがあった部分の空洞《くうどう》を埋《う》めるために陥没《かんぼつ》してできたくぼ地のことをカルデラという。

問4　火山灰は保水性が低く栄養素も少ないが，火山灰にふくまれる成分が付近の土壌《どじょう》の有機物と結びつき，有機物がそれ以上分解されるのを防ぐはたらきをするため，長い年月を経ると栄養分の多い土壌となる。

問5　地図2より，ディズニーシー駅の標高は3m以上に分布していることがわかるので，アは正しい。イについて，方位記号(↑)などによる方位の指定がない場合は地図の上が北を示しており，地図1を見ると，浦安駅の北側に指定避難場所(●)がある。ウについて，浦安駅からテーマパークまでの距離は縮尺より約5kmとわかる。エについて，地図2を見ると，浦安駅周辺の標高は1m未満か1～3m，テーマパーク周辺の標高は3m以上である。オについて，地図1を見ると，テーマパーク周辺は水害が予測されていないが，浦安駅周辺は水害が予測される地域として図示されている。

2　各時代の歴史的なことがらについての問題

問1　(1)　Aの桓武天皇は，律令政治がくずれ始め，政治に口出しする僧侶《そうりょ》が出てくるようになると，仏教勢力や寺院を奈良に残したまま都をうつすことを決意し，794年に京都盆地に，唐(中国)の都である長安にならって平安京をつくった。　(2)　平安時代の初めに遣唐使とともに唐にわたった最澄と空海は，密教を学んで帰国し，最澄は比叡《ひえい》山(滋賀県)に延暦《えんりゃく》寺を開いて天台宗を伝え，空海は高野山(和歌山県)に金剛峯寺《こんごうぶじ》を開いて真言宗を伝えた。なお，浄土宗の開祖は法然である。

(3)　Bの後鳥羽上皇は，鎌倉幕府の第3代将軍源実朝《さねとも》が暗殺され源氏の血筋がとだえると，朝廷に権力を取り戻そうとして，1221年に全国の武士に第2代執権北条義時追討《ついとう》の命令を出し，承久の乱を起こした。しかし，東国の武士を結集した幕府の大軍に敗れて隠岐島《おきの》(島根県)に流された。

(4)　六波羅探題は，承久の乱後，鎌倉幕府が西国武士の統率や朝廷の監視を目的として京都の六波羅の北と南に設置した機関で，のちに第3代執権となる北条泰時《やすとき》が北の初代長官，北条時房《ときふさ》が南の初代長官についた。　(5)　Cは推古天皇である。聖徳太子は，推古天皇の摂政となり，有能な人材を登用するために手がらや能力に応じて地位を与《あた》える冠位十二階と，役人の守るべき心がまえを説く憲法十七条を制定した。なお，アとエは聖武天皇，ウは元正天皇(実質的には長屋王)が行った政策。　(6)　Dは後醍醐天皇である。足利尊氏は，後醍醐天皇による建武の新政が多くの武士の不満と社会の混乱を引き起こすと，京都の北朝に光明天皇を立て，吉野(奈良県)に逃れて南朝を開いた後醍醐天皇と対立した。尊氏は，1338年に征夷《せいい》大将軍に任命され，京都に幕府を開いた。

(7)　1274年にフビライ=ハン率いる元軍が九州北部に攻めてきたできごとを文永の役，1281年の襲来《しゅうらい》を弘安の役という。文永の役後，鎌倉幕府は博多湾の海岸に石塁《せきるい》を築き，九州北部の要地を御家人に警備させる役目を強化するなどして，元軍の再度の襲来に備えた。なお，ウについて，「てつはう」とよばれる火薬を用いた武器を使ったのは元軍である。エについて，幕府は新たな領土を獲得《かくとく》していないので，御家人に恩賞《おんしょう》を与えることができなかった。　(8)　Aの桓武天皇は平安時代，Bの後鳥羽上皇は鎌倉時代，Cの推古天皇は飛鳥時代，Dの後醍醐天皇は鎌倉時代末～室町時代初めである。したがって，年代の古い順にC→A→B→Dとなる。

問2　(1)　史料Ⅰは日清戦争前に朝鮮をねらうようすをフランス人画家ビゴーが風刺した絵，史料Ⅱは日清戦争後に列強が清(中国)に侵略して分割しているようすを描いた絵である。Ⅰは，日本(左の男性)と清(右の男性)がつり上げようとしている朝鮮(魚)を，ロシア(橋の上の男性)が横取りしようと待ち構えているようすで，Ⅱはイギリスのヴィクトリア女王，ドイツのヴィルヘルム2世，ロシアのニコライ２世，日本を表す男性，フランスを表す女性が，清(ケーキ)を分割しているところを，背後で両手をあげながら清の皇帝があせって見ているようすである。　(2)　Fで譲位《じょうい》したのは平成時代に天皇であった明仁《あきひと》天皇，新天皇として即位したのは現在の徳仁《なるひと》天皇である。皇室典範《てんぱん》は，皇位継承や皇族などについて規定している法律で，天皇の生前退位についての規定がなかったため，2017年６月に「天皇の退位等に関する皇室典範特例法」が成立した。　(3)　**a**　天保の改革は，1841～43年に老中の水野忠邦によって行われた。忠邦は，財政再建をはかるために，きびしい倹約令を出し，物価を引き下げるために株仲間を解散させた。　**b**　寛政の改革は，1787～93年に老中の松平定信によって行われた。定信は，農村復興のために江戸に出てきていた農民を故郷に帰し，飢きんに備えて米をたくわえさせた(囲米《かこいまい》の制)。　**c**　享保の改革は，1716～45年に第８代将軍徳川吉宗によって行われた。吉宗は，幕府の財政を立て直すために，新田開発を奨励《しょうれい》して年貢となる米の生産量を増やし，上米の制や定免《じょうめん》法を実施した。

3　日本国憲法と資料の読み取りについての問題

問１　**ア**　天皇は，日本国憲法第１条で，日本国および日本国民統合の象徴であることが定められ，象徴天皇として形式的・儀礼的な国事行為を行うこととされた。国民主権を定めた条文でもある。　**イ**　平和主義について，日本国憲法第９条１項で戦争の放棄《ほうき》をかかげ，２項で陸海空軍その他の戦力の不保持と交戦権の否認《ひにん》を定めている。　**ウ**　日本国憲法第14条では，国民が法の下に平等であることが述べられ，人種・信条・性別・身分・家柄《いえがら》によって差別されないことが定められている。　**エ**　日本国憲法第22条では，居住・移転および職業選択の自由が保障されているが，それは公共の福祉に反しない限りにおいてとされている。公共の福祉は，ある人が権利を使うことで他の人の権利を侵害してしまうことがあるため，それを調整して全体の利益をはかることを意味し，この条文のほか第12条・第13条に登場する。　**オ**　日本国憲法第25条で定められた「健康で文化的な最低限度の生活を営む権利」を生存権といい，それを保障するために，社会保険・社会福祉・公的扶《ふ》助《じょ》・公衆衛生の４つの柱でなる社会保障制度が整備されている。　**カ**　日本国憲法第98条では，日本国憲法を国の最高法規と位置づけ，その条規に反する法律や命令などは効力がないことを定めている。そのため，憲法を改正するための条件は一般の法律よりも厳しくなっている。

問２　資料１を見ると，収入が高ければ高いほど４年制大学に進学する割合が高く，1000万円以上の家庭では進学率が60％をこえているのに対し，400万円以下の家庭では30％程度となっている。家庭の経済状況と進学率には関係があり，年収が低いために大学進学を断念した家庭が多いと推測できる。資料２からは，OECD(経済協力開発機構)に加盟している先進諸国の中で，日本はGDPに対する教育関連の公的支出の割合が低いことが読み取れる。日本では，2020年から高等教育(高等専門学校・専門学校・短期大学・大学)に対する修学支援として，給付奨学金・授業料等減免制度が開始されているが，対象は住民税非課税世帯および，それに準ずる世帯とせまい範囲であるため，今以上に積極的に高等教育の公的支出を増やす対策が求められる。

理 科 ＜特待選抜入試＞（30分）＜満点：60点＞

解 答

1 (1) オ　(2) ろ過　(3)（例）**方法**…蒸留　**例**…沸点の異なる液体を分ける。　(4) **マグネシウム**…4.5 g　**鉄**…1.5 g　**アルミニウム**…5.4 g　**食塩**…1.8 g　**銅**…3.3 g
2 (1) **ア** 1　**イ** 2　**ウ** 1　**エ** 1　**オ** 32　**カ** 40　**キ** 16　**ク** 20　(2) ウ　(3) イ，ウ
3 (1) 気こう　(2) ア，ウ　(3) カ　(4) ウ　(5)（例）マツの葉の気こうのうち，汚れた気こうの数の割合で判断できる。
4 (1) 北斗七星　(2) ウ　(3) ウ　(4)（例）太陽と地球の距離に比べて，距離が非常に遠いので，暗く見える。　(5) ア

解 説

1 固体の判別についての問題

(1) マグネシウム，鉄，アルミニウム，食塩，銅のうち，磁石にくっつくのは鉄だけで，食塩のみが水に溶《と》けるから，Aが鉄，Bが食塩とわかる。次に，残った3種類の物質のうち，うすい水酸化ナトリウム水溶液《すいようえき》に溶けるのはアルミニウムだけなので，Cはアルミニウムとなる。さらに残りのマグネシウム，銅について考えると，マグネシウムはうすい塩酸に溶けるが，銅はうすい塩酸に溶けないので，Dがマグネシウムで，最後まで残ったEが銅である。

(2) 溶け残った粉とそれ以外の粉が溶けている溶液を分ける方法をろ過という。溶液はろ紙の目を通過するが，溶け残った粉はろ紙の上に残るため，これらを分けることができる。

(3) 物質により沸《ふっ》とうする温度が異なることを利用して，混ざった液体を分ける方法を蒸留という。なお，ものが沸とうする温度のことを沸点とよぶ。

(4) 磁石にくっついた鉄の重さは，16.5－15＝1.5(g)で，水に溶けた食塩の重さは，15－13.2＝1.8(g)である。また，マグネシウム，アルミニウム，銅が混ざった粉末13.2 gを3等分にしたので，1つは，13.2÷3＝4.4(g)になる。この粉末をうすい水酸化ナトリウム水溶液に溶かしたあとに残った粉の重さが2.6 gだから，粉末4.4 gには，アルミニウムの粉が，4.4－2.6＝1.8(g)含《ふく》まれていたとわかる。したがって，はじめの混ざった粉に含まれていたアルミニウムの粉の重さは，1.8×3＝5.4(g)と求められる。さらに，このとき残った粉末をうすい塩酸に溶かしたあとに残った粉の重さが1.1 gなので，塩酸に溶けたマグネシウムの粉の重さは，2.6－1.1＝1.5(g)だから，はじめのマグネシウムの粉の重さは，1.5×3＝4.5(g)とわかる。最後まで残った粉1.1 gは銅だから，はじめに含まれていた銅の粉の重さは，1.1×3＝3.3(g)である。

2 自転車のギアの仕組みについての問題

(1) **ア，ウ**　ペダルにつながるクランクは前ギアといっしょに回るので，ペダルを1周させると前ギアも1周する。　**イ**　ギアの半径と動くチェーンの長さは比例するから，前ギア(ペダル)が1周すると，後ろのギアAは，$1\times\frac{20}{10}=2$(周)する。　**エ**　イと同様に考えると，前ギア(ペダル)が1周すると，後ろのギアBは，$1\times\frac{10}{10}=1$(周)するとわかる。　**オ，カ**　後ろのギアA(チェーン)に伝わる力を□とすると，後輪とギアAでモーメント(回転させる力)のつり合いより，10×

40＝□×10が成り立ち，□＝40になる。このとき，ペダルをふむ力を△とすると，ペダル(クランク)と前ギアのモーメントのつり合いから，△×25＝40×20が成り立ち，△＝32とわかる。　**キ，ク**　オ，カと同様に考えればよい。後ろギアBに伝わる力を□とすると，10×40＝□×20が成り立ち，□＝20となる。また，ペダルをふむ力を△とすると，△×25＝20×20が成り立ち，△＝16と求められる。

(2)　(1)より，後輪にかかる力が10のとき，半径10cmのギアAを用いるとペダルをふむ力は32で，ペダルを1周させたときに後輪は2周する。また，半径20cmのギアBを用いるとペダルをふむ力は16で，ペダルを1周させたときに後輪は1周する。よって，後ろのギアを半径20cmのギアBから半径10cmのギアAにすると，ペダルをふむ力は16から32に増え，ペダルを1周させたときの後輪の回転数も1周から2周に増えるとわかるから，ウが選べる。

(3)　ペダルのモーメントは，(ペダルを押《お》す力)×(前ギアの中心からペダルまでの距離《きょり》)で求められるので，ペダルのモーメントが変わらないとき，前ギアの中心からペダルまでの距離が短くなるほどペダルを押す力は大きくなる。よって，イが正しい。また，後輪のモーメントは，(後輪に伝わる力)×(後輪の半径)で計算できるので，後輪に伝わる力が10のままのときでも，後輪の半径を大きくするとチェーンに伝わる力が大きくなり，ペダルを押す力も大きくなる。したがって，ウも正しい。なお，チェーンの長さを変えても伝わる力の大きさは変わらない。

3　植物の蒸散についての問題

(1)　植物の体の表面にある小さなあなを気こうという。気こうでは，光合成や呼吸のはたらきで酸素や二酸化炭素が出入りしたり，蒸散のはたらきで水蒸気が出たりしている。

(2)　蒸散には植物体内の水分量や根から吸収する水分量を調節したり，体温を下げたりするはたらきがある。

(3)　実験2のAからDそれぞれの葉について，蒸散ができる場所を整理すると，右の表のようになる。よって，葉の表側からの水の減少量は(A－B)，または，(C－D)で求められることがわかる。

蒸散できる場所	A	B	C	D
葉の表側	○	×	○	×
葉の裏側	○	○	×	×
葉以外の部分	○	○	○	○

(4)　(3)と同様に考えると，葉の表側からの水の減少量は，(C－D)より，0.5－0.1＝0.4(cm)，葉の裏側からの水の減少量は，(B－D)より，1.4－0.1＝1.3(cm)，葉以外の部分からの水の減少量はDより0.1cmと求められる。Aの水の減少量はこれらの合計だから，0.4＋1.3＋0.1＝1.8(cm)とわかる。

(5)　マツの葉の気こうは，ほかの植物の気こうと比べて空気中の汚《よご》れがたまりやすいため，マツの葉の気こうの汚れ具合を観察することで大気の汚れ具合を判断することができる。

4　北の空の星座や星の明るさについての問題

(1)　図で，右の7つの星の集まりを北斗《ほくと》七星という。北斗七星はおおぐま座の一部で，北極星はこぐま座の一部，左にあるWの形をした星の集まりはカシオペヤ座である。

(2)　北極星は2等星，カシオペヤ座と北斗七星は2等星と3等星からなる。したがって，ウが選べる。

(3)　地球は1日に1回自転をしていて，北極星は地球が自転するときの回転軸《じく》のおよそ北極側の延長線上にあることから，北の空でほとんど動かずに見える。そのため，北極星は真北を見つけるための目印として昔から用いられていると考えられる。

⑷　星の見かけの明るさは，星が発している光の強さとその星と地球との距離で決まる。図にある星は，地球からの距離が太陽よりも非常に遠いため，実際には明るかったとしても，太陽と比べて暗く見えると考えられる。

⑸　⑷で述べたとおり，星の見かけの明るさは地球からの距離によって変わるため，真の明るさを比べたい場合には，それぞれの星を観測者から同じ距離に置いたときの明るさで比較《ひかく》すればよい。

国語　＜特待選抜入試＞（50分）＜満点：100点＞

解答

一　①～⑤　下記を参照のこと。　⑥　じょしょう　⑦　ようさん　⑧　ゆだ(ねる)

二　(例)　家に向かって歩いていた姉は，ずぶぬれになってふるえていた小犬を拾ってきた。

三　**問1**　ウ　**問2**　ア　**問3**　ウ　**問4**　**相違点**…(例)　現地までアクセスしやすいかしにくいかという点。　**共通点**…(例)　多種多様な微生物のサンプルを大量に集めることができるという点。　**問5**　ア，オ，カ　**問6**　B，D　**問7**　(例)「生命の起源」という大テーマに，海底火山が関係しているということ。　**問8**　ウ　**問9**　ア　**問10**　極地や深海～でもある。　**問11**　⑩　オ　⑫　イ　**問12**　(例)　(熱水噴出孔周辺の生物は)ライフサイクルが速いため，データを集めやすい(のに対して，ふつうの深海底の生物は)ライフサイクルが非常に遅いため，データを集めにくい(から。)　**問13**　(例)　私が研究したいのは，AIと人間が共存する方法である。AIは今後ますます発展し，多くの人が職を失ったり，生きがいを感じられなくなったりするのではないか，という不安を感じるからだ。

四　(例)　成人の年齢が二〇歳から十八歳に引き下げられた。法治国家では，成人年齢をはっきり決める必要がある。これからは十八歳，十九歳も大人だが，これらの「未熟な大人」たちをサポートするのも，社会の役割である。

●漢字の書き取り

一　①　保険　②　雑誌　③　救済　④　警報　⑤　俳優

解説

一　漢字の書き取りと読み

①「保険」は，事故によって生じる損失に備えて多くの人が金を出し合い，事故が発生した場合に一定の金額を支払《しはら》う制度。　②　複数の著者が記事を書く，定期刊行物。　③　救い助けること。　④　災害や危険が迫《せま》っていることを知らせて，人々に注意や準備を促《うなが》すこと。　⑤　映画・演劇などで，登場人物を演じる職業。または，その人。　⑥　本文に入る前の前置きとして書かれる文章。転じて，物事の始まり。　⑦　まゆを取るために，蚕を飼育すること。　⑧　音読みは「イ」で，「委任」などの熟語がある。

二　短文づくり

「ずぶぬれになって」いるのが「小犬」になるようにするためには，「ずぶぬれになって」「ふるえていた」「小犬を」という並べ方にするのがよい。「姉」が「子犬を」「拾ってきた」ことは明らかなので，それ以外の語句を，意味が通るように並べればよい。「ずぶぬれになってふるえていた子犬を，家に向かって歩いていた姉は，拾ってきた」でも意味は同じだが，読点が二つになってしまうことに注意する。

三 **出典は長沼毅《ながぬまたけし》の『辺境生物はすごい！　人生で大切なことは，すべて彼《かれ》らから教わった』による。**筆者は辺境生物の一種であるチューブワームについて説明したうえで，辺境生物にこそ地球生命の本質があるのかもしれないと指摘《してき》している。

問1　A 「極限環境《かんきょう》」とは，「北極や南極，砂漠《さばく》，深海などのこと」であり，そこに「棲《す》んでいる生物」を「極限環境生物」とよぶ。しかし，筆者は，「『アクセスしにくい』というニュアンスが伝わりやすい」ので，「極限環境生物」とよぶより，「辺境生物」という言葉を「好んで使う」のである。よって，③が入る。　B 「海底火山周辺の熱水噴出孔《ふんしゅつこう》で発見」されたチューブワームは，「動物なのに物を食べない」という不思議な特徴《とくちょう》を持っており，「『光合成とほぼ同じこと』をほかの生物にやらせて」栄養をとる，珍《めずら》しい生き物だというのである。よって，①が合う。　C 海底火山とともに，「誰《だれ》も予想しなかった謎《なぞ》の深海生物も発見されてしまった」ことがきっかけとなって，「海底火山が『生命の起源』として有力視されるようになった」のだから，④がよい。　D 「地球を見渡《みわた》せば，辺境のほうが面積も体積も圧倒《あっとう》的に大きい」ので，「辺境生物」のほうが，「ある意味でスタンダードな地球生命」であり，彼らにこそ「地球生命の本質があるかもしれない」というのである。よって，②があてはまる。

問2　「住めば都」は，どんなところでも，住みなれてしまえば，そこが住みやすいと感じるようになること。なお，「灯台もと暗し」は，“身近なことには，かえって気づかないものである”という意味。「乗りかかった船」は，物事が始まったり，物事にかかわったりした以上，途中《とちゅう》でやめることはできないということ。「郷《ごう》に入っては郷に従え」は，“よその土地に行ったら，そこの習慣やルールに従うべきである”という意味。「環境に適応して生きている者」は，昔からその土地で育っているのでこのことわざはふさわしくない。

問3　「微《び》生物研究は，現地で採集したサンプルを持ち帰って実験室で増殖《ぞうしょく》させる」のだが，「辺境生物」が棲んでいる「辺境」は，「アクセスしにくい」ので，サンプルを集めるのが難しい。再びサンプルを集めるためには，また「辺境」に行かなければならず効率がよくないので，「辺境生物の研究」は「めんどくさい」のである。

問4　**相違《そうい》点**…「熱帯雨林地帯」の中には，「簡単にアクセスできるジャングル」もあるが，「海底火山の周辺にある『熱水噴出孔』」は，どこであっても，「アクセスが困難」である。　**共通点**…「熱帯雨林地帯」に行けば，「多種多様な微生物のサンプルを大量に集めることができる」。一方，「海底火山の周辺にある『熱水噴出孔』」に行っても，「さまざまな生物をごっそり持ち帰ることができ」ると述べられている。

問5　ア 「チューブワーム」の「体内に共生する微生物(イオウ酸化細菌)が，チューブワームのために栄養を作っている」とあるので，正しい。　イ 「チューブワーム」には，「口も消化管も肛門《こうもん》」もないので，誤り。　ウ 「チューブワームが発見された深海には，太陽の光が届かない」のだから，正しくない。　エ 「光のない深海で植物は生きられない」ので，「チューブワームは植物ではない，ということ」になる。よって，ふさわしくない。　オ 「チューブワーム」は，「本格的な高温の熱水噴出孔で発見された」のだから，合う。　カ 「チューブワーム」は，「物を食べずに生きている」ので，よい。

問6 「二つとない」の「ない」はもののようすや状態を表す形容詞。よって，二重線Ｂ，Ｄの「ない」が同じ。なお，二重線Ａ，Ｃ，Ｅの「ない」は，ほかの品詞について意味をそえる働きをする助動詞にあたる。

問7 「誰も予想しなかった謎の深海生物」が発見されたことで，そのチューブワームが，「『生命の起源』という大テーマと関係がありそう」だと思われるようになり，「海底火山が『生命の起源』として有力視されるようになった」のである。

問8 「無機物から有機物が作られるのは大気の中だけ」とは限らず，「海底火山の熱水噴出孔」で「起きている熱水循環《じゅんかん》という現象を実験室で再現したところ，やはりメタンやアンモニアなどの無機物からアミノ酸などの有機物が生成されること」がわかったのだから，ウが正しくない。

問9 「海は私たちが住んでいる陸地よりもはるかに広い」ので，「その海底に薄《うす》く広く存在するチューブワームの仲間たち」は，「決して例外的な存在」ではなく，「地球全体から見れば，少しも珍《めずら》しくない『ふつう』の生き物だといえる」だろう。したがって，辺境生物にこそ，「地球生命の本質があるかもしれない」のである。

問10 「極地や深海や砂漠は人間にとって『生きにくい環境』であると同時に，『生きにくい場所』でも」ある。人間は，「辺境」では「生きにくい」し，「辺境」には「行きにくい」のである。

問11 ⑩ 「地球を見渡せば，辺境のほうが面積も体積も圧倒的に大きい」ので，「地球上の生命について考えるなら，辺境生物を無視できるわけ」がないし，むしろ，辺境生物にこそ，「地球生命の本質があるかもしれない」のである。　⑫ 辺境生物は，「ライフサイクルが非常に遅《おそ》い」ために，「なかなかデータが増えない」ので，「下手をすれば10年に１本ぐらいしか論文が書けないかもしれ」ない。そういう意味で，「成果を求める研究者にとっても」，辺境は，テーマとして選びにくいカテゴリーなのである。

問12 「海底火山の熱水噴出孔周辺はエネルギーや化学物質が豊富なので，生物の増殖や代謝反応などが速く」なり，「大量のデータ」が早く集まる。一方，「ふつうの深海底」に「存在する生物のライフサイクルが非常に遅い」ので，「なかなかデータが増えない」のである。

問13 自分が研究したいと考えるものを，理由をそえて書く。ただし，その理由が単に“好きだから”などといった主観的なものでは説得力にとぼしいので，それを研究することの社会的な意義などを具体的に説明するとよい。

四 出典は二〇二二年四月二日付「奈良新聞」掲載《けいさい》の「國原譜《くにはらふ》」による。

要約するにあたって触《ふ》れておくべきポイントは，まず「成人の年齢《ねんれい》が二〇歳《さい》から十八歳に引き下げられた」こと。ついで，「法治国家では成人年齢をはっきり決める必要がある」ということ。そして，「これからは十八，十九歳も大人の仲間入り」をする，ということ。とはいえ，彼らはまだ大人としての知識は不足しているので，そういった「『未熟な大人』たちをサポートすることも，社会の役割だといえる」ということ。「わが国の成人の儀式」の歴史や，かつては，「成人年齢」が「はっきり決まっていなかった」ことなどは，主題からやや離《はな》れており，省略してかまわないだろう。

Memo

Memo

2022年度　光英VERITAS中学校

〔電　話〕　(047)392－８１１１
〔所在地〕　〒270－2223　千葉県松戸市秋山600
〔交　通〕　JR常磐線 ―「松戸駅」，JR総武線 ―「市川駅」下車　バス15分

【算　数】〈第１回入試〉（50分）〈満点：100点〉

（注意）●筆算やたてた式は，それぞれの問題の下側に書いて，消さずに残しておくこと。

1　次の計算をしなさい。

（１）　３６－２８÷４

（２）　$1\frac{2}{5}\times\frac{3}{4}\div2\frac{4}{5}$

（３）　１．０５÷０．７×０．４

（４）　$1\frac{2}{5}\div\left(0.6-\frac{1}{4}\right)\times0.25$

2　次の□にあてはまる数を答えなさい。

（１）　１周2.8kmのジョギングコースを分速□mで４周走ると１時間４分かかります。

（２）　□円の２割引は，８４０円です。

（３）　１から３００までの整数について，６でも９でも割り切れる整数は□個あります。

（４）　男女が同じ人数のクラス内で，男子の$\frac{3}{5}$と女子の$\frac{3}{4}$の生徒がスマートフォンをもっており，その差は3人でした。このクラスの人数は□人です。

（５）　８％の食塩水が１００ｇあります。これに，６０ｇの水を入れると□％の食塩水になります。

3　下の図で，点Pは，BCの長さが１０ｃｍの台形ABCDの周上を点Bから点Cまで動きます。グラフは，そのときの三角形APDの面積が，BPの長さにともなって変わるようすを表したものです。次の問いに答えなさい。

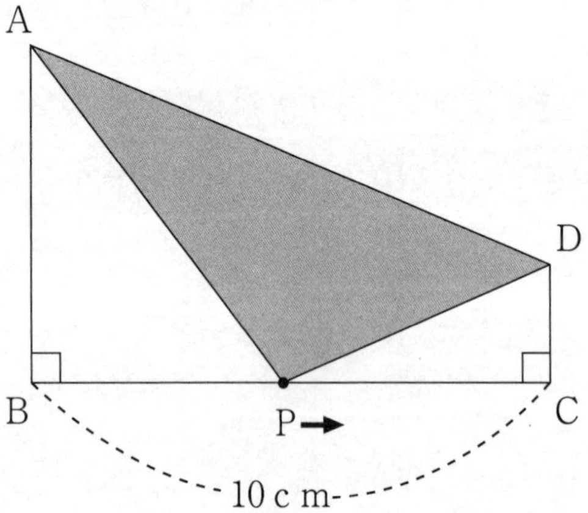

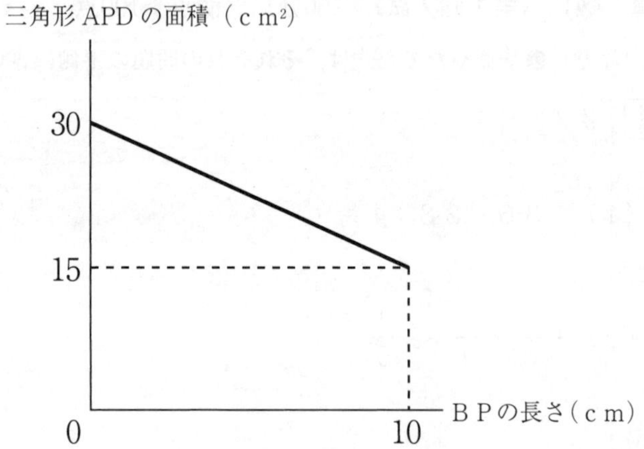

（１）　BPの長さが６ｃｍのとき，三角形APDの面積は何ｃｍ^{2}ですか。

（２）　三角形APDの面積が２０ｃｍ^{2}のとき，BPの長さは何ｃｍですか。

4　光男くんと英子さんが１０歩ずつ歩いたとき，２人の歩いたきょりの差は５０ｃｍで，２人の歩いたきょりの和は１０.１ｍでした。次の問いに答えなさい。ただし，光男くんの歩《ほ》はばの方が英子さんの歩はばより大きいものとします。

（１）　２人の歩はばはそれぞれ何ｃｍですか。

（２）　２人の歩いたきょりの和をちょうど５ｍにしたいとき，光男くんと英子さんはそれぞれ何歩ずつ歩けばよいですか。

5 下の図のように，直線ℓ上で半径４ｃｍ，中心角４５°のおうぎ形OABを①の位置から②の位置まですべらないように転がしました。次の問いに答えなさい。ただし，円周率は３.１４とします。

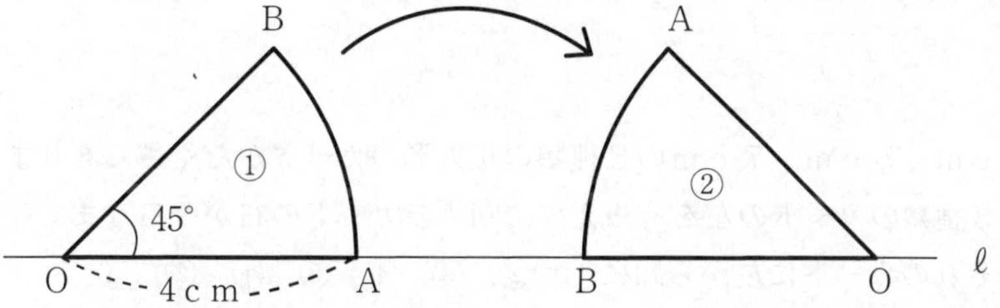

（１） おうぎ形OABの中心Oが通ったあとの線の長さは何ｃｍですか。

（２） （１）の線と直線ℓとで囲まれた部分の面積は何ｃｍ^{2}ですか。

6 下の図のような，直方体の容器（図１）に，水を１４４０ｃｍ^{3}入れました。次の問いに答えなさい。

（図１）

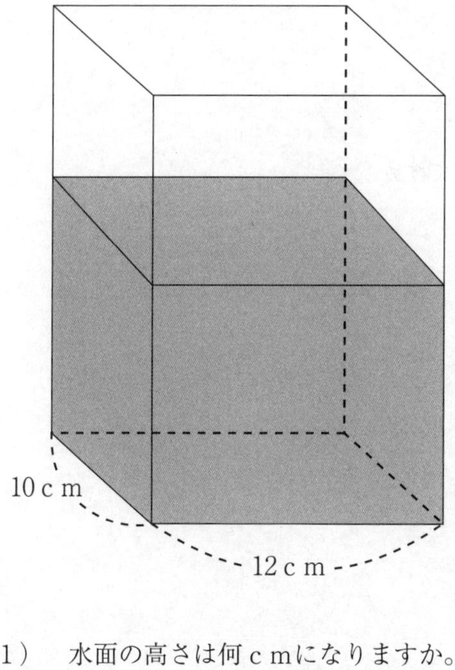

（図２）

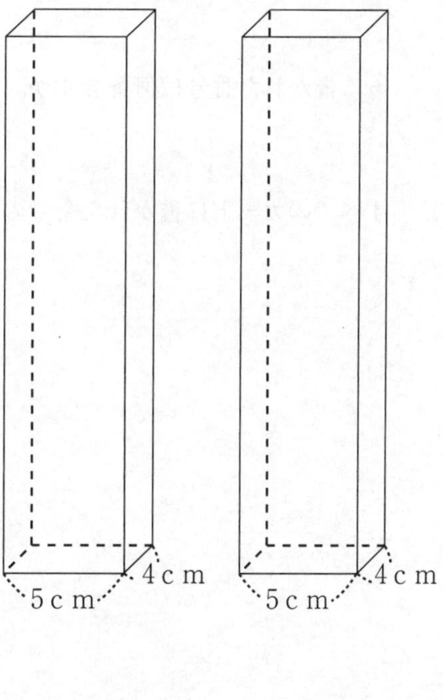

（１） 水面の高さは何ｃｍになりますか。

（２）　この容器に（図２）のような，高さが容器よりも高い２本の棒を同時に，容器の底につくまでゆっくりとまっすぐしずめたところ，１６０ｃｍ^{3}の水が容器からあふれ出ました。この容器の高さは何ｃｍですか。

7　１辺が３ｃｍ，５ｃｍ，７ｃｍの３種類の正方形のカードがたくさんあります。下の図のように，この３種類のカードの左をそろえて，初めてカードの右がそろうまで並べていきます。また，それぞれのカードに左から順に①，②，③，④，⑤，①，②，③，・・・・・・と，①番から⑤番まで規則正しく番号をつけていきます。次の問いに答えなさい。

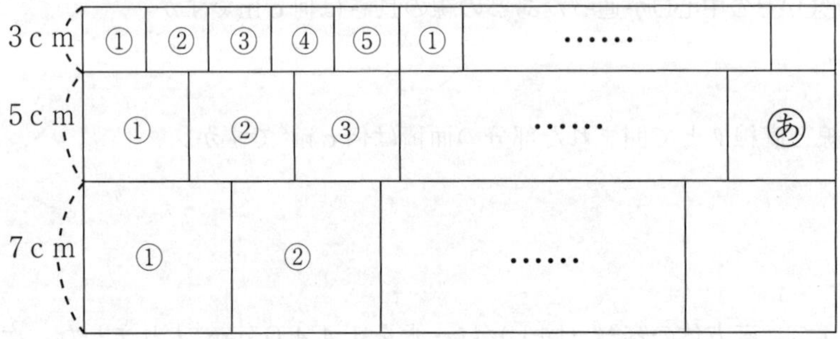

（１）　５ｃｍと７ｃｍの正方形のカードの右が２回目にそろったとき，横の長さは何ｃｍですか。

（２）　㋐に書かれた番号は何番ですか。

（３）　すべてのカードに書かれた番号の合計はいくつですか。

【社　会】〈第１回入試〉（30分）〈満点：60点〉

1　次の【A】から【L】の説明文は、日本の歴史上の外国との人物交流・人物往来に関するものです。それぞれの説明文に関するあとの各問いに答えなさい。

【A】

４世紀から５世紀にかけて、大和《やまと》朝廷は①朝鮮半島にも勢力を拡大していった。こうして朝鮮や中国との往来がさかんになると、日本に移り住む朝鮮や中国の人々がふえた。これらの人々は（　１　）とよばれ、朝廷はおもに近畿地方に住まわせたが、彼らによってため池などの新しい土木技術や②かたい質の土器づくりなどの技術が伝えられた。また新しい思想や文化なども伝わり、人々の生活に大きな影響をあたえた。

問１　下線部①について、朝鮮半島には現在２つの国がありますが、そのうち南にある国は何というか、次の**ア〜エ**から一つ選び、記号で答えなさい。

ア　台湾《たいわん》　　**イ**　朝鮮民主主義人民共和国《ちょうせんみんしゅしゅぎじんみんきょうわこく》　　**ウ**　大韓民国《だいかんみんこく》　　**エ**　高句麗《こうくり》

問２　空らん（　１　）にあてはまる言葉を**漢字**で答えなさい。

問３　下線部②について、この土器を何というか、**漢字**で答えなさい。

【B】

推古《すいこ》③天皇の摂政《せっしょう》であった聖徳太子は、文化の進んでいる中国と対等の関係で国交をひらき、日本の文化を高めようとした。そのため（　２　）として小野妹子を派遣した。その時の国書に「日出《い》づる処《ところ》の天子、書を日没《ぼつ》する処の天子にいたす」と書かれていたため、中国の皇帝は無礼だといっておこったと言われています。

問４　下線部③について、天皇が内閣の助言と承認のもとで行う、憲法により定められた行為を何というか、**漢字**で答えなさい。

問５　空らん（　２　）にあてはまる言葉を**漢字**で答えなさい。

【C】

④奈良時代以降、中国の唐《とう》との交通がさかんになり、たびたび朝廷の使いとして遣唐使《けんとうし》が唐に送られたが、造船や航海の技術が十分でなかったため、その行き来には危険がともなった。中には⑤阿倍仲麻呂《あべのなかまろ》のように遭難《そうなん》して日本に帰れず、唐で一生を終えた人もいたが、使節や⑥留学生らによって、唐の進んだ制度や文化が日本に伝えられた。

問６　下線部④について、次のできごとの中で奈良時代の**できごとではないもの**はどれか、次の**ア〜エ**から一つ選び、記号で答えなさい。

ア　国分寺《こくぶんじ》・国分尼寺《こくぶんにじ》の建立《こんりゅう》　　**イ**　『日本書紀』の編さん
ウ　墾田永年《こんでんえいねん》私財法《しざいほう》が出される　　**エ**　大宝律令《たいほうりつりょう》の制定

問７　下線部⑤について、阿倍仲麻呂が日本に帰ることができずに、故郷をおもってうたった歌はどれか、次の**ア〜エ**から一つ選び、記号で答えなさい。

ア　からころも　すそにとりつき　泣く子らを　おきてぞ来《き》ぬや　母なしにして
イ　あおによし　奈良の都は　咲く花の　におうがごとく　今さかりなり
ウ　天《あま》の原《はら》　ふりさけみれば　春日《かすが》なる　三笠《みかさ》の山に　出《い》でし月かも
エ　この世をば　わが世とぞ思ふ　望月《もちづき》の　欠《か》けたることも　なしと思へば

問８　下線部⑥について、唐にわたった留学生の中には帰国後に真言宗《しんごんしゅう》を開いた空海《くうかい》がいた。空海は和歌山県の高野山《こうやさん》に金剛峯寺《こんごうぶじ》を建立《こんりゅう》した。和歌山県に関する説明として正しいものはどれか、次の**ア〜エ**から一つ選び、記号で答えなさい。また和歌山県の場所を【別紙地図】中あ〜きから選び、記号で答えなさい。

ア　北は日本海、南は瀬戸内海に面しています。南東部は阪神工業地帯の一部で、県庁のある港は、横浜とならぶ国際貿易港です。
イ　本州でもっとも南に位置する県で、山林が多く森林資源が豊富です。また有田川・紀《き》ノ川《かわ》流域では傾斜地を利用したみかんの栽培が盛んです。
ウ　県北部の盆地は古代に都がおかれ、今も文化遺産が多くのこり、観光地としてたくさんの観光客を集めています。南部は雨が多く、林業が盛んです。
エ　県の北東部には石油化学工業がさかんな四日市がありますが、公害病で問題となりました。志摩半島の真珠《しんじゅ》の養殖がさかんです。

【D】

武士としてはじめて、朝廷の最高位である太政《だいじょう》大臣に就任した⑦平清盛は、現在の神戸港となる大輪田泊《おおわだのとまり》を整備して、中国の宋《そう》と貿易を行った。日本からは刀剣、硫黄《いおう》、漆器《しっき》などを輸出し、宋からは宋銭とよばれる中国の⑧お金や高級織物などを輸入した。この貿易は日本と中国の正式な貿易ではなく、民間の貿易で、日本は室町時代に日明貿易が行われるまでは中国と正式な国交を結んでいなかった。

問９　下線部⑦について、平清盛が平氏の氏神《うじがみ》として敬い、1996年に世界文化遺産にも登録された、瀬戸内海の宮島にある神社を何というか、**漢字**で答えなさい。

問10　下線部⑧について、2024年には新しいデザインの紙幣《しへい》が発行されることになっているが、この中で千円札の肖像《しょうぞう》となる人物は誰か答えなさい。

【E】

中国の明王朝は、（　３　）とよばれた⑨対馬《つしま》や壱岐《いき》などの海賊《かいぞく》が中国や朝鮮の沿岸を荒らしていたことから、室町幕府にその取りしまりを求めた。足利義満《あしかがよしみつ》はその求めに応じるとともに、明との間で勘合貿易をはじめた。この貿易は正式な貿易船と（　３　）とを区別するために、勘合という合い札（証明書）を使った。幕府はこの貿易によって大きな利益をたくわえることになった。

問11　下線部⑨について、対馬は現在の長崎県に属する島です。長崎県に関する下の説明文で、下線部に誤りがあるものを㋐～㋓から１つ選び、記号で答えなさい。ただし、誤りがない場合には㋔と答えなさい。

長崎県は九州本島の北西部と五島列島《ごとうれっとう》などの島々からなっている。県庁所在地は㋐佐世保市で、県南の島原半島中央部には1990年に噴火した㋑雲仙普賢岳《ふげんだけ》がある。漁業では、北海道、宮城につぎ全国第３位の漁獲量がある水産県である。

鎖国中にはオランダとの貿易の唯一の窓口となった㋒出島がある。第２次世界大戦時の㋓1945年には、広島に次いで原子爆弾が投下された。

問12　空らん（　３　）にあてはまる言葉を**漢字**で答えなさい。

【F】

1543年、ポルトガル人の乗る中国船が（　４　）に流れつき、そのポルトガル人により鉄砲が伝えられた。鉄砲は⑩戦国時代の日本ですぐに広まり、堺《さかい》（大阪府）や国友《くにとも》（滋賀県）などでは刀《かたな》鍛《か》冶《じ》の職人によって大量生産された。鉄砲がひろがると、一騎打ちから足軽鉄砲隊が活躍する集団戦法を行うようになった。

問13　空らん（　４　）にあてはまる言葉を答えなさい。また**【別紙地図】**中あ～きからその場所を選び、記号で答えなさい。

問14　下線部⑩について、戦国時代に関連する下の３つの出来事を時代の古い順に並べた時、正しい順番を下の**ア～カ**の中から１つ選び、記号で答えなさい。

Ⅰ　室町幕府が滅びる。
Ⅱ　応仁《おうにん》の乱がおこる。
Ⅲ　本能寺《ほんのうじ》の変がおこる。

ア　ⅠⅡⅢ　　**イ**　ⅠⅢⅡ　　**ウ**　ⅡⅠⅢ
エ　ⅡⅢⅠ　　**オ**　ⅢⅠⅡ　　**カ**　ⅢⅡⅠ

【G】

1549年、イエズス会の宣教師《せんきょうし》フランシスコ＝ザビエルが鹿児島に上陸し、日本に⑪キリスト教を伝えた。ザビエルは約２年の間、山口・京都・大分などで熱心に布教活動を行った。戦国大名の中には、⑫貿易の利益を期待して信者になるキリシタン大名もあらわれた。また1582年には、宣教師のすすめにより、４人の少年使節をローマ教皇のもとに派遣した。

問15　下線部⑪について、以下の様々な宗教に関する説明文の中でキリスト教の説明はどれか、次の**ア～エ**から一つ選び、記号で答えなさい。

ア　釈迦《しゃか》の教えがもとになって開かれた宗教で、インドでうまれた。現在の宗教人口は約５億人である。
イ　ムハンマドが開いた宗教で、飲酒や豚肉を食べることを禁止している。現在の宗教人口は約16億人である。
ウ　身分や職業をわけるカースト制度が特徴で、現在の宗教人口は約10億人である。
エ　イエスが開いた宗教で、プロテスタントやカトリックなどの宗派がある。現在の宗教人口は約21億人である。

問16　下線部⑫について、この貿易とはポルトガル人やスペイン人との貿易をあらわしている。何という貿易か**漢字**で答えなさい。

【H】

徳川家康は⑬外国との貿易に力を入れ、朱印状《しゅいんじょう》という許可状をあたえて海外に渡ることを許可した。この許可状を持った西国《さいこく》の大名や京都・堺・長崎などの商人たちは、東南アジアでさかんに貿易を行ったので、多くの日本人が移住し、各地に日本町ができた。また、家康はオランダとイギリスの貿易の願いを許し、両国は（　５　）に商館をひらいて貿易を行った。

問17　下線部⑬について、関連する以下の説明文の空らん［　あ　］にあてはまるアルファベット３文字の略称を答えなさい。（２つの空らんには同じ言葉がはいります）

> 2013年３月に日本が交渉参加を正式に表明した、太平洋地域における自由貿易協定で、当初参加していたアメリカが、2017年に離脱をしたことから、「環太平洋パートナーシップに関する包括的《ほうかつてき》及び先進的な協定」となり、その略称も「ＣＰ［　あ　］」や「［　あ　］11」という。

問18　空らん（　５　）にあてはまる地名は何か、次の**ア～エ**の中から一つ選び記号で答えなさい。また**【別紙地図】**中あ～きからその場所を選び、記号で答えなさい。

ア　博多　　**イ**　隠岐　　**ウ**　横浜　　**エ**　平戸

【I】

オランダ商館の医師として⑭1823年に来日したドイツ人シーボルトは、出島での勤務のほか、長崎郊外に鳴滝塾《なるたきじゅく》をひらき、⑮高野長英《たかのちょうえい》らに医学や自然科学を教えた。オランダ政府から日本の調査を命じられていたシーボルトだが、帰国直前に国外への持ち出しが禁じられた品物が発見され国外追放となった。

問19　下線部⑭について、この頃日本にはヨーロッパ諸国やアメリカなどの外国船が姿を見せるようになった。これに関連する下の３つの出来事を時代の古い順に並べた時、正しい順番を下の**ア～カ**の中から一つ選び、記号で答えなさい。

Ⅰ　異国船打払令を出す
Ⅱ　ロシアの使節ラクスマンが根室に来航
Ⅲ　蘭学者の渡辺崋山らがきびしく処分された「蛮社の獄」がおきる

ア　ⅠⅡⅢ　　**イ**　ⅠⅢⅡ　　**ウ**　ⅡⅠⅢ
エ　ⅡⅢⅠ　　**オ**　ⅢⅠⅡ　　**カ**　ⅢⅡⅠ

問20　下線部⑮について、高野長英らが学んだ、ヨーロッパの学問を何というか**漢字**で答えなさい。

【J】

1853年、アメリカの東インド艦隊提督《ていとく》ペリー率いる４隻の軍艦が、⑯浦賀《うらが》沖にやってきて、アメリカ大統領フィルモアの親書《しんしょ》を渡し、日本に開国をもとめた。しかし当時の幕府は、大変混乱して、１年後に返事をすると約束してペリーを追い返した。翌年再び来航したペリーが開国を迫ると、幕府は⑰日米和親条約を結び、この結果約220年続いた鎖国政策も終わりを告げた。

問21　下線部⑯について、浦賀の場所を【別紙地図】中あ～きから選び、記号で答えなさい。

問22　下線部⑰について、この条約では下田（静岡県）と函館《はこだて》（北海道）の２港の開港が決められました。函館の雨温図はどれか、次の**ア～ウ**から一つ選び、記号で答えなさい。

ア　　　　イ　　　　ウ

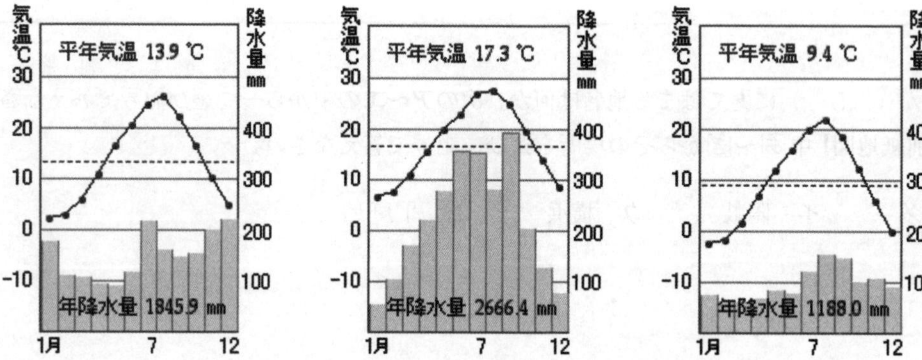

http://www.nocs.cc/study/uonzujp.htm（雨温図）

【K】

明治政府は、欧米の文化・技術を取り入れるために外国人を日本に招いた。彼らは、当時の政府の要人を上回るような高額な給料をもらい、「お雇《やと》い外国人」とよばれた。札幌《さっぽろ》農学校に勤務し、「少年よ、大志をいだけ」という言葉でも有名な（　６　）、大森貝塚を発見したモース、東京医学校で医学を教えたドイツ人⑱ベルツなどが有名で、彼らの指導のもとで、西洋の知識や技術を取り入れ、近代産業の育成を目指す（　７　）をすすめた。

問23　空らん（　６　）（　７　）にあてはまる言葉の組み合わせとして正しいものはどれか、次の**ア～エ**の中から一つ選び、記号で答えなさい。

ア　（６）－フェノロサ　　（７）－富国強兵
イ　（６）－フェノロサ　　（７）－殖産興業《しょくさんこうぎょう》
ウ　（６）－クラーク　　（７）－殖産興業
エ　（６）－クラーク　　（７）－富国強兵

問24　下線部⑱について、下の史料はベルツの息子が編集した「ベルツの日記」の一部です。下の史料にある「憲法」は何という憲法のことか答えなさい。

> ２月９日（東京）　　東京は11日の憲法発布をひかえてその準備のために大変な騒ぎになっている。いたるところでお祝いの門や照明、行列が計画されている。しかしこっけいなことにだれも憲法の内容を知らないのだ。

【L】

⑲1871年に（　８　）を大使として、幕末に結ばれた不平等条約改正の予備交渉を目的に欧米に外交使節団が派遣された。当時の外交上のルールもわからなかったため交渉は失敗に終わったが、目的を視察に切り替えて成果を上げた。

使節団の一行は、伊藤博文《いとうひろぶみ》や大久保利通《おおくぼとしみち》などの新政府の重要人物のほか多くの留学生も参加し、彼らの多くは帰国後に各分野でめざましい活躍をした。

問25　空らん（　８　）にあてはまる人名を次の**ア～エ**の中から一つ選び、記号で答えなさい。

ア　小村寿太郎《こむらじゅたろう》　　**イ**　福沢諭吉《ふくざわゆきち》　　**ウ**　岩倉具視《いわくらともみ》　　**エ**　陸奥宗光《むつむねみつ》

問26　下線部⑲について、この年には廃藩置県《はいはんちけん》が行われ、あらたにおかれた府・県には中央から府知事・県令（のちの知事）を送って統治させた。では、現在の知事の解職請求に関する下の文章の空らん（Ⅰ）（Ⅱ）にあてはまる言葉の組み合わせとして正しいものはどれか、下の**ア～エ**の中から一つ選び、記号で答えなさい。

> 有権者の（　Ⅰ　）の署名を集めて選挙管理委員会に請求し、請求から60日以内に住民投票が行われる。その投票において、過半数の賛成があれば、その首長は失職《しっしょく》する。この権利のことを（　Ⅱ　）という。

ア　（Ⅰ）－３分の１以上　　（Ⅱ）－国政調査権
イ　（Ⅰ）－３分の１以上　　（Ⅱ）－直接請求権
ウ　（Ⅰ）－50分の１以上　　（Ⅱ）－国政調査権
エ　（Ⅰ）－50分の１以上　　（Ⅱ）－直接請求権

【別紙地図】

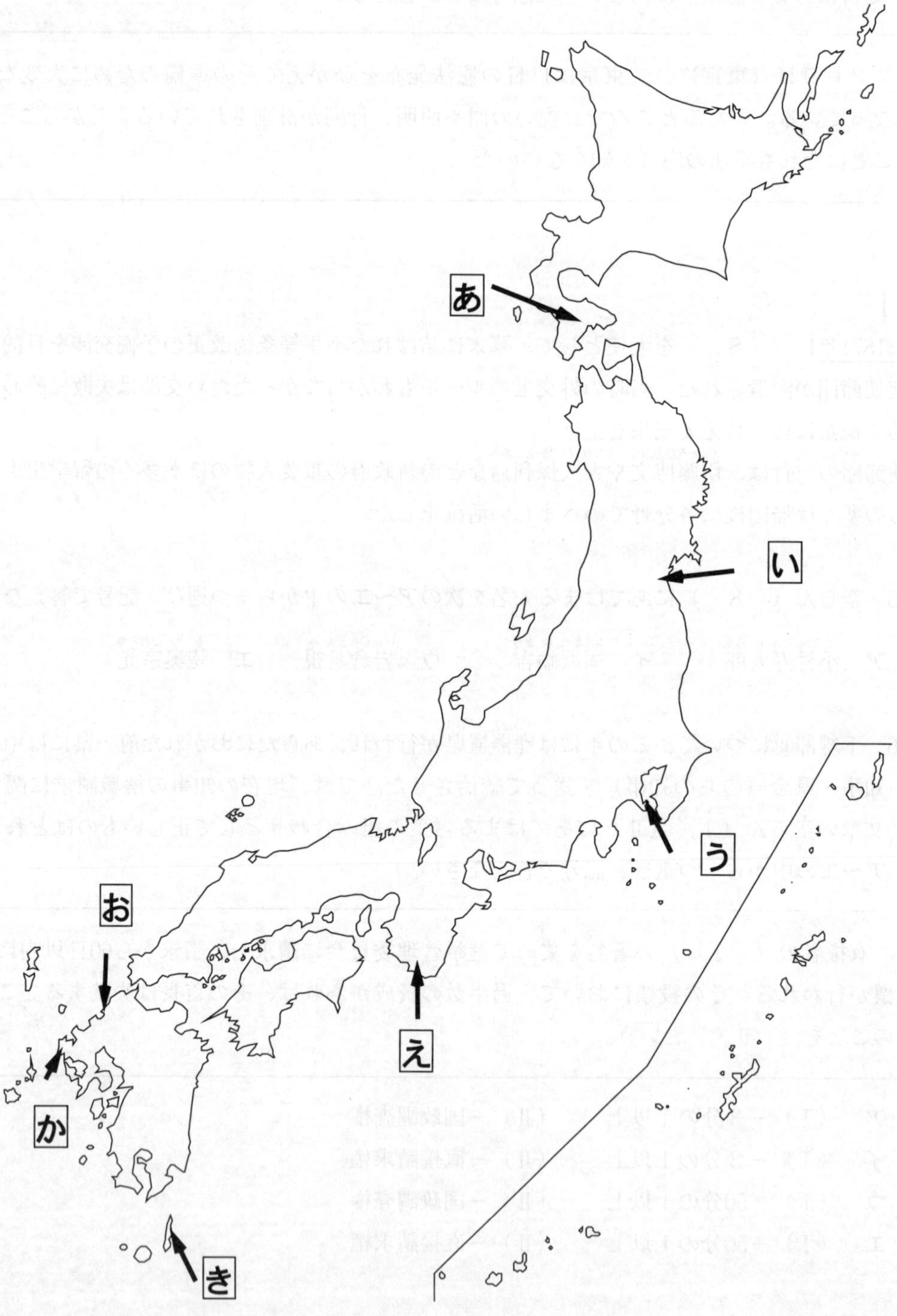

2 次の【資料】は出生数と合計特殊《とくしゅ》出生率の移り変わりをあらわしたものです。この【資料】に関するあとの問いに答えなさい。

【資料】

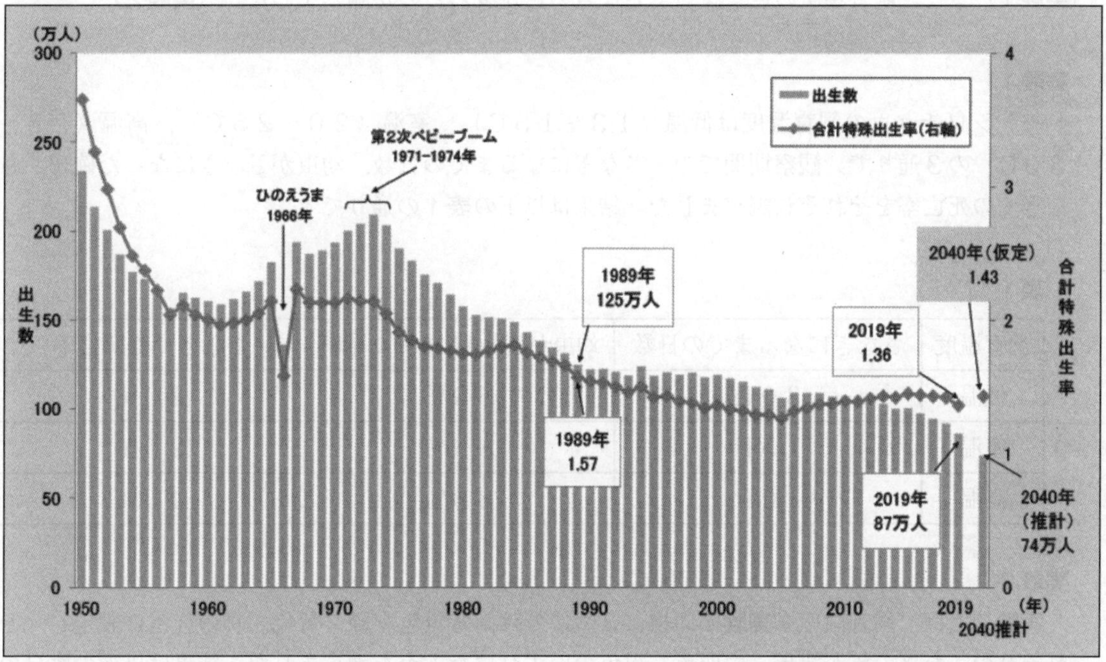

(厚生労働省ホームページより)

＊合計特殊出生率…一人の女性が出産可能とされる15歳から49歳までに産む子どもの数の平均

問　【資料】の中の1989年について、この年の合計特殊出生率が1.57であるという報告を行ったことで起きた「1.57ショック」が、一般的に少子化問題の始まりとされています。その後2005年に過去最低の1.26という出生率を記録した後、2019年は1.36と低い数値で推移しています。**少子化が進んだ原因**と、**少子化に歯止めをかける対策**について考えて答えなさい。

【理　科】〈第１回入試〉(30分)〈満点：60点〉

1 次の文を読んで，あとの問に答えなさい。

モンシロチョウの幼虫をいろいろな飼育温度に保って飼育し，さなぎになる割合を調べました。**（実験１）**また，飼育場所の色によってさなぎの色が変わるのか調べました。**（実験２）**

実験１

モンシロチョウの飼育温度は低温（１３～１５℃），室温（２０～２５℃），高温（２８～３０℃）の３通りで，観察期間での，さなぎになるまでの日数，幼虫がさなぎになった確率，さなぎでの死亡率をそれぞれ調べました。結果は以下の**表１**の通りです。

表１

飼育温度	さなぎになるまでの日数	幼虫がさなぎになった確率	さなぎでの死亡率
低温	３０日	５０％	２０％
室温	１５日	８０％	２０％
高温	１０日	８０％	４０％

実験２

実験２では，飼育温度を**実験１**同様に３つに分け，背景色を緑，黄色，青の３色に設定し，それぞれのさなぎの色が緑色，中間色，褐色のいずれになるかを調べました。結果は以下の**表２**の通りです。数字は個体数（匹）を表してます。

表２

飼育温度	背景色	緑色	中間色	褐色
低温	緑	0	4	6
	黄	1	8	1
	青	①	②	③
室温	緑	9	1	0
	黄	9	1	0
	青	0	3	7
高温	緑	8	2	0
	黄	9	1	0
	青	6	4	0

(1)　**実験１**の結果から，幼虫が成長する際に最適な飼育温度といえるものはどれか。次の**ア～ウ**のうちから１つ選び，記号で答えなさい。

ア　低温　　**イ**　室温　　**ウ**　高温

(2)　**実験１**の結果から，幼虫が１００匹いたときに，それぞれの温度で何匹生き残るか，答えなさい。

(3)　**実験２**の結果より，空欄①～③はどのような割合になるか，最も適当なものを次の**ア～ウ**のうちから１つ選び，記号で答えなさい。

ア　①緑色　7　②中間色　3　③褐色　0
イ　①緑色　4　②中間色　3　③褐色　3
ウ　①緑色　0　②中間色　1　③褐色　9

(4)　**実験１**と**２**のように，さなぎになるまでの日数の違いやさなぎの色の違いがなぜ起こるのか，実験の結果と自然環境の変化に触れつつ答えなさい。

2 白い粉末の固体**A**，**B**，**C**があります。**A**，**B**，**C**は食塩，砂糖，重曹のいずれかです。**A**，**B**，**C**の物質を判別するために次のような実験を行いました。このことに関して，あとの問いに答えなさい。

実験1　それぞれの固体を下の図のような装置を用いて加熱しました。その結果，**B**の固体を加熱して発生した気体を石灰水に通したところ，白くにごりました。

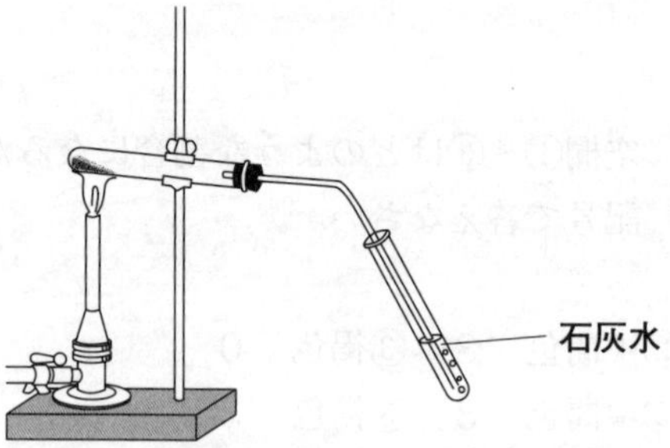

実験2　それぞれの固体を純水に溶かしたとき，**A**だけが，電気が流れませんでした。また，もっとも電気を通したのは**C**でした。

実験3　それぞれの水溶液の性質をリトマス紙（青，赤）で調べたところ，**A**，**C**は変化しませんでしたが，**B**だけが赤リトマス紙の色が青色に変化しました。

(1)　**実験1**で発生した気体は，石灰石にうすい塩酸を加えたときに発生する気体と同じです。

① 発生した気体の名前を答えなさい。

② 次の**ア**～**オ**の中で，この気体について書かれたものを**すべて**選び，記号で答えなさい。

ア　空気中には約1％存在する。　　**イ**　空気より軽い。
ウ　都市ガスや炭を燃やしたときにできる。　　**エ**　酸性雨の最大の原因である。
オ　水でぬらした青色リトマス紙を赤く変える。

(2)　**実験3**で，**B**以外に赤リトマス紙を青色に変える物質は次のうちどれですか。すべて選び，記号で答えなさい。

ア　お酢（す）　　**イ**　アンモニア水　　**ウ**　アルコール水溶液
エ　石灰水　　**オ**　レモン果汁　　**カ**　水酸化ナトリウム水溶液

(3)　固体**A**，**B**，**C**は実験の結果から判断して，それぞれどの固体になりますか。次から選び，記号で答えなさい。

ア　食塩　　**イ**　砂糖　　**ウ**　重曹

3 下の図は荷物をそのまま２mの高さまで持ち上げる図と，２種の滑車で同じ荷物を２mの高さまで上げようとしているところです。①は定滑車です。②は定滑車＋動滑車です。なお，滑車とひもの重さは考えないこととします。また，**A**～**C**の図において，荷物の重さはすべて同じであるとします。あとの問いに答えなさい。

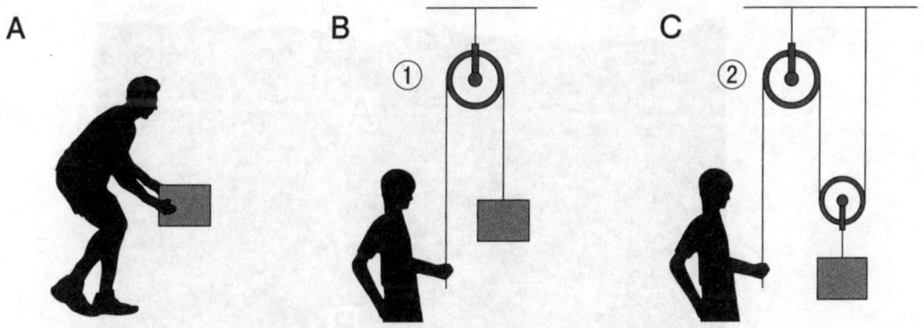

(1)　滑車①で，**B**さんがひもを引く力は次のどれですか。１つ選んで，**ア**～**ウ**の記号で答えなさい。

ア　**A**より大きな力　　**イ**　**A**と同じ力　　**ウ**　**A**より小さな力

(2)　滑車②で，**C**さんがひもを引く力は次のどれですか。１つ選んで，**ア**～**ウ**の記号で答えなさい。

ア　**A**より大きな力　　**イ**　**A**と同じ力　　**ウ**　**A**より小さな力

(3)　**B**さんが荷物を**A**さんと同じ高さまで上げるとき，引くひもの長さは何mですか。１つ選んで，**ア**～**ウ**の記号で答えなさい。

ア　１m　　**イ**　２m　　**ウ**　４m

(4)　**C**さんが荷物を**A**さんと同じ高さまで上げるとき，引くひもの長さは何mですか。１つ選んで，**ア**～**ウ**の記号で答えなさい。

ア　１m　　**イ**　２m　　**ウ**　４m

(5)　仕事の原理という考え方は，力の大きさとひもをひく距離を組みあわせた考え方です。上記の**（1）**～**（4）**の結果をふまえて，仕事の原理を短い文章で表しなさい。

4 次の図は，水が陸地の形を変えながら海に向かう様子を示しています。あとの各問いに答えなさい。

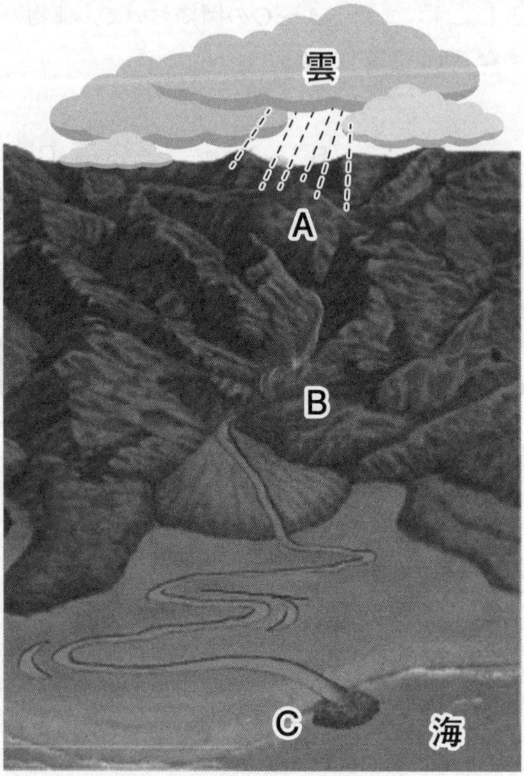

(1)　**A**，**B**，**C**の部分で水が陸地に対して起こすことが多い作用をそれぞれ答えなさい。ただし，**A**～**C**には同じ作用が当てはまらないものとします。

(2)　次の**ア**～**エ**の文は，川や河原，浅い海にある砂や小石についての説明です。内容が**間違っている**ものを１つ選んで，記号で答えなさい。

ア　上流の石は角ばっていて，下流の石は丸くなっている
イ　地層の上の方には細かい粒，下の方には大きな粒がある
ウ　川が蛇行してカーブを描いたところには大きめの粒が沈んでいる
エ　川底の土砂は上流に近いところほど小さな粒が，遠いところほど大きな粒がある

(3)　近年は異常気象によって降水量が増した結果，下流で洪水や家屋浸水，人命喪失などの被害が増えてきました。降水は減らせないとして，地球を（下流の家屋や人命を）守るにはどうすればよいでしょうか。あなたの考えを書きなさい。

問八　空欄 A ～ C に入るのにふさわしい言葉を、それぞれ本文中からぬき出して答えなさい。

問九　あなたがこれまで心を揺《ゆ》さぶられたことについて、その理由を分析《ぶんせき》しながら述べなさい。

四　**次の文章を一〇〇字以内で要約しなさい。（句読点《くとうてん》をふくむ。）**

県文化振興《しんこう》財団遺跡《いせき》調査部の職員が今春、霊山《りょうぜん》山頂付近のささやぶの中で炭酸飲料の空き瓶《びん》を三本見つけた。米国に本社がある会社が製造し、世界中で販売《はんばい》されている。淡緑《たんりょく》色で半透明《はんとうめい》、よく知られているロゴマークが刻印されていた。この瓶を持ち帰り、形状などを調べて考古学的な考察を加えた。一本は太平洋戦争後に進駐軍《しんちゅうぐん》と関係者にのみ流通していたものと判明した。霊山には軍の無線中継《ちゅうけい》基地があったとされる。警備に当たった米兵が飲み、その場に投棄《とうき》したのだろうと推察する。遺跡からごみ捨て場が見つかる場合がある。中身を調べれば当時の生活や食べ物の好みなどを知る手掛《てが》かりとなる。だからといって、路上へのポイ捨てをはじめ、山林などに使わなくなった家電やタイヤなどを廃棄《はいき》していいわけはない。産業廃棄物を捨てるのはもってのほかだ。

後の世に美しい自然を汚《よご》すような遺物が出土すれば、研究者に笑われてしまう。当時の人は倫理《りんり》観が欠けていたと記録されるかもしれない。自分たちの暮らしと未来を守るために身を律しなければならない。きょう三十日は語呂《ごろ》合わせで「ごみゼロの日」。まずは量を減らすことから始めたい。

（福島民報「あぶくま抄《しょう》」二〇二一年五月三十日）

問四　――線④「古代エジプトに生きた女王、クレオパトラのお話」とありますが、この話がもたらしている効果についての説明としてふさわしいものを次から選び記号で答えなさい。

ア　有名な歴史上の人物にまつわるエピソードをはさみこむことで、読者に対して今回の難しいテーマをより身近に感じてもらえる効果がある。

イ　有名な歴史上の人物にまつわるエピソードをはさみこむことで、次の段落から始まる新展開への移行をよりスムーズなものにする効果がある。

ウ　有名な歴史上の人物にまつわるエピソードをはさみこむことで、声が脳に与える作用についての解釈《かいしゃく》にまた別の見方があることを示す効果がある。

エ　有名な歴史上の人物にまつわるエピソードをはさみこむことで、ここまで述べてきた声についての自らの主張にいっそう説得力をもたせる効果がある。

問五　――線⑤「絶世の美女と語り継《つ》がれています」とありますが、筆者はそれをなぜだと考えていますか。「クレオパトラ」「本能」「声」の三語を使って説明しなさい。

問六　――線⑥「この優《すぐ》れた聴覚」とありますが、赤ちゃんの聴覚の特徴としてふさわしくないものを次から一つ選び記号で答えなさい。

ア　母親の声の調子やリズムを聞けば、そのときの感情や体調を推察することができる。

イ　羊水を通じて聞いていた自分の母親の声と他の母親の声を聴き分けることができる。

ウ　耳から入るどのような音でも、その音の高さと音名を瞬時に一致させることができる。

エ　生まれる前に聞いていた母国語の特徴的な発音に、生まれてすぐ反応することができる。

オ　大人が聞き分けられないようなあらゆる言語の複雑な発音をも聴き分けることができる。

問七　――線⑦「声はその人そのもの」とありますが、「その人そのもの」であるということを、筆者はどのようにたとえていますか。本文中から二つぬき出して答えなさい。

問二　――線②「耳や目といった受容器」とありますが、本文で述べられている「視覚」と「聴覚」の違《ちが》いを、三十字以内で説明しなさい。

問三　――線③「その音はすべて聴覚を通して脳に取り込《こ》まれています」とありますが、その仕組みを表した図として最も適当なものを次から選び記号で答えなさい。

ア

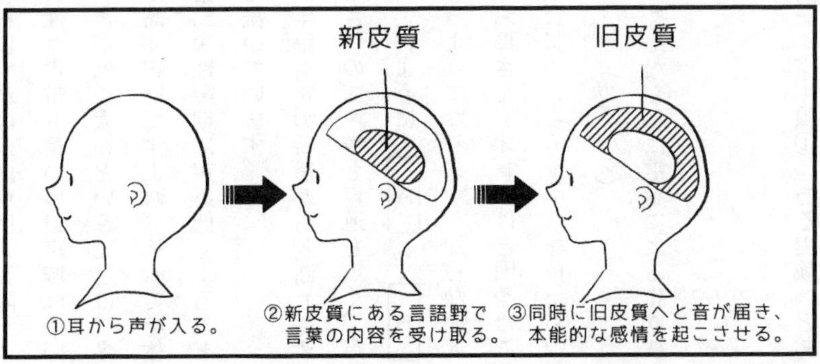

新皮質
旧皮質
①耳から声が入る。
②新皮質にある言語野で
言葉の内容を受け取る。
③同時に旧皮質へと音が届き、
本能的な感情を起こさせる。

イ

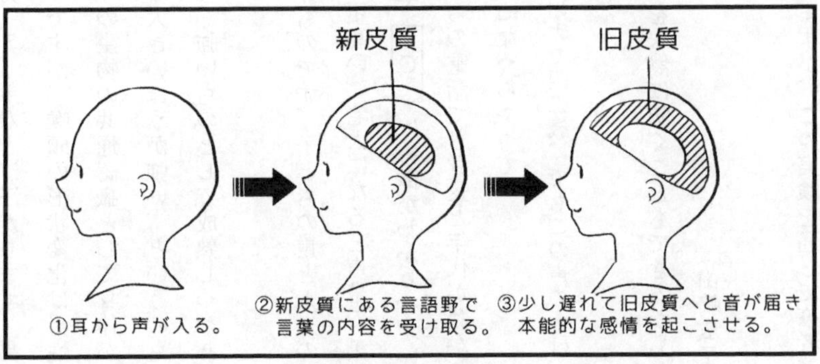

新皮質
旧皮質
①耳から声が入る。
②新皮質にある言語野で
言葉の内容を受け取る。
③少し遅れて旧皮質へと音が届き
本能的な感情を起こさせる。

ウ

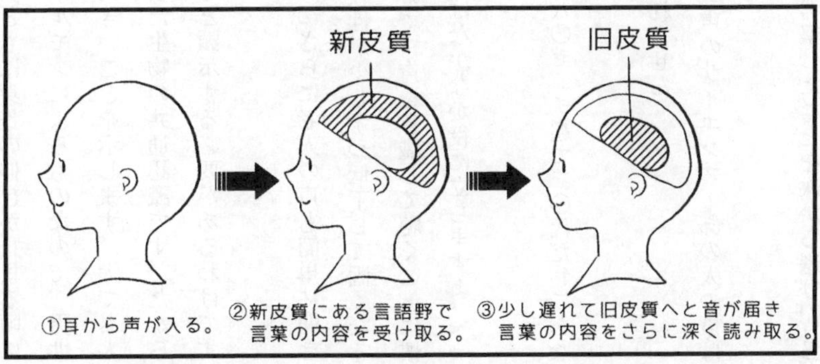

新皮質
旧皮質
①耳から声が入る。
②新皮質にある言語野で
言葉の内容を受け取る。
③少し遅れて旧皮質へと音が届き
言葉の内容をさらに深く読み取る。

エ

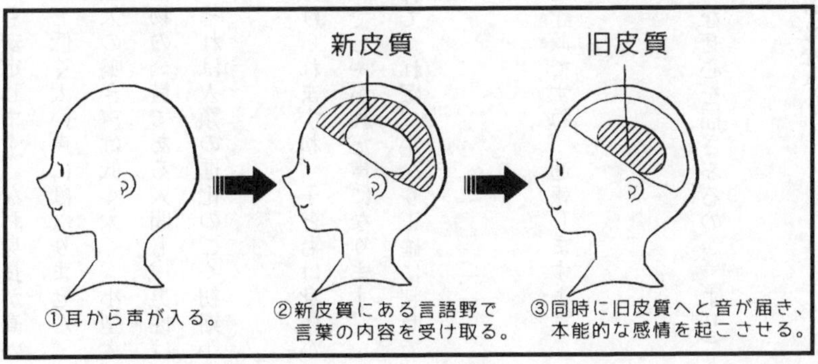

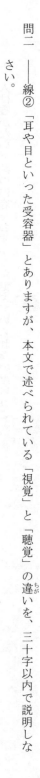

新皮質
旧皮質
①耳から声が入る。
②新皮質にある言語野で
言葉の内容を受け取る。
③同時に旧皮質へと音が届き、
本能的な感情を起こさせる。

も長くなり、一オクターヴほど低い声になります。男性より一年ほど早く女性にも少々の変声が生じます。声帯は三ミリほど長くなり、音程にすれば三度程度（音階三つ分、ミ→ドなど）下がります。男女ともに身長の伸《の》びが止まる頃に声も安定します。なお身長が高い女性は声帯も長いので声域は低いのですが、喉頭の形状変化は男性ホルモンによるものなので、男性ほど低く太い声にはなりません。声が低く太いということは、多くの生物の共通認識として身体が大きいことを示します。犬でも大型犬の鳴き声は低く太く、小型犬は高く細いですよね。そして身体が大きいほうが強い、というのもまた生物の共通認識です。だから生物の一員である人間も、男性は第二次性徴期に声を低くすることで、強いものとして成熟しつつあると顕示する必要があるわけです。それは人類の進化のごく初期から続いています。

　年齢《ねんれい》も声の特徴から判断しやすいものです。子どもの声と大人の声、さらに老人の声も簡単に聞き分けられますね。子どもは身体が小さいので声帯も声道も短く、声は甲高《かんだか》い。老人になると声帯の柔軟《じゅうなん》性が少しずつ低下して固くなるのでしゃがれた声になります。

　このように、[A]や[B]や[C]は特徴がわかりやすいので、声を意識して聴くことに慣れてくれば、かなり正確に判断できるようになります。知らない人からの電話でも身長と年代がわかればなかなか役に立ちますよ。

「お母さん、オレだけど困ったことになっちゃって」

「（おや、うちの息子は身長一七〇センチで四二歳、でもこの声の主は一八〇センチ超で二〇代だわ）あなた詐欺《さぎ》ですね。通報しますよ」

「……（ガチャン）」

　こんなふうに電話による詐欺被害を未然に防ぐこともできるかもしれません。

（山﨑広子『声のサイエンス―あの人の声は、なぜ心を揺さぶるのか』より）

問一　――線①「ある実験」とありますが、この実験を通して筆者が考察したことを次から選び記号で答えなさい。

ア　人の心は話し手の声によって動かされることが多いということ。

イ　人は否定的な内容のことを話した人に良い印象を持つということ。

ウ　人の印象は話し手が語った内容には全く関係なく決まるということ。

エ　人は書かないと話の内容をわずかしか憶えていられないということ。

無意識裡にではありますが、確かに読み取っているのです。

声という音は、話し手のじつに多くの情報を含んでいます。どのような情報かというと、身長、体格、顔の骨格、性格、生育歴、体調から心理状態まで。つまり、その人のほぼすべてです。

なぜそんな情報が声に出てしまうのか。その理由は追って説明していきますが、声とはひとりひとりの履歴書《りれきしょ》のようなものなのです。声を形成する要素の二割ほどが、生まれ持った体格・骨格や声帯の長さ、共鳴腔《きょうめいくう》（口腔や鼻腔など）の形など、いわゆる先天的な声の素質で、残りの八割は生育環境や性格と、そのときの心身の状態です。ですから履歴書どころか、そのときの体調や心情を実況《じっきょう》放送しているようなものであるとすら言えます。

そして人間の聴覚と脳は、それらをすべて受け取っており、かなりの要素を読み取ることができるのです。

「まさか」と思いますか？

中国には古くから、声で人の体質や性格、生《お》い立ちや既往症《きおうしょう》、さらには親や兄弟の体格・体質までをも読み取る「声相」という易学《えきがく》があります。その人の現在と過去を声から読み取るのはもちろん、未来までもわかってしまうものだと考えられてきました。同じく中国の古代医学書には、声に含まれる音から病気を判断する方法が記されています。

古くから人の声には、当人についての多くの情報が含まれていることが理解されていて、人はそれを意図的に読み取ることで、さまざまな判断をしてきたのです。昔といわず、現代のアメリカの大学でも声から病気を診断《しんだん》する研究が進められています。

読み取る、読み取らないにかかわらず、声にはその人のすべてが出てしまうということは、ちょっと頭の片隅《かたすみ》で憶えておいてください。じつのところ、⑦声はその人そのものなのです。

とはいえ、そう言われても今ひとつピンとこない方もいらっしゃるでしょう。そこで、まずは声に表れる情報から、どのようなことが読み取れるのか、身近なところから考えてみましょう。特別な訓練をしなくても、基本的なことは誰もがほとんど無意識に読み取っています。

まず、地声の声域から体格がほぼわかります。一般《いっぱん》的に身長が高いと声は低く、身長が低ければ声は高くなります。たとえば身長一八〇センチと一六〇センチの人であれば、一八〇センチの人のほうが低い声になるわけです。身長が高いということは、声の発音源である声帯や、声を共鳴させる声道という部分が長くなるので声が低くなるのです。楽器でも、小型弦楽器《げんがっき》であるヴァイオリンの弦は短くて音域は高いですし、大型であるコントラバスは弦が長く音域は低いでしょう。それと同じです。

また男性か女性か、という性別も声でわかりますよね。男性は思春期の第二次性徴《せいちょう》期になると喉頭《こうとう》が前に突《つ》きだし、声帯が約七ミリは羊水を通じて、母親の声や外部の音を聞いています。羊水の中で聞いていた声はくぐもっていて、生まれ出て空気を通して聞く母の声とはずいぶん違《ちが》うはずですが、新生児は自分の母の声を間違いなく認識し、他の母親の声と聞き分けることが実験によって裏付けられています。それどころか、お腹《なか》の中で聞いていた母の言葉、母国語に特徴的な発音に、生まれてすぐに反応することも確かめられました。⑥この優れた聴覚は、生まれてからもさらに発達を続けます。

視覚は生まれてからしばらくは未発達で、あまり役に立ちません。そのぶんを補うのが聴覚です。胎児のときも生まれてからも、人間にとっての世界の認識は聴覚から始まります。自分を取り巻く音、特に母親の声によって赤ちゃんは、自分のいる場所や守ってくれる人を脳に刻みつけていきます。

そして母親もまた、自分の子どもの声を出産後すぐに記憶《きおく》します。憶えようと意識しなくても、脳にしっかりと刻まれるのです。とても不思議なことですが、眠っている母親にさまざまな赤ちゃんの泣き声を聞かせると、自分の子どもの声だけに身体が反応し、起きてしまうことが実験によって確かめられています。

さて、生まれたばかりの新生児は、言葉はまだわからないものの、母親の声の調子やリズムから、感情や体調、行動まで読み取っています。

そして母親の声をはじめとする外部環境《かんきょう》の「音」は、絶え間なく赤ちゃんの耳から入り、脳に聴覚の神経を作っていきます。ただ寝《ね》転《ころ》がっているように見える新生児は、耳という閉じることのない扉《とびら》から膨大な情報を取り込んで、脳はスーパーコンピュータのようにデータを蓄積《ちくせき》し、分析《ぶんせき》して、神経細胞《さいぼう》を増やし続けているのです。

絶対音感というものをご存知の方は多いでしょう。楽器の音でも、グラスをカチンと鳴らす音でも、瞬時《しゅんじ》に「ド♯」とか「ラ」などとわかってしまう能力のことですが、じつはその音感の素質は、すべての赤ちゃんが持っています。

ただ、成長してその素質を開花させるためには、耳から入った音をしかるべき時期（だいたい四歳《さい》前後まで）に「音の高さ＝音名」という概念《がいねん》と一致《いっち》させないと、音感としての神経回路はできあがりません。そのため、絶対音感を持つ人は特殊《とくしゅ》だと思われていますが、音と音名を繋《つな》ぐ時期さえ間違わなければ、誰《だれ》もが絶対音感を持って大人になることは可能です。

絶対音感はともかくとしても、新生児は「あらゆる言語のいかなる複雑な発音」も聴き分けるという驚異《きょうい》的な聴覚を持っています。成長に伴《ともな》って母国語にない発音、つまり聴くことのない音に対しては回路が薄《うす》れていきますが、さまざまな声を聞いている限り、「声に含まれる要素を聴き取る能力」は持ち続けています。

そのような聴覚の能力を、ほとんどの方は自覚的に使うことがありません。しかし私たちは「声という音」に含まれる要素を、ほぼほとんどです。しかし聞き流していても、③その音はすべて聴覚を通して脳に取り込まれています。

人の話を聞くときには、まず話されている内容を理解しようとしますよね。声は耳から大脳の聴覚野を通って、言葉を理解する言語野という部分に送られ、言葉の内容を受け取ります。言語野というのは大脳の新皮質という、人間が人間として進化を遂《と》げていく段階で新しくできた部分にあります。新皮質は理性、つまり知的領域を担《にな》っている場所だと言えるでしょう。

しかし声の「内容」と同時に、私たちは声という「音そのもの」も同時に脳内に取り込んでいます。そしてこの「声という音」は新皮質だけでなく、大脳のもっとも深いところにある旧皮質を刺激するのです。旧皮質はその名のとおり、発生系統としては進化のごく初期の段階でできたもので、本能領域にあたります。ここは危険を察知したり、快・不快を理性と関係なく判断したりするところです。最新の研究では、音は脳のほぼ全領域に影響することがわかっています。

声という音は、新皮質と同時に旧皮質に滑《すべ》り込み、「心地よい、悪い、好き、嫌《きら》い」といった本能的な感情を起こさせます。もちろん無意識裡《むいしきり》に、です。つまり、顕在《けんざい》意識にも潜在《せんざい》意識にも作用しているわけですね。

ここに声の影響力の秘密があります。言葉を無視して心の奥底《おくそこ》に届き、私たちの感情を揺《ゆ》り動かしてしまう。それが声の知られざる、そして恐《おそ》るべき力です。

唐突《とうとつ》ですが、二〇〇〇年ほど時代を遡《さかのぼ》って、④古代エジプトに生きた女王、クレオパトラのお話をしましょう。クレオパトラ七世は一八歳《さい》でプトレマイオス朝最後のファラオとなった女性です。ローマのユリウス・カエサルを、カエサルの死後にはその部下だったアントニウスをも虜《とりこ》にした⑤絶世の美女と語り継がれていますが、クレオパトラを知る文筆家、ローマのプルタルコスは彼女《かのじょ》についてこんなふうに記録しています。

「クレオパトラの容姿は、目をひくほど美しくはない。しかしその声は大変魅力《みりょく》的で、その声色《こわいろ》を聞くだけで快楽であった」

もちろん、機知に富んだ話術にも長《た》けていたのでしょうが、このようにわざわざ記述されるほど、彼女の声は魅力的だったのです。声が理屈《りくつ》抜きに本能に作用することを考えると、クレオパトラにまつわる伝説の数々も、妙《みょう》に納得《なっとく》がいくのです。

たかが声にそんな力が？　と思われるでしょうか。

しかし「はじめに」でお伝えしたように、声という音が脳内でどのように作用しているかという研究が進み、近年多くのことが解明されてきています。先ほど、声は脳の本能領域に取り込まれ、人の心を動かすというお話をしましたが、ここからはもう一つの重要な要素である「聴覚」について解説しましょう。

三

人間の聴覚は、感覚器の中でも大変早くから発達します。胎児《たいじ》の時期、妊娠《にんしん》六か月頃《ごろ》にはほぼ完成していますから、その頃から胎児

三　次の文章を読んで後の問いに答えなさい。

①ある実験で、声の特徴《とくちょう》が異なるA・Bの二人に同じ言葉を同じ速度で話してもらい、被験者《ひけんしゃ》にそれを聞いた印象を回答してもらいました。その結果、Aに対しては九〇パーセント超《ちょう》の人が「信頼《しんらい》できそう、リーダーになってほしい、友人になりたい」といった、良い印象を抱《いだ》いたのに対して、Bはそのような票をほとんど獲得《かくとく》することができませんでした。

この実験結果が示すことは、人は声だけで、その人物に対してかなり明確に「好ましい・好ましくない」というイメージを持つということです。実験で、A・Bは否定的なことと肯定的《こうていてき》なことの両方を話し、被験者はその二種類の言葉を聞いているのですが、否定的な内容のほうがAにより多くの「好ましい」票が集まりました。つまりAは、否定的なことを言っても好ましい印象を与《あた》えることができたのです。

会話でも演説でも、綿密なメモでも取らない限り、人はその内容を一割程度しか憶《おぼ》えていないと言われます。一方でこの実験が示すように、私たちは話し手の印象を、その「声」によって無意識にイメージングしています。もっと話を聞いていたいと思わせたり、逆にもういやだな、さっさと話が終わらないかなと感じさせたりするのも、話の内容だけではなく、声によるもの、声に含《ふく》まれる音の要素による影響《えいきょう》が大きいのだということが、近年の研究によって明らかになってきました。私たちの心は、時として語られた言葉よりも、声によって動かされているのです。

なぜ声が、そのように人の心を動かすのでしょうか。

その秘密は「聴覚《ちょうかく》と脳」にあります。

聴覚とは、音を受け取る器官である耳から入った音が、脳内で処理される一連の感覚のことをいいます。感覚というものは謎《なぞ》に満ちています。②耳や目といった受容器が刺激《しげき》を受け取り、それを脳で処理した結果を感覚といいますが、私たちはそれによって自分を取り巻く世界を認識しているわけです。

視覚はかなり自覚的な感覚器官です。見たくなければ目を閉じればいいし、見たものは絵に描《か》いたり写真に撮《と》ったりして再現と確認ができる。一方で耳は閉じることができず、眠《ねむ》っているときにも、さらには昏睡《こんすい》状態のときですら音を受け取り続けます。人は閉じることができない耳から絶え間なく膨大《ぼうだい》な音を受け取っていて、それは録音によって再現はできるものの、脳が自覚した音の正確な再現や確認はできません。聴覚は、視覚に比べるとはるかに無自覚的な器官なのです。

たとえば街に出たとき、どれほど多くの音が満ちているでしょうか。木々の葉擦《はず》れ、鳥のさえずり、雑踏《ざっとう》の音、車のエンジン音やクラクション、人の話し声、商店街から流れてくる音楽や宣伝の音など、いちいち自覚して聴《き》いてはいませんよね。聞き流している音が

問三　次の①～⑤のカタカナ部分を漢字に直すと、一文字だけ二度使われることになる漢字があります。その漢字を用いて、ここに出てくる熟語とは別の熟語を答えなさい。

①　父親は子どものころから切手をシュウシュウしている。

②　野球場はカンシュウで埋《う》め尽《つ》くされている。

③　市役所のカイシュウ工事がとどこおりなく完了《かんりょう》した。

④　国立競技場は十万人もの来場者をシュウヨウできる。

⑤　事態はようやくシュウケツを見ることとなった。

問四　次の漢字は複数の訓読みができます。例にならって二通りの読み方を答え、それぞれの読み方を使った短文を作りなさい。

「育」

例「治」

A	読み方	おさめる	
	短文	国を治める	
B	読み方	なおる	
	短文	病気が治る	

問五　（　）に入る文を自分で考えて答えなさい。

梅雨《つゆ》が明けたとはいうものの、（　　　　　　　　　）。

二 次の問いに答えなさい。

問一　次の文の内容にあてはまる語句を後から選んだ時に、一つだけあてはまらない語句があります。その語句の意味にふさわしい場面を文にしなさい。

・ふだんはとても温和な彼《かれ》だが、相手の度《たび》重なる無礼にいかりをあらわにした。

・待ち合わせの時間から一時間が過ぎたが、何の連絡《れんらく》もないのでいらいらしてきた。

・地道な努力が実を結び、彼は投手としてチームの中でも際《きわ》立つ存在になってきた。

しびれをきらす・仏の顔も三度・頭角をあらわす・情けは人のためならず

問二　次の四字熟語について、（　）にあてはまる漢字を画数の少ない順に並べて番号で答えなさい。ただし、一つだけ四字熟語とその意味が合わないものがふくまれています。それを除いて答えなさい。

① 絶（　）絶命 …… 追いつめられてのがれようがない状態にあること。
② 心（　）一転 …… 何かをきっかけとして気持ちがすっかり変わること。
③ 公平（　）私 …… 公平でないことを認めようとしないこと。
④ 奇《き》（　）天外 …… ふつうでは思いもよらないような変わったこと。
⑤ 大義名（　） …… だれもが正しいと考えるような立派な理由のこと。

例

① （　）心同体 …… 二人以上の人の心がぴったり一つにまとまること。
② 一石（　）鳥 …… 一つの行為《こうい》から二つの利益を得ること。
③ （　）日坊主《ぼうず》 …… あきやすくて長続きしないこと。
④ 十中（　）九 …… どちらも同じくらいで優劣《ゆうれつ》がないこと。
⑤ 百発（　）中 …… 予想した計画やねらいなどがすべて当たること。

④は「十中八九」の意味ではなく「五分五分」の意味なので、④を除いて①→②→③→⑤が正解となる。

二〇二二年度 光英VERITAS中学校

【国語】〈第一回入試〉（五〇分）〈満点：一〇〇点〉

一　次の①〜⑩について、――線部のカタカナは漢字に、漢字はひらがなに直しなさい。

① 感想文を原稿《げんこう》用紙にセイショする。
② なまずが暴れるのは大地震《じしん》のゼンチョウといわれる。
③ 感染症《かんせんしょう》対策としてエイセイ管理をしっかりと行う。
④ ミツバチは果実のジュフンを手助けしている。
⑤ 父が海外に赴任《ふにん》したのは私がまだオサナい時だった。
⑥ 夢に向かって仲間と苦楽を共にする。
⑦ 新幹線の車内で著名な作家を見かけた。
⑧ 気に入った柄《がら》の生地を型紙に沿って切り抜《ぬ》く。
⑨ 思わず戦意を喪失《そうしつ》するほど多勢に無勢の状態だ。
⑩ 会社の設立にあたり創業者の中に名を連ねる。

2022年度
光英VERITAS中学校　▶解　答

※　編集上の都合により，第１回入試の解説は省略させていただきました。

算　数　＜第１回入試＞（50分）＜満点：100点＞

解　答

1 (1) 29　(2) $\frac{3}{8}$　(3) 0.6　(4) 1　2 (1) 分速175m　(2) 1050円　(3) 16個　(4) 40人　(5) ５％　3 (1) $21cm^2$　(2) $6\frac{2}{3}$cm　4 (1) **光男**…53cm　**英子**…48cm　(2) **光男**…４歩　**英子**…６歩　5 (1) 15.7cm　(2) $37.68cm^2$　6 (1) 12cm　(2) 16cm　7 (1) 70cm　(2) １番　(3) 211

社　会　＜第１回入試＞（30分）＜満点：60点＞

解　答

1 **問１**　ウ　**問２**　渡来人　**問３**　須恵器　**問４**　国事行為　**問５**　遣隋使　**問６**　エ　**問７**　ウ　**問８**　イ／え　**問９**　厳島神社　**問10**　北里柴三郎　**問11**　(ア)　**問12**　倭寇　**問13**　種子島／き　**問14**　ウ　**問15**　エ　**問16**　南蛮貿易　**問17**　TPP　**問18**　エ／か　**問19**　ウ　**問20**　蘭学　**問21**　う　**問22**　ウ　**問23**　ウ　**問24**　大日本帝国憲法(明治憲法)　**問25**　ウ　**問26**　イ　2 **問**　**原因**…(例)　晩婚化や女性の社会進出が進んだから。　**対策**…(例)　男女の働き方改革をおし進め，男性の育児休暇を取りやすくする。

理　科　＜第１回入試＞（30分）＜満点：60点＞

解　答

1 (1) イ　(2) **低温**…40匹　**室温**…64匹　**高温**…48匹　(3) ウ　(4) (例)　寒いときはさなぎになりにくくする。また，温度によって周囲の色とさなぎの色を合わせて目立たないようにして，食べられにくいようにしている。　2 (1) ①　二酸化炭素　②　ウ，オ　(2) イ，エ，カ　(3) **A**　イ　**B**　ウ　**C**　ア　3 (1) イ　(2) ウ　(3) イ　(4) ウ　(5) (例)　力の大きさとひもをひく距離をかけたものが，いつも一定である。　4 (1) **A**　しん食　**B**　運ぱん　**C**　たい積　(2) エ　(3) (例)　ダムを整備する。

国　語　＜第１回入試＞（50分）＜満点：100点＞

解　答

一 ①～⑤　下記を参照のこと。　⑥　くらく　⑦　ちょめい　⑧　かたがみ　⑨　たぜい　⑩　つら(ねる)　二 **問１**　(例)　バスでいつも席を譲っていたら，自分が足を骨折したときに席を譲ってもらえた。　**問２**　⑤→①→④→②　**問３**　(例)　収支　**問４**　A　**読み方**…そだてる　**短文**…(例)　花を育てる。　B　**読み方**…はぐくむ　**短文**…(例)　心を育む。　**問５**　(例)　まだじめじめした天気が続いている　三 **問１**　ア　**問２**　(例)　視覚は自覚的な感覚器官だが，聴覚は無自覚的な感覚器官である。　**問３**　エ　**問４**　エ　**問５**　(例)　声は脳の本能領域に取り込まれるので，美しい声を持つクレオパトラは人々を魅了することができたから。　**問６**　ウ　**問７**　１，２　ひとりひとりの履歴書のようなもの／そのときの体調や心情を実況放送しているようなもの　**問８**　A～C　身長(体格)／性別／年齢(年代)　**問９**　(例)　いつも軽口をたたき声も大きい，ふざけてばかりの男の子がクラスにいる。私は彼が苦手だったが，ある日の下校途中，泣いている幼児によりそっている彼を見かけた。ふだんは周囲に合わせてお調子者を演じていただけであって，優しくおだやかに話すその姿こそ本当の彼なのではないかと感じた私は胸を打たれ，それから，仲良くするようになった。今ではかけがえのない親友となっている。　四 (例)　遺跡のごみは当時の生活の手がかりとなるが，路上や山林に，ごみを廃棄していいわけはない。自分たちの暮らしと後世の美しい自然を守るために身を律しなければならない。まずはごみの量を減らすことから始めたい。

●漢字の書き取り

一 ①　清書　②　前兆　③　衛生　④　受粉　⑤　幼(い)

Memo

2022年度　光英VERITAS中学校

〔電　話〕　(047)392－８１１１
〔所在地〕　〒270－2223　千葉県松戸市秋山600
〔交　通〕　JR常磐線 ―「松戸駅」，JR総武線 ―「市川駅」下車　バス15分

【算　数】〈特待選抜入試〉（50分）〈満点：100点〉

（注意）●筆算やたてた式は，それぞれの問題の下側に書いて，消さずに残しておくこと。

1　次の計算をしなさい。

（１）　$(15-8\div 5.6)\times 1.4$

（２）　$\left(\dfrac{2}{3}-2\dfrac{1}{3}\times 0.1-0.02\right)\div 1\dfrac{6}{25}$

（３）　$0.23\times 45+0.69\div \dfrac{3}{20}-1.15\times 11$

2　次の□にあてはまる数を答えなさい。

（１）　正十角形の１つの内角の大きさは□度です。

（２）　水２６４ｇに食塩□ｇをまぜると１２％の食塩水ができます。

（３）　ある整数□で１７５を割ると６あまり，３３７を割ると１２あまります。

（４）　英子さんは学校へ行くのに，家から学校までの道のりの$\dfrac{2}{5}$は電車に乗り，残りの$\dfrac{3}{4}$はバスに乗り，あとは歩きます。このとき，歩くきょりは全体の□です。

（５）　６段の階段をのぼるのに，１歩で１段か２段のぼります。この階段ののぼり方は全部で□通りあります。

3　下の（図１）のように，直線上に２つの長方形①と長方形②があります。（図２）は，長方形①が（図１）の位置から矢印の方向に動くとき，動き始めてからの時間と長方形①と長方形②が重なる部分の面積の関係を表したものです。ただし，長方形②は動かさないものとします。次の問いに答えなさい。

（図１）

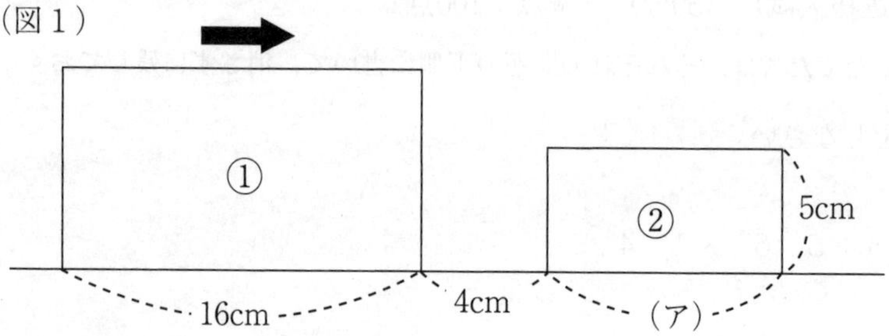

（図２）

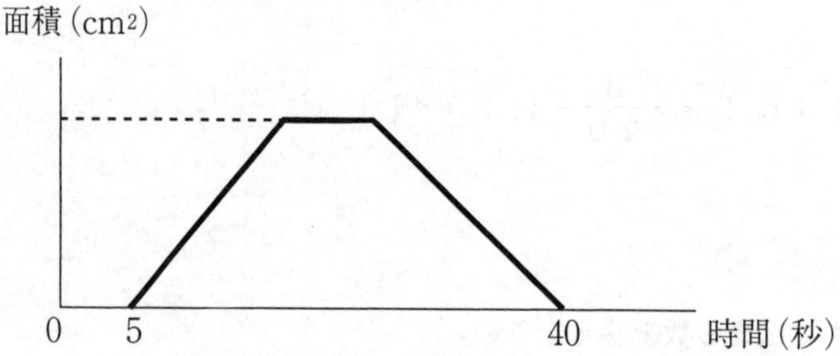

（１）　長方形②の(ア)の長さは何ｃｍですか。

（２）　長方形①と長方形②が重なる部分の面積が変化しないのは，動き始めてから何秒後から何秒後まででですか。

4　１０人が全員でじゃんけんをしたところ，１回で勝負が決まりました。出ていた指の本数は全部で３２本でした。グー，チョキ，パーの手を出した人はそれぞれ何人いましたか。ただし，出した指の本数は，グーは０本，チョキは２本，パーは５本とします。

5　下の図のおうぎ形ABCの面積は５２$\frac{1}{3}$ｃｍ^{2}です。次の問いに答えなさい。ただし，円周率は３．１４とします。

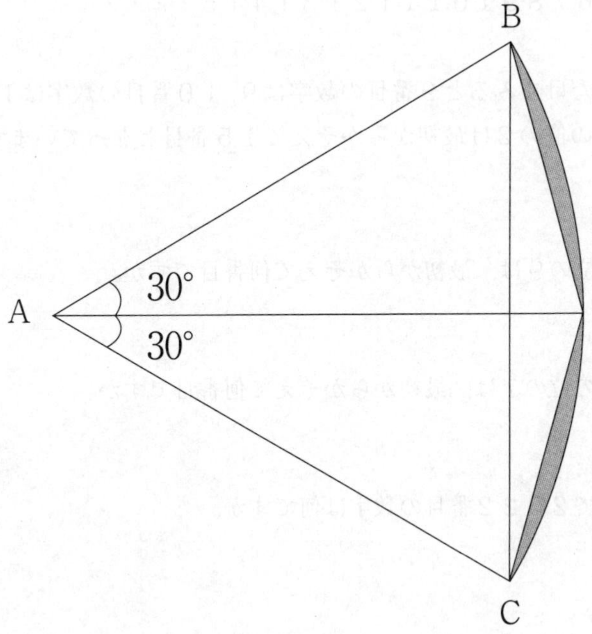

（1）　おうぎ形ABCの半径は何ｃｍですか。

（2）　図の色をつけた部分の面積は何ｃｍ^{2}ですか。

6　１辺の長さが１ｃｍの立方体が４８個あります。この立方体をすべて使って，すきまなく並べたり積んだりして，１つの直方体を作ります。表面積が一番大きくなるときと一番小さくなるときの表面積はそれぞれ何ｃｍ^{2}ですか。

7 整数を1から順に，次のように並べます。

１２３４５６７８９１０１１１２１３１４１５・・・・・

この数字の並び方だけをみると９番目の数字は９，１０番目の数字は１，１１番目の数字は０です。整数１２の一の位の２は最初からかぞえて１５番目となっています。次の問いに答えなさい。

（1） 整数９９の一の位の９は，最初からかぞえて何番目ですか。

（2） 整数７００の百の位の７は，最初からかぞえて何番目ですか。

（3） 最初からかぞえて２０２２番目の数字は何ですか。

【社　会】〈特待選抜入試〉（30分）〈満点：60点〉

1　次の説明文を読み、あとの各問いに答えなさい。

2019年6月に大阪でG20（金融《きんゆう》・世界経済に関する首脳会議）が開かれ、貿易問題や環境問題が話し合われた。参加国は主要国首脳会議（G7）参加の7カ国にEUやロシアなどを含めた20カ国・地域である。

G7とはフランス、アメリカ、イギリス、ドイツ、日本、イタリア、カナダでつくられた組織で、原則毎年会議（サミット）を開いて国際問題を議論している。最近では先進国から発展途上国への新型コロナワクチン10億回分の提供を決めている。

問1　近年取り上げられるテーマの一つにエネルギー問題がある。フランスは、国内で発電する電気量の割合で原子力発電が世界で一番多い国である。次の地図は日本の「ある発電所」の分布を示したものである。次の**ア～エ**から、この分布図にあてはまる発電所を選び、記号で答えなさい。

なお、地図に載せた発電所は最大出力40万kW以上のもののみである。

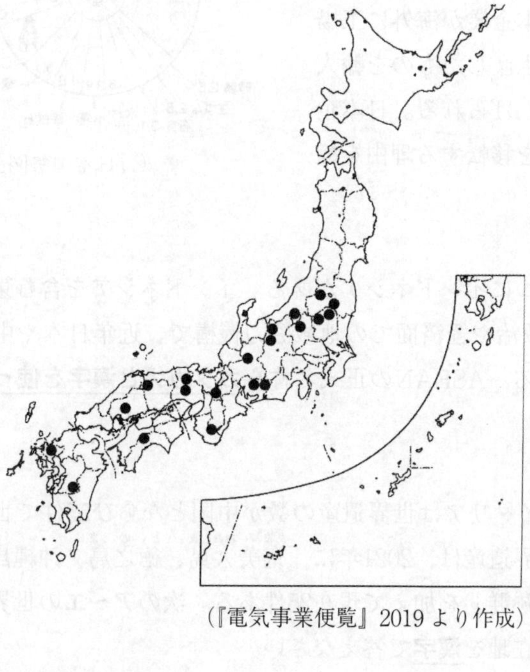

（『電気事業便覧』2019より作成）

ア　火力発電所　　**イ**　水力発電所　　**ウ**　原子力発電所　　**エ**　地熱発電所

問２　Ｇ７の１つであるドイツはヨーロッパ最大の工業国で、世界各国の貿易額を見ると輸出・輸入共に３位である（2020年）。日本には自動車や医薬品を始め多くの製品を輸出している。日本の貿易について、あとの（１）・（２）に答えなさい。

（１）**〈グラフ１〉**は日本の主要輸出品を1960年と2017年で比較したものである。**A**にあてはまる輸出品を答えなさい。

〈グラフ１〉

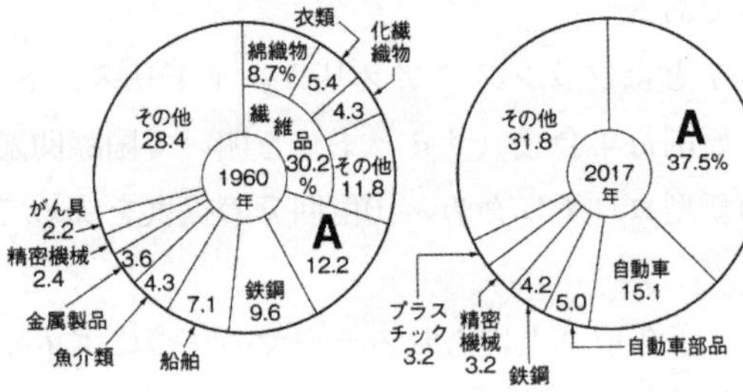

（２）**〈グラフ２〉**は日本の主要輸入品を1960年と2017年で比較したものである。**A**にあてはまるものは（１）と同じである。**A**の輸入が増加した理由として、日本企業が海外に工場を移し、そこで生産したものを輸入していることが上げられる。日本企業が海外に工場を移転する理由を簡潔に答えなさい。

〈グラフ２〉

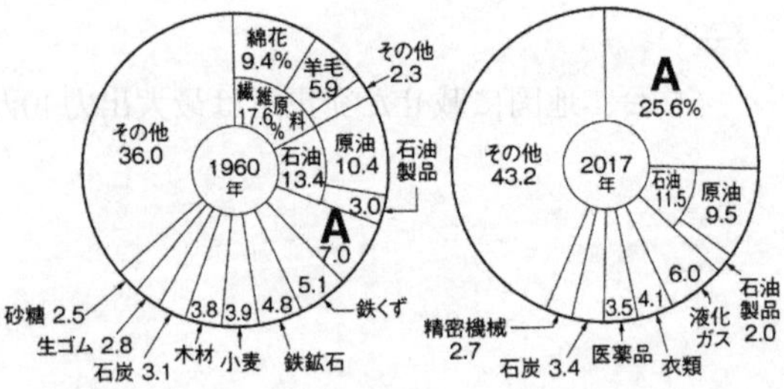

（『日本国勢図会2018/19年度版』より作成）

問３　Ｇ20の構成国の一つにインドネシアがある。インドネシアを含む東南アジアの10カ国が加盟するASEANは主に政治や経済面での地域協力機構で、近年日本や中国との貿易の拡大を目指し活発に活動している。ASEANの正式名称を**カタカナと漢字を使った９文字の言葉**で答えなさい。

問４　Ｇ７の１つであるイタリアは世界遺産の数が中国とならび55件で世界一（2019年）である。12位である日本の世界遺産は、2021年に「奄美大島《あまみおおしま》、徳之島《とくのしま》、沖縄島北部及び西表島《いりおもてじま》」「北海道・北東北の縄文遺跡群」を加えて現在25件ある。次の**ア〜エ**の世界遺産がある都市が含まれる都道府県の県庁所在地を**漢字**で答えなさい。

ア　日光の社寺　　**イ**　姫路城
ウ　法隆寺地域の仏教建築群　　**エ**　琉球王国のグスク及び関連遺産群

問５　次の雨温図は、世界遺産がある都道府県のうち代表的な都市や地域の各月の気温と降水量の平均値（1981年～2010年の平均値）を表している。**（ア）～（エ）**は知床《しれとこ》（北海道）・富山市（富山県）・広島市（広島県）・屋久島《やくしま》（鹿児島県）のいずれかの雨温図である。
あとの（１）・（２）に答えなさい。

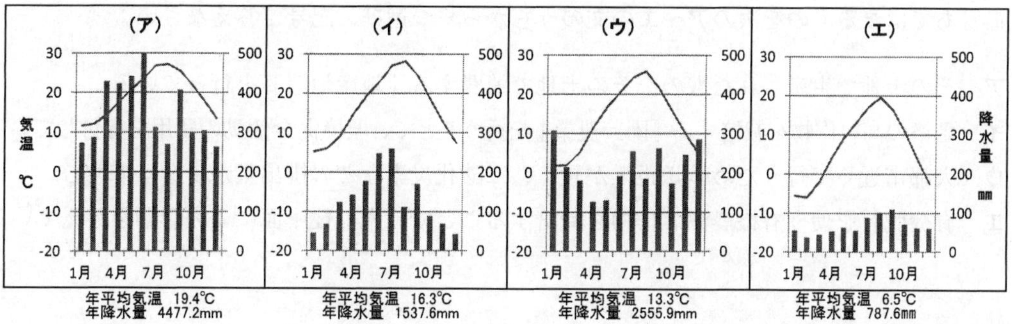

（気象庁ホームページより作成）

（１）　富山市と広島市の雨温図を**（ア）～（エ）**からそれぞれ選び、記号で答えなさい。

（２）　日本の夏と冬の季節の違いが大きいのは地軸《ちじく》の傾きの他に季節風の影響もある。
下の地図**（ア）**・**（イ）**のうちどちらが冬の季節風の状態を表しているか、記号で答えなさい。

（ア）

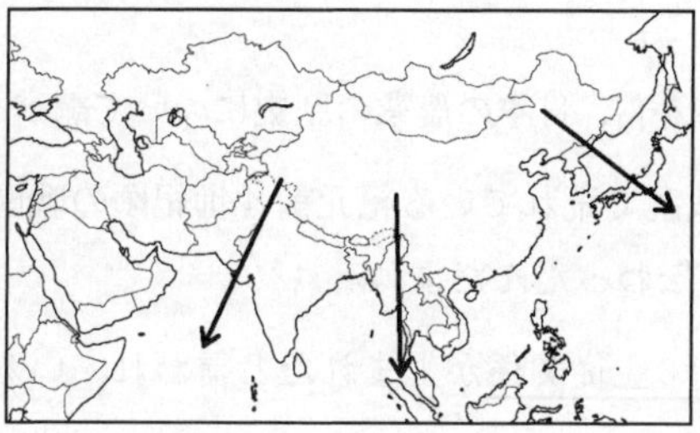

（イ）

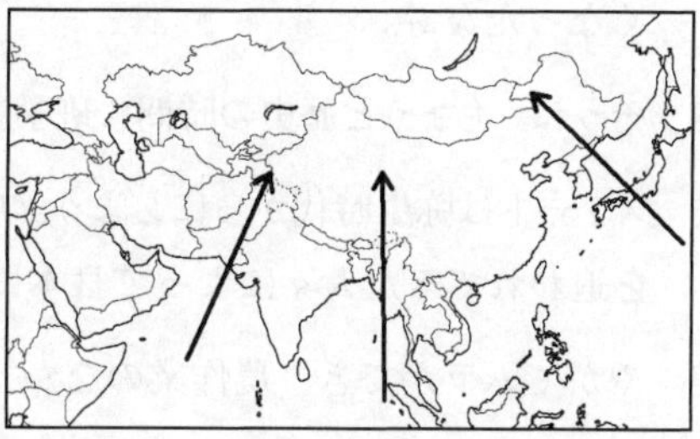

問６　次の表は、日本の主な農産物について世界遺産がある都県別農業産出額とその内訳を示したものである。表の中の①～④にあてはまる都県名を、あとの**ア～オ**から一つずつ選び、記号で答えなさい。

	農業産出額（億円）	米(%)	野菜(%)	果実(%)	畜産(%)
①	240	0.4	55.8	13.8	8.3
②	1,158	6.5	13.9	64.6	4.4
③	4,863	4.3	11.4	2.2	65.2
④	1,843	56.2	16.7	3.9	19.5

（『データでみる県勢 2018 年度版』より作成）

ア　秋田県　　**イ**　東京都　　**ウ**　和歌山県　　**エ**　福岡県　　**オ**　鹿児島県

問7　農業では、海外からの輸入作物や国内での地域間競争によりさまざまな工夫がおこなわれている。たとえば本来、野菜にはいちばんおいしい「旬《しゅん》」の季節があったが、今では地域の気候を利用した促成栽培《そくせいさいばい》・抑制栽培《よくせいさいばい》などの工夫がなされ、１年中スーパーなどで売られている。

近郊農業は近年「地球温暖化」防止に役立つ農業として再注目されている。その理由として最もあてはまるものを次の**ア〜エ**の文のうちから一つ選び、記号で答えなさい。

ア　その土地で生産されたものをその土地で消費する「地産地消」を行っている。
イ　価格の高い作物を栽培する「園芸農業」を行うことで、環境保全活動の費用を寄付している。
ウ　大都市近くで行うため輸送距離が短く、二酸化炭素などの排出量が少なくてすむ。
エ　有機肥料を使う有機農法で作物を栽培することで、人の健康面によい影響を与えている。

2　家庭科の授業で「日本の食文化」について学習した**光夫《みつお》**君と**英美《ひでみ》**さんは、社会科の班《はん》学習でも「食」に関係した「日本の農業の歴史」について、古代から明治時代までを発表することにした。２人の会話文を読み、あとの問いに答えなさい。

光　夫：食文化の勉強でさまざまな食料のことを調べてみて、日本の農業の歴史についても知りたくなったなぁ。

英　美：そうね。ちょうど歴史の時間に班学習があるから、日本の農業の歴史について調べようよ。

光　夫：スタートは弥生時代からにしよう。中国が戦乱で荒れている紀元前４世紀頃の戦国時代、国を追われてきた人々によって日本に稲作が伝わったんだよね。

英　美：やがてムラができ、農作業のなかで**A**人々の主従関係が生まれたと言われているね。

光　夫：日本は中国の様々なものを取り入れていくよね。すごく積極的！律令による政治を行うため**B**大化の改新を実行したよね。

英　美：ただ、税の負担が農民には重かったようであたえられた田を捨てて逃げる農民が多かった。有力な寺社や貴族はこのような農民をやとって新田を開墾《かいこん》し、荘園を増やしていったね。

光　夫：それが**C**藤原氏《ふじわらし》の力を強めた一因になったんだ。

英　美：農民も力強いと思ったのは、働きながら農業の方法をどんどん改善していくよね。西国でこのころ稲をかりとったあとに麦をつくる（Ⅰ）が広がり始めたのもこの頃と言われているね。

光　夫：そうそう、（Ⅰ）ができるようになった結果、余《あま》った作物を商品として売買する（Ⅱ）が、人々の集まる寺院の門前などで開かれるようになった。

英　美：この勢いが惣村《そうそん》への登場とつながり、**D**農民が団結を強めていったんだね。

光　夫：農業で使う道具の発達も、農民の生活を大きく変えたよね。江戸時代には年貢《ねんぐ》として納める米以外に麻《あさ》や綿《めん》など、売って現金化できる作物もさかんにつくられるようになった。

英　美：やがて**E**商人や大地主が原料や道具を百姓に貸し付け、製品化する手工業が発展していき、商品の流通も活発になり、**F**交通網も発達したよ。

光　夫：1657年に起きた明暦の大火による被害で**G**幕府の財政が赤字におちいったことや、天候不良によるききん、幕府の改革で年貢が厳しくなったことが農民の生活をどんどん苦しい方へ進めて行ってしまったね。

英　美：自然条件が大きく影響する農業は、いつの時代もたいへんな苦労があるのね。

光　夫：明治時代には農民の生活に大きな影響を与えることがいくつも起きた。

英　美：まずは**H**学制《がくせい》ね。農家の大事な働き手だった子どもは、なかなか入学させてもらえなかったみたいね。

光　夫：今まで**I**米で納《おさ》めていた農民の税が、現金で払う方式に代わったのは良かったね。

英　美：ううん。年貢と比べて負担が軽くなるものではなかったみたい。農民の不満が高まるのもわかるなぁ。

光　夫：それに加えて**J**徴兵令《ちょうへいれい》が出された。一揆《いっき》が各地で起こったのも無理はないね。

英　美：さあ、農業の歴史を、聞く人にわかってもらえるような発表にしましょう。

問１　下線部**A**に関連して、当時の中国の歴史書には「倭《わ》（当時の日本）には邪馬台国《やまたいこく》があり、男子をもって王としていたが、戦乱が続いたので、女子を立てて王とした。その名を卑弥呼《ひみこ》という」と書かれている。この中国の国名を答えなさい。

問２　下線部**B**に関連して、中大兄皇子《なかのおおえのおうじ》は遣唐使《けんとうし》が学んで持ち帰った唐の律令《りつりょう》による政治を取り入れるため、倭の人々の戸籍《こせき》をつくって、人々に一定の土地を口分田《くぶんでん》としてあたえて耕作《こうさく》させ税を集める制度をつくった。この制度を何というか、答えなさい。

問３　下線部**C**に関連して、藤原氏が天皇家との関係を密接《みっせつ》なものにするために行ったのが摂関政《せっかんせい》治《じ》である。藤原氏の行った摂関政治の摂政《せっしょう》と関白《かんぱく》について説明した次の**ア〜エ**の文から正しいものを**すべて**選び、記号で答えなさい。

ア　摂政とは、成人の天皇を補佐《ほさ》する官職《かんしょく》である。
イ　摂政とは、天皇が幼いときに代わって政治を行う官職である。
ウ　関白とは、成人の天皇を補佐する官職である。
エ　関白とは、天皇が幼いときに代わって政治を行う官職である。

問４　文中（　Ⅰ　）・（　Ⅱ　）にあてはまる言葉を答えなさい。

問５　下線部**D**に関連して、15世紀頃には自分たちの意思を伝える手段として一揆がよく行われるようになった。14世紀から16世紀にわたる室町時代のできごとを説明した次の**ア～エ**の文を古い順番に正しく並べたものを①～④から一つ選び、番号で答えなさい。

ア　加賀国《かがのくに》（今の石川県）の浄土真宗《じょうどしんしゅう》の信者が、1488年、守護大名をたおす「加賀の一向一揆」が起こった。

イ　足利義満《あしかがよしみつ》は明《みん》の求めに応じて倭寇《わこう》を取り締まることで、明との国交を開き、正式に貿易を始めた。

ウ　暴風雨のため中国の貿易船が種子島《たねがしま》に流れ着き、乗っていたポルトガル人によって鉄砲が日本に伝えられた。

エ　将軍のあとつぎ争いに守護大名の権力争いがからみ、多くの守護大名が東軍と西軍に別れて戦う応仁の乱が起こった。

①　**ア→イ→ウ→エ**　　②　**イ→エ→ア→ウ**
③　**ウ→ア→エ→イ**　　④　**エ→ウ→イ→ア**

問６　下線部**E**に関連して、次の（１）・（２）に答えなさい。

（１）　江戸時代後期になると、近くの農村から町の工場に労働者を集め、絹や綿、酒やしょうゆの生産を行った。このような工業の仕組みを何というか、**カタカナ**で答えなさい。

（２）　明治時代になると、政府が直接経営する官営工場をつくり、それを民間の手本とする殖産興業の政策がとられた。

右の地図中**A～E**は当時建設された官営工場の一部である。富岡製糸場と八幡製鉄所の場所を地図中の**A～E**の記号で答え、さらにそれぞれの工場が建設された場所を現在の都道府県名（**漢字**）で答えなさい。

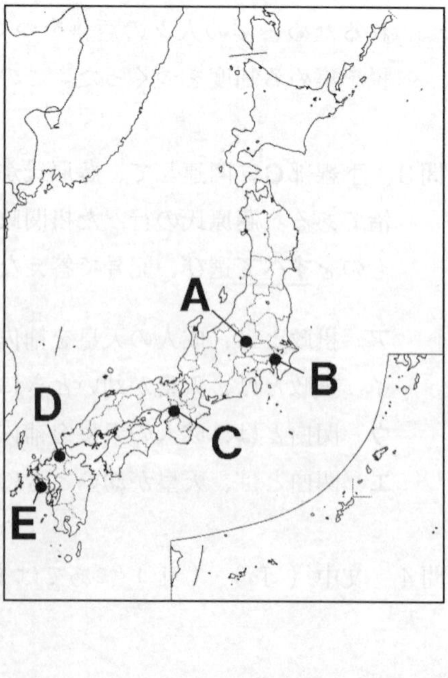

問７　下線部**F**に関連して、五街道を中心とした道路の整備や東廻《まわ》り・西廻《まわ》り航路などの発達により物流や人の流れがさかんになった。次の（１）・（２）に答えなさい。

（１）　五街道の整備は、三代将軍徳川家光が参勤交代を制度化するために行ったものである。次の**〈グラフ〉**は、外様大名である加賀藩（現在の石川県の一部）が参勤交代にかかった費用を表したもので、**〈表〉**は移動距離や日数・人数を表している。これらを参考に、江戸幕府が全国の大名に対し参勤交代を命じた目的を説明しなさい。

〈グラフ〉

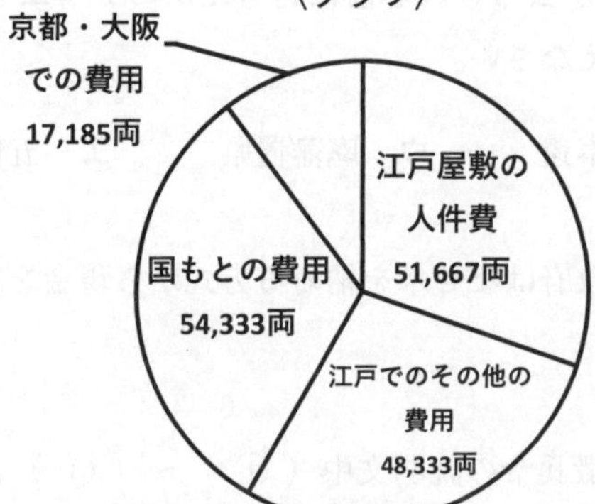

〈表〉

加賀藩と江戸の間の距離	約480Km
かかる日数	12泊13日
参勤交代で移動する人数	最大2500人

（忠田敏男『参勤交代道中記　加賀藩史料を読む』より作成）

（２）　次の二つの風景画は、この時代に旅の流行に伴って人気をあつめたものである。この二つの風景画に共通している、五街道のうちの一つの街道名を答えなさい。

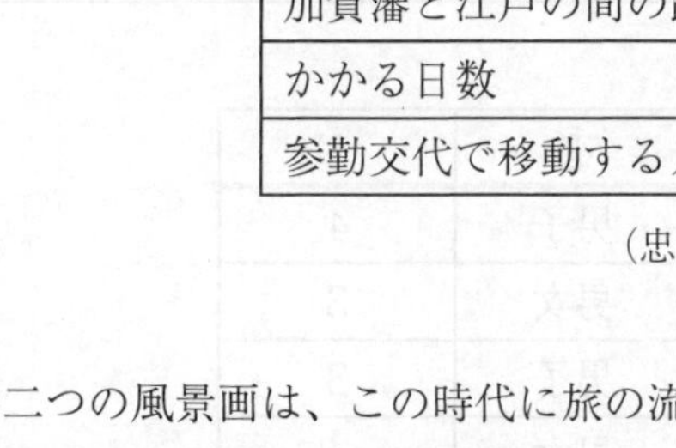

作者：歌川広重

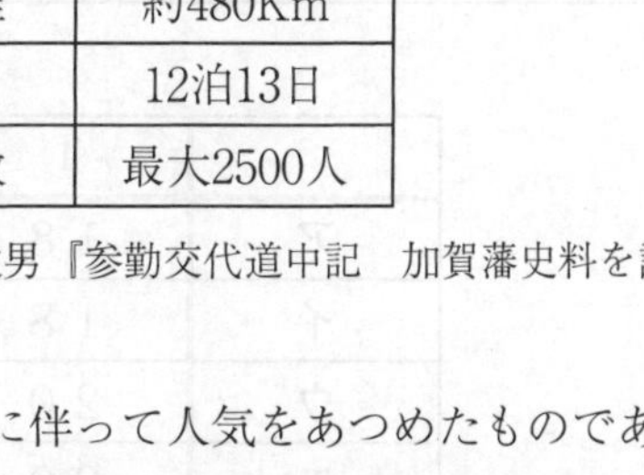

作者：葛飾北斎

（旺文社『わかる社会』、帝国書院『中学生の歴史』より引用）

問８　下線部**G**に関連して、八代将軍が行った「享保《きょうほう》の改革」の内容として**正しくないもの**を次の**ア〜エ**から一つ選び、記号で答えなさい。

ア　公正な裁判を行うため公事方御定書《くじかたおさだめがき》を出して、裁判の基準を定めた。
イ　庶民《しょみん》の意見を取り入れる目安箱《めやすばこ》を設置した。
ウ　税収を増やすため、商人に株仲間の結成を認めた。
エ　幕府、藩、百姓、町人をあげて新田開発に取り組んだ。

問９　下線部**H**に関連して、学制が公布される前に起きた次の**ア〜エ**を古い順番に並べたとき、**三番目にくるもの**を記号で答えなさい。

ア　版籍奉還　　**イ**　大政奉還　　**ウ**　廃藩置県　　**エ**　五箇条の御誓文

問10　下線部**I**に関連して、明治政府はなぜ米を納める方式から現金を納める方式にかえたのか、簡単に説明しなさい。

問11　下線部**J**に関連して、次の徴兵令の説明文中（①）〜（③）にあてはまることばとして正しい組み合わせを**ア〜エ**から一つ選び、記号で答えなさい。

徴兵令では、満（①）才以上の（②）が（③）年間の兵役に就くことが定められている。

	①	②	③
ア	１８	男子	4
イ	１８	男女	3
ウ	２０	男子	3
エ	２０	男女	4

3 大正時代～昭和時代にかけての次の年表を参考に、あとの各問いに答えなさい。

年代	できごと
1914年	第一次世界大戦に参戦・・・**A**
1920年	国際連盟に加盟・・・**B**
1925年	普通選挙法が制定される・・・**C**
1933年	国際連盟を脱退
1941年	太平洋戦争がはじまる・・・**D**
1946年	日本国憲法公布・・・**E**
1951年	サンフランシスコ平和条約が結ばれる・・・**F**

問1　年表中**A**の戦争では参戦国が経済・国民のすべてを動員する総力戦となり、戦争被害《ひがい》はそれまでの戦争とは比べものにならなかった。次の**ア～エ**の説明文のうち、年表中**A**に関連する説明として**間違っているもの**を一つ選び、記号で答えなさい。

ア　サラエボ事件をきっかけにオーストリアとセルビアの間で始まった戦争がきっかけであった。

イ　参戦したイギリスなどの三国協商国とドイツなどの三国同盟国は、領土・植民地問題で対立していた。

ウ　アメリカが途中からロシアなどの連合国側に立って参戦し、連合国側が優位になった。

エ　終戦後開かれたパリ講和会議でポーツマス条約が結ばれ、戦後の処理が決められた。

問2　年表中**B**に関連して、日本が国際連盟に加盟したのち脱退するまでのあいだに起きた出来事ではないものを次の**ア～エ**から一つ選び、記号で答えなさい。

ア　治安維持法が制定される　　**イ**　二・二六事件が起こる
ウ　関東大震災が起こる　　**エ**　満州事変が起こる

問3　第一次世界大戦後、日本は輸出がふるわなくなり景気が悪化した。生活不安から労働運動が活発になるとともに女性解放運動も起きた。

現在の日本国憲法の下では、男女対等の権利は基本的人権のうちどの権利として守られているか。**ア～エ**から最も適当と思われるものを一つ選び、記号で答えなさい。

ア　自由権　　**イ**　社会権　　**ウ**　平等権　　**エ**　参政権

問４　年表中**C**に関連して、現在の日本の選挙では、国や都道府県・市町村で立候補できる年齢が決まっている。被選挙年齢が参議院議員と同じものを次の**ア〜エ**から一つ選び、記号で答えなさい。

ア　衆議院議員　　　**イ**　都道府県知事
ウ　市区町村長　　　**エ**　都道府県・市区町村議会議員

問５　年表中**D**に関連して、第二次世界大戦の反省から生まれた国際組織が国際連合である。1989年の国際連合総会において全会一致で可決され、日本も1994年に※批准《ひじゅん》した、次の条約名を答えなさい。（一部表現を簡略化している）

※批准《ひじゅん》＝国として同意すること。

第６条	すべての児童は生命に対する固有の権利を有し、この条約を結んだ国は児童の生存および発達を可能な最大限の範囲において確保する。
第12条	児童は自らに影響をおよぼすすべての事について、自由に自己の意見を表明する権利を有する。

問６　年表中**E**に関連して、日本国憲法には国民が果たす３つの義務が定められている。税金に関する次の**ア〜エ**の文のうち**間違っているもの**を一つ選び、記号で答えなさい。

ア　税金には直接税と間接税があり、消費税は直接税である。
イ　消費税は収入の多い人にも少ない人にも同様にかかるため、収入の少ない人ほど負担が大きい。
ウ　所得税は、収入が多くなるほど税率が高くなる方式がとられている。
エ　固定資産税は、土地や建物を持っている人にかかる税である。

問７　年表中**F**に関連して、現在の日本の領土はサンフランシスコ平和条約によって定められた。しかし、現在の日本は周辺諸国との間で課題がある地域もある。このことについて、あとの（１）・（２）に答えなさい。

（１）　ロシアとの間で課題となっている「北方領土」のうち、最も北に位置する島の名前を答えなさい。

（２）　韓国との間で課題となっている「竹島」と、中国との間で課題となっている「尖閣諸島《せんかくしょとう》」は、それぞれ何県に属する島か。正しい解答の組み合わせを次の**ア〜エ**から一つ選び、記号で答えなさい。

ア　竹島＝鳥取県　尖閣諸島＝沖縄県　　　**イ**　竹島＝島根県　尖閣諸島＝鹿児島県
ウ　竹島＝鳥取県　尖閣諸島＝鹿児島県　　**エ**　竹島＝島根県　尖閣諸島＝沖縄県

【理　科】〈特待選抜入試〉（30分）〈満点：60点〉

1　**図１**はカンジキウサギで，北アメリカ北部などに生息する野性のウサギの一種です。
図２はカナダオオヤマネコで，同じく北アメリカ北部に生息する野性のヤマネコの一種です。

図１

図２

北アメリカのある森林の一区画において，それら２種の生息数を１００年近くにわたって調べた結果が**図３**です。

図３

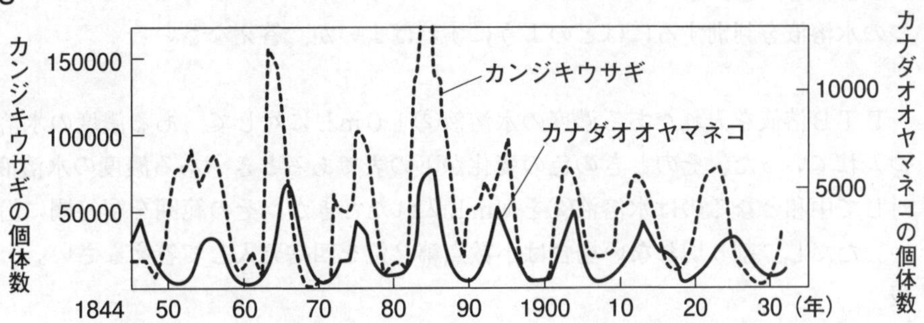

（1）　カンジキウサギはカナダオオヤマネコに食べられます。このような食べる・食べられるの関係を何といいますか。

（2）　この二者は，栄養のとり方の違いから考えて，それぞれ○○動物と呼ばれ区別されています。○○に当てはまる言葉をそれぞれ答えなさい。

（3）　**図３**では調べた１００年間近くにおいて，カンジキウサギもカナダオオヤマネコも増えたり減ったりしています。しかしその増える時期・減る時期は，ほぼ同じです。理由を答えなさい。

（4）　２種類とも人間が狩りをするのは禁じられており，この増減は自然現象です。だとすれば，一定の広さの土地において，食べるもの・食べられるものの数にはどのような自然の調節がされていると考えられますか。簡単に答えなさい。

2 次の①～⑦の水溶液のにおいと中和について，あとの各問に答えなさい。

① アンモニア水	② 塩酸	③ 食塩水	④ お酢
⑤ 水酸化ナトリウム水溶液		⑥ さとう水	⑦ アルコール水溶液

(1) 試験管の水溶液のにおいのかぎ方として最も適当なものを，次の**ア～エ**から1つ選び，記号で答えなさい。

ア 試験管に顔を近づけて直接かぐ。
イ においをビニール袋に集めてからかぐ。
ウ 水溶液を手につけて直接かぐ。
エ 顔を近づけずに手であおぐようにしてかぐ。

(2) 水溶液③，⑥，⑦の入っているビーカーがどれかわからなくなってしまいました。この3つの水溶液を判別するにはどのようにすればよいか，答えなさい。

(3) ＢＴＢ溶液を入れたある濃度の水溶液②１０ｍＬに対して，ある濃度の水溶液⑤を少しずつ入れていった。そのときの色の変化が下の表であるとき，ある濃度の水溶液⑤２０ｍＬに対して中和となるのは水溶液②を何ｍＬ入れたときか。その範囲を解答欄に沿って答えなさい。ただし，割り切れない場合は小数点第２位を四捨五入して答えなさい。

表

水溶液⑤の量（ｍＬ）	１０ｍＬ	２０ｍＬ	３０ｍＬ	４０ｍＬ
水溶液の色	黄色	黄色	黄色	青色

(4) 水溶液①，④はそれぞれ特有のにおいを持っている。しかし，この２つの水溶液を混ぜ中和させることによって，においがなくなることがある。このことから，中和とはどのような現象か，最も適当なものを次の**ア～エ**から１つ選び記号で答えなさい。

ア お互いの性質を強くさせ合うような現象。
イ お互いの性質を打ち消し合うような現象。
ウ 片方の性質を強くするような現象。
エ 片方の性質を打ち消すような現象。

(5) **(4)** のように，においを消すような中和反応が身近なところでも役に立っているが，それはどこでどのように役に立っているのか，答えなさい。

3 物体には物の重さの中心になる点「重心」があります。スポーツや建築物設計などさまざまなところで「重心」は重要なものとなっています。次の問は「重心」に関連した内容です。

説明を読み，あとの各問いに答えなさい。

ここに，太さが一様《いちよう》でない棒があります。**（図１）**

図１

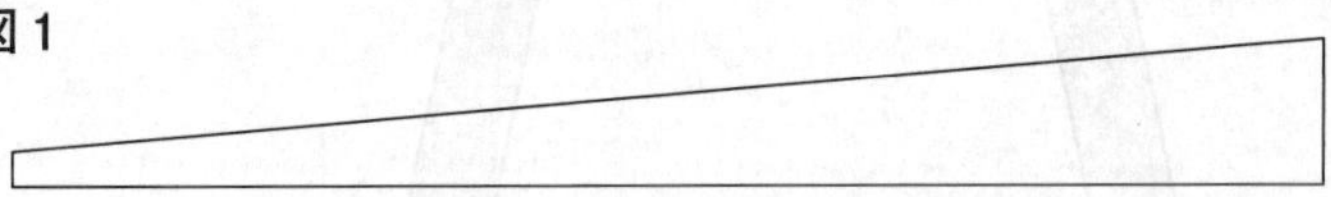

（１） いまこの棒の重心にひもをつけてつるし，水平（地面と平行）に保つとき，ひもの位置は次のうちのどれか。最も適当なものを次の**ア〜ウ**から１つ選び，記号で答えなさい。

ア 棒のちょうど真ん中
イ 棒の真ん中より右側
ウ 棒の真ん中より左側

（２） この棒の重心でこの棒を２つに切り分けたとき，それぞれ切り分けた棒の重さはどうなるか，最も適当なものを次の**ア〜ウ**から１つ選び，記号で答えなさい。

ア 左右の重さは同じ
イ 重心より図で右側の棒の方が重い
ウ 重心より図で左側の棒の方が重い

いま，太さが一様な長さが１２ｃｍで重さが１０ｇの板がたくさんあります。次の問いに答えなさい。

（３） **図２**のように一枚の板を机の端から出していくとき，板が机から落ちないようにするためには，机の端から最大何cm出すことができるか，答えなさい。

図２

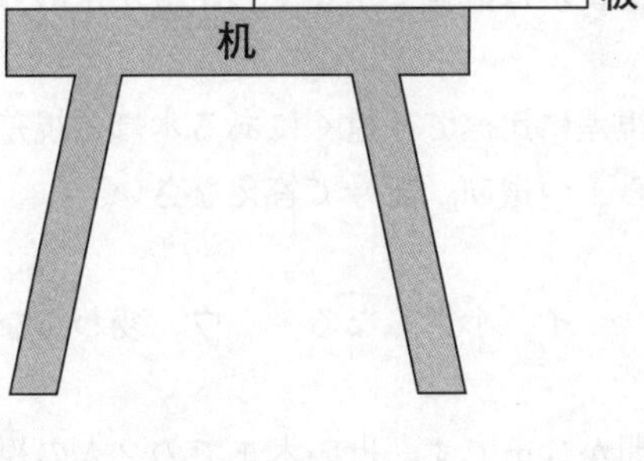

（４） 次に，板を２枚使って**図３**のように積み重ねて出すとき，いちばん上の板は机の端から最大何ｃｍ出すことができるか，答えなさい。

図3

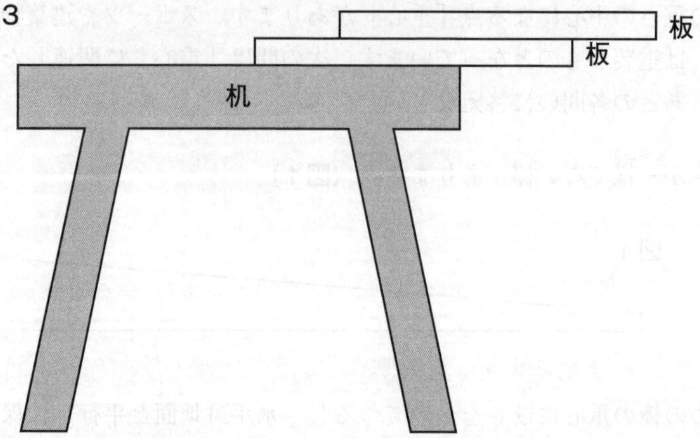

(5)　同じように板を４枚使って積み重ねていくとき，いちばん上の板は机の端から最大何ｃｍ出すことができるか，答えなさい。

4　比較的近い物体までの距離をはかるための方法として，「三角測量」がある。

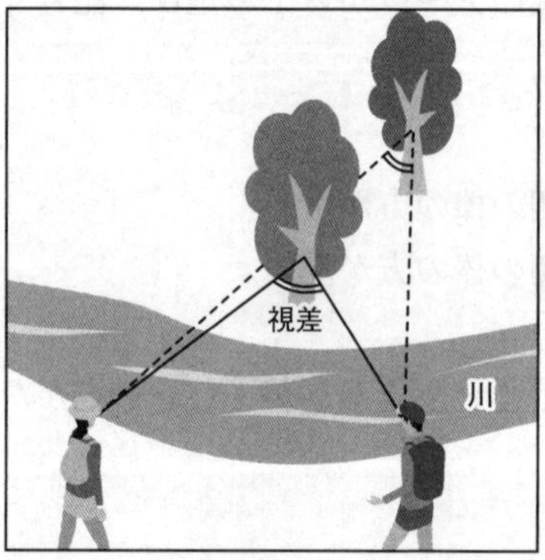

図1

図1は，近い距離の木と遠い距離の木を，２人が見た時の角度（視差という）を示している。２人の距離がわかれば，作図または計算で木までの距離が求められる。

(1)　近くにある木の視差に比べて，遠くにある木ほど視差はどのようになるか。最も適当なものを次の**ア～ウ**から１つ選び，記号で答えなさい。

ア　大きくなる　　**イ**　小さくなる　　**ウ**　変わらない

(2)　図の中の２人の間が３ｍです。近い木までの２人の視差が６０°でした。左の人から見た時に，木と右の人の間の角度は，やはり６０°でした。左の人から近い木までの距離は何ｍか，答えなさい。

図２はその応用で，地球の２つの位置の時に恒星を見た視差と距離について考えるものである。Ａ地点の地球から恒星を見たときの天空の位置をａ，Ｂ地点の地球から恒星を見た時の天空の位置をｂとしてある。**図２**の視差の半分にあたるものを特に「年周視差」という。比較的地球に近い恒星の距離の測定に利用する測定方法である。

図２

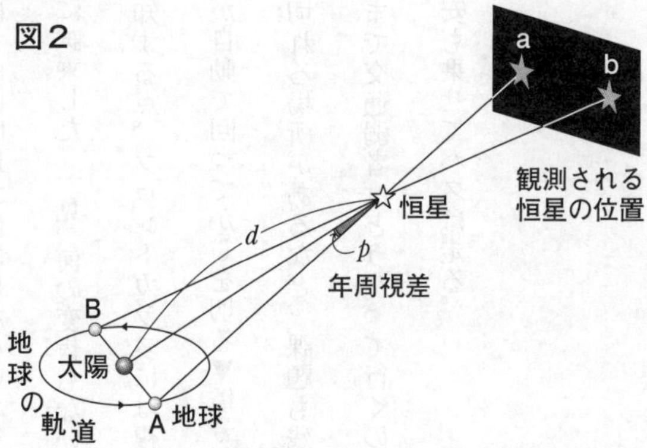

(3)　**図２**のＡ，Ｂの組み合わせとして，正しいものを１つ選んで記号で答えなさい。

ア　Ａが春分，Ｂが秋分
イ　Ａが春分，Ｂが夏至
ウ　Ａが春分，Ｂが冬至

(4)　１年間に光が進む距離の単位は何と呼ばれるか。漢字で答えなさい。

(5)　年周視差が３６００分の１度のとき，その距離 d は１年間に光が進む距離の約３.２６倍と分かっている。また光速は秒速３０万ｋｍとする。

では，年周視差が３６００分の１度のとき，距離 d は何兆ｋｍか。最も適当なものを，次の**ア～エ**の中から１つ選んで，記号で答えよ。

ア　約０.０３兆ｋｍ　　**イ**　約０.３兆km　　**ウ**　約３兆km　　**エ**　約３０兆km

四 **次の文章を一〇〇字以内で要約しなさい。（句読点《くとうてん》をふくむ。）**

政府は２０５０年までに脱炭素《だったんそ》社会の実現を目指すという。近年の気候変動を考えれば達成は必須《ひっす》だが、30年も先の雲をつかむような話。本当にできるのか、いぶかる人は多いだろう▼一方、県が実証実験を始めた自動運転バスは25年度の本格運行を見据《みす》える。４年後には運転手のいない路線バスが県内の一般道《いっぱんどう》を走るのだ。ＩＴ音痴《おんち》の身にはこちらもにわかに信じ難《がた》い▼ただ、免許《めんきょ》を返納しようにも中山間地で他に足がないお年寄りの救世主になる。運転手不足解決の切り札にもなろう。茂木《もてぎ》町で行われている実験のバスに試乗した。一見、何の変哲《へんてつ》もない小型バスだ▼違《ちが》うのは、屋根や前後左右に特殊《とくしゅ》なセンサーを搭載《とうさい》し、周囲との距離《きょり》や障害物を探知する点。フロントガラスには複数のカメラ。安全のため発着点では運転手が手動走行したが、いったん公道に出ればハンドルが自動で回ってかじを切る▼信号が赤になると穏《おだ》やかに止まった。乗り心地は悪くない。山沿いの道路で木が空を遮《さえぎ》り、電波が途切《とぎ》れる場所があるなど、課題も残った▼それ以外にも、もし人が飛び出して事故が起きたらどう救助するのか、そもそもバス停まで交通弱者はどうやって行くのか。まだまだ疑問はたくさんある。解決に向けたデータを収集しながら、住民の夢と希望と不安も乗せてバスは走る。

（下野新聞「雷鳴抄《らいめいしょう》」六月十七日）

問八　次に挙《あ》げるのは、この文章を読んだ生徒の会話である。**適当でない内容をふくむ発言**を一つ選び、ア～カの記号で答えなさい。

ア　Aさん……この文章の筆者は、多くの具体例を用いながらアリの社会の働き方を説明しているね。アリの種類によって、働き方に違いがあることに驚かされたよ。

イ　Bさん……そうだね。ハキリアリと比べると、そのほかのキノコアリの労働頻度《ひんど》はあまり高くないようだね。寿命が長いことにも関連してくるのかな。

ウ　Cさん……あまり働かないキノコアリのように小さくてのんびりとした集団は、たしかに平等ではあるけれど、いつか力の強い集団に滅《ほろ》ぼされてしまいそうだね。

エ　Dさん……単純な社会をもつキノコアリの中には、長谷川博士が証明したように、働かないアリもいるんだね。仕事をサボる個体がいても、キノコ畑を維持できるなんて不思議だね。

オ　Eさん……ハキリアリは女王アリや幼虫のために、寿命を削ってまで働くんだね。筆者は、ハキリアリの社会を「洗練された複雑で大きな社会」と言っているね。

カ　Fさん……私がアリだったなら、キノコアリのように、働き方は地味だけど長生きできる社会で生きたいなあ。みんなはどんなふうに考える？

問九　――線⑥「僕らはどうやって多様な働き方、多様な社会を作っていくのか」とありますが、あなたが思う「多様な働き方や多様な社会」の例をひとつ挙げ、それについてのあなたの考えを書きなさい。

問四　══線a～cのここでの意味として適当なものを後から選びそれぞれ記号で答えなさい。

a　システマチック……ア　組織的　イ　献身《けんしん》的　ウ　単純　エ　複雑

b　オールラウンダー……ア　専門家　イ　技術者　ウ　奉仕者《ほうししゃ》　エ　万能選手

c　ワークシェアリング……ア　仕事の助け合い　イ　仕事の分かち合い　ウ　仕事の押《お》しつけ合い　エ　仕事の奪《うば》い合い

問五　――線④「□□時中」について、「一日中」という意味になるように、空欄《くうらん》に漢数字を入れて答えなさい。

□□時中

問六　［X］には次のア～エの文が入ります。文意が通るように正しい順番に並べ記号で答えなさい。

ア　つまり、分業の割り当てには、もしかすると遺伝的要因も関与《かんよ》しているかもしれないのだ。

イ　これまで長いこと、幼虫のときに働きアリが与えるエサの量でコントロールされていると考えられてきた。

ウ　この最大と最小の働きアリの間に10を超えるサブカーストが存在するハキリアリの場合、どうやって体の大きさを変えていくのか？

エ　しかしながら、僕も確認したのだが、ＤＮＡレベルで解析《かいせき》してみると特定のサイズの働きアリには、どうも特定のオスアリの遺伝子が関与している可能性がありそうだ、という結果が出ている。

問七　――線⑤「ハキリアリの働きアリほど超《ちょう》ブラックな働き方はないかもしれない」とありますが、筆者がそのように述べる根拠《こんきょ》をわかりやすく説明しなさい。

問一　——線①「この働いているフリをしてサボっている個体にも、じつは意義があったのだ」について、次の問いに答えなさい。

Ⅰ　「働かないアリの意義」とはどのようなものですか。説明しなさい。

Ⅱ　この長谷川博士の実験結果について、筆者はどのようにとらえていますか。最も適当なものを選び、記号で答えなさい。

ア　さまざまな個性を持つ小さなアリたちが確実に食料を調達するには、チームで予測を立てて動くことが何よりも大切である。

イ　研究種であるシワクシケアリが観察しやすい平均的なアリであったから証明できたが、全てのアリに当てはまる法則ではない。

ウ　アリの実験から得られた結果は組織の中で働くという人間の社会と似ているため人々の心に響《ひび》くが、統計的に見ると全くの見当違《ちが》いである。

エ　よく働く優秀なアリばかりを集めたグループのほうが、働かない個体がいるグループと比べてコロニーが生き残りやすいことが証明できた。

問二　——線②「人間はまだ気づいていない」とありますが、人間が気づいていないのはどのようなことですか。説明しなさい。

問三　——線③「ハキリアリ」とありますが、本文中で説明されているハキリアリの特徴《とくちょう》として適当なものをすべて選び記号で答えなさい。

ア　動きが非常に俊敏《しゅんびん》である。

イ　死ぬまで同じ仕事を担当する。

ウ　ほぼ切れ目なく労働を続ける。

エ　2：6：2の法則が当てはまる。

オ　仕事の内容が年齢《ねんれい》によって異なる。

カ　労働のバリエーションが豊富である。

るのだからたいしたものである。

中程度の複雑な社会ではサボるアリの割合は10%まで減る。女王アリと働きアリの寿命の違い、体のサイズの違いも大きくなってくる。

小さな集団を作り、のんびりと働き、女王アリも働きアリもあまり大きな差がない社会か、中くらいの集団で、ほどほどに働き、女王アリと働きアリの違いが少し大きくなる社会か。はたまた、超巨大《きょだい》な集団を構成し、寿命を削《けず》って働く超ブラックな労働環境で、女王アリと働きアリはほとんど別の生物に見えるほど変化してしまう社会なのか。キノコアリの社会は、いろいろな可能性を僕たち人間に例示してくれているのだ。

ハキリアリを観察していると、「外に出て葉っぱを切るさまを見ているとダイナミックですごいけど、この子らは寿命短いしなぁ」とか、「あんまり働かないけど寿命が長いのと、どっちがいいのかなぁ」とつい考えてしまう。個人的にはムカシキノコアリの社会のほうが、平等で楽しそうに見える。観察していると落ち着く、というか人間的なように思えてホッとする。

ただ、ここで重要なのは、洗練された複雑で大きな社会と、小さくて地味だけど、平等でぼんやりできる社会、どちらもこの地球に残っているということだ。よく、「生き馬の目を抜《ぬ》く現代社会は競争社会だ、見てみろ！　野生生物の社会は弱肉強食の厳しい社会だろう」と会社の偉《えら》い人が説教を垂れることがあるだろう。が、それはまちがった表現だ。ボーッとしていても５０００万年くらいは生き残っているし、超ブラックな社会でも３０００万年続いているのだ。多様な生き方が許容されている。それがこの地球本来の姿なのだ。

近視眼的な会社の上司の説教なんて、ほとんど生物学的にはまちがっているので聞き流しておきましょう。⑥僕らはどうやって多様な働き方、多様な社会を作っていくのか？　アリから学ぶことはやっぱり多いようだ。

（村上貴弘『アリ語で寝言を言いました』より）

＊１　コロニー……ある地域に定着した、同種または数種の生物がつくる集団。

＊２　クラスター……同種の生物などの集まり。

＊３　タスク……課せられた仕事。

働分業だけではなく、c ワークシェアリングまで行われているのだ。

触角《しょっかく》をパタパタさせる「アンテナ探査」をしながら、あたりをぐるぐる回り巣の安全を見回る係がいる。トレイルに落下物があれば、道路公団よろしく突貫《とっかん》で道路工事がはじまる。そのときは大型ワーカーが大活躍《だいかつやく》だ。働き詰《づ》めに働いたアリたちが死んでしまえば、衛生状態を保つためにも死体を外に出し、お墓（というかゴミ捨て場なのだが……）まで運ぶ役割もある。

なかには、運ばれている葉の上に乗っかり、ヒッチハイクをしながらオサボリをしているように見えるアリもいる。彼女《かのじょ》たちは「ヒッチハイカー」と呼ばれているが、サボっているわけではなく、寄生バエであるノミバエを追い払《はら》うという役割がある。

ザッと書き出しただけでも目が回りそうなタスク[*3]量だ。しかも、こういった労働はほぼ切れ目なく続く。パナマのハキリアリは比較的夜はおとなしくなるが、場所によっては24時間365日活動が低下しない巣もある。

ハキリアリもナベブタアリの扉《とびら》役やミツツボアリの貯蔵庫役とまではいかないが、体の大きさによって労働のタイプが変わる。大型のアリは約1・5センチと大きい。一方で、巣の中で子育てをしたり、菌のお世話をする小型の働きアリは約2・5ミリと6分の1の大きさしかない。

X 大型アリになりやすい、あるいは、巣の中で子育てをするカーストになりやすいといった遺伝的組み合わせがあり、ハキリアリに限っては遺伝的にある程度、カーストが決まっているかもしれない。今後のさらなる調査、研究が待たれる。

さて、このようにして生み出された働きアリだが、その寿命《じゅみょう》は驚くほど短い。わずか3か月だ。女王アリの寿命が最長20年であることを考えると、ずいぶん不公平な感じがする。働きアリが一生懸命育てたキノコは、自分たちの食料にはならず、女王と幼虫のものだ。働きアリは、葉っぱを切っているときに滲《にじ》み出る汁《しる》をちょこっと食べる程度で働きっぱなし。

地域にもよるが働きアリは、夜は多少、活性が落ちるが、24時間体制で働いている。太陽が出て朝になったら起きて、日が沈《しず》んで夜になったら眠《ねむ》るというリズムがあるわけではなく、15分おきにごく短時間（数分程度）休憩《きゅうけい》を入れるが、長時間の休憩はとらない。なかなか過酷《かこく》な労働環境《かんきょう》だ。昨今、日本の労働環境がブラックであることが問題となっているけれど、⑤ハキリアリの働きアリほど超ブラックな働き方はないかもしれない。

一方で、そのほかのキノコアリの労働環境はかなり異なる。ハキリアリ以外の働きアリの寿命は5～6年。女王アリの寿命が6～7年であるから、まずまず平等な社会といえよう。社会進化段階で並べてみると、より単純な社会をもつキノコアリはあまり働かない。50時間観察の結果を見てみると、まったく働かないアリの割合は30%。シワクシケアリよりもサボりながら、キノコ畑を維持《いじ》できてい多くのアリでは「齢分業《れいぶんぎょう》」と呼ばれる、年齢で労働を分けるやり方で分業を行なっている。これはシンプルな仕組みで、若いうちは安全な室内での作業、老齢個体は危険な外仕事をするというものだ。こうすることで貴重な若い労働力を失うリスクを回避《かいひ》している。

しかし、ハキリアリは違う。ハキリアリには細かく分けると10を超えるサブカースト（体の大きさが異なる働きアリのクラスター[*2]）が存在しており、生まれたときからきちんと仕事が決まっていて、一生涯《いっしょうがい》その仕事をまっとうする。その労働のレパートリーは僕が解明した結果、30を超える。それだけの仕事を分業しているのだ。

たとえば、巣の掃除。アリはそもそもがきれい好きだが、ハキリアリのきれい好きは常軌《じょうき》を逸《いっ》している。④□□時中床《ゆか》を舐《な》め、危ない細菌が入ってきたら胸に飼っている共生バクテリアを床に塗《ぬ》りつけ抗生《こうせい》物質をコーティングする。この仕事は、おもに小型ワーカーが担《にな》う。

中型のワーカーは、比較《ひかく》的bオールラウンダーだ。たとえば、外から入ってきた働きアリの体をきれいにする役や外から戻《もど》ってきた働きアリから栄養を受け取り、ほかの働きアリや女王アリに渡《わた》す役。巣の入り口の見張りも中型ワーカーの役目だ。

大型のワーカーは巣の中にいるときは手持ち無沙汰《ぶさた》だ（そう見える）。しかし、危険が差し迫《せま》ったとき、キーキーと警戒音《けいかいおん》を発しながら外に飛び出していく。巣の仲間を守る頼《たの》もしい警備隊だ。

さらにキノコ畑を見てみれば、より複雑で細かい労働が行われている。キノコ畑には適切な時期に適切な量の肥料を施《ほどこ》さなくてはならない。胃から吐《は》き戻したものをキノコ畑にあげる係がいれば、液体状の糞《ふん》をあげる係もいる。キノコ畑に襲《おそ》いかかる多種多様な菌をとりのぞき、特殊《とくしゅ》な寄生菌（エスカバプシス菌だ）を見つけたら、それに特化したやり方で排除《はいじょ》する。古くなったキノコを切り取り、ゴミ捨て場に捨てに行くのも大切な仕事だ。新たに農地が必要になれば、粘《ねば》っこい赤土であろうと大アゴを使って大掘削《だいくっさく》工事をして拡張していく。共生菌のご機嫌《きげん》を伺《うかが》い、どんな葉が必要か判断し、適切な葉を集めてくる。細かく砕《くだ》いて畑に組み込み、菌糸を植えつけ、栽培《さいばい》を持続する。

子育てにしても、決して楽ではない。卵を女王アリから取り上げたら、表面をきれいにし、卵専用の部屋に移動させる。幼虫になったらまた別の部屋に移動だ。幼虫が食料を欲《ほ》しがれば、菌糸を集めて幼虫に与《あた》え、ぐずる幼虫がいたらヨシヨシとゆりかごを揺《ゆ》するように幼虫を揺すってあげる（この行動の意味は実際にはよくわからなかった）。幼虫から蛹になればまた別の部屋に移動させる。卵はそもそも1時間に180個ほど産まれるから、働きアリたちは休む暇《ひま》がないのだ。

巣の外に出て葉を集める役もなかなかの重労働、かつ専門職だ。どのようにして菌のそのときどきの好みを聞き出すのかは不明だが、菌が好む植物を選んでは葉を切る。切った葉を地面に置いてバトンタッチ。置かれた葉を巣まで運ぶ役は別にいる。つまりここでは労ったのだ。

ランダムに存在する食料を見つけるのに、予測を立てて動くのとブラブラとランダムに動くのとどちらが正解にたどり着けるのか？

人間ならこう考える。さまざまな状況を判断してデータを取り、法則を割り出して予測すればいいじゃないか。決断とはそういったものだ、と。

しかし、現実はそうはならない。いくらデータを取っても、素晴らしい予測式を数学者が計算しても、世界のランダム性には勝てない。そんな無駄《むだ》なことをするくらいなら、何も考えず、寅《とら》さんみたいにブラブラとランダムに歩いていたほうが統計的に見ても有意に正解にたどり着く。そのことをアリたちは知っている。一方、②人間はまだ気づいていない。

この話は組織マネジメントを語るときにも、よく引き合いに出されている。たとえば、「優秀《ゆうしゅう》な人材ばかりを集めたチームがいいとは限らない」「サボっている社員をただ叱《しか》りつけてはいけない」「2割ががんばるのもサボるのも、評価次第」といったように。

僕はサラリーマンの世界には疎《うと》いけれど、ひとつのコロニー*1で社会性をもって生きる小さなアリは、組織の中で働く身と重ね合わせやすく心に響《ひび》くのだろう。でも本質的なところがきちんと届いているかは怪《あや》しい。アリの世界をきちんと理解するには、人間の脳ではまだまだ時間がかかるのだろう。

長谷川博士がこの「2：6：2」の働きアリの法則を証明できた大きな要因は、研究対象種をシワクシケアリにしたことにあるかもしれない。このアリはなんというか、非常に平均的なアリなのだ。大き過ぎず、小さ過ぎず、コロニーサイズも手頃で、変な社会構造ももたない（じつは北海道の個体群では変なことも起こっているが、基本的には単女王だ）。

「アワテコヌカアリ」や「ハヤトゲフシアリ」のように動きを追えないほど俊敏《しゅんびん》ではないし、パラポネラのような強い毒もない。観察しやすく、本当に“ほどよい”アリなのだ。

しかし、1万1000種を超《こ》えるアリのすべてにこの法則が当てはまるのかというと、それは無理な話だ。たとえば、ここまで何度となく登場させてきた僕の研究対象種の「③ハキリアリ」。森から葉を切り出し、100メートルを超える行進をして、巣の中では葉を細かくして、キノコ畑に埋《う》め込んで、施肥《しひ》をしたり伸《の》び過ぎた菌糸《きんし》を刈《か》り取ったり、幼虫に給餌《きゅうじ》したり、卵を移動させたり、ほかにも巣の掃除《そうじ》に入り口の防衛、ゴミ捨てなどなど、ものすごい労働量だ。

このハタラキモノのハキリアリ、僕が行った50時間観察では、サボるアリはわずか1〜2％。しかもその1〜2％も蛹《さなぎ》から出たばかりの若い個体で、サボっているわけではなく、働けないだけだ。つまり、実質100％の個体がなんらかの労働をしている。しかも、その働き方は驚くほどaシステマチックだ。

三　次の文章を読んで後の問いに答えなさい。

イソップ寓話《ぐうわ》の『アリとキリギリス』のイメージが刷り込《こ》まれているのか、あるいは、その整然とした行軍が勤勉に映るのか、はたまた「働きアリ」という名前のためか、アリは働き者の代名詞のようにいわれる。また、日本人ビジネスマンは働きアリをたとえにして語るのが大好きだ。とくに、次の逸話《いつわ》がお気に入りだ。

勤勉なアリ、ときどき働くアリ、サボっているアリの割合は3分の1ずつで、3分の1はまったく働かない。そして、そのサボっているアリだけを集めると、それもまた、全体のバランスを見て、一生懸命《けんめい》働くヤツ、そこそこ働くヤツ、まったく働かないヤツに3分割される——。この働きアリの法則ネタは鉄板でウケるようで、いろいろなシーンで語られているのを見てきた。

こんなに働きアリの労働を尊ぶ国も珍《めずら》しいのではないか？　欧米《おうべい》ではアリの研究者は尊敬されるが、働き者のアリ自体はそんなにリスペクトされていない。その昔、１９９０年代初頭、当時のフランス首相クレッソン氏が「日本人は黄色いアリ」と発言して物議を醸《かも》したが、当の日本人は、「ん、まあそれはそうかも」とあまりピンとこなかったものだ。

「働きアリの3分の1はナマケモノ」という逸話は、京都大学名誉《めいよ》教授で著名な動物行動学者である日高敏隆《としたか》博士が数学者の森毅《つよし》博士に何かの対談の折に話し、森氏があちこちでエッセイにしたことで、それが一般《いっぱん》に広まったらしい。１９９０年代中頃《なかごろ》に京都女子大学の中田兼介《けんすけ》博士がホームページでその経緯《けいい》を説明しており、かつ中田さんがその出典にあたってみたら、原典の論文が見つからなかったというオチで非常に驚《おどろ》いた記憶《きおく》がある。

この印象的なトピックに科学のメスを入れたのは、北海道大学の長谷川英祐《えいすけ》博士だ。長谷川博士は、「シワクシケアリ」というアリを対象に詳細《しょうさい》な行動観察を行った。その結果、見事、よく働くアリは約20%、普通《ふつう》の労働量の個体は約60%、あまり働かないアリが約20%となった。また、よく働くアリを30個体、働かないアリを30個体取り出して、別の容器で飼育すると、やはりそれぞれのグループで働き者20%、ナマケモノ20%に分かれてしまうことも証明された。

全員が１００％の力で働いていると、何か突発《とっぱつ》的な状況《じょうきょう》が起きたとき、たとえば人間の子どもたちに巣を壊《こわ》されたりしたとき、余剰《よじょう》の労働力がなくなってしまう。2割の働かないアリは予備軍的な役割を果たしている。僕《ぼく》たちの中でモヤモヤしていた逸話がきちんと立証され、その成果は『働かないアリに意義がある』（メディアファクトリー新書）として発表され、大ベストセラーになった。

その中で長谷川博士は、さらに興味深いデータを示している。たとえば、食料を探索《たんさく》しに出た個体のうち、何個体かはウロウロとそのへんを歩き回り、まったく見当違《ちが》いのところを探し回るという。①この働いているフリをしてサボっている個体にも、じつは意義があ

問三　次の①～⑤のカタカナ部分を漢字に直すと、一文字だけ二度使われることになる漢字があります。その漢字を用いて、ここに出てくる熟語とは別の熟語を答えなさい。

①　弟子たちが亡《な》き先生のイシを受け継《つ》ぐ。
②　監督《かんとく》みずから新入部員のシドウにあたる。
③　私は彼《かれ》の抜本《ばっぽん》的な見直し案をシジしている。
④　中学生時代のオンシに久しぶりに再会した。
⑤　不安定な気候により運営にシショウが出ている。

問四　次の漢字は複数の訓読みができます。例にならって二通りの読み方を答え、それぞれの読み方を使った短文を作りなさい。

「覚」

例「治」

A　読み方	おさめる	短文	国を治める
B　読み方	なおる	短文	病気が治る

問五　（　）に入る文を自分で考えて答えなさい。

私に厳しく注意をしてくる彼を恨《うら》むことはありません。それどころか（　　　　　　　　）。

二　次の問いに答えなさい。

問一　次の文の内容にあてはまる語句を後から選んだ時に、一つだけあてはまらない語句があります。その語句の意味にふさわしい場面を文にしなさい。

・読みたい本がどこの書店でも在庫切れだったが、父親の書棚《しょだな》に並んでいた。

・昔から彼《かれ》らは顔を合わせるとすぐにけんかが始まってしまうような間柄《あいだがら》だ。

・会議は大混乱であったが、最終的にはみんなが納得《なっとく》するような案ができあがった。

雨降って地固まる　・　二の足を踏《ふ》む　・　犬猿《けんえん》の仲　・　灯台もと暗し

問二　次の四字熟語について、（　）にあてはまる漢字を画数の少ない順に並べて番号で答えなさい。ただし、一つだけ四字熟語とその意味が合わないものがふくまれています。それを除いて答えなさい。

①　一（　）両得　………　一つの行いで同時に二つの利益を得られること。
②　一触即《いっしょくそく》（　）　………　小さなきっかけで重大な事態が起こるかもしれない危機に直面していること。
③　一心（　）乱　………　一つのことに集中して、他の事で心が乱れることがないこと。
④　表裏《ひょうり》一（　）　………　状態や情勢が良くなったり悪くなったりすること。
⑤　一（　）一代　………　一生に二度とないような重大なこと。

例
①　（　）心同体　………　二人以上の人の心がぴったり一つにまとまること。
②　一石（　）鳥　………　一つの行為《こうい》から二つの利益を得ること。
③　（　）日坊主《ぼうず》　………　あきやすくて長続きしないこと。
④　十中（　）九　………　どちらも同じくらいで優劣《ゆうれつ》がないこと。
⑤　百発（　）中　………　予想した計画やねらいなどがすべて当たること。
④は「十中八九」の意味ではなく「五分五分」の意味なので、④を除いて①→②→③→⑤が正解となる。

二〇二二年度 光英VERITAS中学校

【国語】〈特待選抜入試〉（五〇分）〈満点：一〇〇点〉

一 次の①～⑩について、――線部のカタカナは漢字に、漢字はひらがなに直しなさい。

① 国語の授業で詩のロウドクを楽しむ。

② 液晶《えきしょう》画面のハソンにより誤作動が起こる。

③ 路地に捨てられた子犬をホゴする。

④ 野球のカイマク試合で先発投手を務める。

⑤ 映画の主人公が残した言葉を心にトめる。

⑥ 安易な考えで取り組んだことを反省する。

⑦ 人口推移を表した図を見ながら高齢《こうれい》社会を考える。

⑧ 術後の体調は良好なので早めに退院できそうだ。

⑨ オーストラリア大陸を列車で縦断した。

⑩ 売り上げを一気に伸《の》ばすための秘策を練る。

2022年度

光英VERITAS中学校 ▶解説と解答

算 数 ＜特待選抜入試＞（50分）＜満点：100点＞

解 答

[1] ⑴ 19 ⑵ $\frac{1}{3}$ ⑶ 2.3 [2] ⑴ 144度 ⑵ 36g ⑶ 13 ⑷ $\frac{3}{20}$ ⑸ 13通り [3] ⑴ 12cm ⑵ 20秒後から25秒後 [4] **グー**…0人，**チョキ**…6人，**パー**…4人 [5] ⑴ 10cm ⑵ $2\frac{1}{3}$cm^2 [6] **一番大きい表面積**…194cm^2，**一番小さい表面積**…80cm^2 [7] ⑴ 189番目 ⑵ 1990番目 ⑶ 0

解 説

[1] 四則計算，計算のくふう

⑴ $(15-8\div5.6)\times1.4=15\times1.4-8\div5.6\times1.4=21-\frac{8\times1.4}{5.6}=21-2=19$

⑵ $\left(\frac{2}{3}-2\frac{1}{3}\times0.1-0.02\right)\div1\frac{6}{25}=\left(\frac{2}{3}-\frac{7}{3}\times\frac{1}{10}-\frac{1}{50}\right)\div\frac{31}{25}=\left(\frac{2}{3}-\frac{7}{30}-\frac{1}{50}\right)\div\frac{31}{25}=\left(\frac{100}{150}-\frac{35}{150}-\frac{3}{150}\right)$ $\div\frac{31}{25}=\frac{31}{75}\div\frac{31}{25}=\frac{31}{75}\times\frac{25}{31}=\frac{1}{3}$

⑶ $0.23\times45+0.69\div\frac{3}{20}-1.15\times11=0.23\times45+0.23\times3\times\frac{20}{3}-0.23\times5\times11=0.23\times45+0.23\times20-$ $0.23\times55=0.23\times(45+20-55)=0.23\times10=2.3$

[2] 角度，濃度《のうど》，約数と倍数，相当算，場合の数

⑴ N角形の内角の大きさの和は，$180\times(N-2)$で求めることができる。正十角形の内角の大きさの和は，180×(10−2)=1440(度)なので，1つの内角の大きさは，1440÷10=144(度)である。

⑵ 濃度が12％の場合，食塩水全体の重さに対して，食塩の重さが12％となり，残りの，100−12=88(％)が水の重さになる。つまり，水264gに食塩をまぜて12％の食塩水ができたとき，食塩水全体の重さは，264÷0.88=300(g)で，まぜた食塩の重さは，300−264=36(g)とわかる。

⑶ ある整数□で，175を割ると6あまるということは，175−6=169を割ると割り切れるということである。同様に，337を割ると12あまるということは，337−12=325を割ると割り切れる。よって，□は169と325の公約数，つまり，169と325の最大公約数である13の約数のうち，あまりの12より大きい数となる。したがって，13の約数は1と13だから，□には13があてはまる。

⑷ 家から学校までの道のりを①として，通学方法の割合を線分図で表すと，右の図のようになる。図から，歩くきょりは全体の，$\left(1-\frac{2}{5}\right)\times\left(1-\frac{3}{4}\right)=\frac{3}{20}$とわかる。

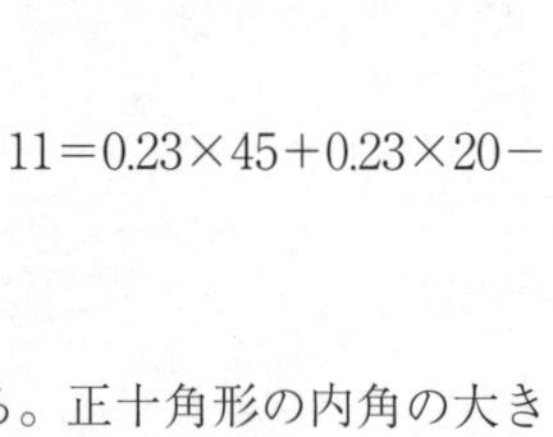

⑸ 1段の階段ののぼり方は，{1段}の1通りで，2段の階段ののぼり方は，{1段，1段}，{2段}の2通りである。これをふまえて3段の階段ののぼり方を考える。最後に1段のぼって終わるとすれば，それまでに2段のぼっていなければいけないので，のぼり方は2通りある。最後に2段のぼって終わるとすれば，それまでに1段のぼっていなければいけないので，のぼり方は1通りある。そこで，のぼり方は全部で，2＋1＝

3(通り)となる。同様に，4段の階段ののぼり方を考えると，最後に1段のぼって終わるならば，それまでに3段のぼっていなければいけないので，3通りある。最後に2段のぼって終わるならば，それまでに2段のぼっていなければいけないので，2通りあり，のぼり方は全部で，3＋2＝5(通り)となる。このように，N段の階段ののぼり方は，(N－1)段ののぼり方と(N－2)段ののぼり方の和になる。したがって，5段の階段ののぼり方は，5＋3＝8(通り)，6段の階段ののぼり方は，8＋5＝13(通り)と求められる。

3 平面図形―図形の移動

(1) 問題文中の(図2)より，長方形①が動き始めて5秒後から40秒後までの間，長方形①と長方形②が重なっている。この重なり始めた5秒後と，重なり終わった40秒後の様子は，下の図Iのようになる。長方形①の右下の頂点の動きに注目すると，動き始めてから5秒後までの5秒間で4cm進んでいるので，長方形①の動く速さは，秒速，4÷5＝0.8(cm)である。すると，長方形①が動き始めて5秒後から40秒後までの35秒間で，0.8×35＝28(cm)動いたことになるが，これは図Iの下段から，長方形①と長方形②の横の長さの合計だとわかる。長方形①の横の長さは16cmだから，長方形②の横の長さ，つまり(ア)の長さは，28－16＝12(cm)となる。

図I

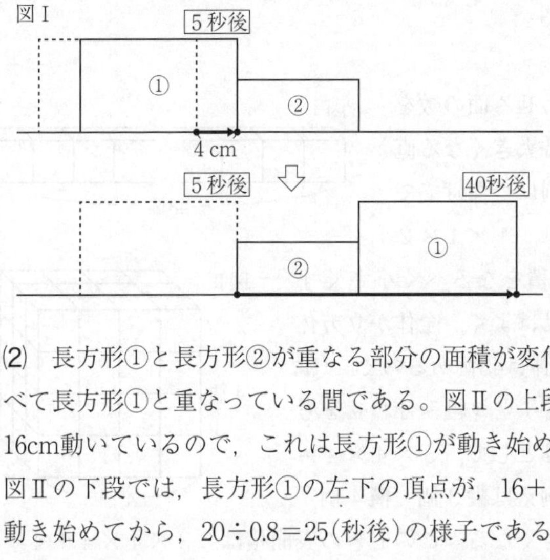

図II

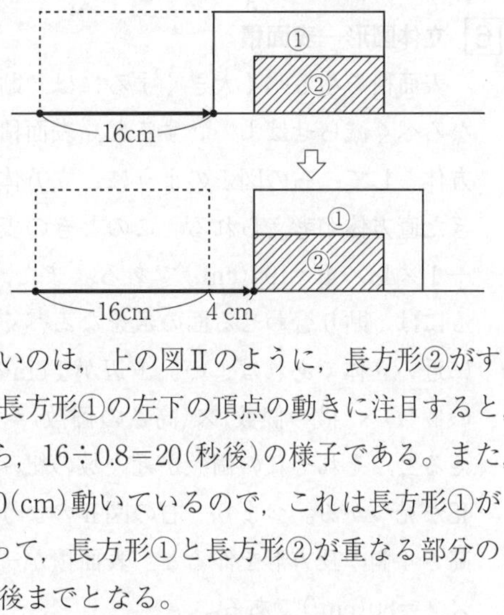

(2) 長方形①と長方形②が重なる部分の面積が変化しないのは，上の図IIのように，長方形②がすべて長方形①と重なっている間である。図IIの上段で，長方形①の左下の頂点の動きに注目すると，16cm動いているので，これは長方形①が動き始めてから，16÷0.8＝20(秒後)の様子である。また，図IIの下段では，長方形①の左下の頂点が，16＋4＝20(cm)動いているので，これは長方形①が動き始めてから，20÷0.8＝25(秒後)の様子である。よって，長方形①と長方形②が重なる部分の面積が変化しないのは，動き始めてから20秒後から25秒後までとなる。

4 つるかめ算

10人の出した手が1種類または3種類であればあいこになるが，「1回で勝負が決まりました」ということから，10人の出した手は2種類である。また，この2種類にグーがふくまれているならば，グーの指の本数は0本なので，出ていた指の本数の32本は，グーでないもう1種類の手の指の本数の倍数でなければならない。すると，パーの指の本数は5本なので当てはまらず，チョキの指の本数は2本なので当てはまるが，チョキを出した人が，32÷2＝16(人)になり，10人をこえてしまうので正しくない。このことから，出された2種類の手はチョキとパーと決まる。10人全員がパーを出したとすると，出された指の本数の合計は，5×10＝50(本)になるが，実際には32本で，50－32＝18(本)少ない。パーの1人をチョキの1人と置きかえるごとに，出された指の本数の合計が，5－2＝3(本)ずつ減るので，チョキを出した人は，18÷3＝6(人)，パーを出した人は，10－6

＝4（人）とわかる。

5 平面図形―長さ，面積

(1)　おうぎ形ABCの半径の長さを□cmとすると，おうぎ形ABCの面積について，□×□×3.14×$\frac{1}{6}$＝52$\frac{1}{3}$という式が成り立つ。すると，□×□×3.14×$\frac{1}{6}$＝$\frac{157}{3}$，□×□＝$\frac{157}{3}$÷$\frac{1}{6}$÷3.14＝$\frac{157}{3}$×$\frac{6}{1}$÷3.14＝314÷3.14＝100＝10×10なので，□＝10となり，おうぎ形ABCの半径は10cmと求められる。

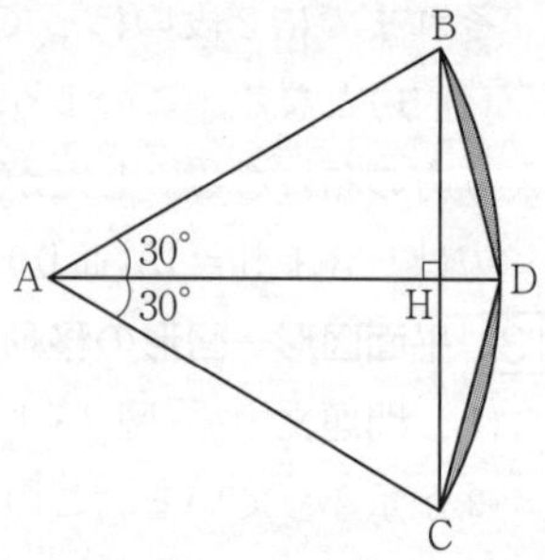

(2)　右の図で，AB，AC，ADはいずれもおうぎ形ABCの半径で，(1)より10cmである。すると，三角形ABCは，AB＝ACの二等辺三角形であり，角BACの大きさは，30×2＝60(度)なので，角ABC＝角ACB＝(180－60)÷2＝60(度)となり，三角形ABCは正三角形で，BCの長さも10cmとわかる。ADは三角形ABCの線対称《せんたいしょう》の軸《じく》にあたるから，BH＝CH＝10÷2＝5（cm）である。すると，三角形ABDにおいて，底辺をAD(10cm)とすると，高さはBH(5cm)にあたるから，三角形ABDの面積は，10×5÷2＝25(cm^2)となる。同様に，三角形ACDの面積も25cm^{2}なので，図の色をつけた部分の面積は，52$\frac{1}{3}$－25×2＝2$\frac{1}{3}$(cm^2)である。

6 立体図形―表面積

表面積をなるべく大きくするには，貼《は》り合わせる面の数をなるべく減らせばよい。すると，表面積が一番大きくなる直方体として，右の図Iのように，立方体を1列につなげてできた直方体が考えられる。このときの表面積は，1×1×2＋1×48×4＝194(cm^2)である。また，表面積をなるべく小さくするには，貼り合わせる面の数をなるべく増やせばよく，全体が立方体に近い立体であればよい。1辺が1cmの立方体は48個あるので，(縦の個数)×(横の個数)×(高さの個数)＝48が成り立つ組み合わせを考えると，それぞれの個数が近い数の組み合わせとして，3×4×4＝48が見つかる。つまり，右の図IIのように，例えば縦3個，横4個，高さ4個の長方形を作ると，表面積が一番小さくなる。このときの表面積は，3×4×4＋4×4×2＝80(cm^2)である。

図I

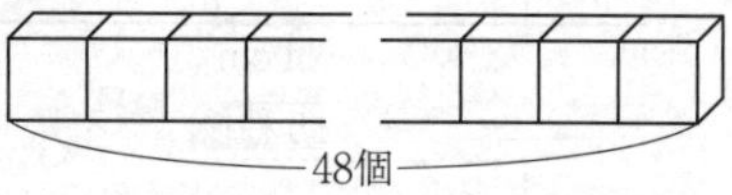

図II

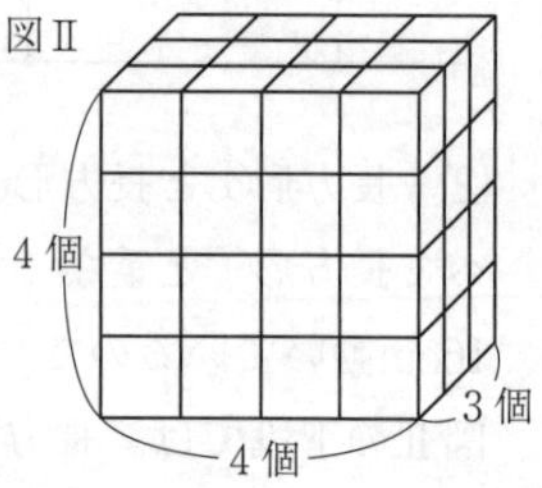

7 数列

(1)　1けたの整数には1個，2けたの整数には2個の数字が使われているので，1から9までの9個の1けたの数を並べると，1×9＝9(個)の数字が並び，10から99までの，99－(10－1)＝90(個)の2けたの数を並べると，2×90＝180(個)の数字が並ぶ。よって，99の一の位の9は，最初からかぞえて，9＋180＝189(番目)である。

(2)　100から699までの，699－(100－1)＝600(個)の3けたの数を並べると，3×600＝1800(個)の数字が並ぶ。(1)より，1けたと2けたの整数に合わせて189個の数字が使われているから，699までに，189＋1800＝1989(個)の数字が並ぶとわかる。よって，700の百の位の7はこの次の数字だから，最初からかぞえて，1989＋1＝1990(番目)となる。

(3) (2)より，699の一の位の9が最初からかぞえて1989番目だから，最初からかぞえて2022番目まではあと，2022－1989＝33(個)である。3けたの整数を並べるのに3個の数字を使うから，33÷3＝11より，699のあと，ちょうど11個の3けたの整数を並べることができる。このとき，最後の整数は，699＋11＝710になるから，最初からかぞえて2022番目の数字は，710の一の位の0である。

社 会 ＜特待選抜入試＞（30分）＜満点：60点＞

解 答

1 **問1** イ **問2** (1) 機械類 (2) (例) 人件費や材料費，税金などを削減できるから。 **問3** 東南アジア諸国連合 **問4** **ア** 宇都宮市 **イ** 神戸市 **ウ** 奈良市 **エ** 那覇市 **問5** (1) **富山市**…(ウ) **広島市**…(イ) (2) (ア) **問6** ① イ ② ウ ③ オ ④ ア **問7** ウ **2** **問1** 魏 **問2** 班田収授法 **問3** イ，ウ **問4** Ⅰ 二毛作 Ⅱ 定期市 **問5** ② **問6** (1) マニュファクチュア (2) **富岡製糸場**…A，群馬県 **八幡製鉄所**…D，福岡県 **問7** (1) (例) 大名を財政的に弱体化させ，大名が幕府に反抗できないようにするため。 (2) 東海道 **問8** ウ **問9** ア **問10** (例) 天候に左右されず，安定した税収が得られるため。 **問11** ウ **3** **問1** エ **問2** イ **問3** ウ **問4** イ **問5** 児童の権利に関する条約(子どもの権利条約) **問6** ア **問7** (1) 択捉島 (2) エ

解 説

1 日本の貿易や気候，産業などについての問題

問1 水力発電は，水が落ちる力を使ってタービンを回し，発電する方法で，川の上流にあたる山間部にダムをつくり，ここに発電所を設置することが多いので，内陸部に多く分布している。なお，火力発電所は大都市に近い沿岸部に多い。原子力発電所は，福井県の若狭《わかさ》湾沿岸に複数あるほか，北海道や鹿児島県などにあるが，大都市やその近郊にはない。地熱発電所は，東北地方や九州地方の火山の近くに多く立地している。

問2 (1) 日本は，かつて繊維原料を輸入し，これを製品にして輸出する加工貿易がさかんであった。しかし，1950年代後半から1970年代前半まで続いた高度経済成長の時期に重化学工業が発展し，高度な技術を生かして生産された機械類が輸出品の中心を占《し》めるようになった。 (2) 1980年代，自動車を中心とする日本の輸出超過《ちょうか》が，特にアメリカ合衆国との間で貿易摩擦《まさつ》を引き起こした。そのため，日本の自動車会社は工場を海外に移転して現地生産を増やす代わりに，自主規制をして輸入量を減らした。その後は，東南アジアや中国など，人件費や土地代，税金の安い国々への海外進出が進み，ここでつくられた機械が輸入されるようになったため，機械類の輸入量が増えた。

問3 ASEANは東南アジア諸国連合の略称で，1967年に東南アジアの5か国で発足した。2021年末時点で，東南アジアの10か国が加盟している。

問4 「日光の社寺」のある栃木県の県庁所在地は宇都宮市，「姫路《ひめじ》城」のある兵庫県の県庁所在地は神戸市，「法隆寺地域の仏教建築群」のある奈良県の県庁所在地は奈良市，「琉球《りゅうきゅう》王国のグスク及《およ》び関連遺産群」がある沖縄県の県庁所在地は那覇市である。

問5　⑴　富山市は，冬の降水(雪)量が多い日本海側の気候に属しているので，(ウ)があてはまる。広島市は，一年を通じて降水量が少なく，冬でも比較《ひかく》的温暖な瀬戸内の気候に属しているので，(イ)があてはまる。なお，(ア)は屋久島(鹿児島県)，(エ)は知床《しれとこ》の雨温図。　⑵　日本列島周辺では，夏には南東の季節風が，冬には北西の季節風が吹《ふ》き，日本の気候に大きな影響《えいきょう》をあたえている。

問6　農業産出額がきわめて少ない①には，東京都があてはまると判断できる。また，果実の割合が６割を超《こ》えている②には，果実の栽培がさかんで，かきやみかん，梅の生産量が全国第１位となっている和歌山県があてはまる。また，畜産の割合が６割を超えている③は，畜産がさかんで，豚の飼養頭数が全国第１位，肉用牛の飼養頭数と肉用若鶏の飼養羽数が全国第２位となっている鹿児島県である。残った④は秋田県で，新潟県，北海道についで全国で３番目に米の収穫量が多く，米の占める割合がおよそ６割となっている。統計資料は「データでみる県勢」2018年版による。

問7　大都市近郊で野菜や果物，草花などを栽培し，新鮮なうちに大都市に送り届ける農業を近郊農業という。輸送距離が短く，輸送にともなって排出される二酸化炭素の量をおさえられるため，地球温暖化防止にも役立つ。

2　各時代の歴史的なことがらについての問題

問1　邪馬台国《やまたいこく》や卑弥呼《ひみこ》の記述は，中国の古い歴史書である『魏志《ぎし》』倭人《わじん》伝に見られる。魏は３世紀に中国北部を支配した王朝で，卑弥呼は239年に魏に使いを送り，皇帝から「親魏倭王」の称号などを授けられた。

問2　645年，中大兄《なかのおおえの》皇子(のちの天智天皇)は，中臣鎌足《なかとみのかまたり》らとともに天皇をしのぐほどの権力をふるっていた蘇我蝦夷《そがのえみし》・入鹿《いるか》父子を滅ぼすと，大化の改新とよばれる一連の政治改革に取り組んだ。大化の改新では，土地・人民を天皇のものとする公地公民の原則とともに，戸籍をつくり，口分田をあたえるという班田収授法《はんでんしゅうじゅのほう》が方針として示され，その後，律令制度の整備がすすめられるのにともない，制度として確立した。

問3　古代における天皇の政治の補佐役として，天皇が女性の場合や幼少の場合には摂政《せっしょう》が，成人の場合には関白が置かれ，平安時代中期以降は藤原氏が摂政と関白の地位を独占した(摂関政治)。

問4　Ⅰ　同じ土地で一年に２種類の作物をつくることを，二毛作という。鎌倉時代になると，米をかりとったあとの土地で麦をつくる二毛作が，西日本で広がった。　Ⅱ　鎌倉時代には，農業や商工業の発展にともない，寺社の門前や交通の要所など，人の多く集まる場所で月に３回の定期市(三斎《さんさい》市)が開かれるようになった。

問5　アは1488年，イは1404年，ウは1543年，エは1467年のできごとなので，古い順にイ→エ→ア→ウとなる。

問6　⑴　江戸時代後期になると，問屋が家内工場に人を集め，分業によって製品をつくるマニュファクチュア(工場制手工業)が発達し，労働者として働く人が現れるようになった。　⑵　富岡製糸場は，養蚕業のさかんだった群馬県に建設され，1872年に操業を開始した。八幡製鉄所は現在の福岡県北九州市に建設され，1901年に操業を開始した。なお，Ｂは東京，Ｃは大阪，Ｅは長崎の位置。

問7　⑴　江戸幕府の第３代将軍徳川家光は1635年に武家諸法度《しょはっと》を改定し，参勤交代を制度化した。これにより，大名は１年おきに江戸と領地を往復し，妻と子どもは人質として江戸に住むことが義務づけられた。参勤交代の本来の目的は，大名に将軍への忠誠を示させることだったが，〈グラフ〉

と〈表〉からわかるように，参勤交代にかかる費用は大名にとって大きな経済的負担となり，幕府に反抗することが難しくなった。　(2)　東海道は江戸時代に整備された五街道の一つで，江戸の日本橋から太平洋沿岸を通って京都にいたった。左の絵は，江戸時代後半の化政文化を代表する浮世絵師・歌川広重の作品「東海道五十三次」の一つ(「庄野《しょうの》　白雨」)で，この作品には東海道の宿場やその周辺のようすが描かれている。右の絵は，広重とともに化政文化を代表する浮世絵師である葛飾北斎《かつしかほくさい》の代表作「富嶽《ふがく》三十六景」の一つ(「神奈川沖浪裏《なみうら》」)で，東海道の宿場があった神奈川(現在の横浜市)から描かれたものといわれている。

問8　江戸幕府の第８代将軍徳川吉宗は，享保《きょうほう》の改革(1716～45年)とよばれる幕政改革に取り組み，目安箱の設置や新田開発の奨励《しょうれい》，公事方御定書の制定，大名に対して米を納めさせる代わりに参勤交代をゆるめる上米《あげまい》の制などを実施した。

問9　アは1869年，イは1867年，ウは1871年，エは1868年のできごとなので，古い順にイ→エ→ア→ウとなる。

問10　明治新政府は1873年に地租改正を行い，税(地租)は土地の所有者が地価の３％を現金で納めることとした。米などを納めるそれまでの年貢では，豊作や凶作《きょうさく》の影響を受けて税収が増減したが，税を現金で納めさせることにより，政府は安定した税収を見こめるようになった。

問11　1873年，政府は徴兵《ちょうへい》令を出し，満20歳以上の男子に３年間の兵役を義務づけた。なお，実際には免除規定も多く，検査に不合格の場合も徴兵が免除された。

3　近現代のできごとや国際問題，日本国憲法などについての問題

問1　1914年に始まった第一次世界大戦は1918年に終結し，フランスの首都パリで開かれたパリ講和会議で，講和条約としてベルサイユ条約が結ばれた。ポーツマス条約は，日露戦争(1904～05年)の講和条約である。

問2　アは1925年，イは1936年，ウは1923年，エは1931年のできごとである。

問3　「男女対等」にかかわる権利は，平等権にあたる。日本国憲法は，「法の下《もと》の平等」を定めた第14条で性別による差別を禁じ，第24条では「両性の本質的平等」を明記している。

問4　選挙に立候補する権利を被選挙権といい，衆議院議員と市区町村長，都道府県・市区町村議会議員は満25歳，参議院議員と都道府県知事は満30歳以上で被選挙権があたえられる。

問5　1989年，国際連合(国連)の総会において，「児童の権利に関する条約(子どもの権利条約)」が全会一致で採択《さいたく》された。この条約では，満18歳未満の人が「児童」とされ，すべての児童の保護と基本的人権の尊重がめざされている。

問6　消費税は，税を納める人と負担する人が異なる間接税の代表である。

問7　(1)　北方領土は，北から順に択捉《えとろふ》島，国後《くなしり》島，色丹《しこたん》島，歯舞《はぼまい》群島からなり，日本固有の領土だが，現在はロシアの施政権下に置かれている。　(2)　竹島は島根県の沖合にある日本固有の領土だが，韓国が警備隊を常駐《じょうちゅう》させるなどして実効支配を続けている。尖閣《せんかく》諸島は沖縄県に属する無人島で，日本固有の領土だが，周辺の東シナ海に豊富な地下資源があると考えられていることなどから，中国や台湾も領有権を主張するようになり，問題となっている。

理　科　＜特待選抜入試＞（30分）＜満点：60点＞

解　答

1　(1)　食物連鎖　(2)　**カンジキウサギ**…草食動物　**カナダオオヤマネコ**…肉食動物　(3)（例）　ウサギの数が増えればヤマネコの養える子の数が増え，ウサギが減ればその逆になるから。(4)（例）　自然環境のもとでは一定の面積に生きることのできる個体数には上限がある。

2　(1)　エ　(2)（例）　熱して黒っぽいものが出てくればさとう水，熱して白い固体が残れば食塩水，熱しても何も出てこなければアルコール水溶液とわかる。　(3)　5 mL～6.7 mL　(4)　イ　(5)（例）　トイレの消臭

3　(1)　イ　(2)　イ　(3)　6 cm　(4)　9 cm　(5)　12.5cm

4　(1)　イ　(2)　3 m　(3)　ア　(4)　光年　(5)　エ

解　説

1　食物連鎖《れんさ》についての問題

(1), (2)　生物どうしの食べる・食べられるの関係を食物連鎖という。自然界においては，カンジキウサギのような植物を食べて栄養を得ている草食動物は，カナダオオヤマネコのような動物を食べて栄養分を得ている肉食動物によって食べられ，さらにこれらの肉食動物が大型の肉食動物に食べられるといったようにつながっている。

(3)　カナダオオヤマネコのえさとなるカンジキウサギの数が増えれば，カナダオオヤマネコの養える子の数が増え，ヤマネコ全体としてその数が増える。反対に，カンジキウサギの数が減れば，カナダオオヤマネコの養える子の数も減り，ヤマネコ全体としてその数が減る。このことが周期的にくり返されて，グラフのような個体数の変化になる。

(4)　人間が狩《か》りをしたり，えさをあたえたりすることがない自然環境のもとでは，一定の広さの土地において草食動物が食べることができる植物の量には限りがあり，それにともなって草食動物や肉食動物の数も決まってくる。したがって，このような環境のもとでは，一定の面積に生きることのできる個体数には上限があるといえる。

2　水溶液《すいようえき》の性質，中和についての問題

(1)　水溶液の中には有害なものがあるため，水溶液のにおいをかぐときは，顔を直接近づけずに手であおぐようにする。

(2)　食塩水，さとう水，アルコール水溶液のうち，食塩水とさとう水は固体が溶《と》けている水溶液で，アルコール水溶液は液体が溶けている水溶液である。そこで，それぞれの水溶液をスライドガラスに少量ずつとり，熱する。このときに何も残らないものがアルコール水溶液である。食塩水は白い固体が残り，さとう水は黒っぽいものが残る。

(3)　BTB溶液の色が黄色のときは酸性，青色のときはアルカリ性を示している。表より，10mLの水溶液②(塩酸)と過不足なく中和する水溶液⑤(水酸化ナトリウム水溶液)の量は，30mLより多く40mLより少ないとわかる。したがって，$10\times\frac{20}{40}=5$，$10\times\frac{20}{30}=6.66\cdots$より，水溶液⑤20mLと過不足なく中和する水溶液②の量は，5 mLより多く6.7mLより少ないとわかる。

(4)　アンモニア水はアルカリ性の水溶液で，お酢《す》は酸性の水溶液である。この2つの水溶液を過不足なく混ぜ合わせると，中和がおこって別の物質に変化するため，においがしなくなっている。こ

のことから，中和とは，お互《たが》いの性質を打ち消し合うような現象といえる。

⑸　においを消すような身近な中和反応として，消臭剤《しょうしゅうざい》を用いた室内やトイレなどの消臭があげられる。消臭剤にふくまれるクエン酸やカテキンなどの酸性成分が，いやなにおいの原因となるアルカリ性物質と中和して，においを消している。

3　棒のつり合いについての問題

⑴　図１の棒は右側にいくほど太くなっているので，棒の中央より右側が左側よりも重く，重心は真ん中より右側にあると考えられる。したがって，棒の真ん中より右側をひもでつるすと，棒を水平に保つことができる。

⑵　図１で，棒の重心を支点として，支点より右側の部分をX，左側の部分をYとすると，XとYの重心の位置はXの方がYよりも支点に近い。そのため，重さはXの方がYよりも重い。つまり，重心でこの棒を２つに切り分けたとき，重心より右側の棒の方が左側の棒よりも重い。

⑶　太さが一様な板の重心は中央にあり，これが机の右端《はし》より右に出ると，板は机から落ちる。したがって，机の端から出すことができる長さは最大で，12÷２＝６(cm)である。

⑷　図３では机の右端が支点となっていて，２枚の板がくずれる限界でのつり合いのようすは，右の図①のようになる。このとき，上の板は下の板より半分(６cm)だけせり出していて，下の板は支点より$\frac{1}{4}$(３cm)だけせり出すことが可能なので，全体として机の端から，６＋３＝９(cm)出すことができるとわかる。

図①

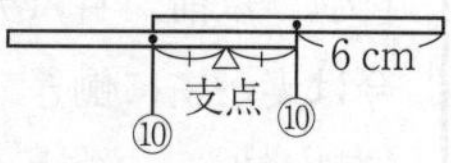

⑸　４枚の板を限界までせり出したときのつり合いのようすは右の図②のようになる。⑷より，いちばん上と２番目の板がそれぞれのすぐ下にある板からせり出す長さは，６cmと３cmとわかり，３番目の板の右端にはその上にある２枚の板の合計の重さ(20ｇ)がかかるため，３番目の板がその下にある板からせり出せる長さは，$6\times\frac{1}{1+2}=2$(cm)になる。同様に，４番目の板が机の右端からせり出せる長さは，$6\times\frac{1}{1+3}=1.5$(cm)となることから，いちばん上の板は机の端から，1.5＋２＋３＋６＝12.5(cm)まで出すことができる。

図②

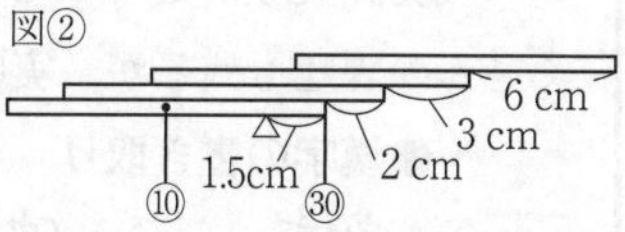

4　視差についての問題

⑴　図１から，２人と木を結んでできる角の大きさをくらべると，遠くにある木ほど視差が小さくなるとわかる。

⑵　近い木と２人の人によってつくられる三角形は正三角形なので，左の人から近い木までの距離《きょり》は，２人の間の距離と等しい３mになる。

⑶　A，Bの位置の地球は太陽をはさんで反対側に位置しているので，A，Bが春分，夏至，秋分，冬至のいずれかの位置である場合，その組み合わせは「春分と秋分」または「夏至と冬至」のいずれかである。したがって，アが選べる。

⑷　１年間に真空中を光が進む距離を１光年という。

⑸　距離ｄは，30万×60×60×24×365×3.26＝308422.08億より，約30兆kmと求められる。

国語　＜特待選抜入試＞（50分）＜満点：100点＞

解答

一 ①～⑤ 下記を参照のこと。 ⑥ あんい ⑦ すいい ⑧ りょうこう ⑨ じゅうだん ⑩ ね(る)　二 **問1** (例) 気に入った服を見つけたが，値段が予算オーバーでなかなか手が出ないでいる。 **問2** ③→⑤→②→① **問3** (例) 支配 **問4** A **読み方**…おぼえる **短文**…(例) 歌を覚える B **読み方**…さます **短文**…(例) 目を覚ます **問5** (例) 彼には感謝しているくらいです　三 **問1** Ⅰ (例) 何か突発的な状況が起きたときの労働力として，予備軍的な役割を果たすというもの。 Ⅱ イ **問2** (例) 予測を立てて動くよりも，何も考えずランダムに動くほうが，正解にたどり着きやすいこと。 **問3** イ，ウ，カ **問4** a ア b エ c イ **問5** 四六(時中) **問6** ウ→イ→エ→ア **問7** (例) 短い寿命を使って，十分な食事もとらず，わずかな休憩時間しかなく，二十四時間体制という過酷な労働環境で働いていること。 **問8** ウ **問9** (例) 以前，特に男性は一つの会社に定年までフルタイム勤務をすることが当然とされていたが，今は妻が主に働き，夫が家を守る家庭もある。多様な生き方が許容される社会は，各人の個性や適性が生かしやすく，望ましいと思う。　四 (例) 四年後の本格運用を見据え，自動運転バスの実証実験が始まった。運転手不足の解消や中山間地のお年寄りの足として期待される。たくさんの課題も残るが，実験のバスは解決に向けたデータを収集しながら走っている。

●漢字の書き取り

一 ① 朗読 ② 破損 ③ 保護 ④ 開幕 ⑤ 留(める)

解説

一 漢字の読みと書き取り

① 声を出して読むこと。 ② 物がこわれたり，傷ついたりすること。 ③ かばって守ること。 ④ 時期が来て，物事が始まること。 ⑤ 音読みは「リュウ」「ル」で，「留意」「留守」などの熟語がある。 ⑥ 深く考えないようす。気楽なようす。 ⑦ 時間とともに変わっていくこと。 ⑧ 良いようす。 ⑨ 南北の方向に通りぬけること。 ⑩ 音読みは「レン」で，「練習」などの熟語がある。

二 慣用句・ことわざの知識，熟語の知識，短文づくり，文の組み立て

問1 最初の文は身近なことはかえってわからないという「灯台もと暗し」が，二番目の文はひどく仲が悪いことをいう「犬猿《けんえん》の仲」が，最後の文は，一度もめた後にかえってうまくまとまることをいう「雨降って地固まる」があてはまる。「二の足を踏《ふ》む」は，どうしようかとためらい，迷うこと。

問2 ①は「一挙両得」，②は「一触即発《いっしょくそくはつ》」，③は「一心不乱」，④は「表裏一体」，⑤は「一世一代」となるが，④は「一進一退」の意味である。「表裏一体」は，二つのものの関係が密接で切り離《はな》せないこと。④を除くと，四画の③→五画の⑤→九画の②→十画の①の順番となる。

問3 ①「遺志」は，死んだ者の生前の志。②「指導」は，教え導くこと。③「支持」は，他人の意見に賛成して味方すること。④「恩師」は，教えてもらった恩のある先生。⑤「支障」は，さしさわり。③と⑤にある「支」を使う熟語には，支配・支給・支店・支出・支流・支援《しえん》などがある。

問4　「覚」の訓読みは「おぼ(える)」「さ(ます・める)」で，「歌を覚える」「目を覚ます(目が覚める)」といった形で使える。

問5　「それどころか」は，状況《じょうきょう》などに対して反対する気持ちを表現するので，前にある「恨むことはありません」と逆の内容を続ける。よって，「彼《かれ》には感謝しているくらいです」などとする。

三　**出典は村上貴弘《むらかみたかひろ》の『アリ語で寝言《ねごと》を言いました』による。**アリの社会の働き方にも多様性があることを説明し，人間はどう多様な働き方，多様な社会をつくっていくのかと問いかけている。

問1　Ⅰ　直前の段落に，「働かないアリ」は，何か突発《とっぱつ》的な状況が起きたときの労働力として，予備軍的な役割を果たしていると書かれている。　Ⅱ　六つ後の「長谷川博士がこの～」で始まる段落から八つ後の「しかし１万1000種を～」で始まる段落に，「２：６：２」の働きアリの法則を長谷川博士が証明できたのは，研究対象種が平均的なシワクシケアリだったからで，すべてのアリにこの法則が当てはまるわけではないとあるので，イが選べる。

問2　直前の文で「アリたちは知っている」とされている「そのこと」が，人間が気づいていないことである。「その」はすぐ前を指すので，「予測を立てて動く」より，何も考えずに「ランダムに動く」ほうが正解にたどり着きやすいことに，人間は気づいていないのである。

問3　三つ後の「しかし，ハキリアリは違う～」で始まる段落にイとカ，二重ぼう線部ｃの三つ後の「ザッと書き出した～」で始まる段落にウの内容が書かれている。

問4　**a**　組織的，体系的であるようす。　**b**　いろいろな領域で有能な者。　**c**　仕事を分け合うこと。

問5　「四六時中」は，一日中という意味。

問6　直前には，大型と小型のハキリアリは大きさがかなりちがうことが述べられているので，それを受けて「この最大と最小の働きアリ」で始まるウが最初になる。ウでは，ハキリアリが体の大きさを変えるしくみへの疑問が述べられているので，これまでの説を説明したイが二番目，これに反して遺伝的要因の可能性をあげたエが三番目に来る。エの内容を言いかえたアが最後になる。

問7　ブラックな職場の特徴《とくちょう》とは，長時間労働・過重労働・休日の少なさなどである。ぼう線部⑤の前の部分から，ハキリアリは，寿命《じゅみょう》が驚《おどろ》くほど短いが，その間ろくに食事もとらず，ごく短時間の休憩《きゅうけい》だけでほぼ二十四時間体制で働くという，過酷《かこく》な労働環境《かんきょう》にあることがわかる。

問8　あまり働かないのんびりした集団は，いつか力の強い集団に滅《ほろ》ぼされるだろうとＣさんは発言している。しかし，最後から二つ目の段落で，平等でぼんやりできる社会を持つアリも地球に生き残っていると筆者は述べ，多様な生き方が許容されているとしているので，ウが選べる。

問9　以前の日本社会では，男性が外で働き，女性が家を守る生き方が主流だったが，今は逆の夫婦も出てきている。また，正社員として働く以外に，家庭生活などに重きを置いてパートやアルバイトで働いたり，在宅ワークをしたりと働き方もさまざまだ。定年をむかえた後に再就職する人もいるし，外国人労働者を見かけることも増えてきた。こういった多様な働き方や多様な社会の中から例を一つあげ，自分の考えを述べればよい。

四　**出典は二〇二一年六月十七日付「下野新聞」掲載《けいさい》の「雷鳴抄《らいめいしょう》」による。**

四年後の本格運用を見据《みす》えた自動運転バスについての文章である。期待される理由をまとめ，残った課題の解決に向けたデータを収集しながら，実験のバスが走っていることを書けばよい。

Memo

2021年度　光英VERITAS中学校

〔電　話〕（047）392－８１１１
〔所在地〕　〒270－2223　千葉県松戸市秋山600
〔交　通〕　JR常磐線 ―「松戸駅」，JR総武線 ―「市川駅」下車　バス15分

【理　数】〈理数特待選抜入試〉（60分）〈満点：100点〉

1　次の各問いに答えなさい。

（１）$\left\{\left(0.8+1\frac{1}{7}\right)\div\frac{2}{7}\times1\frac{1}{4}-0.375\right\}\times\frac{2}{13}$　を計算しなさい。

（２）上空に打ち上げられた花火が開くのが見えてから，３．５秒後にばく発音が聞こえました。花火を見た場所から花火が開いた位置までのきょりは１．２kmです。音の伝わる速さは毎秒何mですか。小数第１位を四捨五入して，整数で答えなさい。

（３）光くんの国語，社会，理科の平均点は７６点で，算数を加えた４教科の平均点は７８点でした。光くんの算数の点数は何点でしたか。

（４）７でわると４あまり，８でわると１あまる整数で３００にもっとも近い整数は何ですか。

（５）あめ玉がいくつかあります。これらを３人でわけました。Aさんは全体の$\frac{3}{5}$，Bさんは全体の$\frac{1}{12}$と１０個，CさんはAさんより２７個少なくなりました。Cさんのあめ玉の個数は何個ですか。

（６）下の図のように長さ１ｍの棒のA～C点にそれぞれ重さのことなるおもりをひもでつるしました。O点とC点のきょりを何ｃｍにすると，棒は水平につり合いますか。ただし，棒とひもの重さは考えないものとします。

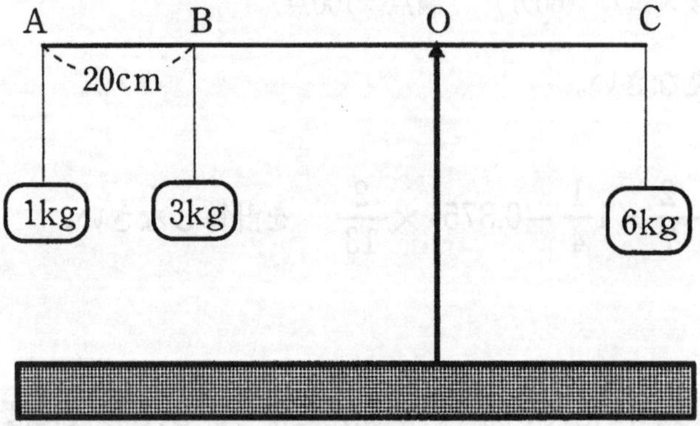

（７）下の[ア]～[カ]に１，２，３，４，５，６の６個の数を１つずつ入れて，たし算の式を完成させなさい。ただし、[ア]～[エ]は小さい順に答えなさい。

[ア] ＋ [イ] ＋ [ウ] ＋ [エ] ＝ [オ][カ]

2 １辺が１cmの立方体を２１６個くっつけて，１辺が６cmの立方体を作りました。正面から見たとき（図１）の色のついた正方形を反対の面までまっすぐくりぬきます。次に，真横から見たとき（図２）の色のついた正方形を反対側の面までくりぬきます。このとき，次の問いに答えなさい。

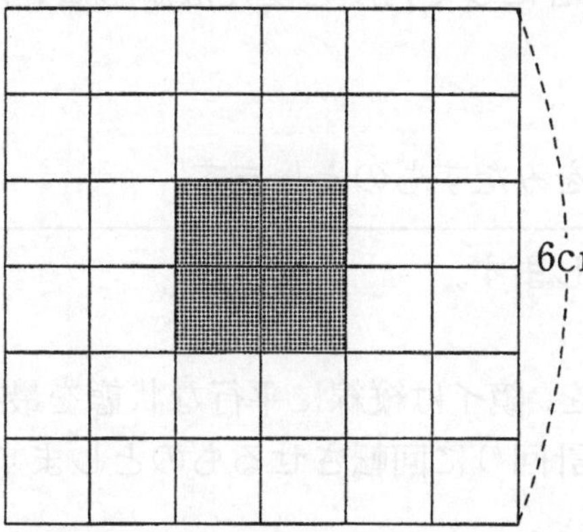

（図１）

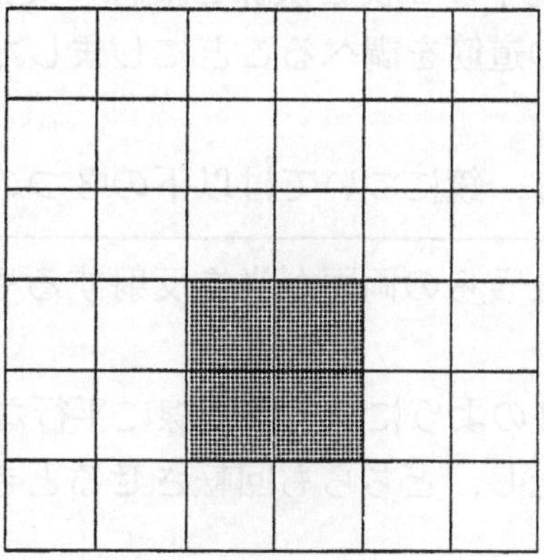

（図２）

（１）くりぬいたあとにできた立体の体積は何cm^3ですか。

（２）くりぬいたあとにできた立体の表面積は何cm^2ですか。

3 Aさん，Bさん，Cさん，Dさんの４人が，記号ア，イ，ウのどれかを選んで答えるクイズを行いました。問題は５問あり，１問正解につき１点とします。４人の答えと得点は，下の表のようになりました。問１～問５のそれぞれの正解を答えなさい。

	問1	問2	問3	問4	問5	得点
A	ア	ア	イ	ウ	ア	1
B	ア	イ	ア	ウ	イ	0
C	イ	ア	イ	ウ	ウ	3
D	ア	ア	ア	イ	ウ	1

4 次の文章を読んで後の問いに答えなさい。

一辺４ｃｍ四方のマス目が書いてあるシートがあります（図１）。シートは図１の通り，縦の列にＡ～Ｆの記号がふってあり，横の列に①～⑥の番号がふってあります。ここに，ある点からある方向にレーザーポインターで光を出し，鏡アと鏡イの２枚を横線と縦線の交点を中心にして角度を変えながら置いたときの光の道筋を調べることにしました。

ただし，鏡については以下の３つの条件をみたすものとします。

・表とうらの両面が光を反射するものとします。 ・図２のように鏡アは横線に平行な状態を，鏡イは縦線に平行な状態を最初の状態とし，どちらも回転させるときは時計回りに回転させるものとします。 ・鏡の大きさは考えず，鏡は置いた点でのみ光が反射するものとします。

図１

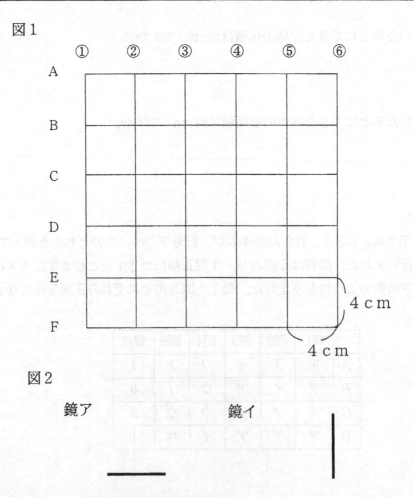

図２

例えば，図３のように点Ａ―②から縦線に平行に光を出し，点Ｅ―②に４５度回転させた鏡アを置き，点Ｅ―⑤に４５度回転させた鏡イを置いたとき，光は点Ａ―⑤から出ていきます。

図3

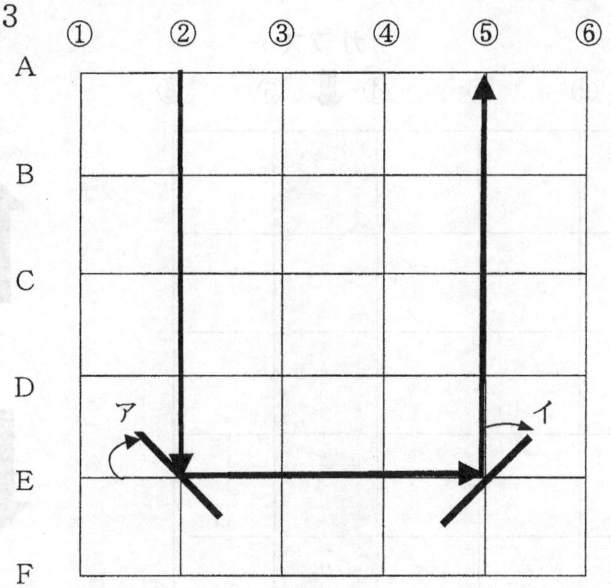

（１）点Ｅ―①から横線に平行に光を出し，点Ｅ―④に鏡ア，点Ｃ―④に鏡イを置きました。点Ｃ―①から光が出ていくようにするには，鏡アと鏡イはそれぞれ時計回りに何度回転させればよいか答えなさい。ただし，角度を変えない場合は０度とし，角度は０度～１８０度の範囲内とする。

（２）点Ｃ―①から点Ｄ―②を通るように光を出し，点Ｅ―③に鏡ア，点Ｂ―⑥に鏡イを置きました。点Ｆ―⑥から光が出ていくようにするには，鏡アと鏡イはそれぞれ時計回りに何度回転させればよいか答えなさい。ただし，角度を変えない場合は０度とし，角度は０度～１８０度の範囲内とする。

（3）（2）の状態のままで図４のように，④と⑤の間の一列のシートの上にガラスを置きます。このとき，点Ｆ－⑥から同じように光を出すためには鏡イをどうすればよいか，後の文章と図を参考に，最も適当なものを次のページの**ア～オ**の中から１つ選び，記号で答えなさい。ただし，この場合は縦線と横線の交点に鏡を置かなくてもよいものとして考えます。

図４

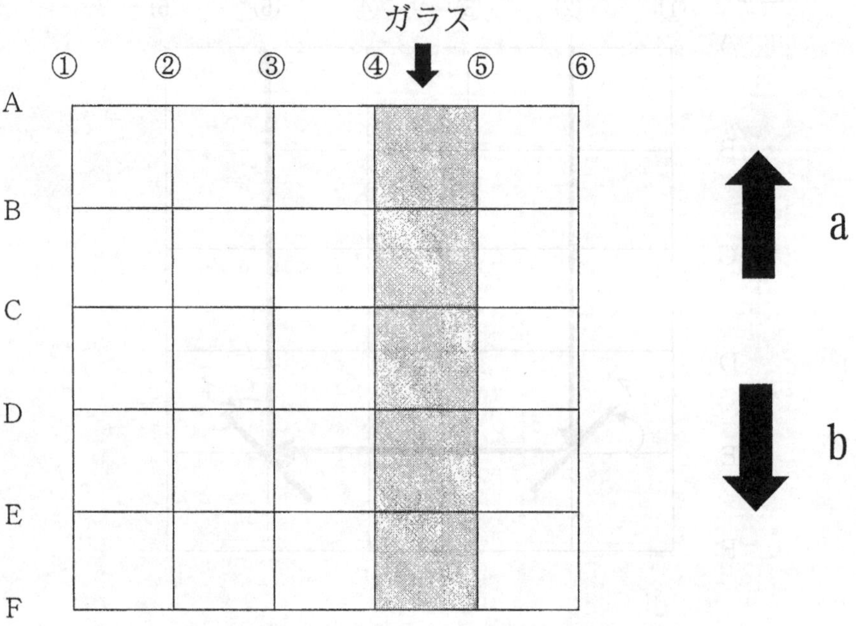

光の性質について
光は，空気中からガラスの中に進むときや，ガラスの中から空気中に進むとき，そのさかい目で折れ曲がって進む性質があります。
例えば，空気とガラスの中を光が進むとき，図５のように進みます。

図５

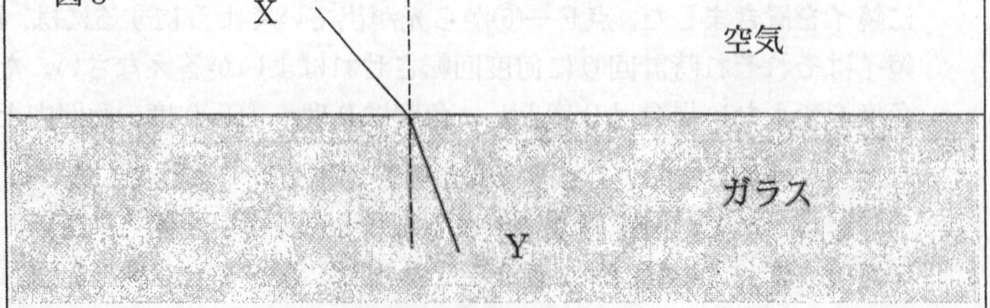

このとき，光の向きが，Ｘ→ＹでもＹ→Ｘでも，図５のようになります。

ア　位置も角度も変えなくてよい。
イ　角度だけを時計回りに少し回転させる。
ウ　角度だけを反時計回りに少し回転させる。
エ　角度を変えず，ａの方向に鏡の位置を少し動かす。
オ　角度を変えず，ｂの方向に鏡の位置を少し動かす。

（4）次の条件【１】～【４】をすべて満たすような鏡アと鏡イをどの位置に置いて回転させればよいか，考えられる組み合わせを３通り答えなさい。

【１】光は点Ａ－①から出て，点Ａ－①に戻ってくる。

【２】光が通る線で囲まれた部分は二等辺三角形で，面積は１２８㎠である。

【３】【２】の二等辺三角形は，３つの角はいずれも９０度ではない。

【４】最初に光が当たるのは鏡アであり，鏡アは鏡イより①～⑥の列の数字が小さい。

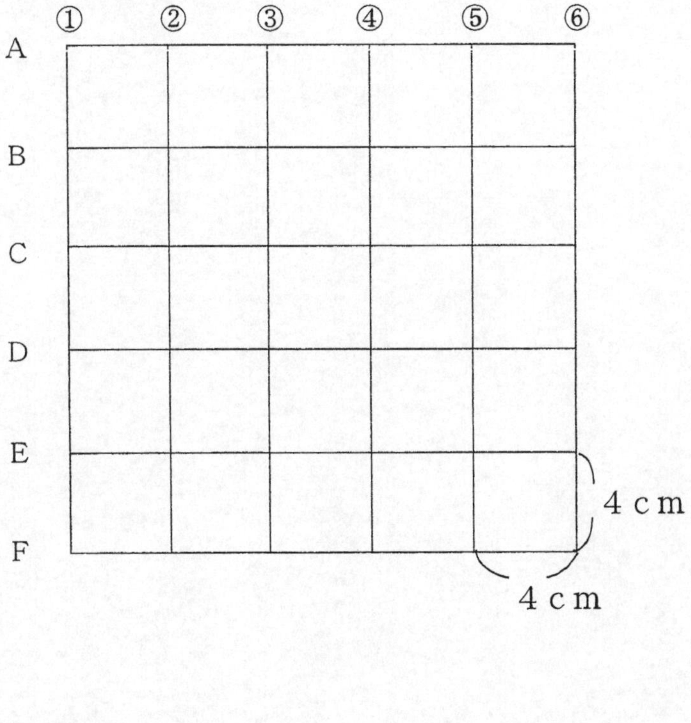

2021年度

光英VERITAS中学校 ▶解　答

※　編集上の都合により，理数特待選抜入試の解説は省略させていただきました。

理　数　＜理数特待選抜入試＞（60分）＜満点：100点＞

解　答

1　(1)　1.25　(2)　毎秒343m　(3)　84点　(4)　305　(5)　9個　(6)　34cm　(7)　**ア** 2　**イ** 3　**ウ** 4　**エ** 6　**オ** 1　**カ** 5　2　(1)　172cm^3　(2)　280cm^2　3　**問1**　イ　**問2**　ウ　**問3**　イ　**問4**　ア　**問5**　ウ　4　(1)　**鏡ア**…135度　**鏡イ**…135度　(2)　**鏡ア**…0度　**鏡イ**…112.5度　(3)　オ　(4)　（鏡ア・鏡イの順）　E—①・C—⑤，E—③・A—⑤，F—④・D—⑥

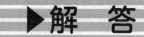

2021年度　光英VERITAS中学校

〔電　話〕　(047)392－８１１１
〔所在地〕　〒270－2223　千葉県松戸市秋山600
〔交　通〕　JR常磐線 —「松戸駅」，JR総武線 —「市川駅」下車　バス15分

【算　数】〈第２回入試〉（50分）〈満点：100点〉

（注意）●筆算やたてた式は，それぞれの問題の下側に書いて，消さずに残しておくこと。

1　次の計算をしなさい。

（1）　$84-72\div12\times6$

（2）　$4.5\times1.2-3\div0.6$

（3）　$\left(12-2\frac{1}{3}\times3\frac{3}{7}\right)\div\frac{2}{3}$

（4）　$1-\left(0.75\div1\frac{1}{2}-\frac{1}{3}\times1.2\right)-\frac{8}{45}\times4.125$

2　次の□にあてはまる数を答えなさい。

（1）　１８と□の最大公約数は６で，最小公倍数は９０です。

（2）　１０時１０分に時計の長針と短針がつくる小さいほうの角度は□度です。

（3）　真理さんは□円持って買い物に行きました。持っていたお金の$\frac{3}{5}$を使って参考書を買い，さらに残りの$\frac{2}{3}$を使って問題集を買ったら残金が４００円になりました。

（4）　兄が１人で仕事をすると１０日かかり，弟が１人で仕事をすると１５日かかる仕事があります。この仕事を２人ですると□日かかります。

（5）　５％の食塩水□gに水を２００g入れたら３％の食塩水になりました。

3　１周１.８ｋｍの池の周りをＡさん，Ｂさんがスタート地点から同時に出発します。２人が同じ進行方向に走ったとき，Ａさんが２周する間にＢさんは３周します。また，Ｂさんがスタートしてから１周走り終わるまでにかかる時間は７分３０秒です。次の問いに答えなさい。

（１）　Ｂさんの走る速さは分速何ｍですか。

（２）　Ａさんが１周走り終わるまでにかかる時間は何分何秒ですか。

（３）　ＡさんとＢさんがスタート地点から同時に，反対向きに走り始めたとします。
ＡさんとＢさんが初めて出会うのは，Ａさんが何ｍ走ったところですか。

4　９枚のカード [1]，[2]，[3]，[4]，[5]，[6]，[7]，[8]，[9] から３枚選び，[÷]のカード１枚を加えて計４枚で計算式を作り答えを出します。例は以下の通りです。次の問いに答えなさい。

（例）

[3]　[7]　[÷]　[1]　→　３７÷１＝３７　→　答えは３７

[8]　[÷]　[9]　[2]　→　$8 \div 92 = \frac{2}{23}$　→　答えは$\frac{2}{23}$

（１）　[2]，[3]，[4] のカードを選んだとき，答えが整数となる計算式は何通りありますか。

（２）　最も大きい答えと最も小さい答えの差はいくつですか。

（３）　答えが４０以上の整数になる計算式は何通りありますか。

5 下の図の四角形ABCDは正方形です。色をつけた部分の面積は何ｃｍ^{2}ですか。

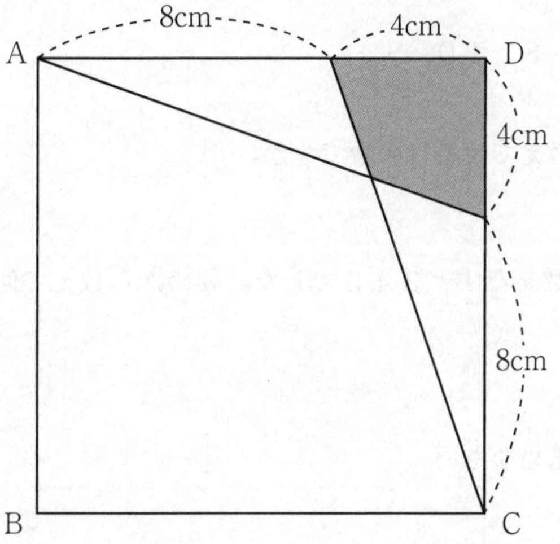

6 （図１）のように１辺が６ｃｍの立方体から，各面に垂直に，円柱，四角柱，三角柱をくりぬきました。（図２）は各面から見た図です。残った立体の体積は何ｃｍ^{3}ですか。ただし，円周率は３.１４とします。

（図１）

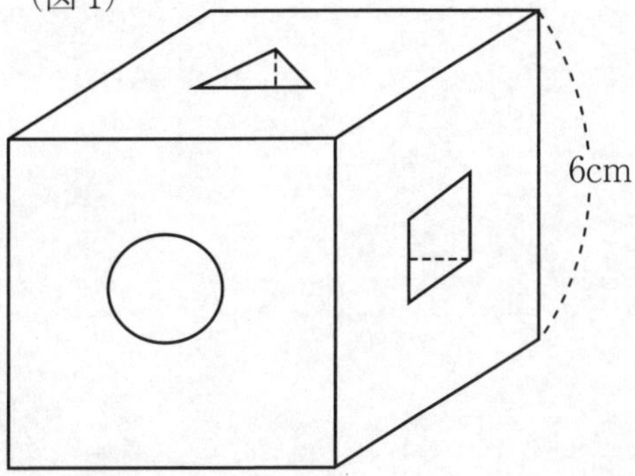

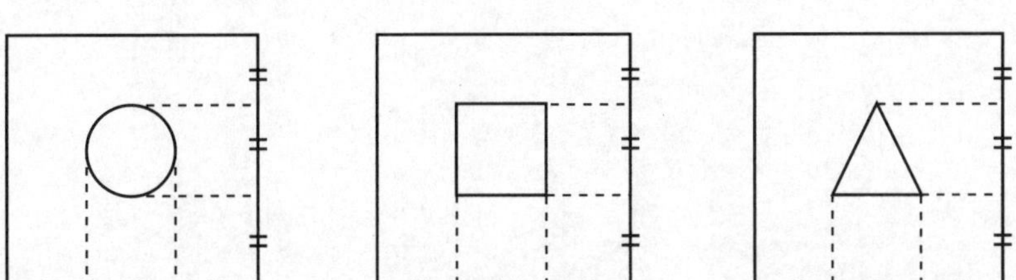

（真正面から見た図）　（真横から見た図）　（真上から見た図）

（図２）

7 下のように３で割り切れない整数が１から小さい順に並んでいます。次の問いに答えなさい。

１，２，４，５，７，８，１０，・・・

（１） １００は初めから数えて何番目の数ですか。

（２） となり合う２つの数をたすと３４５でした。初めから数えて何番目と何番目の数をたしましたか。

（３） ６６８番目の数を求めなさい。

【社　会】〈第２回入試〉（30分）〈満点：60点〉

1　小学6年生の光《ひかる》子《こ》さんと英《えい》太《た》さんの会話を読み、あとの問いに答えなさい。

光子：今年は受験勉強で旅行に行けなかったなあ。

英太：そうだね。

僕も旅行には行けなかったけれど、勉強の合間に行きたいところリストを作ったんだ。

光子：え！楽しそう！どこに行きたいの？

英太：これだよ。４か所選んだから１回の旅行では難しいけれど、何回かに分けてこのテーマで家族旅行に行きたいと両親にお願いしているんだ。

行きたいところリスト

テーマ　～日本全国○○○○○の旅～

・①岩手県平泉《ひらいずみ》

・②栃木県足《あし》尾《お》銅山《どうざん》

・③埼玉県秩父《ちちぶ》市《し》

・④島根県石見《いわみ》銀山《ぎんざん》

光子：おお！どこも行きたくなるところばかりだね。

英太：光子さんは旅行に行くとしたらどこに行きたい？

光子：私は⑤北海道に行きたいな。豊かな自然とおいしいご当地グルメと歴史ある街。

社会の授業で習って、とても魅力的なところだと思ったんだ。

英太：北海道か！僕も行ってみたいな！

問１　英太さんが作成した行きたいところリストのテーマとしてふさわしいものを、次のア～エから一つ選び、記号で答えなさい。

ア　日本全国城下町の旅

イ　日本全国平野の旅

ウ　日本全国金銀銅の町の旅

エ　日本全国港町の旅

問２　リスト中の下線部①の岩手県平泉は平安時代後期に繁栄《はんえい》した地域である。以下の問いに答えなさい。

(1)　この頃の平泉の説明として正しいものを、次のア～エから一つ選び、記号で答えなさい。

ア　源義経《みなもとのよしつね》により攻め入られたことがある。
イ　足利尊氏《あしかがたかうじ》によって平泉を治めていた一族は滅亡《めつぼう》した。
ウ　この地は奥州藤原氏《おうしゅうふじわらし》により繁栄した。
エ　厳島《いつくしま》神社が建てられた。

(2)　江戸時代になると、この地に俳諧《はいかい》の人物が訪れ、以下の歌を詠《よ》んだ。
訪れた**人物の名前**と、**歌の解釈《かいしゃく》**として正しいものを、あとのア～エから一つずつ選び、記号で答えなさい。

> 国破れて山河《さんが》あり、城春にして草青みたり
> と笠《かさ》うち敷きて、時の移るまで涙を落とし侍《はべ》りぬ。
> 　夏草や　兵《つわもの》どもが　夢の跡《あと》
>
> (『奥の細道』より)

【人物名】
ア　小林一茶《こばやしいっさ》
イ　松尾芭蕉《まつおばしょう》
ウ　千利休《せんのりきゅう》
エ　近松門左衛門《ちかまつもんざえもん》

【歌の解釈】
ア　夏に生えている草木がまるで戦っている人々のように見えるなあ
イ　昔、武士たちは青々とした草原に行くことを夢見ていた
ウ　武士たちが戦ったこの地は、今は草が生い茂《しげ》り、昔のことは夢のように儚《はかな》く消えてしまっているよ
エ　この草原が、戦っている人々の姿が夢に出てくるといわれている場所なのだなあ

問３　リスト中の下線部②について、以下の問いに答えなさい。

⑴　栃木県足尾銅山は東経139度北緯36度に位置している。**緯度**がほぼ同じ地域として適当なものを、次のア～エから一つ選び、記号で答えなさい。

ア　オーストラリア　　イ　インドネシア　　ウ　スペイン　　エ　フランス

⑵　栃木県の足尾銅山は、明治時代には銅の国内生産量の40％以上を占めた。しかし、急速な再開発により銅山近くの川に鉱毒が流れ出し、水が汚染されるようになり、農作物や漁業にも大きな被害が出た。この鉱毒問題を追及し、天皇にも訴えるなど生涯《しょうがい》を通して問題解決に取り組んだ人物の名前を答えなさい。

⑶　以下は四大公害病についてまとめた表である。
表中のⅠ～Ⅲに入る公害病名として適当なものを、あとの【語群】からそれぞれ選んで答えなさい。

	新潟水俣病《にいがたみなまたびょう》	Ⅰ	Ⅱ	Ⅲ
被害地域	新潟県阿賀野《あがの》川流域	三重県四日市《よっかいち》市	富山県神通《じんずう》川流域	熊本県、鹿児島県 八代《やつしろ》海岸沿岸
被告	昭和電工	石油化学コンビナート関連６社	三井金属鉱業	チッソ
原因	水質汚濁《おだく》	大気汚染	水質汚濁	水質汚濁
症状	手足のしびれ 聴覚《ちょうかく》障害 言語障害　など	気管支炎 気管支喘息《ぜんそく》 呼吸器疾患《しっかん》　など	肩、腰の痛み 骨軟化《なんか》症 腎《じん》機能障害	手足のしびれ 聴覚障害 言語障害　など

【語群】結核　水俣病　スペイン風邪　四日市ぜんそく　イタイイタイ病　コレラ

問４　リスト中の下線部③について、以下の問いに答えなさい。

⑴　埼玉県秩父市は６世紀に銅の産出地であり、朝廷に銅を献上《けんじょう》していた。それをうけて708年に貨幣《かへい》が発行され、富本銭《ふほんせん》が発見されるまでは日本最初の貨幣とされていた。この貨幣を何というか、答えなさい。

⑵　⑴の貨幣が造られた２年後、都を新しいところに移し、奈良時代が始まった。このときの新しい都の名前を答えなさい。

問５　リスト中の下線部④について、以下の問いに答えなさい。

⑴　石見銀山のある島根県はどこか。以下の地図中のア～エから一つ選び、記号で答えなさい。

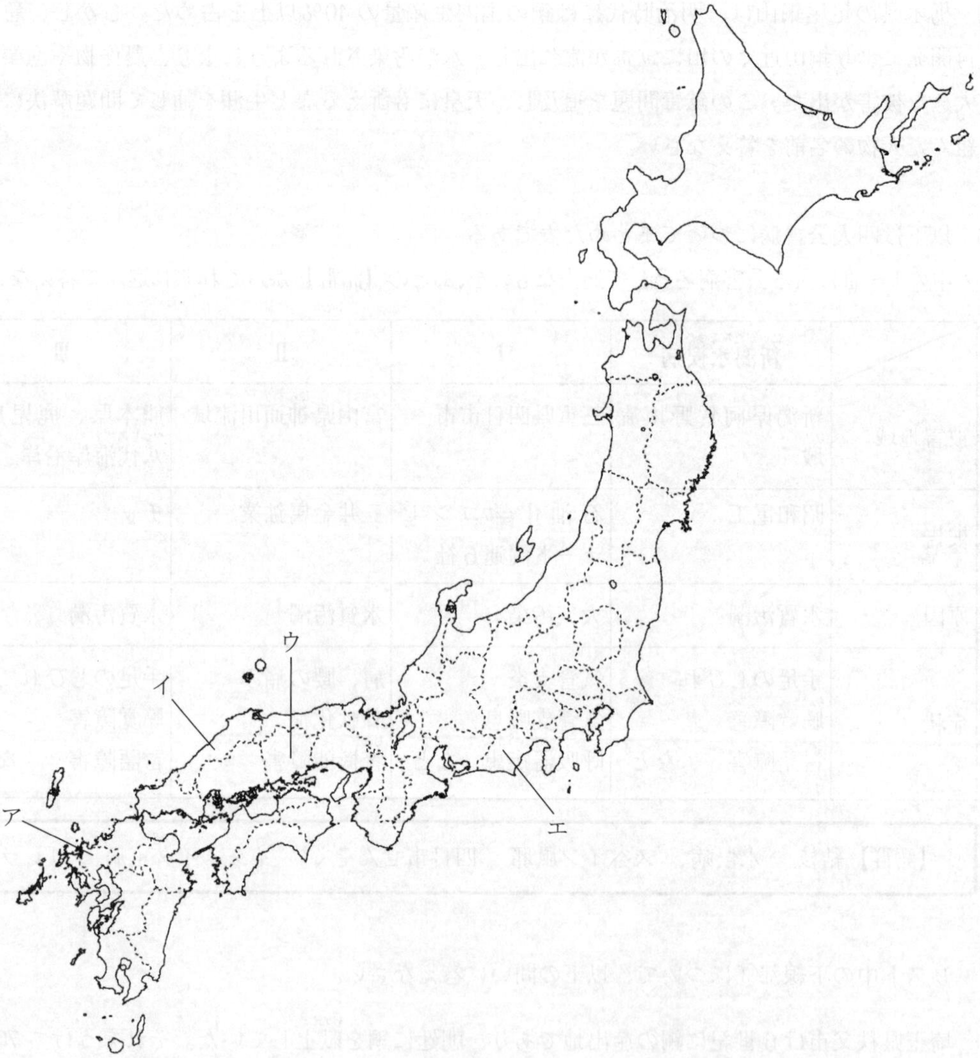

⑵　以下の雨温図は2019年の島根県松江市《まつえし》、岩手県盛岡市《もりおかし》、香川県高松市《たかまつし》のどれかである。島根県松江市の雨温図を、次のア～ウから一つ選び、記号で答えなさい。

ア
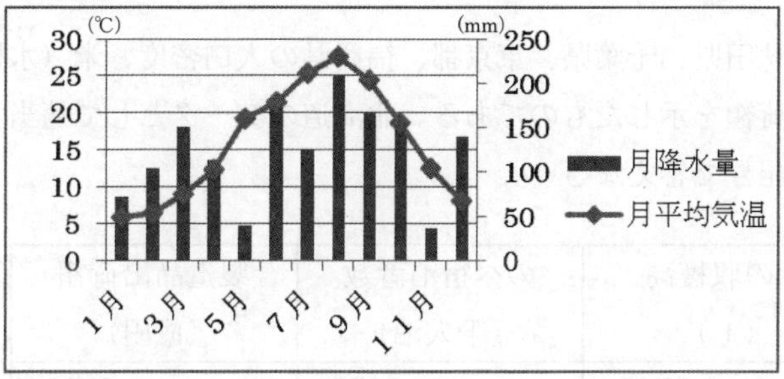

年降水量　1490.5mm
年平均気温　15.9℃

イ
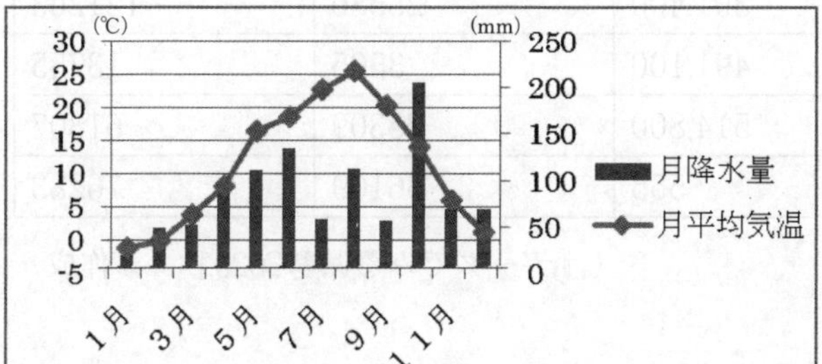

年降水量　1029.5mm
年平均気温　11.3℃

ウ
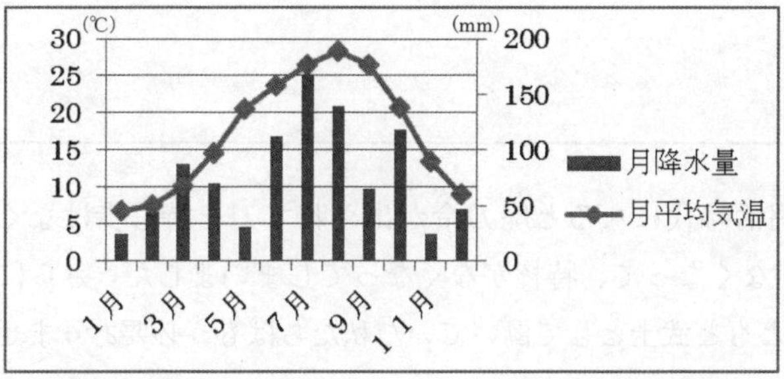

年降水量　927.5mm
年平均気温　17.3℃

（気象庁「観測開始からの毎月の値」より作成）

⑶　この地は江戸時代になると、幕府直轄《ちょっかつ》鉱山となった。江戸幕府の収入について説明した文として正しいものを、次のア～エから二つ選び、記号で答えなさい。

ア　この頃の幕府の収入の多くが年貢《ねんぐ》であった。

イ　幕府の財源を支えていた身分は武士であった。

ウ　この頃の税は小判で納めることが主であった。

エ　しだいに幕府の財源は厳しくなっていった。

問６　会話文中の下線部⑤について、以下の問いに答えなさい。

(1)　北海道の道庁所在地はどこか、漢字で答えなさい。

(2)　次の資料は2018年度の北海道、秋田県、千葉県、東京都、福岡県の人口密度、米（水稲《すいとう》）の収穫高、のべ宿泊者数、製造品出荷額を示したものである。北海道のデータとして適当なものを、表中のア～オから一つ選び、記号で答えなさい。

	人口密度（人/km^2）	米の収穫高（t）	のべ宿泊者数（千人泊）	製造品出荷額（億円）
ア	1024.2	182,900	16732	97384
イ	1212.7	301,400	25586	121263
ウ	84.3	491,100	3505	13755
エ	67.4	514,800	35309	61307
オ	6300.1	555	66109	76283

（『データでみる県勢2020』より作成）

(3)　北海道は明治時代に屯田兵《とんでんへい》により開拓が進められた。開拓当初、屯田兵となったのは士族出身者が多かった。その理由を、以下の【資料１】～【資料３】を参考に答えなさい。

【資料１】

私は士族の者です。明治時代になると廃刀令《はいとうれい》が出されて刀を持ち歩けなくなるし、秩禄処分《ちつろくしょぶん》で収入がなくなって、特権がなくなってしまいました。さらに徴兵制になったことで、もともと武士として働いていた私たちはもう必要ありません。

【資料２】屯田兵が開拓している様子

【資料３】士族が商売で苦戦している様子

⑷　北海道の開拓が進んだのは明治時代のことである。次のア～エの明治時代のできごとを古い順に並べ、記号で答えなさい。

ア　地租改正《ちそかいせい》　　イ　日露戦争　　ウ　日清戦争　　エ　版籍奉還《はんせきほうかん》

⑸　北海道の開拓が進むと、北海道に古くから居住していたアイヌの人々に対する差別という負の面も生まれた。しかし、2019年にアイヌ民族支援法が制定され、アイヌ民族を先住民族として法的に位置づけた。これは憲法で定められている基本的人権のうち何という権利にあたるか、次のア～エから一つ選び、記号で答えなさい。

ア　平等権　　イ　自由権　　ウ　社会権　　エ　参政権

問7　現在の旅行は観光をメインとしているものが多い。しかし、過去には観光以外を目的とした旅行が行われたこともある。例えば、平安時代の院政が行われた時期には、参拝を目的として皇族による1か月に及ぶ熊野詣《もうで》や高野詣が盛んに行われた。このときに行われていた**院政とはどのような政治**か、20字以内で答えなさい。また、この**院政を始めた人物名**として正しいものを、次の【語群】から選んで答えなさい。

【語群】後鳥羽上皇《ごとばじょうこう》　推古天皇《すいこてんのう》　藤原道長《ふじわらのみちなが》　白河上皇《しらかわじょうこう》　聖武天皇《しょうむてんのう》

問8　修学旅行は1886（明治19）年に、東京師範学校の学生が軍事演習と実地研究のために、千葉県へ行ったものが始まりと言われている。この頃の日本は自由民権運動を経て、国内では立憲制国家成立へ向かい、外交では条約改正に歩みを進めていた時期であった。立憲国家への道のりに関して以下の問いに答えなさい。

⑴　次の表が自由民権運動で活躍した人物についての表になるように、Ⅰ、Ⅱに入る適当な説明文を、あとのア～オからそれぞれ選び、記号で答えなさい。

人物	説明文
板垣退助《いたがきたいすけ》	板垣退助は［　Ⅰ　］
大隈重信《おおくましげのぶ》	大隈重信は［　Ⅱ　］

ア　士族を率いて西南戦争《せいなんせんそう》を起こし、政府への不満を表した。
イ　民撰議院設立建白書《みんせんぎいんせつりつけんぱくしょ》を提出し、議会の開設を求めた。
ウ　大日本帝国憲法《だいにっぽんていこくけんぽう》の草案を作成した。
エ　立憲改進党《りっけんかいしんとう》という政党を結成した。
オ　政府に参加し、初代総理大臣となった。

⑵　その後、1925年には普通選挙法が公布された。この法令に関して述べた文として正しいものを、次のア～エから一つ選び、記号で答えなさい。

ア　この法令によって有権者の数は約4倍に増加した。

イ　この法令が公布されたときの首相は犬養毅《いぬかいつよし》であった。

ウ　この法令では女性にも選挙権が与えられた。

エ　普通選挙とは年齢の制限がなく、誰でも参加できる選挙のことである。

2　中学生の光《ひかり》さんと英二《えいじ》君は、昔と現在の日本と外国の関わりについて調べた。以下の会話文を読んで、あとの問いに答えなさい。

光：私、日本と外国の関わりについて、すごく興味があるのよね。今の日本があるのも、きっと昔から外国と協力してきたからだと思うの。

英二：そうだね。今まで学校で学習してきたことを、いったん整理してみようか。

光：うん。できた表を見せるね。

時代	主な出来事
弥生《やよい》時代～平安時代	・邪馬台国《やまたいこく》の卑弥呼《ひみこ》が魏《ぎ》に使いを送る。 ・A 漢字や仏教などが大陸から伝わる。 ・遣隋使《けんずいし》が派遣される。 ・B 遣唐使《けんとうし》が派遣される。
鎌倉時代～江戸時代	・元《げん》の大軍が二度攻めてくる。…（　ア　） ・C 明《みん》と正式な貿易を始める。…（　イ　） ・朝鮮《ちょうせん》に二度攻め込む。…（　ウ　）
明治時代～大正時代	・D 日清戦争が起きる。 ・日露戦争が起きる。
昭和時代	・日中戦争が起きる。 ・太平洋戦争が起きる。 ・米軍が広島・長崎に原爆投下。 ・E 敗戦。民主化政策が始まる。

英二：とても分かりやすい表になったね。僕は、現在どのような国々と関わっているのかを①～④のカードにしてみたよ。

①

昔から日本と強い結びつきがある国。独自の文字である（　エ　）、儒教《じゅきょう》の教えなどの伝統が大切にされている。第二次世界大戦後、南北に分断されてしまった。

②

政治、経済、文化、産業などで世界に大きな影響力を持つ国。様々な民族や人種が集まる多文化社会。日本はこの国から映画や音楽、食べ物、スポーツなどの文化を通じて大きな影響をうけてきた。

③

お茶や漢字など、様々なものや文化を日本に伝えた国。世界一の人口をもつ。日本の第一位貿易相手国でもある。近年まで、人口増加をおさえるために（　オ　）政策が行われていた。経済特区と呼ばれる地区を中心に日本の企業が進出している。

④

生活に欠かせない資源である石油を多く産出している国。日本は石油の輸入のほとんどをこの国に頼っている。国の宗教はイスラム教で人々は日常生活から政治まで、イスラム教の聖典である（　カ　）の教えに従っている。

光：昔も今も、日本は様々な面で外国に助けられているね。日本だけでなく、世界と協力しないと解決できない地球規模の問題も、今回学習していて見つけたよ。世界にはＦ様々な機関が存在するね。

英二：そうね。Ｇ 世界中の人と協力して、よりよい未来をつくっていこうね。

問１　表中の（　ア　）～（　ウ　）に、それぞれの出来事に最も関係する権力者の名前を、（　エ　）～（　カ　）にはあてはまる語句を、次の【語群】から選んで答えなさい。

【語群】　足利義政《あしかがよしまさ》　足利義満《あしかがよしみつ》　北条時宗《ほうじょうときむね》　北条政子《ほうじょうまさこ》　豊臣秀吉《とよとみひでよし》　小野妹子《おののいもこ》　織田信長《おだのぶなが》
くさび形文字　甲骨文字《こうこつもじ》　ハングル　コーラン　旧約聖書《きゅうやくせいしょ》　メッカ　キリスト
一人っ子　二人っ子

問２　下線部Ａについて、この時代、中国や朝鮮半島から日本列島に移り住み、進んだ技術や文化を伝えた人々を何というか、答えなさい。

問３　下線部Ｂについて、光さんは遣唐使の停止の決定に影響を与えたとされる菅原道真《すがわらのみちざね》の訴《うった》えに関する資料を見つけた。あとの資料を見て、菅原道真がどのような理由で遣唐使の停止を主張したのか、当時の唐の様子に注目して以下の空欄《くうらん》に当てはまる言葉を答えなさい。

菅原道真は、（　　　　　　　）ことと、渡航《とこう》に危険が伴うことを理由に遣唐使の停止を訴えた。

資料

> 私（菅原道真）は、唐に滞在中の僧《そう》が去年の３月に唐の商人にたくして送ってきた手紙を読みましたが、そこには、唐の衰退《すいたい》の様子が細かく書かれておりました。今まで何回にもわたった遣唐使のなかには、海を渡っても使命を果たせなかった者や、盗賊《とうぞく》に遭遇して身を滅《ほろ》ぼす者もいました。しかし、飢《う》えや寒さに苦しんだりした者はいまだかつておりませんでした。それに対し、この僧の報告によれば、これからは、遣唐使がどんなひどい目にあうか、まったく想像がつかないとのことです。
>
> 『菅家文草《かんけぶんそう》』

問４　下線部Ｃについて、明で水墨画《すいぼくが》を学んだ雪舟《せっしゅう》が帰国したときは、京都を中心に応仁の乱という大きな戦いが起きていた。応仁の乱後の社会の様子を説明した文として正しいものを、次のア～エから一つ選び、記号で答えなさい。

ア　守護大名の力が強まり、幕府の権力は有力な守護大名がにぎるようになった。
イ　守護大名の力が弱まり、幕府の権力が将軍に集中するようになった。
ウ　御家人は奉公《ほうこう》として、鎌倉や京都を守る役についた。
エ　将軍は御恩《ごおん》として、御家人に土地を与えた。

問５　下線部Ｄについて、日清戦争の講和条約である下関条約が結ばれたあと、日本はロシアなどにうながされて遼東半島《りょうとうはんとう》を清に返還《へんかん》した。ロシアがこのような勧告《かんこく》を出した理由として正しいものを、次のア～エから一つ選び、記号で答えなさい。

ア　日本と協力して領土を広げていこうと考えていたから。
イ　日本がロシアの領土に攻め込んでくることを警戒していたから。
ウ　ロシアと日本で将来的に分割しようと考えていたから。
エ　ロシアも中国に勢力を広げようとしていたから。

問６　下線部Ｅについて、以下の表は戦時中の人々のくらしについてまとめている。以下の表とスローガンを参考にして、まちがっているものを、あとのア～エから一つ選び、記号で答えなさい。

時代	主な出来事
1938	国家総動員法《こっかそうどういんほう》を出す。
1941	米が配給制《はいきゅうせい》になる。
1943	大学生が戦場に送られる。
1944	中学生が工場で働く。
	小学生が集団疎開《そかい》をする。

戦時中のスローガン
「ぜいたくは、敵だ」
「欲しがりません、勝つまでは」

ア　戦場へ行く人が増えて、国内では働き手が足りなくなった。
イ　配給制が導入されていたため、食料が足りなくなることはなかった。
ウ　兵士だけではなく、国民全体が戦争に協力した。
エ　国民はぜいたくが禁止され、質素な生活をしていた。

問７　カード①～④に該当する国旗を、次のア～エからそれぞれ選び、記号で答えなさい。また、国の位置を、地図中のあ～えからそれぞれ選び、記号で答えなさい。

ア

イ

ウ

エ

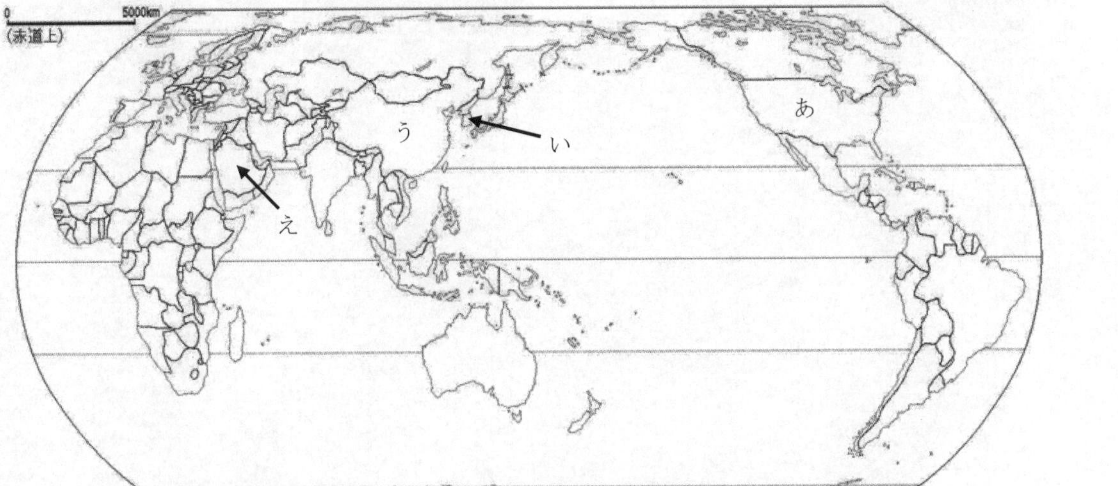

問８　下線部Ｆについて、⑴～⑶にあてはまる機関名を、あとのア～エから一つずつ選び、記号で答えなさい。

⑴　紛争《ふんそう》や戦争を話し合って解決する。
⑵　子どもを戦争や貧困から守る。
⑶　教育、科学、文化を通して平和を守る。

ア　国連児童基金（UNICEF《ユニセフ》）　　イ　国連教育科学文化機関（UNESCO《ユネスコ》）
ウ　安全保障理事会　　エ　世界保健機関（WHO）

問９　下線部Ｇについて、以下の（　ア　）～（　ウ　）にあてはまる語句を、あとの【語群】からそれぞれ選んで答えなさい。

2015年、世界から貧困をなくすことや、（　ア　）の悪化への取り組みについて、（　イ　）を中心に、各国の政府やNGO（非政府組織）が協力して、17項目を決め、（　ウ　）な社会を目指すことを決めた。

【語群】日本環境　第二次世界大戦　地球環境　持続可能　環境保護　国際連合　国際連盟

【理　科】〈第２回入試〉（30分）〈満点：60点〉

1　次の図は，人体の中で三大栄養素（栄養分）が消化されていくようすを簡単に表したモデルです。これを見て，あとの各問いに答えなさい。

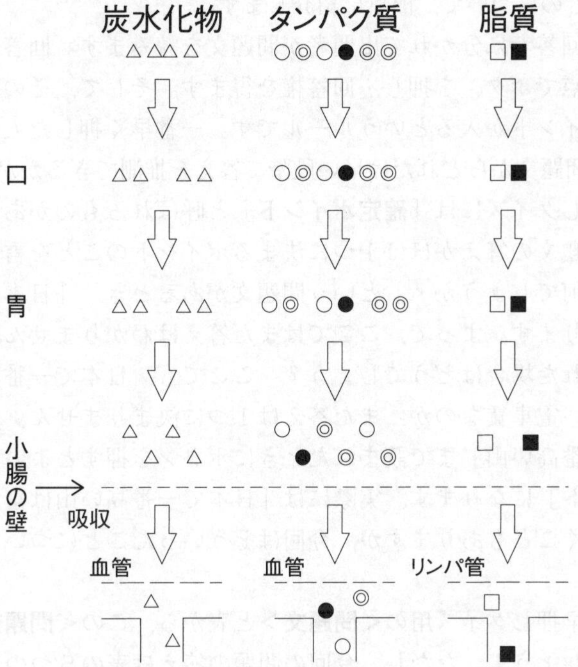

（1）　口の中ではたらく消化液のことを何といいますか。次の**ア**～**エ**から１つ選び，記号で答えなさい。

ア　胃液　　**イ**　すい液　　**ウ**　腸液　　**エ**　だ液

（2）　胃の中で初めて分解が始まる栄養分はどれですか。次の**ア**～**エ**から１つ選び，記号で答えなさい。

ア　炭水化物　　**イ**　タンパク質　　**ウ**　脂質　　**エ**　胃では分解されない

（3）　炭水化物を分解している器官はどれですか。次の**ア**～**エ**からあてはまるものを**すべて**選び，記号で答えなさい。

ア　口　　**イ**　胃　　**ウ**　小腸　　**エ**　血管

（4）　栄養分を小腸の壁で吸収するために，口や胃ではどのようなことが行われていると考えられますか。簡単に説明しなさい。

（5）　小腸には，効率よく栄養分を吸収できるように，柔毛《じゅうもう》という特ちょう的なつくりがあります。柔毛があるとなぜ効率的に栄養分を吸収できるのか，簡単に説明しなさい。

2 次の文章は，早押しクイズについての説明文です。よく読んで，あとの各問いに答えなさい。

みなさんは早押しクイズを見たことがあるでしょうか？　今回は，早押しクイズの中で最も一般的な形式のものについて，簡単に紹介します。

まず，出題者と回答者に分かれて出題者が問題文を読みます。回答者は問題文を予想し，答えがわかった時点でボタンを押し，回答権を得ます。そして，その問題の正解を回答することができればポイントが入るというルールです。一番早く押した人だけが回答権を得るので，読まれていく問題文からどれだけ早い段階で答えを推測できるかが大事になります。

このような早押しクイズには「**確定ポイント**」と呼ばれるものがあります。「**確定ポイント**」とは，その問題文の答えがほぼ１つに決まるポイントのことを言います。例えば，「日本で一番高い山は何でしょうか？」という問題文があるとき，「日本で」の部分だけ聞いても答えは無数にあります。よって，ここではまだ答えはわかりません。それでは「日本で一番高い」まで読まれた場合はどうでしょう？　ここでも，日本で一番高いビルなのか，その他の建造物なのか，電車賃なのか，まだ答えは１つに決まりません。ということは，この問題では「日本で一番高い山」まで読まれたときにボタンを押すとよいということになり，ここが「**確定ポイント**」になります。実際には「日本で一番高い山は富士山ですが…」といったように変化がつくこともありますが，今回はそういったことについては考えないものとします。

それでは，次の早押しクイズ用の**<問題文>**と表から，この**<問題文>**の確定ポイントについて考えてみましょう！　ただし，今回の問題の答えは表の５つの気体のうちのいずれかであるとします。

<問題文>

「表の５つの気体の中で，においも色もなく，空気より重いか軽いかのどちらかであり，下方置換《かん》法で集めることができる，地球温暖化の原因の一つと考えられている気体は何でしょうか？」

気体の名前	色	におい	空気と比べたときの重さ	水への溶《と》けやすさ	気体の集め方
水素	なし	なし	軽い	あまり溶けない	水上置換法
酸素	なし	なし	ほぼ同じ	あまり溶けない	①
二酸化炭素	なし	なし	重い	少し溶ける	水上置換法または下方置換法
塩化水素	なし	刺《し》激臭	重い	よく溶ける	②
アンモニア	なし	刺激臭	軽い	よく溶ける	上方置換法

（1）　この**<問題文>**から考えられる答えはどれですか。次の**ア**～**オ**から１つ選び，記号で答えなさい。

ア　水素　　**イ**　酸素　　**ウ**　二酸化炭素　　**エ**　塩素　　**オ**　アンモニア

(2)　この**＜問題文＞**で「表の５つの気体の中で，においも色もなく，空気より重いか軽いかのどちらかであり」まで読まれたときに解答として考えられる気体を，次の**ア～オ**から**すべて**選び，記号で答えなさい。

ア　水素　　**イ**　酸素　　**ウ**　二酸化炭素　　**エ**　塩素　　**オ**　アンモニア

(3)　気体の集め方は，空気と比べた時の重さと，水に溶けやすいかどうかの２つから考えることができます。表の①と②に入ることばの組み合わせとして最も適当なものを，次の**ア～ク**から１つ選び，記号で答えなさい。

ア　①上方置換法　②上方置換法　　**イ**　①上方置換法　②下方置換法
ウ　①上方置換法　②水上置換法　　**エ**　①下方置換法　②上方置換法
オ　①下方置換法　②下方置換法　　**カ**　①下方置換法　②水上置換法
キ　①水上置換法　②上方置換法　　**ク**　①水上置換法　②下方置換法

(4)　この**＜問題文＞**の確定ポイントはどこですか。最も適当なものを次の**ア～エ**から１つ選び，記号で答えなさい。

ア　「表の５つの気体の中で，においも色もなく」
イ　「表の５つの気体の中で，においも色もなく，空気より重いか軽いかのどちらかであり」
ウ　「表の５つの気体の中で，においも色もなく，空気より重いか軽いかのどちらかであり，下方置換法で集めることができる」
エ　「表の５つの気体の中で，においも色もなく，空気より重いか軽いかのどちらかであり，下方置換法で集めることができる，地球温暖化の原因の一つと考えられている気体」

(5)　今，光さんと英子さんが早押しクイズで対戦するとき，以下の部分まで読まれたとき，光さんは確定ポイントだと思い，ボタンを押して，表の５つの気体のうちの１つを回答しました。それが正解だったとき，光さんが回答した気体はどれだと考えられますか。次の**ア～オ**から１つ選び，記号で答えなさい。

読まれた問題文
「表の５つの気体中で，その気体を発生させるとき，二酸化マ」

ア　水素　　**イ**　酸素　　**ウ**　二酸化炭素　　**エ**　塩素　　**オ**　アンモニア

3 ばねには，押《お》しちぢめるともとにもどろうとする特性があります。その特性を利用して，図のようにボールを押し出して動かす実験を行いました。あとの各問いに答えなさい。ただし，ばねはすべての実験で同じものを使い，ボールの大きさや表面のなめらかさは一定であるとします。

＜実験＞

・ばねを１ｃｍちぢめてボールを押し出したとき，重さ１０ｇのボールは４ｃｍ動いた。
・ばねを２ｃｍちぢめてボールを押し出したとき，重さ１０ｇのボールは８ｃｍ動いた。
・ばねを４ｃｍちぢめてボールを押し出したとき，重さ１０ｇのボールは１６ｃｍ動いた。
・ばねを２ｃｍちぢめてボールを押し出したとき，重さ５ｇのボールは１６ｃｍ動いた。
・ばねを５ｃｍちぢめてボールを押し出したとき，重さ５ｇのボールは□ｃｍ動いた。

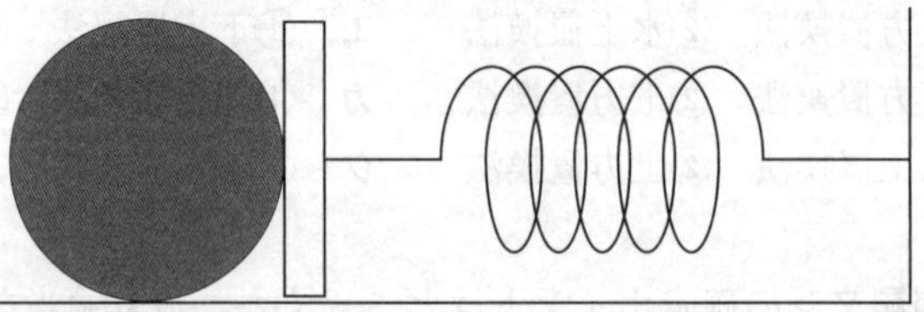

(1) ばねを６ｃｍちぢめてボールを押し出すと，重さ１０ｇのボールは何ｃｍ動きますか。

(2) □にあてはまる数字を答えなさい。

(3) ばねを３ｃｍちぢめてボールを押し出すと，重さ１５ｇのボールは何ｃｍ動きますか。

(4) ボールの動く距離《きょり》とばねのちぢむ距離，ボールの重さの関係をあらわす式を（例）にならって作りなさい。ただし，使う言葉は**動く距離**，**ちぢめた距離**，**ボールの重さ**の３つのみとします。

（例）　**動く距離**　＝　**ちぢめた距離**×２　＋　**ボールの重さ**

4 **図1**は，水をあらかじめ入れたペットボトルに，砂・ねん土・れき（小石）を入れる実験のようすです。あとの各問いに答えなさい。

図1

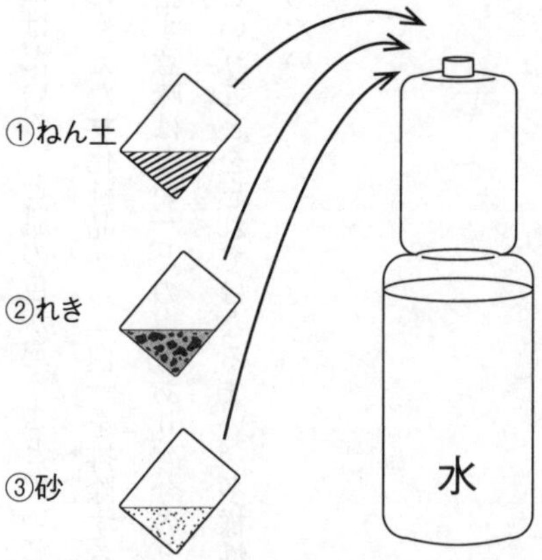

(1)　水の入ったペットボトルに十分に時間の間かくをあけながら，ねん土，れき，砂の順に静かに入れました。すると，ペットボトル内に層がきれいに3つできました。**図1**を参考にしながら，ねん土，砂，れきが分かるように，完成した層の図を解答らんにかきなさい。

(2)　**(1)**でできたペットボトルにふたをして強くふりまぜ，3つの層をくずしてから，長時間動かさずに置いておいたところ，ペットボトル内に層がきれいに3つできました。**図1**を参考にしながら，ねん土，砂，れきが分かるように，完成した層の図を解答らんにかきなさい。

(3)　**(2)**で，なぜそのように層がきれいに分かれたのか，簡単に説明しなさい。

(4)　新しいペットボトルに水を入れ，十分に時間の間かくをあけながらねん土→れき→砂→れき→砂の順に入れていきました。途中で，一度ペットボトルを強くふりまぜました。できた層は，**図2**のようになりました。ペットボトルをふりまぜたのはいつですか。次の①～④から1つ選び，記号で答えなさい。

入れた順番

ねん土　→　れき　→　砂　→　れき　→　砂

　　　　①　　　　②　　　③　　　　④

図2

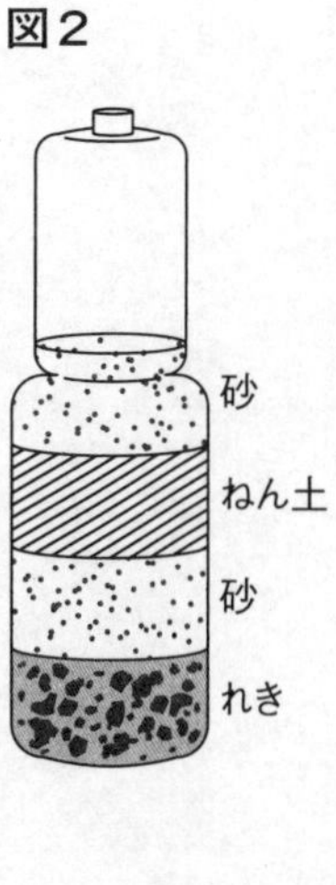

四　次の文章を一〇〇字以内で要約しなさい。（句読点《くとうてん》をふくむ）

梅雨《つゆ》は「うっかり日焼け」の時季でもある。紫外線《しがいせん》は、曇《くも》りや雨の日も意外と降り注いでいるからだ。日差しがないからといって油断できない▼加えて今年は「マスク焼け」の言葉も聞く。マスクで覆《おお》われた部分とそれ以外の肌《はだ》の焼け方に違《ちが》いが出てしまうこと。日焼け止めを塗《ぬ》っても、マスクで擦《す》れたり蒸《む》れたりして落ちやすい。「こまめに念入りに」。そんなアドバイスとともに、美白をうたう商品がドラッグストアの一角をにぎわせている▼「美白製品の販売《はんばい》を中止する」「今後は商品名に『白』の文字を使わない」——。先月、欧米《おうべい》の医薬品・化粧《けしょう》品大手が、相次いで宣言した。人種差別撤廃《てっぱい》の運動が世界的に広がり、「白い肌を推奨《すいしょう》している」との批判が出たことへの対応という▼思い出すのは20年ほど前、国内メーカーのクレヨンや色鉛筆《えんぴつ》から「はだいろ」の呼称《こしょう》が消えたこと。「アフリカ系の子どもが『はだいろ』と肌の色が違うことでいじめられた」という新聞投書をきっかけに、各社そろって「うすだいだい」や「ペールオレンジ」に変えた▼化粧品から「白」を排除《はいじょ》する動きも、広がっていくのだろうか。国内メーカーには「日本語の美白に、白人のような肌を目指す意味はない」との声もあり、今のところ後に続く気配はないが▼「ついうっかり」であっても、誰《だれ》かを傷つけてしまう言葉があるということを忘れてはなるまい。多様性を重んじる社会を生きるためにも、自分の「当たり前」は正しいのか常に問い直す柔軟《じゅうなん》さを持ちたい。

（熊本日日新聞社「新生面」二〇二〇年七月二日）

問六　――線⑥「西へ傾いたまま、太陽の姿を見失ったふた葉は、さて、『そのあと、どうするのか』」とありますが、その答えを二十五字以内で説明しなさい。

問七　［ A ］には、次のア～ウの文が入ります。文意が通るように正しい順番に並べ記号で答えなさい。

ア　その動きが止まるとき、東を向いて止まるのです。
イ　しかし、ツボミが大きくなって重くなると動けなくなります。
ウ　「夜のあいだにヒマワリの花が東を向いて止まる」というのが、「東を向いて咲く」理由です。

問八　本文の内容として正しくないものを次から選び記号で答えなさい。（ただし、答えは一つとは限らない）

ア　ヒマワリは例外なく、すべての花が東を向いて咲いている。
イ　ヒマワリの若い葉っぱは、次の日の朝、太陽が東から昇ることを知っている。
ウ　ヒマワリのツボミは大きくなると、太陽の動きを追って動くことができなくなる。
エ　ヒマワリのふた葉は、太陽の姿を見失った後、西へ傾いたままの姿勢で朝を待つことはない。
オ　ヒマワリのふた葉は太陽の動きを追って、一日中、東から西にまわるといわれているが、それは俗説である。

問九　本文で述べられているヒマワリ以外に、あなたがふしぎに思う植物の特徴《とくちょう》をわかりやすくあげ、なぜそうなると思うか、あなたの仮説を述べなさい。

問一　――線①「この説」とはどのような説ですか。わかりやすく説明しなさい。

問二　――線②「一枚の写真に撮《と》られている」とありますが、本文の内容から考えると、次の写真はカメラをどちらに向けて撮ったものと言えますか。次から選び記号で答えなさい。

ア　東から西に向けて

イ　西から東に向けて

ウ　北から南に向けて

エ　南から北に向けて

問三　――線③「実は、その方向は、『東』なのです」とあるように、本来ヒマワリの花は東の方向を向いて咲きますが、東以外の方向を向くことがあるのはなぜですか。わかりやすく説明しなさい。

問四　――線④「なぜ、花は明るいほうを向いて咲くのか」とありますが、明るいほうを向いて咲くことによって、花の中はタネ作りのために適した環境になります。その環境とはどのような環境ですか。説明しなさい。

問五　――線⑤「なぜ、そのような誤った説が広まったのか」とありますが、誤った説が広がった理由を説明しなさい。

太陽が東から昇ることを知っており、その方向を向いて待っているのです。夕方に太陽の姿を見失った西向きの姿勢から、何時ごろに、どのように東のほうに向きを変えるのでしょうか。夏休みの自由研究で、ぜひ、誰《だれ》かにしてほしい実験です。

このふた葉と同じように、花を咲かせる前のヒマワリの茎《くき》の一番上の若い葉っぱも、太陽の姿を追ってまわります。ツボミは、一番上の若い葉っぱの間にできますから、若い葉っぱがそのように太陽を追ってまわると、ツボミも太陽の動きに合わせてまわります。だから、ツボミの小さい間は、毎日、東から西に動くのです。そのため、「ヒマワリの花は、いつも太陽の方向を向いており、太陽の動きを追って、花がまわる」という説が広まったのでしょう。

A

夕方から朝までの長い夜の間に、東に向きを変えながら、ツボミは大きくなっていきます。ツボミは大きくなるにつれて、動きづらくなります。その結果、ツボミが動けなくなるのが、東を向いた状態と考えられます。

「もしそうなら、ヒマワリ園やヒマワリ畑で栽培される何万本、何十万本の中には、ツボミが大きく重くなって、動けなくなるのが東を向いた状態でないものもあるのではないか」との疑問をもつ人もいます。

その疑問をもって、何百個、何千個の花が撮られている一枚の写真を丁寧《ていねい》に見ると、ごくまれに、東を向いていない花を見つけることができます。何百個、何千個の花の中には、理屈《りくつ》通りに、東を向いて咲かないものもあるのです。

（田中修『植物のひみつ』より）

多くの種類の植物で、花の周辺部より、オシベやメシベのある中央部の温度が高くなっています。虫がその温かさを求めて花の中に寄ってきてくれます。だから、花粉を運んでもらえる機会が増えます。

三つ目の理由は、花の中の温度が高いと、花の香りがよく発散することです。香りは液体の物質が気体になって発散するものであり、その反応は、温度が高くなるとよく進みます。だから、いい香りが出てやっぱり虫が寄ってくる機会が増えます。

ヒマワリは、こうして子どもづくりをするための工夫を凝《こ》らしているのです。

古くから、「ヒマワリの花は、いつも太陽のほうを向いており、太陽の姿を追って、花がまわる」といわれてきました。これには何の根拠もなく、単なる俗説というのなら、⑤「なぜ、そのような誤った説が広まったのか」という大きな〝ふしぎ〟が残ります。

この〝ふしぎ〟には、きっと何かの〝ひみつ〟がありそうです。その〝ひみつ〟は、若いツボミの運動を観察することで明らかになります。

ヒマワリの花が太陽の動きに合わせて向く方向を変えることはありませんが、若い葉っぱの表面は、太陽の姿を追ってまわります。その様子は、タネが発芽したばかりのふた葉の芽生えで見るとわかりやすいので、ぜひ、観察してください。芽生えが葉っぱの表面を太陽の光のくる方向にまともに向けるのは、多くの光を受け取ることができるからです。

朝、太陽が東から昇《のぼ》れば、芽生えは、ふた葉の表面を東へ傾《かたむ》け、太陽の光を葉っぱの表面に垂直に受けようとします。太陽がだんだん真上にあがると、それを追って、水平になってふた葉の表面は真上から光を受けようとします。夕方に向かって西に太陽が傾いていくと、それを追うように、ふた葉の表面は西へ傾き、やっぱり太陽の光をいっぱいに受けようとします。

太陽の光のくる方向に葉っぱの表面を向けると、多くの光が受けられるからです。こうして、ヒマワリの芽生えのふた葉の表面は、太陽の姿を追って、一日中、東から西にまわることが観察されます。

ヒマワリの葉っぱが太陽の姿を追ってまわると、一つの〝ふしぎ〟が生まれます。夕方に太陽が西に傾いたとき、それを追ってヒマワリのふた葉は西へ傾きます。ところが、太陽はそのまま西の方向に沈《しず》み、姿を消してしまいます。⑥西へ傾いたまま、太陽の姿を見失ったふた葉は、さて、「そのあと、どうするのか」という〝ふしぎ〟です。

隠《かく》れてしまった太陽の姿を追って、ますます下へ傾いていくのでしょうか。あるいは、見失ったそのままの姿勢で朝まで待つのでしょうか。あるいは、まっすぐに上を向く姿勢に戻《もど》って、朝を待つのでしょうか。それとも、次の日の朝、太陽の光は東の方向から昇ってくることを知っていて、東を向いて傾いた姿勢をとるのでしょうか。

観察した人によると、「夜の間に、東のほうに向きを変えて、朝には、東を向いた姿勢をとる」ということです。つまり、次の日の朝、

です。

「同じ方向とは、どちらか」という"ふしぎ"が浮上《ふじょう》します。③実は、その方向は、「東」なのです。ですから、カメラ目線で咲いているように撮られている花の写真は、東から西を向いて撮られたことになります。もし、カメラを西から東に向けて撮れば、ほとんどすべての花がうしろ向きに撮れるはずです。

「ヒマワリの花は、東を向いて咲く」と決まっているのです。ただ、そのためには、一つだけ条件があります。それは、ヒマワリの花が一日中の太陽の動きをよく見ることのできる場所で栽培されていることです。

では、「ヒマワリの花が一日中の太陽の動きをよく見ることのできない場所で栽培されている場合は、どうなるのか」との疑問が浮《う》かびます。建物や樹木の陰《かげ》になっているような場所では、「ヒマワリの花は、東を向いて咲く」とは決まっていません。

もしそのことを知っていると、「ヒマワリの花は、東を向いて咲くというけれども、南を向いて咲いているのを見た。なぜ南向きに咲くのか」という質問に答えられます。この質問をした人が観察した場所では、東側が建物などの陰になっているため、一日中の太陽の動きを見ることができず、南側が明るいと考えられます。

たとえば、東西には建物があるが、花壇《かだん》の南側に幅《はば》の広い道があるために、建物の陰にならずに太陽の光が明るく差し込《こ》んでいるような場合です。ヒマワリの花々は、南という方角を決めて咲いているのではなく、明るいほうを向いて咲いているのです。たまたま、このヒマワリが育っている環境《かんきょう》から、「南を向いている」ということになります。

ヒマワリに限らず、多くの植物たちの花は、明るいほうを向いて咲きます。多くの家の庭や花壇《かだん》では、道路から見ると、家が建っているほうが陰になり、道の側より暗いですから、花は道の側を向いて咲くことが多くなります。

もし花が暗いほうを向いて咲くとしたら、庭や花壇で咲く花々は、道からはうしろ姿だけを見ることになります。あまりそのようなことがないのは、花には明るいほうを向いて咲く性質があるからです。

では、④「なぜ、花は明るいほうを向いて咲くのか」との疑問が出ます。一つの理由は、明るいほうを向いて咲くと、太陽の光が花の中に多く差し込むことです。そのおかげで、花の中がジメジメせずに乾燥《かんそう》します。ジメジメしていると、カビが生えたり、病原菌《びょうげんきん》が繁《はん》殖《しょく》しやすかったりします。

花の中では、子ども（タネ）づくりが行われます。カビや病原菌がいて、不衛生になっていては困ります。花が明るいほうを向いて咲くのは、「子どもを衛生的な場所でつくりたい」との思いが込められた性質なのです。

二つ目の理由は、明るいほうを向いて花が咲くと、光が差し込み、花の中央部分の温度が高くなることです。花の中の温度をはかると、

問五　漢字の読みでしりとりをしてスタートからゴールまで進むと通らない漢字があります。その数を答えなさい。ただし、進む方向は上下または左右です。（ななめに進むことはできません。）

スタート↓

級	梅	命	息	兆
家	来	蔵	曲	歌
永	通	牛	薬	達
市	父	毎	米	石
題	着	空	馬	集

↓ゴール

三　次の文章を読んで後の問いに答えなさい。

古くから、「ヒマワリの花は、いつも太陽のほうを向いており、太陽の姿を追って、花がまわる」といわれます。「ほんとうに、ヒマワリの花は太陽の姿を追ってまわるのか」という〝ふしぎ〟が生まれます。

しかし、残念ながら、①この説には何の根拠《こんきょ》もなく、「ヒマワリの花は、太陽の姿を追ってまわる」というのは俗説《ぞくせつ》です。ヒマワリの花は、見た目に大きいだけでなく、実際に手にもってみるとわかるように、ずっしりと重いものです。そのように大きく重い花が、毎日、太陽の動きを追って、東から西にクルクルとまわることはありません。

ヒマワリが何万本、何十万本と栽培《さいばい》されているヒマワリ畑やヒマワリ園では、背丈《せたけ》が高い植物なので「迷路」がつくられます。そのため、子どもたちや家族連れに人気があります。それらの場所の一画に咲《さ》く何百個、何千個の花が、②一枚の写真に撮られていることがあります。

そのような写真を見ると、ほとんどすべての花が、カメラのほうを向く〝カメラ目線〟で咲いています。よそ見をしている花や、反対方向を向いてうしろ姿を見せている花はほとんど見当たりません。ヒマワリの花はほとんどすべてが同じ方向を向いて咲いているの

二 次の問いに答えなさい。

問一 次の①から④の中で、一つだけ送り仮名の誤りがふくまれている文があります。その番号を答え、誤りの部分を正しく直しなさい。

① 高い志を持っても現実は理想と異なることが多いものだ。
② 幼い頃《ころ》からの努力が実を結び念願の優勝を果たした。
③ 友人から頼《たの》まれた結婚式のスピーチを快よく引き受ける。
④ 朝から懸命《けんめい》に働き続け気がつくと日が暮れていた。

問二 次の九つの熟語には、対義語として対《つい》になるものが四組あります。残った一つの熟語の対義語を漢字で答えなさい。

出席　有利　不要　過去　不利　未来　必要　安心　欠席

問三 次の漢字の画数を全部足すといくつになるでしょう。数字で答えなさい。

門　曜　区　記　遠

問四 次の漢字を組み合わせて四字熟語を四つ作り、その中から①から③のいずれの意味にもならない四字熟語を答えなさい。

田　両　意　前　断　投　一　未　引　合　聞　水　刀　我　気　代

① これまでに例がないこと
② 互いに気持ちが通じ合うこと
③ 思い切って処理すること

二〇二一年度 光英VERITAS中学校

【国語】〈第二回入試〉（五〇分）〈満点：一〇〇点〉

一 次の①～⑩について、――線部のカタカナは漢字に、漢字はひらがなに直しなさい。

① 旧友のショウソクが途絶《とだ》えてから半年が経《た》つ。

② おぼれかかった私を助けてくれたオンジンに礼を言う。

③ 古《いにしえ》より伝わる天地ソウゾウの物語を読み解く。

④ 危険をかえりみない行動をする弟にチュウコクした。

⑤ 日本は多くの自動車をユシュツしている。

⑥ 庭にまいたヘチマの種がようやく発芽した。

⑦ ずっと登ってみたいとあこがれていた山の頂に立つ。

⑧ 行政改革を担《にな》う大臣が政治の刷新に乗り出す。

⑨ 偶然《ぐうぜん》見つけた流れ星に向かって願いごとを唱える。

⑩ スター選手の登場で場内はますます熱気を帯びてきた。

2021年度

光英VERITAS中学校 ▶解　答

※　編集上の都合により，第２回入試の解説は省略させていただきました。

算　数　＜第２回入試＞（50分）＜満点：100点＞

解　答

1 (1)　48　(2)　0.4　(3)　6　(4)　$\frac{1}{6}$　2 (1)　30　(2)　115度　(3)　3000円　(4)　６日　(5)　300ｇ　3 (1)　分速240m　(2)　11分15秒　(3)　720m　4 (1)　４通り　(2)　$97\frac{97}{98}$　(3)　47通り　5　12cm^2　6　171.44cm^3　7 (1)　67番目　(2)　115番目と116番目　(3)　1001

社　会　＜第２回入試＞（30分）＜満点：60点＞

解　答

1 **問１**　ウ　**問２** (1)　ウ　(2)　**人物名**…イ　**歌の解釈**…ウ　**問３** (1)　ウ　(2)　田中正造　(3)　Ⅰ　四日市ぜんそく　Ⅱ　イタイイタイ病　Ⅲ　水俣病　**問４** (1)　和同開珎　(2)　平城京　**問５** (1)　イ　(2)　ア　(3)　ア，エ　**問６** (1)　札幌市　(2)　エ　(3)（例）　明治時代になると士族は職も収入もなくなり，新たに商売を行う者もいたが生活は厳しく，仕事を求めて屯田兵となる者が多かったから。　(4)　エ→ア→ウ→イ　(5)　ア　**問７**　**説明**…(例)　上皇が政治の実権を握って行った政治。　**人物名**…白河上皇　**問８** (1)　Ⅰ　イ　Ⅱ　エ　(2)　ア　2 **問１**　**ア**　北条時宗　**イ**　足利義満　**ウ**　豊臣秀吉　**エ**　ハングル　**オ**　一人っ子　**カ**　コーラン　**問２**　渡来人　**問３**　(例)　唐がおとろえている　**問４**　ア　**問５**　エ　**問６**　イ　**問７**　①　ウ，い　②　ア，あ　③　イ，う　④　エ，え　**問８** (1)　ウ　(2)　ア　(3)　イ　**問９**　**ア**　地球環境　**イ**　国際連合　**ウ**　持続可能

理　科　＜第２回入試＞（30分）＜満点：60点＞

解　答

1 (1)　エ　(2)　イ　(3)　ア，ウ　(4)（例）　栄養素のつぶを細かくしている。　(5)（例）　表面積が大きくなり，栄養分と多くふれることができるから。　2 (1)　ウ　(2)　ア，ウ　(3)　ク　(4)　ウ　(5)　イ　3 (1)　24cm　(2)　40　(3)　８cm　(4)

図①

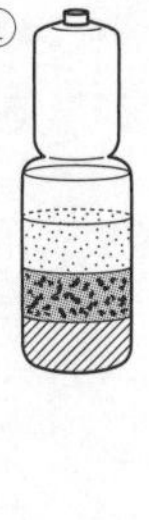

図②

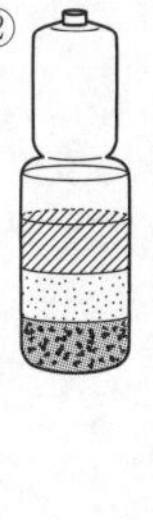

（例） 動く距離＝ちぢめた距離÷ボールの重さ×40　**4** (1) 上の図①　(2) 上の図②　(3) （例） つぶが大きくて重いものから順にしずんだから。　(4) ④

国　語 ＜第２回入試＞（50分）＜満点：100点＞

解　答

一 ①～⑤　下記を参照のこと。　⑥ はつが　⑦ いただき　⑧ さっしん　⑨ とな(える)　⑩ お(びて)　二 **問１** 番号…③　訂正…快く　**問２** 不安　**問３** 五十三　**問４** 我田引水　**問５** 八　三 **問１** （例） ヒマワリの花は，いつも太陽のほうを向いており，太陽の姿を追って，花がまわるという俗説。　**問２** エ　**問３** （例） 東側が陰になり，一日中太陽の動きを見ることができず，たまたま明るいほうを向いて咲いているため。　**問４** （例） 乾燥し衛生的であると同時に，温かさやいい香りに誘われ，虫が寄ってきやすくなる環境。　**問５** （例） 多くの光を受け取るために，若い葉っぱの表面は太陽の姿を追ってまわり，ツボミは，一番上の若い葉っぱの間にできるので，ツボミの小さい間は太陽の動きに合わせてまわるから。　**問６** （例） 夜の間に，太陽が昇ってくる東のほうに向きを変える。　**問７** イ→ア→ウ　**問８** ア，オ　**問９** （例） ねむの木の葉にさわると葉が閉じるのは，しげきに対して自分の身を守ろうとするからではないだろうか。　四 （例） 人種差別撤廃の運動が世界的に広がっている。「はだいろ」の呼称が消え，化粧の「白」を排除する動きもある。多様性を重んじる社会を生きるためにも，自分の「当たり前」は正しいのか常に問い直す柔軟さを持ちたい。

●漢字の書き取り

一 ① 消息　② 恩人　③ 創造　④ 忠告　⑤ 輸出

2021年度　光英VERITAS中学校

〔電　話〕　(047)392－８１１１
〔所在地〕　〒270－2223　千葉県松戸市秋山600
〔交　通〕　JR常磐線 ―「松戸駅」，JR総武線 ―「市川駅」下車　バス15分

【算　数】〈特待選抜入試〉（50分）〈満点：100点〉

（注意）●筆算やたてた式は，それぞれの問題の下側に書いて，消さずに残しておくこと。

1　次の計算をしなさい。

（１）　３６×４９÷２１－（２４＋１６÷４）

（２）　$0.375\times1\frac{1}{3}\div\left(2-\frac{5}{6}\times0.6\right)$

（３）　６.５１×３.１４＋６.３４×１.５７－２.３４×６.２８

2　次の□にあてはまる数を答えなさい。

（１）　アメリカのお金の単位はドル，韓国のお金の単位はウォンです。１ドルが１０５円，１ウォンが０.１円のとき，５０ドルは□ウォンです。

（２）　１１時１２分に時計の長針と短針がつくる小さいほうの角度は□度です。

（３）　家と図書館を往復しました。行きは時速６０ｋｍ，帰りは時速４０ｋｍでした。往復の平均の速さは時速□ｋｍになります。

（４）　７でわると６あまり，９でわると８あまる整数で，３００に最も近い数は□です。

（５）　６％の食塩水２００ｇに３％の食塩水□ｇを入れると，４％の食塩水になりました。

3　下の図のような長方形ABCDがあります。点Ｐ，Ｑはそれぞれ頂点Ａ，Ｃを同時に出発します。長方形の辺上を点ＰはＡ→Ｂ→Ｃ→・・・の順に毎秒５ｃｍの速さで進み，点ＱはＣ→Ｄ→Ａ→・・・の順に毎秒４ｃｍの速さで進みます。このとき，次の問いに答えなさい。

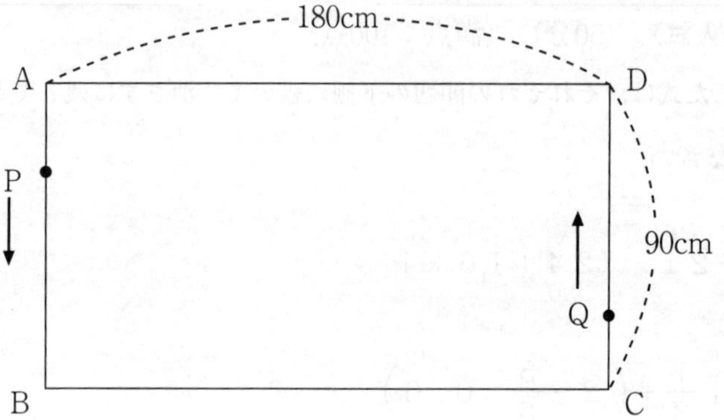

（１）　直線ＰＱが初めて辺ＡＤと平行になるのは，出発してから何秒後ですか。

（２）　直線ＰＱが初めて辺ＡＢと平行になるのは，出発してから何秒後ですか。

4　ある仕事を完成させるのに，聖子さん１人では１５日かかり，光英くん１人では１０日かかります。次の問いに答えなさい。

（１）　この仕事を聖子さん，光英くんの２人で行うと何日で完成しますか。

（２）　この仕事を２人で共同して始めましたが，途中で聖子さんが病気になり何日か休んでしまったため，完成させるのに全部で８日かかりました。途中で聖子さんが休んだのは何日ですか。

5 点●は半径１０ｃｍの円周を１０等分した点です。色のついた部分の面積の和は何ｃｍ^{2}ですか。ただし，円周率は３．１４とします。

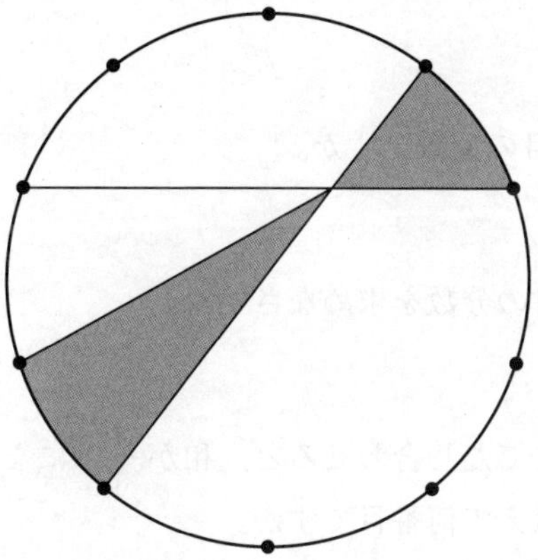

6 たて１０ｃｍ，横３０ｃｍの直方体の形をしたカステラがあります。このカステラを下の図のように９等分すると，カステラの表面積の合計が切る前の表面積の２倍になりました。カステラの高さは何ｃｍですか。

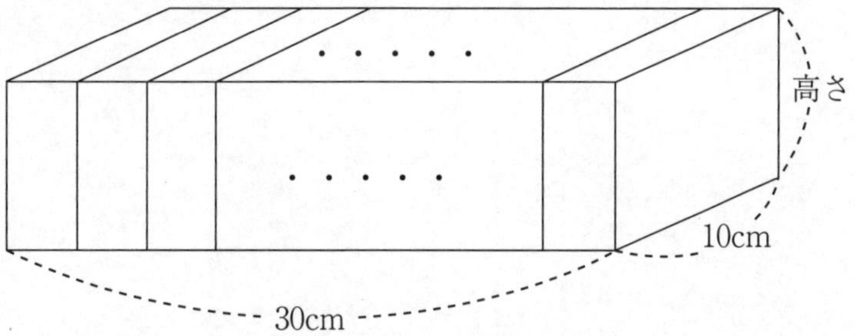

7 下のように，ある規則にしたがって分数をならべました。次の問いに答えなさい。

$$\frac{1}{2},\ \frac{1}{4},\ \frac{3}{4},\ \frac{1}{6},\ \frac{3}{6},\ \frac{5}{6},\ \frac{1}{8},\ \frac{3}{8},\ \frac{5}{8},\ \frac{7}{8},\ \frac{1}{10},\ \frac{3}{10},\ \cdots\cdots$$

（1） $\frac{3}{14}$は初めから数えて何番目の分数ですか。

（2） 初めから数えて１００番目の分数を求めなさい。

（3） １番目から順にある分数までたし合わせると，和が$\frac{307}{11}$になりました。
この最後の分数は初めから数えて何番目ですか。

【社　会】〈特待選抜入試〉（30分）〈満点：60点〉

次の年表を見て次ページ以降の設問に答えなさい。

【年表１】

年代	できごと
１９４５	広島・（ａ）長崎に原子爆弾が投下…① （　１　）宣言を受け入れて降伏
	民主化がすすむ…②
１９４６	日本国憲法が公布…③
１９４９	中華人民共和国成立…④
１９５０	（ｂ）朝鮮戦争がおこる →警察予備隊ができる…⑤
１９５１	（　２　）条約を結ぶ 日米安全保障条約を結ぶ
１９５６	日ソ共同宣言を結ぶ （ｃ）国際連合に加盟
	経済がめざましく発展…⑥
１９６４	東京オリンピック開催《かいさい》…⑦
	公害が社会問題となる
１９６５	日韓基本条約が結ばれる
１９７０	日本万国博覧会が大阪で開催
１９７２	（　３　）が日本に返還される 日中共同声明で中国と国交正常化 高松塚古墳の調査開始…⑧
１９７３	石油危機
１９７８	日中平和友好条約を結ぶ
１９７９	東京で先進国首脳会議が開催
	日米貿易まさつがはげしくなる
１９８８	青函トンネルと（ｄ）瀬戸大橋開通

問１．①について、日本は世界でただ一つの被爆体験国という立場から、非核三原則をきめて核兵器をなくすように訴えています。非核三原則にあげられている３つの原則を答えなさい。

問２．下線部（ａ）について、長崎は江戸時代に鎖国がおこなわれている中で、外国との貿易が許されていました。ヨーロッパの国の中で貿易が許されていた国名を含めてなぜその国が貿易を許されていたのか、理由を説明しなさい。

問３．年表中の空らん（１）にあてはまる言葉を答えなさい。

問４．②について、この時の民主化に関する下の説明文であやまっているものはどれか、選んで記号で答えなさい。

ア　選挙法が改正され、満２０歳以上の男性すべてに選挙権があたえられたが、女性にはまだ参政権はなかった。

イ　地主の持っていた土地を国が買い上げ、小作人に安く売り渡す農地改革をおこなった。

ウ　労働者の保護のために、労働組合法・労働関係調整法・労働基準法の労働三法が制定された。

エ　学校教育法により６・３・３・４制が採用され、義務教育の年限が６年から９年に延長された。

問５．③について、日本国憲法は翌年に施行されました。現在は憲法記念日として国民の祝日となっている施行日は何月何日のことか、答えなさい。

問６．③について、日本国憲法の三大原則には「基本的人権の尊重」があります。現在は、現代社会の変化に応じて憲法には規定されていない「新しい人権」が認められるようになってきました。この「新しい人権」に関する次の資料を読んで、Ａさん、Ｂさんの主張のもととなった権利として適切なものを［語群］から１つずつ選び、その語句を使用して、資料の中のような判決が下された理由を簡単に説明しなさい。

【資料】

作家のＡさんが書いた小説の内容をめぐって、登場人物のモデルとなったＢさんが、小説の中には病歴や家族の犯罪歴など他人に知られたくないことが書かれているとして、Ａさんを裁判所に訴えた。裁判の結果、Ｂさんの主張した権利が認められて、Ａさんの主張した権利は制限された。

［語群］表現の自由　プライバシーの権利

問７．④について、日本と中国との関係について述べた以下の説明文［A］、［B］をそれぞれ時代順にならべかえた時、３番目にくるのはどれか記号で答えなさい。

［A］

ア　「倭の奴国の王が後漢の光武帝から金印を授かる」という記述が中国の歴史書にある。

イ　「倭の五王が中国の南朝に使いを送り、朝鮮半島の支配を認めてもらう」という記述が中国の歴史書にある。

ウ　「倭が１００あまりの小国に分かれている」という記述が中国の歴史書にある。

エ　「邪馬台国の女王卑弥呼が、魏の皇帝から金印や銅鏡を授かる」という記述が中国の歴史書にある。

［B］

ア　執権北条時宗の時に、元のしゅう来を受ける。

イ　菅原道真の意見により、遣唐使が廃止される。

ウ　平清盛が大輪田泊《おおわだのとまり》を整えて、日宋貿易を行う。

エ　最澄・空海が留学僧として中国に渡る。

問８．下線部（ｂ）について、豊臣秀吉の朝鮮出兵に関する下の説明文の中で正しいものはどれか、選んで記号で答えなさい。

ア　全国統一を目前にした秀吉は、九州の大名をはさみうちにするために、朝鮮に兵を送った。

イ　１５９２年、大名が大軍をひきいて朝鮮にわたり、中国との国境近くまで攻め入ったが、これを慶長《けいちょう》の役という。

ウ　１５９７年に再出兵したが、苦戦が続き、結局秀吉の病死により大きな成果がないまま引き上げることになったが、これを文禄《ぶんろく》の役という。

エ　朝鮮から帰国する時に、焼き物をつくる職人を日本に連れ帰った大名がいて、その結果、佐賀県の有田焼や山口県の萩焼《はぎやき》などの伝統工芸品がうまれた。

問９．⑤について、警察予備隊は当初は警察の治安業務を補充する目的で設置されたが、その後保安隊に改組《かいそ》し、より軍隊としての性格が強くなった。さらに１９５４年に改組して、現在は何という組織となっているか答えなさい。

問10．日本が独立を回復した、年表中の空らん（２）にあてはまる条約名を答えなさい。

問11．下線部（ｃ）について、国際連合で２０１５年に「国連持続可能な開発サミット」が開かれました。ここで決められた持続可能な世界を実現するための１７のゴールと、より具体的な目標を定めた１６９のターゲットを何というか、アルファベット４文字で答えなさい。

問12. ⑥について、この経済発展を何とよんでいるか、漢字６文字で答えなさい。

問13. ⑦について、東京オリンピックの開催に合わせて東海道新幹線が開通しました。東海道は江戸時代に整備された五街道の一つです。東海道の５３の宿場をえがいた「東海道五十三次」の作者は誰か、選んで記号で答えなさい。

ア　井《い》原西鶴《はらさいかく》　　イ　歌川広重《うたがわひろしげ》　　ウ　狩《か》野永徳《のうえいとく》　　エ　菱川師宣《ひしかわもろのぶ》

問14. 年表中の空らん（３）にあてはまる言葉を漢字で答えなさい。

問15. ⑧について、高松塚古墳は奈良県明日香村にある古墳で、７世紀末から８世紀初頭のものと推定されています。この時代のできごととして誤っているのはどれか、選んで記号で答えなさい。

ア　和同開珎ができる　　イ　大宝律令の制定

ウ　東大寺の大仏造立　　エ　平城京に遷都

問16. 下線部（d）について、瀬戸大橋は何県と何県を結んでいる橋か、２つの県名を答えなさい。

【年表２】

年代	できごと
１９８９	昭和天皇が亡くなり（ｅ）元号が平成に改められる 消費税の導入
１９９１	ソ連が解体…⑨
１９９２	（　４　）協力法案が成立
１９９３	自由民主党内閣がたおれる…⑩
１９９５	阪神・淡路大震災
１９９６	小選挙区（ｆ）比例代表並立制での総選挙
１９９９	（　５　）基本法成立
２００１	中央省庁が再編
２００２	サッカーワールドカップ日韓共同開催
２０１１	（ｇ）東日本大震災
２０１２	自民党政権奪還
２０１５	パリ協定合意
２０１６	（　６　）を決定
２０１９	天皇の退位により令和に改元

問17. 下線部（ｅ）について、下の説明文があらわしている出来事と関係の深い元号を選んで記号で答えなさい。

> 後醍醐天皇は、武士の協力で鎌倉幕府を倒して天皇中心の政治をはじめたが、武士に対する恩賞が少なく、武士の間に不満が生じた

ア　貞永　　イ　建武　　ウ　享保　　エ　大化

問18. ⑨について、ソ連は東ヨーロッパの社会主義国とともに東側陣営を形成し、アメリカや西ヨーロッパの資本主義国による西側陣営と、はげしく対立をしてきました。この東西両陣営の対立は直接的な戦争によるものではなかったことから何とよばれたか答えなさい。

問19. 年表中の空らん（4）には、「国連平和維持活動」を意味するアルファベット３文字が入ります。それは何か答えなさい。

問20. ⑩について、最初の政党内閣といわれる１９１８年の原敬内閣が成立するきっかけとなった、富山県で起きた暴動を何というか、漢字で答えなさい。
　また下の［地図］から富山県の場所を選んで、記号で答えなさい。

［地図］

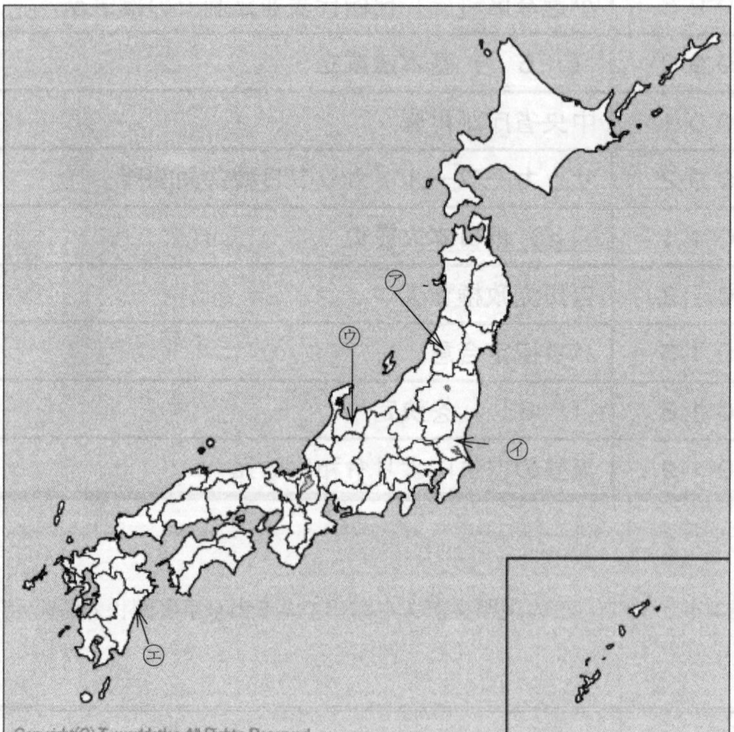

問21. 下線部（ｆ）について、衆議院議員選挙の比例代表選挙制において、Ａ党・Ｂ党・Ｃ党の得票数が次の表のような場合に、Ａ党・Ｂ党・Ｃ党の当選者数は何人になるか、計算して答えなさい。（ただし［注］の条件とする）

政党名	Ａ党	Ｂ党	Ｃ党
得票数	９６０票	２１０票	４８０票

［注］

・Ａ～Ｃ党以外の政党はない。

・全体の当選者数は７人とする。

・ドント式で配分する。（得票数を整数で割り、その商の大きい順に議席を割り当て、当選者定数に達するまで各政党に配分される。）

問22. 年表中の空らん（５）について、この法律は男女平等を推進するために制定された。下の条文を参考にして、空らんにあてはまる言葉を答えなさい。

第６条〔家庭生活における活動と他の活動の両立〕

（　５　）の形成は、家族を構成する男女が、相互の協力と社会の支援の下に、子の養育、家族の介護その他の家族生活における活動について家族の一員としての役割を円滑に果たし、かつ、当該活動以外の活動を行うことができるようにすることを旨《むね》として、行われなければならない。

問23. 下線部（ｇ）について、下の表は岩手県・宮城県・福島県・茨城県の様々なデータをまとめたものです。表中のＡ～Ｄにあてはまる県名の組み合わせとして正しいものはどれか選んで記号で答えなさい。

	面積	人口	工業出荷額	米の生産量	まぐろ漁獲量	キャベツ生産量
Ａ県	13784	1901	51571	364100	32	5650
Ｂ県	7282	2303	44953	371400	192	6900
Ｃ県	6097	2936	123377	358400	5	109500
Ｄ県	18275	1250	25432	273100	43	29600
単位	ｋ㎡	千人	億円	ｔ	百ｔ	ｔ
データ年度		２０１９	２０１７	２０１８	２０１８	２０１８

ア　Ａ：岩手県　Ｂ：茨城県　Ｃ：宮城県　Ｄ：福島県

イ　Ａ：福島県　Ｂ：岩手県　Ｃ：茨城県　Ｄ：宮城県

ウ　Ａ：岩手県　Ｂ：宮城県　Ｃ：茨城県　Ｄ：福島県

エ　Ａ：福島県　Ｂ：宮城県　Ｃ：茨城県　Ｄ：岩手県

問24. 年表中の空らん（6）にあてはまる文を下から選んで記号で答えなさい。また関係する国の場所をあとの地図から選んで記号で答えなさい。

ア　アメリカ合衆国が京都議定書からの離脱

イ　韓国が国際連合への加盟

ウ　イギリスがＥＵからの離脱

エ　ロシアがＡＰＥＣへの加盟

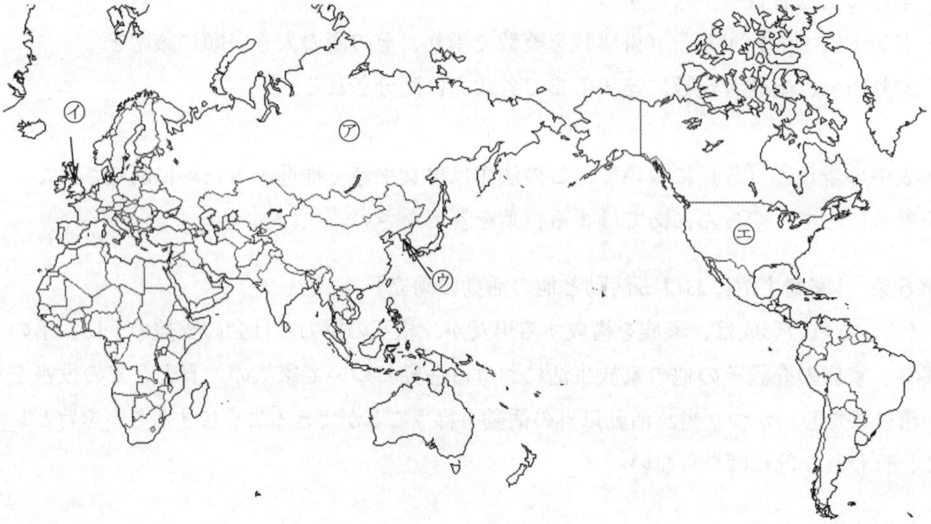

【理　科】〈特待選抜入試〉（30分）〈満点：60点〉

1 次の会話文を読んで，あとの各問いに答えなさい。

ひかる　「最近，イヌを飼い始めたんだ。」

英　子　「いいね。私はメダカとインコを飼っているけれど，動物は種によって見た目も生活も全然ちがうよね。」

ひかる　「そうだね。ぼくの家では，他にカメも飼っているけれど，やっぱりカメとイヌでは全然ちがうよ。」

英　子　「どんなところがちがっているかな？」

ひかる　「カメは卵を産むけれど，イヌは親とよく似た子犬を産むよ。それから，カメは冬眠するけれど，イヌは冬眠しないよ。①前に冬眠中のカメを触ったら，冷たくておどろいたよ。」

英　子　「それはびっくりするね。クマも冬眠するけれど，同じ冬眠でも，カメとはちがうみたいだね。」

ひかる　「そうなんだ。英子さんが飼っているメダカとインコでは，何か違いや共通点はある？」

英　子　「それぞれの生活場所は，水中と陸上だね。それから，どちらも卵を産むけれど，卵の特ちょうが少しちがっていたよ。」

ひかる　「どんなちがいなの？」

英　子　「②メダカの卵は数が多くて，からはやわらかかったけど，インコの卵は数が少なくて，からがかたかったよ。インコは，母鳥が一生けん命温めていてかわいかったな。ひかるくんの飼っているカメの卵は，メダカとインコのどちらに近いの？」

ひかる　「インコかな。ぼくのカメも，からがしっかりしている卵を産んでいたよ。」

英　子　「動物によって，どれくらい似ているかちがいがありそうだね。今出てきた動物の特ちょうを整理して，表にしてみようよ。」

ひかる　「この表では，となりどうしの動物がより共通点が多いということだね。」

英　子　「A～Eの動物には，③何かつながりがありそうだね。」

	A	B	C	D	E
	メダカ	イモリ	カメ	インコ	イヌ・ヒト
卵を産むか	○ （やわらかい）	**あ**	○ （かたい）	○ （かたい）	×
体温が一定であるか	×	**い**	×	○	○
肺呼吸であるか	×	△	**う**	○	○
主に水中で暮らすか	○	△	×	×	×
からだの表面	うろこ	うろこ	うろこ	羽毛	毛

※Bは，一生のうちで，幼少期は水中でえら呼吸，成体になった後は肺呼吸を行い，陸上や水中で生活する。

（1）　下線部①について，カメと同じような冬眠をする生物を次の**ア**～**エ**から１つ選び，記号で答えなさい。

ア　コイ　　**イ**　ハト　　**ウ**　カエル　　**エ**　ハムスター

(2)　下線部②について，インコの卵について述べた文として正しいと考えられるものを，次の**ア**～**エ**から**2つ**選び，記号で答えなさい。

ア　からがかたいことで，母鳥に温められてもつぶれにくいという有利な点がある。
イ　からがかたいことで，乾そうに強いという有利な点がある。
ウ　からがかたいことで，温度変化に弱いという不利な点がある。
エ　からがかたいことで，敵に食べられやすいという不利な点がある。

(3)　表の**あ**～**う**に当てはまる記号の組み合わせとして正しいものを，次の**ア**～**エ**から１つ選び，記号で答えなさい。

ア　**あ** ◯　**い** ×　**う** ◯　　**イ**　**あ** ◯　**い** ×　**う** ×
ウ　**あ** ×　**い** ×　**う** ◯　　**エ**　**あ** ×　**い** ◯　**う** ◯

(4)　陸上の環《かん》境とそれに適応する生物の特ちょうの組み合わせとして最も適当なものを，あとの**ア**～**エ**から１つ選び，記号で答えなさい。

＜陸上の環境＞

P　陸上は，水中よりも温度変化が激しい。
Q　陸上は，水中よりも生存競争が激しい。
R　陸上は，水中よりも酸素が不足しやすい。
X　陸上は，水中よりも水分が不足しやすい。

＜陸上の生物の特徴＞

a　からのかたい卵の方が生存に有利である。
b　体温がすぐに変化する方が生存に有利である。
c　乾そうしにくい方が生存に有利である。
d　えらと肺の両方で呼吸できる方が生存に有利である。

ア　**P・b**　　**イ**　**Q・d**　　**ウ**　**R・c**　　**エ**　**X・a**

(5)　下線部③について述べた文として最も適当なものを，次の**ア**～**エ**から１つ選び，記号で答えなさい。

ア　**E**の生物は，**A**の生物が誕生してから現在まで，ずっと同じ特ちょうのままである。
イ　表中の生物の共通点が少ない理由は，それぞれの生物が全く異なる祖先から進化したからである。
ウ　生息する環境によって生物の特ちょうが決まってくる場合が多い。
エ　**B**の生物のように中間的な特ちょうを持っていると，どの環境においても生存に有利になる。

2 氷の性質を調べるため，３つの実験を行いました。あとの各問いに答えなさい。

＜実験１＞

ある大きさの氷を加熱すると，時間がたつにつれて氷→水→水蒸気と姿を変えました。**図１**は，このときの温度と加熱時間の関係をグラフにまとめたものです。

図１

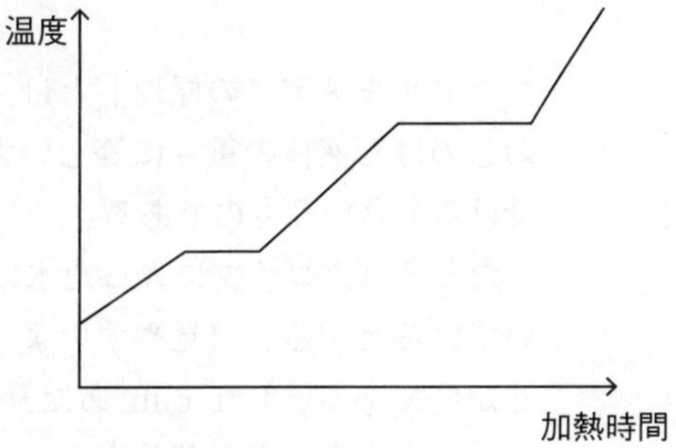

＜実験２＞

ペットボトルに入った水を冷凍《とう》庫でこおらせると，ペットボトルがふくらみました。

＜実験３＞

氷水をコップいっぱいに入れてしばらく置いておいたところ，氷がすべてとけました。

実験の結果について考えるため，氷，水，水蒸気のちがいについて調べたところ，これらはすべて水のつぶからできていることがわかりました。**図２**は，氷，水，水蒸気を拡大して見たときの構造を簡単に表したモデルです。図中の丸いものは水のつぶ，矢印はつぶの動きを表しています。以下，液体の水と区別するために，このつぶを「水《みず》分《ぶん》子《し》」とよぶことにします。

図２

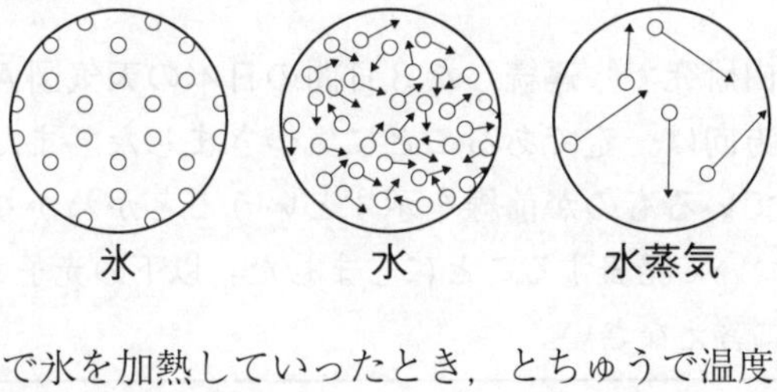

(１) **図１**より，実験１で氷を加熱していったとき，とちゅうで温度が変化しないところが２か所あります。その理由として最も適当なものを，次の**ア**～**エ**から１つ選び，記号で答えなさい。

ア 温度が変化しないところでは，氷がすべて水になっているか，水がすべて水蒸気になっていて，状態が変化しないから。

イ 温度が変化しないところでは，氷と水，水と水蒸気が混ざっていて，片方の温度が上がるともう片方がそれを冷やしてしまうから。

ウ 温度が変化しないところでは，氷と水，水と水蒸気が混ざっていて，加えた熱がすべて氷→水→水蒸気に姿を変えるために使われるから。

エ 温度が変化しないところでは，加えた熱がすべて水分子の運動に使われるから。

(２) **＜実験２＞**について，ペットボトルがふくらんだ理由を，**図２**を参考に考えました。次の文章中の〔　〕にあてはまることばを考えて答えなさい。

氷は，水に比べて〔 ① 〕構造をしており，同じ重さで比べると氷の方が〔 ② 〕から。

(3)　**<実験３>**の結果について，「アルキメデスの原理」をもとに，次のように考えました。（　）にあてはまる数を答えなさい。また，〔　〕にあてはまることばを，あとの**ア**～**ウ**から１つ選び，記号で答えなさい。

「アルキメデスの原理」とは，「液体中の物体は，その物体がおしのけた液体の重さに等しい大きさの，上向きの力（浮力《ふりょく》）を受ける」というものである。

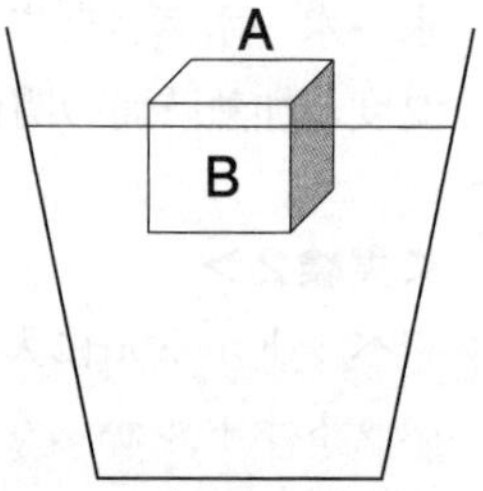

たとえば，コップに入った水に，１ｃｍ^{3}の氷が右図のように浮《う》いているとする。（見やすいように，氷の大きさを実際より大きくかいてある。）１ｃｍ^{3}あたりの重さは氷０.９ｇ，水１.０ｇである。水面より上の部分を**A**，水中にある部分を**B**とする。浮いている氷の重さと浮力はつり合っていることになるので，「アルキメデスの原理」より，氷がおしのけた水の重さは（ ① ）ｇであり，**B**の体積は（ ② ）ｃｍ^{3}であるとわかる。氷がすべてとけると（ ③ ）ｇの水になり，そのときの体積は（ ④ ）ｃｍ^{3}であるから，水面の高さは氷がとける前と比べて〔 ⑤ 〕ことがわかる。

〔 ⑤ 〕の選択肢《し》
ア　高くなる　　　**イ**　変わらない　　　**ウ**　低くなる

3　光子さんは夏休みの自由研究で，連続した３日間の日本の天気図**A**～**C**をまとめました。すると，天気が変化していく方向は一定であることに気づきました。また，天気図の中にある線のうち，▲などの記号がついているものが前線を示すということがわかりました。そこで，光子さんは，天気と前線の関係について発表することにしました。以下の光子さんの**発表メモ**と天気図**A**～**C**を見て，あとの各問いに答えなさい。

発表メモ

前線とは，暖かい空気と冷たい空気がふれるさかい目が地面と交わる部分のことです。空気のかたまりや前線が移動する方向，天気が変化していく方向は決まっています。これは，日本では（　**あ**　）と呼ばれる風が吹いているからです。

暖かい空気がすばやく移動して，ゆっくり進む冷たい空気に追いついたとき，温暖前線ができます。反対に，冷たい空気がすばやく移動して，ゆっくり進む暖かい空気に追いついたとき，寒冷前線ができます。どちらの前線でも，冷たい空気は下にいき，暖かい空気は上にいきます。

天気図では，温暖前線は半円のような記号がついている線で，寒冷前線は，三角のような記号がついている線で表されています。

空気のかたまりが上空にいくことで，雲ができます。温暖前線の近くでは，暖かい空気が冷たい空気の上をはいのぼるように移動するので，おだやかな雨雲が広いはんいにできます。一方，寒冷前線の近くでは，冷たい空気が暖かい空気の下にもぐりこむようにして移動するため，雨雲がせまいはんいにできます。

A

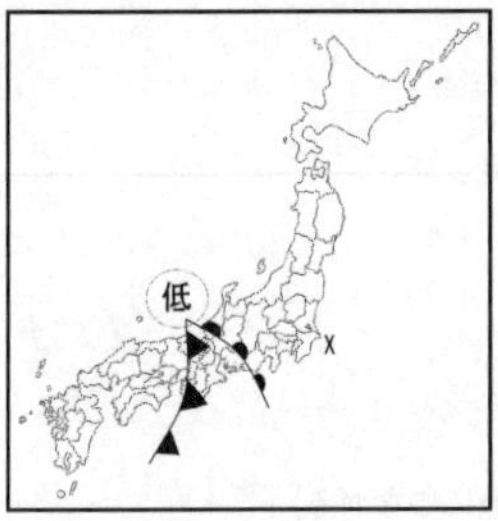

B

C

(1)　(　あ　)にあてはまることばを答えなさい。

(2)　天気図A～Cを，日にちの古い順に並べかえなさい。

(3)　下線部について，雲のでき方の流れを順番に説明した次の①～④の文のうち，**誤りをふくむもの**を1つ選び，番号で答えなさい。

①　上空は地上に比べて気圧が高いので，上昇《しょう》した暖かい空気はふくらむ。
②　空気がふくらむことで，空気の温度が下がる。
③　その温度変化によって，空気中にふくむことのできる水蒸気の量が減る。
④　空気中の水蒸気の一部が水となり，雲ができる。

(4)　前線が通過する前後によく見られる変化について述べた次の文のうち，**誤りをふくむもの**を次のア～エから1つ選び，記号で答えなさい。

ア　温暖前線の通過後は，南からの暖かい風が吹き，気温が上がる。
イ　温暖前線によってできる雲は広いはんいに広がるので，長時間くもりや雨が続く。
ウ　寒冷前線の通過後は，北からの冷たい風が吹き，気温が下がる。
エ　寒冷前線によってできる雲はせまいはんいに広がるので，湿度が下がる。

(5)　前線が通過する前後での，天気図のXの地点における天気や気温の移り変わりの説明として最も適当なものを，次のア～オから1つ選び，記号で答えなさい。ただし，Xの地点の変化は，天気図に示され，連続した3日間で考えるものとします。

ア　3日間とも天気は晴天だった。
イ　晴天の後におだやかな雨が長時間降った。その後，再び晴天になった。
ウ　晴天の後に激しい雨が短時間降った。その後，再び晴天になった。
エ　おだやかな雨が長時間降った後，しばらく晴天が続き，激しい雨が短時間降った。
オ　激しい雨が短時間降った後，しばらく晴天が続き，おだやかな雨が長時間降った。

4 説明文をよく読んで，あとの各問いに答えなさい。ただし，各問いの中の図で使われる記号は，次の意味を持つものとします。

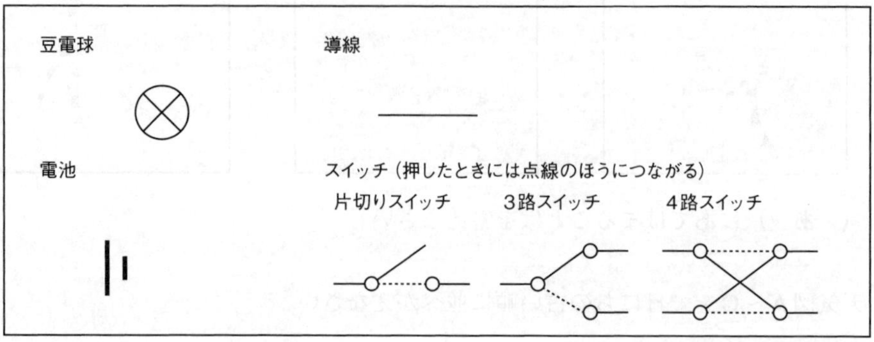

これから，みなさんの生活を便利にしている回路について考えてみましょう。回路というのは電気の通り道のことです。回路の中に①豆電球などの電流が流れにくいものがあるとき，その部分に電流が流れることによって，電気のエネルギーが光や熱のエネルギーとなって放出されます。反対に，電流が流れにくいものが回路の中にない場合，②ショート回路とよばれるものになり，大きな電流が流れてしまい，とても危険です。このため，ふだん使っている回路はショート回路にならないようになっています。また，電流は，流れやすい道と流れにくい道がある場合，流れやすい道のほうを流れる性質があります。

では，実際に身近な回路について考えてみましょう。③学校や家などで階段に明かりがついていると思います。例えば，あなたが夜，階段を上りたいときに，階段の下で明かりをつけて，階段を上った後に明かりを消したいですよね。その時，その階段の明かりは，階段の上からでも下からでもつけたり消したりできるようになっています。ここで大事なのは，明かりが消えている状態で階段の下にあるスイッチを押して明かりをつけて，その後階段を上って階段の上にあるスイッチを押しても明かりを消すことができるようにしなければなりません。この回路の応用で④スイッチが3つの場合でも同じようなことができ，⑤スイッチが4つ，5つと増えていっても同じようなことができます。このように，生活が便利になるように回路は使われています。

(1) 下線部①で，豆電球の中で光る電流が流れにくい部分のことをフィラメントと呼びます。また，回路の中でそれぞれのスイッチなどをつなぐ線を導線といいます。フィラメントと導線のどちらが電流を流しやすいのか，次の**ア**～**ウ**から1つ選び，記号で答えなさい。

ア フィラメントのほうが導線より電流が流れやすい。
イ フィラメントのほうが導線より電流が流れにくい。
ウ どちらも電気の通りやすさは同じ。

（2）　下線部②について，スイッチを押したときにショート回路に**なっていないもの**を，次の**ア**～**エ**から１つ選び，記号で答えなさい。

ア

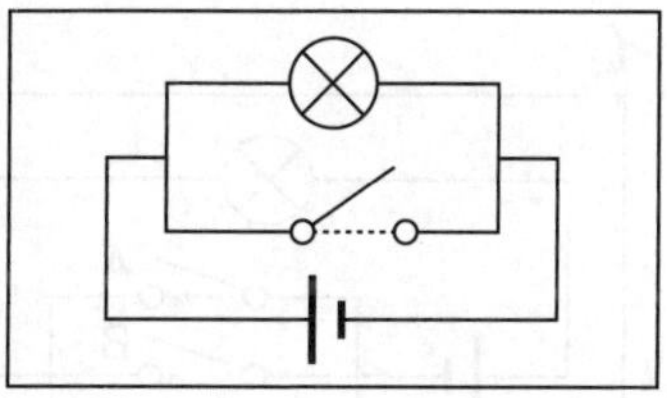

イ

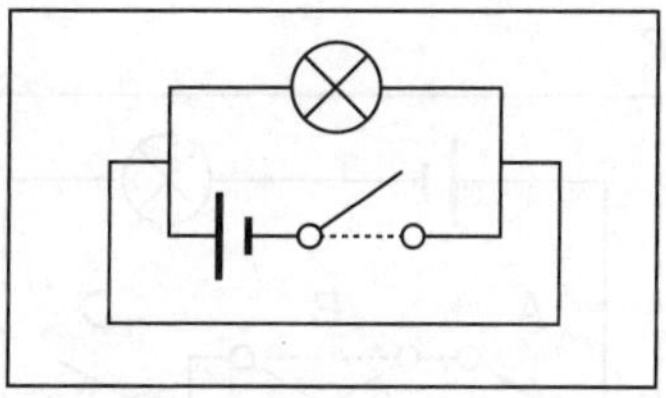

ウ

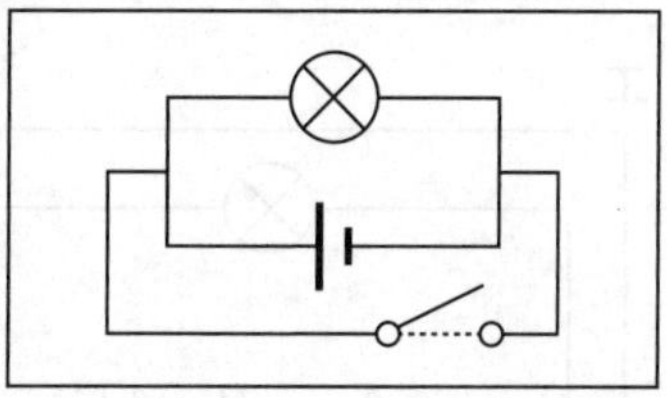

エ

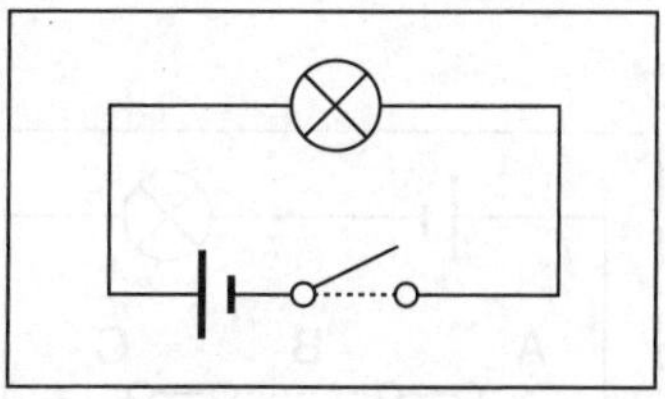

（3）　下線部③について，階段の明かりのしくみを図を使って表すとします。２つのスイッチ**A**，**B**で１つの豆電球のオン・オフを切りかえるときの回路を表した図として最も適当なものを，次の**ア**～**エ**から１つ選び，記号で答えなさい。

ア

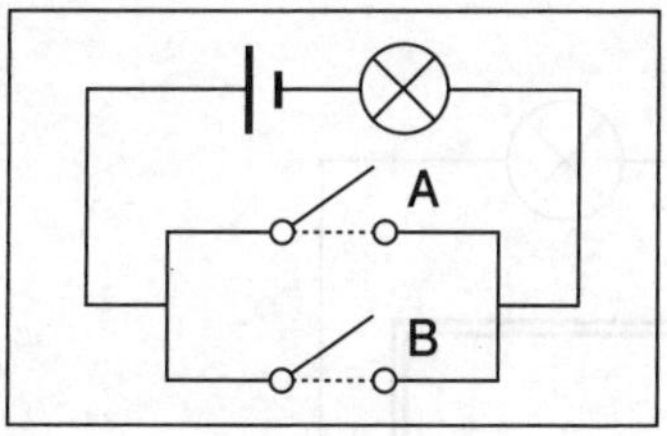

イ

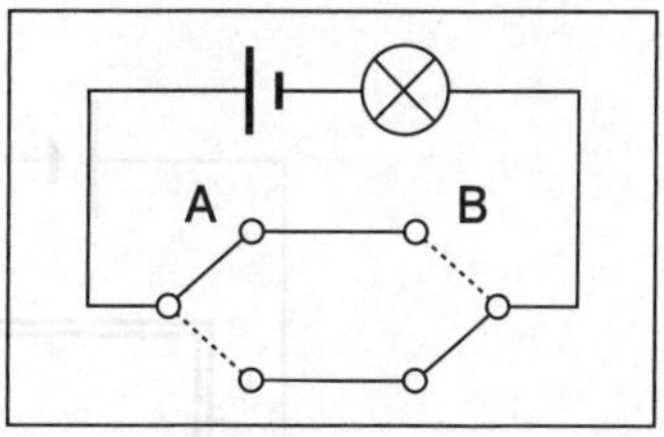

ウ

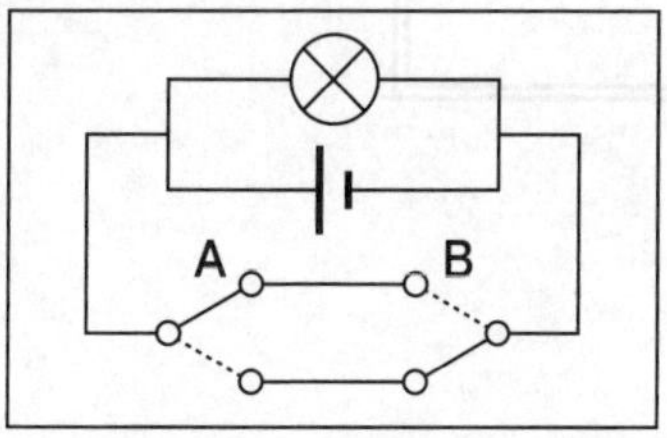

エ

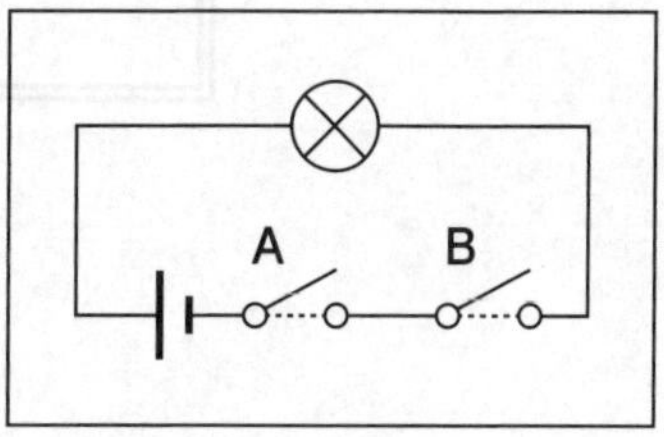

(4)　下線部④について，3つのスイッチ**A**，**B**，**C**で1つの豆電球のオン・オフを切りかえるときの回路を表した図として最も適当なものを，次の**ア**～**エ**から1つ選び，記号で答えなさい。

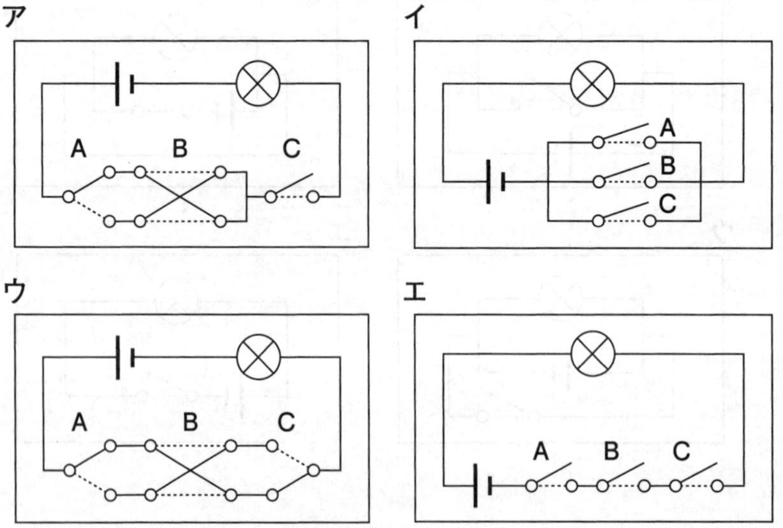

(5)　下線部⑤より，4つのスイッチで1つの豆電球のオン・オフを切りかえるときの回路を表す図を，解答らんの**二重線のわく内**にかきこみなさい。ただし，使用するスイッチは3路スイッチ2つ，4路スイッチ2つとします。

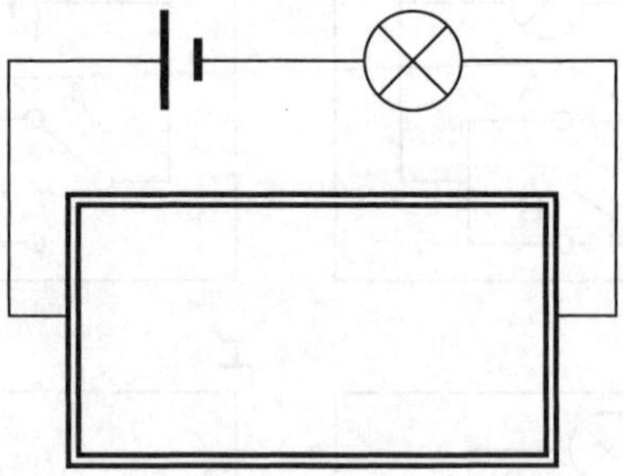

四 **次の文章を一〇〇字以内で要約しなさい。(句読点《くとうてん》をふくむ)**

「有料のレジ袋《ぶくろ》、要《い》りますか」―立ち寄《よ》ったコンビニで早速《さっそく》尋《たず》ねられた。海を汚《よご》すプラスチックごみを減らすため1日、レジ袋が全国一斉《せい》に有料化された▼マイバック持参が基本。無料が当たり前だったのにと思う半面、得心せざるを得ない。プラスチック製のレジ袋は提供禁止という国が増え、日本の対策は先進国に比べ遅《おく》れ気味だった▼レジ袋などのプラごみが海に流れ込《こ》むと、紫外線《しがいせん》や波で砕《くだ》かれ、マイクロプラスチックと呼ばれる微粒子《びりゅうし》になる。分解されにくく海中を浮遊《ふゆう》、回収は難しい。魚や海鳥が餌《えさ》と間違《まちが》えてのみ込めば、体内に蓄積《ちくせき》される▼マイクロプラスチックは魚や貝から検出されるだけでなく、私たちが普段《ふだん》食べている海塩にも交じっているとの研究報告がある。健康を損《そこ》なうほどではないとはいえ衝撃《しょうげき》的だ。海洋汚染《おせん》は年々深刻化し、その実態を「プラスチックスープ」と表現して警告する科学者もいる▼国内で廃棄《はいき》されるプラごみは年間約９００万トン。レジ袋はその２％程度にすぎない。厚手で繰《く》り返し使える袋などは有料化を免《まぬか》れる「抜《ぬ》け道」があり、効果は限られよう▼これでは、プラごみ削減《さくげん》へ一歩踏《ふ》み出したというもおこがましい。日本は四方を海に囲まれ、さまざまな恩恵《おんけい》を受けてきた。その海の悲鳴に耳を傾《かたむ》けねばなるまい。

(京都新聞「凡語」二〇二〇年七月二日)

問八　――線⑥「東京には、モンシロからスジグロへという種類の入れかわりはあったにせよ、白いチョウが街の中をひらひら舞《ま》うという、何となく心安まる状況が残ったのだ」とありますが、筆者がそう考えるのはなぜですか。最も適当なものを次から選び記号で答えなさい。

ア　東京は大阪や名古屋と同様に急速な近代的都市化がなされてきたが、東京では自然に近い状態の公園や緑地が残されているから。

イ　東京の公園整備はできるだけ自然な林や森を残すことを目標に行っていたので、チョウなどの虫にとって住みやすい環境が残されているから。

ウ　東京や大阪、名古屋などの大都市では公園や緑地の数が多く、すべてを近代的な形に整備できないため、昔のままの公園が今でも残されているから。

エ　東京の公園の多くは近代的なものではあるものの、公園自体が高層建築に囲まれていることもあって、住みやすい日かげがたくさん残されているから。

問九　［D］には次のア～ウの文が入ります。文意が通るように正しい順番に並べ記号で答えなさい。

ア　その意味では、公園緑地をどう作るかは、人と自然、都市と自然を考える上で、まことに重要な課題であると思う。

イ　しかしそういう状況があるかないかということによって、何か心の安らぐ都市になるかどうかも決まるのである。

ウ　街の中を白いチョウが飛んでいるかどうか、そんなことどうでもよいと思われるかもしれない。

問十　この文章は、東京の昔と今のチョウの変化をテーマにしています。あなたの身近な、昔と今の変化を説明しなさい。また、変化の理由は何だと考えますか。自由に述べなさい。

問四　モンシロチョウとスジグロシロチョウについて比較《ひかく》した次の表を完成させなさい。

	モンシロチョウ	スジグロシロチョウ
生まれ（原産国）	中国大陸の平原部	（　Ⅰ　）
好む環境	（　Ⅱ　）	林の木もれ日の環境
強い日射しに対して	（　Ⅲ　）	体は過熱して熱麻痺に陥り、飛べなくなってしまう
弱い日射しに対して	体が冷えてしまう	（　Ⅳ　）

問五　[A]～[C]に入る言葉を次からそれぞれ選び記号で答えなさい。

ア　一方　　イ　そして　　ウ　ところが　　エ　なぜなら　　オ　つまり

問六　――線④「東京ではスジグロシロチョウが増えはじめ」とありますが、その原因は何ですか。本文に二つ示されている原因を一文にして一〇〇字以内で答えなさい。

問七　――線⑤「高層建築の生みだした新しい『林』」とありますが、林ではなく「林」と表現しているのはなぜですか。最も適当なものを次から選び記号で答えなさい。

ア　近年における建築物の急激な高層化を批判したいため。
イ　東京に植えられた本物の林であることを強調するため。
ウ　日かげの多い高層建築の環境を比喩《ひゆ》的に表現するため。
エ　この文章の筆者の発言であることを読者に示すため。

問一　――線①「今ではまったく見られぬふしぎな現象」とありますが、ここではそれを何と表現していますか。本文中より二字の熟語でぬき出して答えなさい。

問二　――線②「このこと」について次の問いに答えなさい。

1「このこと」とはどのようなことですか。わかりやすく説明しなさい。

2「このこと」が起きる原因として最も適当なものを次から選び記号で答えなさい。

ア　モンシロチョウの幼虫はアブラナ科植物の葉を食べて育つが、急激な速さで都市化が進んだ東京には畑地がわずかしか残されておらず、餌となる野菜類がまったく栽培されなくなったから。

イ　モンシロチョウの幼虫はアブラナ科植物の葉を食べて育つが、夏に生えるアブラナ科の雑草には栄養価がほとんどなく、親のチョウは秋の作物が植え付けられるまで卵を産もうとしないから。

ウ　モンシロチョウの幼虫の餌となるアブラナ科の野菜類が枯れてしまう夏は、卵が一斉に孵化《ふか》する時期と重なり一部の幼虫しか大きくなれないが、秋にはさまざまな種類の餌が提供されるから。

エ　モンシロチョウの幼虫の餌となるアブラナ科の野菜類が枯れてしまう夏は、道ばたの小さな野草を餌とするしかないが、秋になると菜っ葉類の植え付けが始まり十分に食べられるようになるから。

問三　――線③「東京という大都市におけるモンシロチョウとスジグロシロチョウとの入れかわり」とありますが、その原因を筆者はどう考えていますか。本文中から十三字でぬき出して答えなさい。

これらのことが原因になって、④東京ではスジグロシロチョウが増えはじめ、日なたを好むモンシロチョウは減ってしまったのではないか。ぼくはそう考えたのである。

ぼくのこの想像があたっているかどうか、まだよく分からない。今、いろいろと調べているところである。

けれど、東京でそういうことが可能になったのには、公園緑地が大きな役割を果たしたと考えられる。

東京は家や建物の立ち並ぶ大都市であるが、思ったより公園や緑地が多い。その多くは明るく整備された近代的公園であるが、こういうところはあまり意味をもたない。明るいからモンシロチョウの住む場所には向いているかもしれないが、「雑草」は征伐《せいばつ》して清潔な明るい公園にしているから、そこでモンシロチョウが育つことはできない。

けれど、明治神宮《めいじじんぐう》をはじめとするいわゆる「社叢《しゃそう》」には、木がかなりこんもり茂《しげ》っていて日かげが多く、「雑草」もまだたくさん生えている。こういう場所にはモンシロチョウはほとんど居《お》らず、スジグロシロチョウが住みついている。いったん東京の町に高層建築ができはじめ、日かげが増えだすと、こういう自然の林に近い緑地や公園にいるスジグロシロチョウが、次第《しだい》に⑤高層建築の生みだした新しい「林」に進出していったのではあるまいか？

その結果として東京には、⑥モンシロからスジグロへという種類の入れかわりはあったにせよ、白いチョウが街の中をひらひら舞うという、何となく心安まる状況が残ったのだ。

二十世紀初めの三年ほどにわたっておこなった文部科学省の科学研究費による調査などの結果を見ると、大阪ではどうもそのようになってはいないらしい。急速に近代的大都市となった名古屋でも事情は東京とはちがうらしい。

東京の公園緑地がどのようなポリシーのもとに作られてきたのか、ぼくはまだよく調べていないが、それができるだけ自然な林や森を目標にしていたとはあまり考えられない。多くの公園は、むしろ自然のままの草や木を生やしたものよりも、もっと明るくて「雑草」も「雑木」もない、「近代的」で「都市的」な公園を目指していたと思われる。

そういう公園はモンシロチョウも住みつかせず、スジグロシロチョウも育てず、街をわびしく心の安らぎのないものにしていくのに貢献《こうけん》した。

けれど幸いにして自然に近い状態の残っていた公園や緑地もあったから、大都市東京にはまだチョウがいる。

D

（日高敏隆《としたか》『生き物たちに魅《み》せられて』より）

白いチョウが飛んでいる。モンシロチョウだなと思って見ていると、どうも飛びかたが少しちがう。モンシロチョウなら飛ばないはずの日かげや梢《こずえ》の上を飛ぶのである。捕《つか》まえてみるとスジグロシロチョウだった。

こういう事例が多くなると、モンシロチョウはどうしたのかが気になった。注意して見ていると、モンシロチョウは明らかに減っているようであった。

そんな事態を見ていて、チョウ好きの人々はいろいろと憶測《おくそく》した。去年の冬が寒すぎたからだという人もいた。しかし冬が寒かったらスジグロが増えるのか？　ぼくは変なことを考えた。スジグロシロチョウが増えたのは、東京に高層建築が増えたからではないだろうか、と。

モンシロチョウは元来、中国大陸の平野部にいたチョウで、それが海を渡《わた》って日本にもやってきたのだろうと考えられている。彼《かれ》らは日がよく照る開けた場所が好きであり、体もそのようにできている。たとえば強い日射《ひざ》しに照らされても体はそれほど熱くならないが、林の中や曇《くも》りの日は体が冷えてしまうので苦手である。

[B]、スジグロシロチョウのほうは、昔から日本に住みついていた。中国大陸の平原とちがって森や林ばかりの日本で生まれたこのチョウは、林の木もれ日の環境《かんきょう》を好み、そういう場所の弱い日ざしを受けて体温を保ちながら生きていけるようにできている。けれど、太陽にがんがん照らされると、体は過熱して熱麻痺《まひ》に陥《おちい》り、飛べなくなってしまう。このことは実験的にも確かめてみることができた。

[C]モンシロチョウは開けた場所のチョウであり、スジグロシロチョウは林の中のチョウなのである。

あのころの日本経済の繁栄《はんえい》によって東京に高層建築が増えはじめると、東京という都市の中心部は、高い建物の陰《かげ》が増え、日かげの多い林の中と同じ状況《じょうきょう》になったのではないか。

そうなると、日なたの好きなモンシロチョウは住みにくくなる。明るい公園やお堀端《ほりばた》ぐらいがよく日の当たる場所となり、それ以外は日かげの多い林と同じ、生活にも繁殖《はんしょく》にも幼虫の発育にも具合の悪いところになってしまう。

けれど、片や日かげの好きなスジグロシロチョウにとってみれば、高層建築が増えたことはもっけの幸いであった。昔の平たい東京とはちがって、あちこちに日かげができ、ちょうど林の中にいるようなものだ。

そればかりではない、日なたより日かげを好むムラサキハナナ（オオアラセイトウ）というアブラナ科の植物も、その紫《むらさき》色の花が人間に好まれて、あちこちにたくさん植えられるようになった。野草ではなく栽培植物だから葉も大きく、幼虫の食物としてもうってつけであった。

いものばかりになってしまうということなのである。

そのような小さなモンシロは、極端《きょくたん》にいえば春のものの半分ぐらい。中にはシジミチョウほどの小ささで、モンシロシジミと呼びたいくらいのものまでいた。

この現象はかなり古くからおこっていたらしく、昆虫《こんちゅう》学者の横山桐郎《きりお》氏が動物学雑誌に長い論文を書いている。（横山桐郎「夏生紋《かせいもん》白蝶《しろちょう》翅《し》斑《はん》の変異」動物学雑誌34巻（一九二二）一七八―一九二ページ）

そして秋になると、また春と同じ大きさの、ふつうのモンシロチョウばかりになるのである。

戦後ぼくは②このことにいたく興味を抱《いだ》き、その原因を調べてみた。

理由は簡単であった。当時、キャベツ、ダイコン、カブ、ハクサイなどといったアブラナ科の野菜類は、夏にはとうが立って（花が咲《さ》いて）枯《か》れてしまうので、七月から八月にかけてはどこの畑にもまったく栽培《さいばい》されていなかった。

周知のとおりモンシロチョウの幼虫は、アブラナ科植物の葉を食べて育つ。ところが初夏のキャベツで大量に増えたモンシロチョウが一斉《いっせい》に親のチョウになる七月には、もはやキャベツも菜っ葉もない。しかたなくチョウたちはペンペングサとかイヌガラシとかいう野生のアブラナ科植物に卵を産む。

都市化が進んでいたとはいえ、東京の道ばたにはこういう「雑草」がたくさん生えていた。モンシロチョウたちはこういう草に次々と卵を産みつけていったのである。

ところがこういう野生の草の葉は小さい。そこへ大量の卵が産みつけられる。必然的に幼虫たちは、十分に餌《えさ》が食べられない。しかし季節は真夏で暑いから、発育はどんどん進む。結果的に幼虫たちは、小さな小さなチョウになってしまうのである。

これが、夏の東京で毎年のようにおこっていた小さなモンシロチョウ異変の原因であった。秋になって菜っ葉類の植えつけが始まると、また春と同じ大きさのチョウたちがあらわれてくるのである。

東京でおこったもう一つの異変は、一九七〇年代の初めごろに気づかれるようになった。それは③東京という大都市におけるモンシロチョウとスジグロシロチョウとの入れかわりである。

上に述べたとおり、それまでの東京にいた白いチョウは、そのほとんどすべてがモンシロチョウであった。

スジグロシロチョウというのはモンシロチョウとごく近い仲間のシロチョウで、姿・形も色もよく似ているが、はねの翅脈《しみゃく》が黒いのでスジグロという名がつけられている。これはごく日かげのところにしかいない、東京ではむしろ珍《めずら》しいチョウであった。

A、一九七〇年代の初めごろから、東京にこのスジグロシロチョウが増えだした。

問五　漢字の読みでしりとりをしてスタートからゴールまで進むと通らない漢字があります。その数を答えなさい。進む方向は上下または左右です。(ななめに進むことはできません。)

スタート↓

急	草	特	組	店
上	営	糸	高	生
欠	通	教	駅	家
続	末	馬	時	岸
題	痛	魚	音	色

↓ゴール

三　次の文章を読んで後の問いに答えなさい。

都市、公園、緑地と聞くと、ぼくはすぐモンシロチョウとスジグロシロチョウのことを考える。

昔の東京にはモンシロチョウがたくさんいた。車などたまにしか通らない第二次大戦中の東京では、道ばたのどこにでもモンシロチョウが飛んでいたような気がする。

空襲《くうしゅう》で東京の大部分が焦土《しょうど》と化しても、戦争が終わった翌年には、もうどこからやってきたのか、白いチョウたちの姿がひらひらしていた。

そのころは東京のかなり町なかにもちょっとした畑地が残っていた。世田谷《せたがや》、杉並《すぎなみ》などはまだまだ都市というより田園地帯であった。モンシロチョウたちはそこらじゅうにいた。そして①今ではまったく見られぬふしぎな現象がおこっていた。

それは、夏になるとモンシロチョウがものすごく小さくなってしまうという現象であった。

それまで飛んでいたモンシロチョウが、一夜にして小さくなるわけではもちろんない。夏にあらわれてくるモンシロチョウが、小さ

二 次の問いに答えなさい。

問一　次の①から④の中で、一つだけ送り仮名の誤りがふくまれている文があります。その番号を答え、誤りの部分を正しく直しなさい。

① 法に従って罪人を裁く。
② 先祖代々続く旅館を営なむ。
③ 仕えていた国王の健康を願う。
④ ふたを閉じたかどうか確かめる。

問二　次の九つの熟語には、類義語として対《つい》になるものが四組あります。残った一つの熟語の類義語を漢字で答えなさい。

原料　応答　内容　材料　観光　返答　将来　見物　中身

問三　次の漢字の画数を全部足すといくつになるでしょう。数字で答えなさい。

染　弓　時　増　建

問四　次の漢字を組み合わせて四字熟語を四つ作り、その中から①～③のいずれの意味にもならない四字熟語を答えなさい。

終　刀　直　単　同　様　音　始　入　多　多　一　異　種　口　部

① 前置きなしですぐ本題に入ること
② さまざまであること
③ 口々に同じことを言うこと

二〇二一年度 光英VERITAS中学校

【国　語】〈特待選抜入試〉（五〇分）〈満点：一〇〇点〉

一

次の①～⑩について、――線部のカタカナは漢字に、漢字はひらがなに直しなさい。

① クリスマスケーキの箱を抱《かか》えてイエジを急ぐ。
② 今夜は遠くの港から船のキテキが聞こえてくる。
③ 日本は中国と古くからコウエキを行ってきた。
④ 地震《じしん》で壊《こわ》れた道路のフッキュウ工事が進められる。
⑤ 体操競技大会で難度の高いチュウガエりを成功させた。
⑥ 結婚式《けっこんしき》の費用は夫婦《ふうふ》で折半することに決めた。
⑦ 公共物を借用するには許可が必要だ。
⑧ 幼少期から類いまれな音楽の才能を発揮した。
⑨ 琵琶湖《びわこ》を一周する遊覧船に家族全員で乗った。
⑩ 「医は仁術なり」の信条を持って伝染病《でんせんびょう》の治療《ちりょう》にあたる。

2021年度

光英VERITAS中学校 ▶解説と解答

算数 ＜特待選抜入試＞（50分）＜満点：100点＞

解答

1 (1) 56 (2) $\frac{1}{3}$ (3) 15.7 (4) 314 (5) 400 g
2 (1) 52500ウォン (2) 96度 (3) 時速48km
3 (1) 10秒後 (2) 40秒後
4 (1) 6日 (2) 5日
5 62.8cm^2
6 7.5cm
7 (1) 23番目 (2) $\frac{17}{28}$ (3) 58番目

解説

1 四則計算，計算のくふう

(1) $36\times49\div21-(24+16\div4)=\frac{36\times49}{21}-(24+4)=84-28=56$

(2) $0.375\times1\frac{1}{3}\div\left(2-\frac{5}{6}\times0.6\right)=\frac{3}{8}\times\frac{4}{3}\div\left(2-\frac{5}{6}\times\frac{3}{5}\right)=\frac{3}{8}\times\frac{4}{3}\div\left(2-\frac{1}{2}\right)=\frac{3}{8}\times\frac{4}{3}\div\frac{3}{2}=\frac{3}{8}\times\frac{4}{3}\times\frac{2}{3}=\frac{1}{3}$

(3) $6.51\times3.14+6.34\times1.57-2.34\times6.28=6.51\times3.14+3.17\times2\times1.57-2.34\times2\times3.14=6.51\times3.14+3.17\times3.14-4.68\times3.14=(6.51+3.17-4.68)\times3.14=5\times3.14=15.7$

2 単位の計算，時計算，速さ，約数と倍数，濃度《のうど》

(1) 50ドルは，105×50＝5250(円)なので，5250÷0.1＝52500(ウォン)にあたる。

(2) 時計の長針は，毎分，360÷60＝6(度)，短針は，毎分，360÷12÷60＝0.5(度)進み，長針と短針の間の角度は，毎分，6－0.5＝5.5(度)開く。11時ちょうどに長針と短針がつくる小さいほうの角度は，360÷12＝30(度)だから，11時12分には，この角の大きさが，30＋5.5×12＝96(度)になる。

(3) 行きと帰りでかかった時間の比は，$\frac{1}{60}:\frac{1}{40}=2:3$なので，家と図書館の間の距離《きょり》を，60×2＝40×3＝120とすると，往復で，120×2＝240進むのに，2＋3＝5の時間かかったことになる。よって，往復の平均の速さは，時速，240÷5＝48(km)である。

(4) 7でわると6あまる数は，7でわりきるためには1たりない数とも言えるので，「(7の倍数)－1」と表すことができる。同様に，9でわると8あまる整数は，9でわりきるためには1たりない数で，「(9の倍数)－1」と表せる。これらを同時に満たすのは，「(7と9の公倍数)－1」，つまり，「(63の倍数)－1」である。そこで，63の倍数を小さい順にあげると，63，126，189，252，315，…で，これから1を引くと，62，125，188，251，314，…となるので，300に最も近い数は314とわかる。

(5) それぞれの食塩水にふくまれる食塩の重さを面積図で表すと，下の図①のようになる。色のついた部分の面積の合計と，太線で表した長方形の面積は等しいので，アとイの面積も等しい。ア，イの縦の長さの比は，(6－4)：(4－3)＝2：1だから，横の長さの比は，$\frac{1}{2}:\frac{1}{1}=1:2$である。つまり，□＝200×$\frac{2}{1}$＝400(g)なので，3％の食塩水は400g入れたことになる。

図①

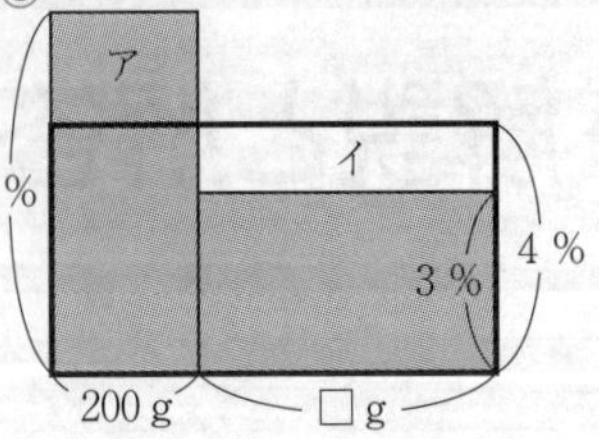

図②

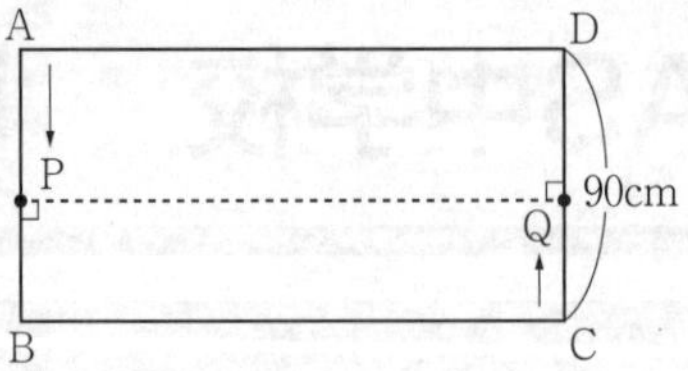

図③

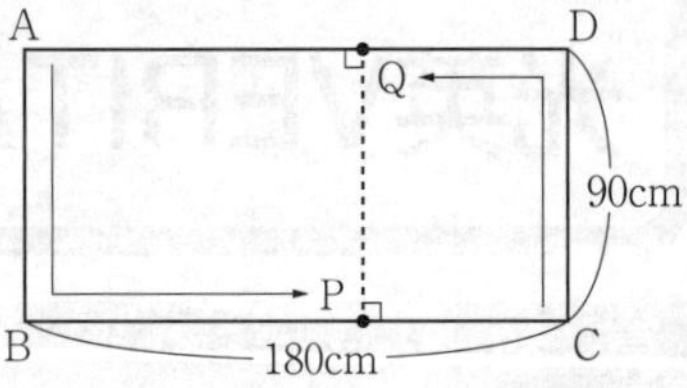

3 平面図形―図形上の点の移動

⑴　直線PQが初めて辺ADと平行になる様子は，上の図②のようになる。このとき，点Pと点Qは，合わせて90cm進んでいるから，図②の状態になるのは，出発してから，90÷（5＋4）＝10(秒後)のことである。

⑵　直線PQが初めて辺ABと平行になる様子は，上の図③のようになる。このとき，点Pと点Qは，合わせて，90×２＋180＝360(cm)進んでいるから，図③の状態になるのは，出発してから，360÷（5＋4）＝40(秒後)のことである。

4 仕事算

⑴　この仕事の仕事量を15と10の最小公倍数の30とすると，聖子さん１人では，１日あたり，30÷15＝2，光英くん１人では，１日あたり，30÷10＝３の仕事ができる。よって，聖子さん，光英くんの２人で行うと，30÷（２＋３）＝６(日)で完成する。

⑵　２人が休まずに８日仕事をすると，（２＋３）×８＝40の仕事をするはずだが，実際にした仕事の量は30なので，40－30＝10だけ少ない。これは，聖子さんが休んだ日数ですることのできる仕事量だから，聖子さんが休んだのは，10÷２＝５(日)となる。

5 平面図形―面積

まず，下の図①に示すように，色のついた部分の一部を移動させる。次に，下の図②の点Oは円の中心，ABは円の直径である。図②で，ABとCDは平行だから，三角形ODEと三角形OCEの面積は等しい。そこで，色のついた部分を太線で示すような形に変形すると，半径10cm，中心角，360÷10＝36(度)のおうぎ形が２つできる。したがって，色のついた部分の面積の和は，10×10×3.14×$\frac{36}{360}$×２＝20×3.14＝62.8(cm^2)と求められる。

図①

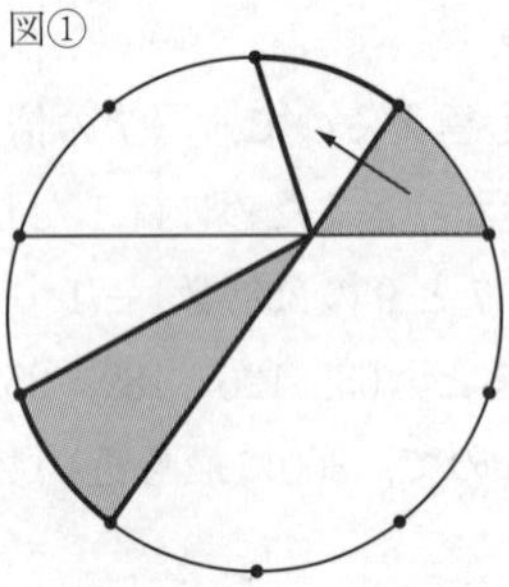

図②

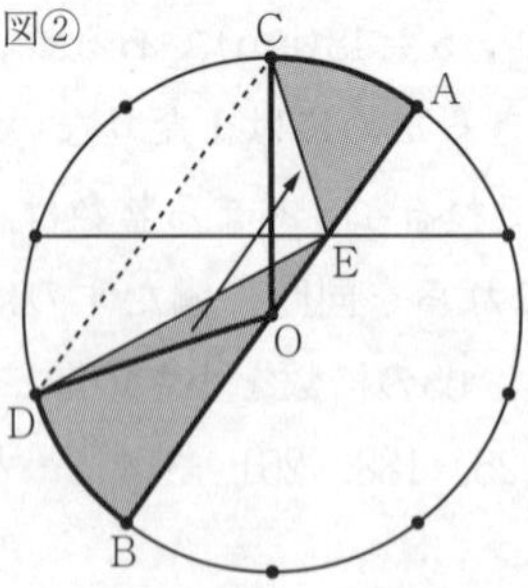

図③

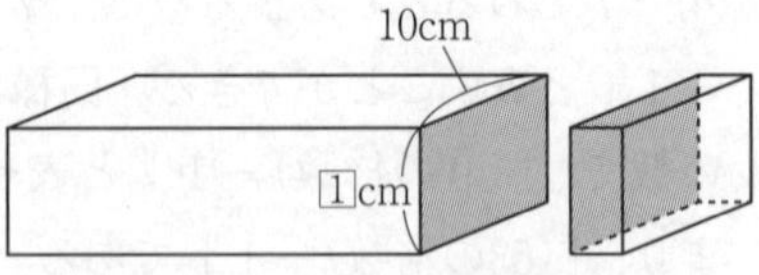

6 立体図形―表面積

カステラの高さを[1]cmとすると，切る前のカステラの表面積は，(30×10＋10×[1]＋[1]×30)×２＝(300＋[40])×２＝600＋[80](cm^2)である。このカステラを１回切ると，上の図③の色のついた部分のように，[1]×10＝[10](cm^2)の面積の面が２つ増える。カステラを９等分するためには，８回切る必要があるので，表面積は切る前より，$\boxed{10}\times2\times8=\boxed{160}$(cm^2)増える。これによって，表面積が切る前の2倍になったということは，増えた$\boxed{160}$cm^{2}が切る前の表面積と等しいということだから，$\boxed{160}=600+\boxed{80}$という式が成り立つ。すると，$\boxed{160}-\boxed{80}=\boxed{80}=600$より，$\boxed{1}=600\div80=7.5$なので，カステラの高さは7.5cmと求められる。

7 数列

(1) 右の図①のように，並んでいる分数を1個，2個，3個，4個，…と区切って，それぞれのまとまりを第1組，第2組，第3組，

図①

$$\frac{1}{2}\Big/\frac{1}{4},\ \frac{3}{4}\Big/\frac{1}{6},\ \frac{3}{6},\ \frac{5}{6}\Big/\frac{1}{8},\ \frac{3}{8},\ \frac{5}{8},\ \frac{7}{8}\Big/\frac{1}{10},\ \frac{3}{10},\ \cdots$$

第4組，…とする。このとき，それぞれの組に並んでいる分数の分母は，第1組が2，第2組が4，第3組が6，第4組が8，…というように，第N組ならばN番目の偶数《ぐうすう》となっている。また，分子は，1，3，5，…と，奇数《きすう》が1から順に並んでいて，第N組にはN個の分数が並ぶ。これをふまえると，$\frac{3}{14}$は，分母の14が7番目の偶数，分子の3が2番目の奇数だから，第7組の2番目の分数とわかる。よって，$\frac{3}{14}$は初めから数えて，$1+2+3+4+5+6+2=23$(番目)の分数である。

(2) $1+2+3+\cdots+13=(1+13)\times13\div2=91$，$1+2+3+\cdots+13+14=91+14=105$より，第13組の最後までに91個，第14組の最後までに105個の分数が並ぶから，初めから数えて100番目の分数は，第14組の，$100-91=9$(番目)の分数である。このとき，分母は，$2\times14=28$で，分子は，$2\times9-1=17$だから，求める分数は$\frac{17}{28}$となる。

図②

第N組	1	2	3	4	5	6	7	8	9	10	11
組の分数の和	$\frac{1}{2}$	1	$1\frac{1}{2}$	2	$2\frac{1}{2}$	3	$3\frac{1}{2}$	4	$4\frac{1}{2}$	5	$5\frac{1}{2}$
第1組からの和	$\frac{1}{2}$	$1\frac{1}{2}$	3	5	$7\frac{1}{2}$	$10\frac{1}{2}$	14	18	$22\frac{1}{2}$	$27\frac{1}{2}$	33

(3) それぞれの組の分数の和を調べると，$\frac{1}{2}$，$\frac{1}{4}+\frac{3}{4}=1$，$\frac{1}{6}+\frac{3}{6}+\frac{5}{6}=1\frac{1}{2}$，$\frac{1}{8}+\frac{3}{8}+\frac{5}{8}+\frac{7}{8}=2$，…というように，第$N$組の分数の和は，$\frac{1}{2}\times N$となっていることがわかる。これをもとに，それぞれの組の分数の和と，第1組からの和を調べると，上の図②のようになる。図②と，$\frac{307}{11}=27\frac{10}{11}$であることから，1番目からの和が$\frac{307}{11}$になるのは，第11組の途《と》中《ちゅう》までたしたときである。第10組までの分数の和は$27\frac{1}{2}$なので，あと，$27\frac{10}{11}-27\frac{1}{2}=\frac{9}{22}$たせばよく，$\frac{9}{22}=\frac{1}{22}+\frac{3}{22}+\frac{5}{22}$より，第11組の3番目の分数である$\frac{5}{22}$までたせば，和が$\frac{307}{11}$になる。よって，最後の分数は，初めから数えて，$1+2+3+\cdots+9+10+3=(1+10)\times10\div2+3=55+3=58$(番目)である。

社 会 ＜特待選抜入試＞（30分）＜満点：60点＞

解 答

問1 核兵器をもたず，つくらず，もちこませず　**問2** (例) オランダはキリスト教の布教と貿易を切り離したから。　**問3** ポツダム　**問4** ア　**問5** 5月3日　**問6** (例) Aさんの表現の自由にもとづいた行為が，Bさんのプライバシーの権利を侵害したから。　**問**

7　**[A]**　エ　**[B]**　ウ　**問8**　エ　**問9**　自衛隊　**問10**　サンフランシスコ平和　**問11**　SDGs　**問12**　高度経済成長　**問13**　イ　**問14**　沖縄　**問15**　ウ　**問16**　岡山県，香川県　**問17**　イ　**問18**　冷戦(冷たい戦争)　**問19**　PKO　**問20**　米騒動，㋒　**問21**　**A党**…４人　**B党**…１人　**C党**…２人　**問22**　男女共同参画社会　**問23**　エ　**問24**　ウ，㋑

解　説

1945年から2019年までのできごとを題材とした総合問題

問1　「核兵器をもたず，つくらず，もちこませず」という日本政府の核兵器に関する基本方針を非核三原則という。1967年の国会答弁で佐藤栄作首相が初めて表明し，1971年の衆議院本会議で決議され，それ以降，政府の方針となっている。

問2　江戸幕府は，キリスト教の教えや結束力が支配のさまたげになると考え，キリスト教の禁止を徹底《てってい》し，禁教令を出したり宣教師を国外へ追放したりしたのち，1639年にポルトガル船の来航を禁止して鎖国を完成させた。鎖国後は，キリスト教の布教を目的としないオランダと清(中国)に限り，長崎で貿易を続けた。

問3　1945年７月にアメリカ・イギリス・中国(のちにソ連も参加)の名で日本に無条件降伏《こうふく》をすすめるポツダム宣言が出された。当初，日本はこれを無視していたが，広島・長崎への原爆投下やソ連の対日参戦などを受け，８月14日にこれを受け入れることを連合国側に通知し，翌15日に天皇がラジオで国民にこのことを伝えた。

問4　1945年12月に衆議院議員選挙法が改正されると，それまで満25歳以上の男子だけにあたえられていた選挙権が満20歳以上のすべての男女にあたえられることになり，女性の参政権が初めて認められた。

問5　日本国憲法は，1946年11月３日に公布され，1947年５月３日に施行された。現在，11月３日は文化の日，５月３日は憲法記念日として，それぞれ国民の祝日になっている。

問6　私生活を他人から守る権利や，自分に関する情報を自分で管理する権利をプライバシーの権利といい，「新しい人権」として認められるようになってきているが，表現の自由とぶつかることがしばしばある。資料では他人に知られたくないことを書かれたＢさんのプライバシーの権利と，小説を書いたＡさんの表現の自由が争点となっている。

問7　**[A]**　アは１世紀の内容で『後漢書』東夷伝に，イは５世紀の内容で『宋書』倭国伝に，ウは紀元前後の内容で『漢書』地理志に，エは３世紀の内容で『魏志』倭人伝に書かれている。したがって，時代順にウ→ア→エ→イとなる。　**[B]**　アは鎌倉時代の1274年と1281年のできごと，イは平安時代中期の894年のできごと，ウは平安時代末期のできごと，エは平安時代初期のできごとである。したがって，時代順にエ→イ→ウ→アとなる。

問8　豊臣秀吉が1592～93年(文禄の役)と1597～98年(慶長の役)の２度にわたって朝鮮に出兵したさい，朝鮮から多くのすぐれた陶工が日本に強制的に連れてこられた。彼らによって焼き物の技術が伝えられたことで，佐賀県の有田焼や山口県の萩焼など，各地ですぐれた陶器がつくられるようになった。

問9　1950年に朝鮮戦争が起こると，日本を占領するアメリカ軍が国連軍の主力として朝鮮半島に派遣されたため，日本国内の治安を維持するという名目で，警察予備隊が設置された。警察予備隊は1952年に保安隊に改組され，1954年には自衛隊として発足し，現在にいたっている。

問10　1951年，吉田茂首相はアメリカのサンフランシスコで開かれた講和会議に日本全権として出席し，連合国48か国との間にサンフランシスコ平和条約を結んだ。これによって，連合国軍による占領が終わり，日本は独立を回復した。

問11　SDGsは，2015年に国連総会で採択《さいたく》された「持続可能な開発目標」のことで，「貧困をなくそう」「すべての人に健康と福祉を」「人や国の不平等をなくそう」「平和と公正をすべての人に」など，2030年までに世界が達成すべき17のゴール(目標)と169のターゲット(達成基準)が盛りこまれている。

問12　1950年代半ばから，鉄鋼・自動車・石油化学工業などの重化学工業を中心に産業が発達し，経済がめざましく発展したことを高度経済成長という。この経済発展は，1973年に第４次中東戦争の影響で石油危機(オイルショック)が起きたことによって終わりを迎えた。

問13　歌川広重は，江戸時代後半の化政文化を代表する浮世絵師で，江戸と京都を結んだ東海道の53の宿場の風景をえがいた「東海道五十三次」が代表作として知られる。なお，東海道，中山道，甲州街道，奥州街道，日光街道を五街道という。

問14　サンフランシスコ平和条約の発効によって日本は独立を回復したが，沖縄は引き続きアメリカの施政権下に置かれ，ベトナム戦争時にはアメリカ軍の前線基地となった。1971年に佐藤栄作首相が沖縄返還協定を結んだことで，翌72年に日本への復帰が実現した。

問15　７世紀末から８世紀初頭は，680年ぐらいから720年ぐらいまでを指す。アは708年，イは701年，エは710年で，この時期のできごとであるが，仏教の力で人びとの不安をしずめ，国を安らかに治めようと，聖武天皇が東大寺に大仏をつくるよう命じたのは，743年のことである。よって，ウが誤っている。

問16　瀬戸大橋は，1988年に開通した本州四国連絡橋の一つで，本州の岡山県倉敷市児島と四国の香川県坂出市を６つの橋(南備讃瀬戸大橋・北備讃瀬戸大橋・与島橋・岩黒島橋・櫃石島橋・下津井瀬戸大橋)で結んでいる。

問17　後醍醐天皇は，新田義貞や足利尊氏らの協力を得て1333年に鎌倉幕府を滅ぼすと，翌34年，建武の新政とよばれる天皇中心の政治を復活させた。しかし，この新政は武士よりも公家を重く用い，公家に対して恩賞を手厚くしたので，多くの武士の不満を招き，２年半あまりで失敗に終わった。

問18　アメリカを中心とする資本主義国による西側陣営と，ソ連を中心とする社会主義国による東側陣営との，第二次世界大戦後の直接戦火を交えない国際的な対立を冷戦(冷たい戦争)という。1989年12月，アメリカのブッシュ大統領とソ連のゴルバチョフ書記長の首脳会談(マルタ会談)により，冷戦の終結が宣言された。

問19　国連平和維持活動の略称をPKOといい，地域紛争の解決を平和的にはかったり，停戦状況を監視したりするなどの活動が行われている。日本では，1991年に起こった湾岸戦争をきっかけに，自衛隊の海外派遣について検討され，1992年にPKO協力法が制定された。

問20　1918年，シベリア出兵をみこして米商人や地主が米の買い占《し》めや売り惜しみを行い，急激に米価が上がったため，富山県魚津の主婦たちが米の値下げを求めて米屋におしかけ，全国各地でも同様の暴動が起こった。これを米騒動《そうどう》といい，この責任をとって辞職した寺内正毅内閣に代わり，原敬内閣が成立した。

問21　ドント方式で計算すると，A党は，960÷1＝960，960÷2＝480，960÷3＝320，960÷4＝240，B党は，210÷1＝210，210÷2＝105，210÷3＝70，210÷4＝52.5，C党は，480÷1＝480，480÷2＝240，480÷3＝160，480÷4＝120。商の大きいほうから順に，当選者数7人に達するまで議席を割り当てると，Bの210までが当選するので，Aは960・480・320・240が当選で4人，Bは210が当選で1人，Cは480・240が当選で2人となる。

問22　男女平等の実現を推進していくために，男女がおたがいを尊重して協力し，社会の支援の下にその個性と能力を生かして活動を行えるようにすることなどを定めた男女共同参画社会基本法が，1999年に制定された。

問23　まずDは4県の中で最も面積が大きいことから岩手県，次に面積の大きいAが福島県とわかる。残ったBとCについて，Bはまぐろの漁獲量が最も多いことから宮城県，Cは工業出荷額とキャベツの生産量が最も多いことから茨城県となる。

問24　2016年6月，イギリスがEU(ヨーロッパ連合)から離脱《りだつ》するかEUにとどまるかの意思を問う国民投票が行われ，過半数の賛成によりEUからの離脱が決まった。その後，何度か離脱の延期が行われたが，2020年1月31日にイギリスは正式にEUから離脱した。なお，地図中の㋐はロシア，㋒は韓国，㋓はアメリカ。

理　科　＜特待選抜入試＞（30分）＜満点：60点＞

解　答

[1] (1) ウ　(2) ア，イ　(3) ア　(4) エ　(5) ウ　[2] (1) ウ　(2) (例) ① すき間の多い　② 体積が大きい　(3) ① 0.9　② 0.9　③ 0.9　④ 0.9　⑤ イ　[3] (1) へん西風　(2) B→A→C　(3) ①　(4) エ　(5) イ　[4] (1) イ　(2) エ　(3) イ　(4) ウ　(5) 解説の図を参照のこと。

解　説

[1] セキツイ動物の特ちょう，進化についての問題

(1)　カメはまわりの温度によって体温が変化する変温動物である。セキツイ動物のうち，魚類(コイやメダカなど)，両生類(カエルやイモリなど)，は虫類(カメやトカゲなど)は変温動物である。そして，カエルは体温の下がる冬の時期に，土の中で冬眠する。なお，鳥類(ハトやインコなど)とほ乳類(ハムスターやヒト，イヌなど)は，まわりの温度の変化によって体温をほとんど変えない恒《こう》温《おん》動物である。

(2)　インコのような鳥類は陸上に卵を産む。かたいからにおおわれた卵は，乾そうに強いという有利な点がある。また，かたいからでおおわれていることは，親鳥に温められてもつぶれにくいという利点もあるといえる。

(3)　両生類のイモリは水中に産卵し，まわりの温度によって体温が変化する変温動物である。また，は虫類のカメは肺呼吸をする。

(4)　陸上は，水中よりも水分が不足しやすいため，乾そうを防ぐかたいからの卵の方が生存に有利である。したがって，エが選べる。

⑸ 生物は，生息する環境《かんきょう》にあわせて少しずつその特ちょうを変化させて適応していく場合が多い。

2 水の状態変化，浮力《ふりょく》についての問題

⑴ 氷を加熱していったとき，氷の一部がとけ始めて水と氷が混ざった状態になると，加えられた熱が氷を水に変化させるためだけに使われるため，温度が0℃のまま変化しない。次に温度が変化しなくなるのは100℃になったときで，水と水蒸気が混ざった状態となり，加えられた熱はすべて水を水蒸気に変化させるためだけに使われる。

⑵ 図2で，氷の方が水よりも水分子の間にあるすきまが多いことから，同じ重さで比べると氷の方が水よりも体積が大きいことがわかる。ペットボトルに入った水をこおらせると，体積が大きくなるためペットボトルがふくらむ。

⑶ 物体が水に浮《う》いているとき，物体の重さと浮力はつり合っていることから，0.9gの氷が押《お》しのけた水の重さも0.9gになる。水1gは1cm^{3}なので，氷が押しのけた水0.9gの体積は0.9cm^{3}で，Bの体積も0.9cm^{3}である。氷がすべてとけても重さは変わらず0.9gのままで，この水の体積は0.9cm^{3}でBの体積と等しい。そのため，水面の高さは氷がとける前と後で変わらない。

3 日本付近の天気の変化についての問題

⑴ 日本付近の天気は西から東へと変化していくことが多い。これは，日本の上空ではへん西風と呼ばれる強い西風がたえず吹いていることが原因である。

⑵ ⑴で述べたことと同じように，前線も時間の経過とともに西から東へと移動することが多いので，前線が最も西にあるBの天気図が最も日にちが古く，前線が最も東にあるCの天気図が最も日にちが新しい。

⑶ たとえば，地面が熱せられると地上付近の空気があたためられ，あたためられた空気はまわりの空気より軽くなり上空に移動する。上空は地上と比べて気圧が低く空気がふくらむために空気の温度が下がり，空気中にふくむことのできる水蒸気の量が減る。さらに空気が上昇《じょうしょう》して温度が下がると，空気中にふくまれなくなった水蒸気の一部が小さな水のつぶとなり，雲ができ始める。

⑷ 寒冷前線が通過するとき，この前線によりできる雲により，比かく的せまいはんいに短時間強い雨が降る。雨が降るとき，空気中にふくまれる水蒸気の量は多く，湿度《しつど》が高くなる。

⑸ はじめの日(天気図B)は前線から遠いため，雲はあまりなくて晴れていたと考えられる。2日目(天気図A)から3日目(天気図C)にかけては，温暖前線が通過しているので，おだやかな雨が長時間降り，その後天気が回復して再び晴天となったと予想される。

4 豆電球と回路，階段のスイッチについての問題

⑴ フィラメントの方が導線より電流が流れにくく，電気のエネルギーがより熱のエネルギーや光のエネルギーに変わっていく。

⑵ スイッチを押したとき，ア，イ，ウでは電気が流れにくい豆電球を1つも通らないショート回路となるため，豆電球に電流が流れず，豆電球は光らない。エはスイッチを押したとき，電池と豆電球がつながれた回路となり，ショート回路にはなっていない。そのため，豆電球に電流が流れて豆電球が光る。

⑶ イでは，豆電球がついている状態(オン)になっているとき，A，Bどちらのスイッチを切りかえても，回路がとちゅうで切れて豆電球が消えている状態(オフ)にすることができる。仮に，Aと

Bのスイッチがどちらも上向きになっている状態からAのスイッチを下側に切りかえて豆電球をオフした場合，次にAのスイッチを上側に切りかえるか，Bのスイッチを下側に切りかえるかのいずれかの方法で豆電球をオンすることができる。また，AとBのスイッチがどちらも上向きになっている状態からBのスイッチを下側に切りかえて豆電球をオフした場合，次にBのスイッチを上側に切りかえるか，Aのスイッチを下側に切りかえるかのいずれかの方法で豆電球をオンすることができる。

⑷，⑸　⑷のウのように，3路スイッチの間に交差するような4路スイッチを入れることで，どのスイッチでも豆電球のオン・オフを切りかえることができるようになる。3路スイッチの間に入れる4路スイッチは数を増やすことができ，たとえば，4つのスイッチで1つの豆電球のオン・オフをきりかえるときの回路は，右上の図のようなる。

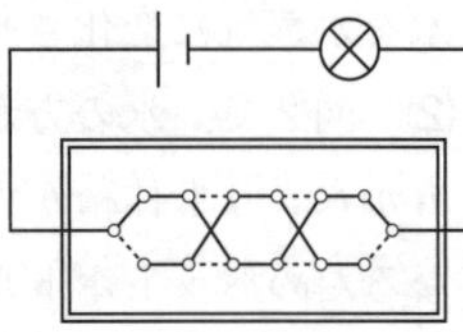

国　語　＜特待選抜入試＞（50分）＜満点：100点＞

解　答

一　①～⑤　下記を参照のこと。　⑥　せっぱん　⑦　しゃくよう　⑧　たぐ(い)　⑨　ゆうらんせん　⑩　じんじゅつ　二　問1　番号…②　訂正…営む　問2　未来　問3　45　問4　一部始終　問5　6　三　問1　異変　問2　1　(例)　夏になるとモンシロチョウが小さいものばかりになり，秋になると春と同じ大きさのふつうのモンシロチョウばかりになること。　2　エ　問3　東京に高層建築が増えたから　問4　Ⅰ　(例)　日本の森や林　Ⅱ　(例)　日がよく照る開けた場所　Ⅲ　(例)　体はそれほど熱くならない　Ⅳ　(例)　体温を保ちながら生きていける　問5　A　ウ　B　ア　C　オ　問6　(例)　高層建築が増えたことによって，東京が日かげの多い林の中と同じ状況になり住みやすくなったことと，日かげを好むムラサキハナナがたくさん植えられるようになって，幼虫の食物としてうってつけの環境になったこと。　問7　ウ　問8　ア　問9　ウ→イ→ア　問10　(例)　昔はランドセルといえば男子は黒で女子は赤と決まっていたらしいが，今はいろんな色のランドセルがある。これは「男子だから」とか「女子だから」という偏見をなくし，個性を大切にしようという考え方が広がったためだと考える。　四　(例)　海を汚すプラスチックゴミを減らすために，レジ袋が有料化された。しかし，レジ袋は国内で廃棄されるプラごみの2％程度にすぎず，プラごみ削減へ一歩を踏み出したとはいえない。海の悲鳴に耳を傾けるべきである。

●漢字の書き取り

一　①　家路　②　汽笛　③　交易　④　復旧　⑤　宙返(り)

解　説

一　漢字の書き取りと読み

①　自宅へ帰る道。　②　蒸気の噴出《ふんしゅつ》によって鳴らす笛。　③　物品の交換《こうかん》や売買をすること。　④　傷んだり壊《こわ》れたりしたものをもとの状態にもどすこと。　⑤　空中で体を回転すること。　⑥　半分ずつに分けること。　⑦　借りて使うこと。　⑧　音読みは「ルイ」で，

「種類」などの熟語がある。　⑨　景色を見物するために海や河川，湖を航行する船。　⑩　思いやりの心を他人にほどこす方法。

二　送りがなの知識，類義語の知識，漢字の画数，四字熟語の知識，漢字のしりとり

問1　②は「営む」とするのが正しい。「営」の音読みは「エイ」で，「営業」などの熟語がある。

問2　「原料」と「材料」，「応答」と「返答」，「内容」と「中身」，「観光」と「見物」がそれぞれ対《つい》になり，「将来」が残ることになる。その類義語なので，「未来」とするのがよい。

問3　「染」は9画，「弓」は3画，「時」は10画，「増」は14画，「建」は9画で書く。

問4　できあがる四字熟語は，①の意味の「単刀直入」，②の意味の「多種多様」，③の意味の「異口同音」で，残ったものでできるのは，“はじめから終わりまで”という意味の「一部始終」である。

問5　スタートから順に，急(キュウ)→上(うえ)→営(エイ)→糸(いと)→特(トク)→組(くみ)→店(みせ)→生(セイ)→家(いえ)→駅(エキ)→教(キョウ)→馬(うま)→末(マツ)→痛(ツウ)→魚(うお)→音(おと)→時(とき)→岸(きし)→色(ショク)と進むことができる。

三　出典は日高敏隆《ひだかとしたか》の『生き物たちに魅《み》せられて』による。昔，まだモンシロチョウがたくさんいたころの東京でおこっていた，今では見られなくなったふしぎな現象について，その原因を説明した後で，筆者が興味を持ったもう一つの現象についても筆者自身の見解を述べている。

問1　「今ではまったく見られぬふしぎな現象」とは，直後に述べられている「夏になるとモンシロチョウがものすごく小さくなってしまうという現象」である。これについて理由を説明した後に，「これが，夏の東京で毎年のようにおこっていた小さなモンシロチョウ異変の原因であった」とあるので，「異変」がぬき出せる。

問2　**1**　筆者が「ふしぎ」だと思って「興味を抱《いだ》」いていたのは，「夏になるとモンシロチョウがものすごく小さくなってしまうという現象」である。さらに，傍線《ぼうせん》部②の直前に「秋になると，また春と同じ大きさの，ふつうのモンシロチョウばかりになる」とあるので，これも加える。

2　続く部分に注目する。モンシロチョウの幼虫の餌《えさ》となる「アブラナ科の野菜類は，夏にはとうが立って枯《か》れてしまう」ので「チョウたちは～野生のアブラナ科植物に卵を産む」が，「野生の草の葉は小さ」く「幼虫たちは，十分に餌が食べられない」結果「小さな小さなチョウになってしま」い，「秋になって～また春と同じ大きさのチョウたちがあらわれてくる」と説明されている。

問3　「東京にいた白いチョウは，そのほとんどすべてがモンシロチョウであった」のに，「一九七〇年代の初めごろから」「スジグロシロチョウが増えだした」原因についていろいろな臆測《おくそく》があったが，筆者は「スジグロシロチョウが増えたのは，東京に高層建築が増えたからではないだろうか」と考えたと述べている。

問4　Ⅰ　空欄《くうらん》Bから始まる段落では，スジグロシロチョウについて説明されている。スジグロシロチョウは「森や林ばかりの日本で生まれた」とあるので，モンシロチョウの「中国大陸の平原部」に対応する形で答える。　Ⅱ　モンシロチョウについて説明されている部分に注目する。「彼《かれ》らは日がよく照る開けた場所が好きであり」と述べられている。　Ⅲ　「日がよく照る」場所が好きなモンシロチョウは，体もそれに合わせてできていて，「強い日《ひ》射《ざ》しに照らされても体はそれほど熱くならない」とある。　Ⅳ　「森や林ばかりの日本で生まれた」スジグロシロチョウは「弱い日ざしを受けて体温を保ちながら生きていけるようにできている」と説明されている。

問5　**A**　スジグロシロチョウは「東京ではむしろ珍《めずら》しいチョウであった」はずなのに，「一九七〇年代の初めごろから，東京にこのスジグロシロチョウが増えだした」という文脈なので，前のことがらを受けて，後に対立することがらを述べるときに用いる「ところが」があてはまる。

B　モンシロチョウの生態について説明した後で，今度はスジグロシロチョウについて説明しているので，話を変えて二つのうちのもう一つのほうについて言うときに用いる「一方」が合う。

C　モンシロチョウとスジグロシロチョウの生態について説明した後で，それをまとめて「モンシロチョウは開けた場所のチョウであり，スジグロシロチョウは林の中のチョウなのである」と述べているので，前に述べた内容をまとめて言いかえるときに用いる「つまり」がふさわしい。

問6　「スジグロシロチョウが増え」た理由の一つ目は，問3でみたように，「東京に高層建築が増えた」ことである。それがなぜスジグロシロチョウが増える原因になるのかを説明するために，筆者はモンシロチョウとスジグロシロチョウの生態について説明している。そして，空欄Cの後で「東京に高層建築が増えはじめると～林の中と同じ状況《じょうきょう》になったのではないか」と述べているので，この部分をまとめる。さらに，もう一つの理由として，傍線部④の一つ前の段落に「幼虫の食物としてもうってつけ」の「ムラサキハナナというアブラナ科の植物も～たくさん植えられるようになった」ことがあげられている。

問7　東京の中心部は「高い建物の陰《かげ》」が多く「日かげの多い林の中と同じ」であることから「高層建築の生みだした新しい『林』」と表現しているので，ウが選べる。

問8　続く部分に注目する。「東京の公園緑地」は「自然な林や森」ではなく「『近代的』で『都市的』な公園を目指していたと思われる」が，それでも「自然に近い状態の残っていた公園や緑地もあったから，大都市東京にはまだチョウがいる」と述べているので，アがふさわしい。

問9　イの「そういう状況」というのは，ウの「街の中を白いチョウが飛んでいる」状況を指す。また，アの「その意味」というのは，イの内容を受けている。よって，ウ→イ→アとなる。

問10　自分の身近なことについて昔と今をくらべてどう変化したかということと，理由として考えられることをわかりやすくまとめる。

四　**出典は二〇二〇年七月二日付「京都新聞」掲載《けいさい》の「凡語《ぼんご》」による。**

二〇二〇年七月一日に日本全国で始まったレジ袋《ぶくろ》の有料化について述べられている。なぜレジ袋が有料化されたのか，そして実際どのような効果が期待できるのかをおさえたうえで，文章の最後に述べられた筆者の主張をまとめるとよい。

Memo

Memo

2025年度用

中学スーパー過去問

■編集人 声の教育社・編集部
■発行所 株式会社 声の教育社
〒162-0814 東京都新宿区新小川町8-15
☎03-5261-5061(代) FAX03-5261-5062
https://www.koenokyoikusha.co.jp

※本書の内容についての一切の責任は当社にあります。内容・解説・解答・その他は当社ホームページよりお問い合わせ下さい。

カコを追いかけ
ミライをつかめ

ストリーミング配信による入試問題の解説動画

2025年度用web過去問 ラインナップ

■ 男子・女子・共学(全動画) 見放題
36,080円(税込)

■ 男子・共学 見放題
29,480円(税込)

■ 女子・共学 見放題
28,490円(税込)

● 中学受験「声教web過去問(過去問プラス・過去問ライブ)」(算数・社会・理科・国語)

3〜5年間 24校

過去問プラス

麻布中学校	桜蔭中学校	開成中学校	慶應義塾中等部	渋谷教育学園渋谷中学校
女子学院中学校	筑波大学附属駒場中学校	豊島岡女子学園中学校	広尾学園中学校	三田国際学園中学校
早稲田中学校	浅野中学校	慶應義塾普通部	聖光学院中学校	市川中学校
渋谷教育学園幕張中学校	栄東中学校			

過去問ライブ

栄光学園中学校	サレジオ学院中学校	中央大学附属横浜中学校	桐蔭学園中等教育学校	東京都市大学付属中学校
フェリス女学院中学校	法政大学第二中学校			

● 中学受験「オンライン過去問塾」(算数・社会・理科)

3〜5年間 50校以上

東京	青山学院中等部	東京	国学院大学久我山中学校	東京	明治大学付属明治中学校	千葉	芝浦工業大学柏中学校	埼玉	栄東中学校
東京	麻布中学校	東京	渋谷教育学園渋谷中学校	東京	早稲田中学校	千葉	渋谷教育学園幕張中学校	埼玉	淑徳与野中学校
東京	跡見学園中学校	東京	城北中学校	東京	都立中高一貫校 共同作成問題	千葉	昭和学院秀英中学校	埼玉	西武学園文理中学校
東京	江戸川女子中学校	東京	女子学院中学校	東京	都立大泉高校附属中学校	千葉	専修大学松戸中学校	埼玉	獨協埼玉中学校
東京	桜蔭中学校	東京	巣鴨中学校	東京	都立白鷗高校附属中学校	千葉	東邦大学付属東邦中学校	埼玉	立教新座中学校
東京	鷗友学園女子中学校	東京	桐朋中学校	東京	都立両国高校附属中学校	千葉	千葉日本大学第一中学校	茨城	江戸川学園取手中学校
東京	大妻中学校	東京	豊島岡女子学園中学校	神奈川	神奈川大学附属中学校	千葉	東海大学付属浦安中等部	茨城	土浦日本大学中等教育学校
東京	海城中学校	東京	日本大学第三中学校	神奈川	桐光学園中学校	千葉	麗澤中学校	茨城	茗溪学園中学校
東京	開成中学校	東京	雙葉中学校	神奈川	県立相模原・平塚中等教育学校	千葉	県立千葉・東葛飾中学校		
東京	開智日本橋中学校	東京	本郷中学校	神奈川	市立南高校附属中学校	千葉	市立稲毛国際中等教育学校		
東京	吉祥女子中学校	東京	三輪田学園中学校	千葉	市川中学校	埼玉	浦和明の星女子中学校		
東京	共立女子中学校	東京	武蔵中学校	千葉	国府台女子学院中学部	埼玉	開智中学校		

web過去問 Q&A

過去問が動画化！
声の教育社の編集者や中高受験のプロ講師など、
過去問を知りつくしたスタッフが動画で解説します。

Q **どこで購入できますか？**
A 声の教育社のHPでお買い求めいただけます。

Q **受講にあたり、テキストは必要ですか？**
A 基本的には過去問題集がお手元にあることを前提としたコンテンツとなっております。

Q **全問解説ですか？**
A 「オンライン過去問塾」シリーズは基本的に全問解説ですが、国語の解説はございません。「声教web過去問」シリーズは合格のカギとなる問題をピックアップして解説するもので、全問解説ではございません。なお、「声教web過去問」と「オンライン過去問塾」のいずれでも取り上げられている学校がありますが、授業は別の講師によるもので、同一のコンテンツではございません。

Q **動画はいつまで視聴できますか？**
A ご購入年度２月末までご視聴いただけます。
複数年視聴するためには年度が変わるたびに購入が必要となります。

よくある解答用紙のご質問

01

実物のサイズにできない

拡大率にしたがってコピーすると，「解答欄」が実物大になります。配点などを含むため，用紙は実物よりも大きくなることがあります。

02

A3用紙に収まらない

拡大率164％以上の解答用紙は実物のサイズ（「出題傾向＆対策」をご覧ください）が大きいために，Ａ３に収まらない場合があります。

03

拡大率が書かれていない

複数ページにわたる解答用紙は，いずれかのページに拡大率を記載しています。どこにも表記がない場合は，正確な拡大率が不明です。

04

１ページに２つある

１ページに２つ解答用紙が掲載されている場合は，正確な拡大率が不明です。ほかの試験回の同じ教科をご参考になさってください。

光英 VERITAS 中学校

【別冊】入試問題解答用紙編

解答用紙は本体からていねいに抜きとり、別冊としてご使用ください。

※　実際の解答欄の大きさで練習するには、指定の倍率で拡大コピーしてください。なお、ページの上下に小社作成の見出しや配点を記載しているため、コピー後の用紙サイズが実物の解答用紙と異なる場合があります。

●入試結果表

年度	回	項目	国語	算数	社会	理科	２科合計	４科合計	２科合格	４科合格
2024	第１回	配点(満点)	100	100	60	60	200	320	最高点	最高点
		合格者平均点	53.5	59.3	41.7	35.9	112.8	190.4	155	261
		受験者平均点	47.7	49.8	38.8	33.2	97.5	169.5	最低点	最低点
		キミの得点							89	154
	特待選抜	配点(満点)	100	100	60	60	200	320	最高点	最高点
		合格者平均点	59.1	53.7	40.0	27.1	112.8	179.9	121	241
		受験者平均点	46.6	40.3	34.2	20.4	86.9	141.5	最低点	最低点
		キミの得点							108	171
2023	第１回	配点(満点)	100	100	60	60	200	320	最高点	最高点
		合格者平均点	47.8	70.3	41.2	38.0	118.1	197.3	163	258
		受験者平均点	42.8	61.2	38.5	34.8	104.0	177.3	最低点	最低点
		キミの得点							97	164
	特待選抜	配点(満点)	100	100	60	60	200	320	最高点	最高点
		合格者平均点	66.1	57.0	44.3	32.2	123.1	199.6	149	238
		受験者平均点	55.6	45.0	37.0	28.0	100.6	165.6	最低点	最低点
		キミの得点							119	193
2022	第１回	配点(満点)	100	100	60	60	200	320	最高点	最高点
		合格者平均点	51.7	68.0	33.9	39.5	119.7	193.1	163	262
		受験者平均点	45.8	59.1	30.5	36.9	104.9	172.3	最低点	最低点
		キミの得点							90	164
	特待選抜	配点(満点)	100	100	60	60	200	320	最高点	最高点
		合格者平均点	56.8	63.5	39.1	37.7	120.3	197.1	142	244
		受験者平均点	47.1	43.4	29.9	34.4	90.5	154.8	最低点	最低点
		キミの得点							106	175
2021	第２回	配点(満点)	100	100	60	60	200	320	最高点	最高点
		合格者平均点	51.1	52.3	38.2	34.4	103.4	176.0	183	265
		受験者平均点	45.7	44.0	35.1	31.3	89.7	156.1	最低点	最低点
		キミの得点							69	139
	特待選抜	配点(満点)	100	100	60	60	200	320	最高点	最高点
		合格者平均点	75.5	62.0	39.7	32.0	137.5	209.2	187	262
		受験者平均点	63.5	43.8	32.1	26.6	107.3	166.0	最低点	最低点
		キミの得点							123	181

〔参考〕　理数特待選抜入試(満点：100)の合格者平均点は68.6、受験者平均点は50.3、合格者最高点は74、合格者最低点は65です。

※　表中のデータは学校公表のものです。ただし、２科合計・４科合計は各教科の平均点を合計したものなので、目安としてご覧ください。

声の教育社

2024年度　光英VERITAS中学校

算数解答用紙　第1回

番号	
氏名	

評点
/100

(注意) 答えはすべて結果のみ書きなさい。

1

(1)	
(2)	
(3)	
(4)	

2

(1)	ページ
(2)	度
(3)	g
(4)	cm , 枚
(5)	

3

(1)	m
(2)	分速 m

4

(1)	時間 分 から
(2)	円
(3)	時間 分 から

5

(1)	cm
(2)	cm^2

6

(1)	cm
(2)	cm^3

(注) この解答用紙は実物を縮小してあります。B５→Ａ３(163%)に拡大コピーすると、ほぼ実物大の解答欄になります。

〔算　数〕100点(推定配点)

1 各５点×4　2 (1)～(4) 各５点×4＜(4)は完答＞　(5) 6点　3～6 各６点×9

２０２４年度　光英ＶＥＲＩＴＡＳ中学校

社会解答用紙　第１回

番号		氏名	

評点	／60

1

問1		問2		問3	
問4	(1)				
	(2)				
	(3)		(4)		(5)
	(6)				

2

問1	(1)		(2)	
	(3)	理由		
		人物		
問2				
問3	(1)		(2)	
問4	(1)	→　→　→		
	(2)	考え方	機関	
	(3)			

3

問1	島名				
	理由				
問2	(1)		(2)		(3)
	(4)		(5)		
問3	(1)		(2)		
	(3)				

（注）この解答用紙は実物を縮小してあります。Ｂ５→Ｂ４（141％）に拡大コピーすると、ほぼ実物大の解答欄になります。

〔社　会〕60点（推定配点）

1～3　各２点×30＜2の問４の(1)，3の問３の(3)は完答＞

2024年度　　光英ＶＥＲＩＴＡＳ中学校

理科解答用紙　第１回

番号		氏名		評点	／60

1

(1)		(2)		(3)	型
(4)	型	(5)			

2

(1)		(2)	
(3)		(4)	m
(5)	夏と冬では		

3

(1)		(2)	g	(3)	g
(4)	g	(5)	g		

4

(1)		(2)		(3)	
(4)					

(注) この解答用紙は実物を縮小してあります。Ｂ５→Ｂ４(141%)に拡大コピーすると、ほぼ実物大の解答欄になります。

〔理　科〕60点(推定配点)

1〜3　各３点×15＜1の(2)，(4)，3の(2)は完答＞　4　(1)〜(3)　各３点×３　(4)　各２点×３

2024年度　光英VERITAS中学校

国語解答用紙　第一回

番号　　氏名　　評点　/100

一

①　②　③　④　⑤

⑥　⑦　⑧　がる

二

三

問一

問二

問三　→　→　→

問四

問五

問六　(1)　(2)

問七

問八

問九

問十　(1)　(2)

問十一

問十二

問十三

問十四

四

（注）この解答用紙は実物を縮小してあります。189%拡大コピーをすると、ほぼ実物大の解答欄になります。

〔国　語〕100点(推定配点)

一　各2点×8　二　4点　三　問1　3点　問2，問3　各4点×2＜問3は完答＞　問4～問7　各3点×6　問8　4点＜完答＞　問9　3点　問10，問11　各7点×3　問12，問13　各3点×2　問14　7点

四　10点

2024年度　光英VERITAS中学校

算数解答用紙　特待選抜

番号		氏名		評点	/100

（注意）答えは4 (2)をのぞき，すべて結果のみ書きなさい。

1

(1)	
(2)	
(3)	

2

(1)	時間　分　秒
(2)	円
(3)	g
(4)	冊
(5)	cm

3

(1)	日
(2)	トン
(3)	日目

4

(1)	点
(2)	点以上 【考え方】
(3)	位以上

5

(1)	cm^2
(2)	cm^2

6

(1)	
(2)	cm^3

（注）この解答用紙は実物を縮小してあります。Ｂ５→Ａ３(163%)に拡大コピーすると、ほぼ実物大の解答欄になります。

［算　数］100点(推定配点)

1, 2　各５点×８　3　各６点×３　4　(1)　６点　(2)　答え…３点，考え方…３点　(3)　６点　5, 6　各６点×４

2024年度　光英VERITAS中学校

社会解答用紙　特待選抜

番号		氏名		評点	／60

1

問1		問2		問3	
問4					
問5		問6			
問7					
問8					

2

問1			問2				
問3							
問4							
問5	(1)	①		②		③	
		④					
	(2)		問6				
問7	(1)						
	(2)						
問8	→　→		問9	A		B	

3

問1	(1)		(2)				
問2			問3				
問4			問5			問6	
問7	A		B				

（注）この解答用紙は実物を縮小してあります。Ｂ５→Ａ３(163%)に拡大コピーすると、ほぼ実物大の解答欄になります。

〔社　会〕60点(推定配点)

1　各２点×８　2　問１，問２　各１点×２　問３　３点　問４　１点　問５　(1)　各１点×４　(2)　３点　問６　１点　問７　(1)　３点　(2)　４点　問８　１点＜完答＞　問９　各２点×２　3　各２点×９

2024年度　　光英ＶＥＲＩＴＡＳ中学校

理科解答用紙　特待選抜

番号		氏名	

評点	／60

1

(1)		(2)	x	y	z
(3)					

2

(1)	℃	(2)	℃	(3)	℃	(4)	g
(5)							

3

(1)		(2)	倍	(3)	

4

(1)		(2)	
(3)			
(4)	日		

（注）この解答用紙は実物を縮小してあります。Ｂ５→Ｂ４（141%）に拡大コピーすると、ほぼ実物大の解答欄になります。

〔理　科〕60点（推定配点）

1, 2 各３点×10　3 各５点×3　4 各３点×5

2024年度　光英VERITAS中学校

国語解答用紙　特待選抜

番号		氏名		評点	/100

一　① ② ③ ④ ⑤ ⑥ ⑦ ⑧

二

三
問一　(1)　(2)　(3)
問二
問三　〈仮説〉　〈方法〉
問四
問五　→　→　→
問六　P　Q　R
問七　(1)　(2)　(3)　理由　(4)　の力
問八
問九
問十
問十一
問十二

四

（注）この解答用紙は実物を縮小してあります。189%拡大コピーをすると、ほぼ実物大の解答欄になります。

〔国　語〕100点(推定配点)

一　各2点×8　二　4点　三　問1　(1)，(2)　各3点×2　(3)　6点　問2　2点　問3，問4　各3点×3　問5　4点＜完答＞　問6　各1点×3　問7　(1)　4点　(2)　5点　(3)　場所…2点，理由…5点　(4)　3点　問8　各1点×3　問9　5点　問10，問11　各3点×2　問12　7点　四　10点

2023年度 光英VERITAS中学校

算数解答用紙 第1回

番号		氏名	

評点
/100

（注）この解答用紙は実物を縮小してあります。Ｂ５→Ａ３（163%）に拡大コピーすると、ほぼ実物大の解答欄になります。

1

(1)	
(2)	
(3)	
(4)	

2

(1)	
(2)	%
(3)	km
(4)	人
(5)	点

3

(1)	分速　　m
(2)	分後
(3)	m

4

(1)	通り
(2)	
(3)	

5

(1)	回
(2)	cm

6

(1)	cm^3
(2)	cm

〔算　数〕100点(推定配点)

1～3　各５点×12　4　(1), (2)　各５点×２　(3)　６点　5, 6　各６点×４

２０２３年度　光英ＶＥＲＩＴＡＳ中学校

社会解答用紙　第１回

番号		氏名	

評点	／60

1

問1	①	②
問2		
問3	あ	い
問4		
問5		

2

問1				
問2				
問3	A	B	C	D
問4				
問5				
問6	2	4		
問7				
問8				

3

問1				
問2				
問3	①	②	③	
問4	①	②	③	④
問4	⑤	⑥		
問5				
問6 (1)	①	④		
問6 (2)	→	→	→	
問7	→	→	→	→

（注）この解答用紙は実物を縮小してあります。Ｂ５→Ｂ４（141％）に拡大コピーすると、ほぼ実物大の解答欄になります。

〔社　会〕60点(推定配点)

1〜3　各２点×30＜2の問３，問５，問６，3の問６の(1)，(2)，問７は完答＞

2023年度　　光英ＶＥＲＩＴＡＳ中学校

理科解答用紙　第１回

番号		氏名		評点	／60

1

(1)		(2)		(3)	
(4)		(5)			

2

(1)	①	②	③
(2)		(3)	

3

(1)	①	②	③
(2)		(3)	

4

(1)		(2)		(3)	
(4)		(5)			

(注)　この解答用紙は実物を縮小してあります。Ｂ５→Ｂ４(141%)に拡大コピーすると、ほぼ実物大の解答欄になります。

〔理　科〕60点(推定配点)

1～4　各３点×20<3の(3)は完答>

二〇二三年度　光英VERITAS中学校

国語解答用紙　第一回

番号　氏名　評点 /100

一　①　②　③　④　⑤ める　⑥　⑦　⑧

二

三　問一　問二 ② ⑦　問三　問四　問五　問六　問七 → → →　問八　問九　問十　問十一 Ⅰ Ⅱ Ⅲ　問十二　問十三

四

（注）この解答用紙は実物を縮小してあります。B５→A３（163%）に拡大コピーすると、ほぼ実物大の解答欄になります。

〔国　語〕100点(推定配点)

一　各２点×８　二　４点　三　問１　７点　問２　各３点×２　問３　７点　問４～問６　各３点×３　問７　４点＜完答＞　問８　３点　問９　７点　問10　６点　問11　各３点×３　問12　５点　問13　７点　四　10点

2023年度 光英VERITAS中学校

算数解答用紙 特待選抜

番号		氏名		評点	/100

1

(1)	
(2)	
(3)	

2

(1)	%
(2)	L
(3)	通り
(4)	円
(5)	cm^2

3

(1)	秒速　m
(2)	m
(3)	分　秒間

4

(1)	
(2)	【正しくない理由】
	【正しい答え】　番目
(3)	番目

5

(1)	
(2)	cm cm cm

6

(1)	cm^2
(2)	

（注）この解答用紙は実物を縮小してあります。169%拡大コピーをすると、ほぼ実物大の解答欄になります。

〔算　数〕100点(推定配点)

1, 2 各5点×8　3 各6点×3　4 (1) 6点　(2) 正しくない理由…4点，正しい答え…2点　(3) 6点　5 (1) 各3点×2　(2) 各2点×3　6 各6点×2

２０２３年度　　光英ＶＥＲＩＴＡＳ中学校

社会解答用紙　特待選抜

番号		氏名		評点	／60

1

問1		問2	(1)	Ⅰ		Ⅱ	Ⅲ	Ⅳ	
			(2)	Ⅰ	Ⅱ	Ⅲ	Ⅳ		
問3		問4		問5					

2

問1	(1)	天皇		唐の都		(2)	
	(3)		(4)		(5)		
	(6)		(7)		(8)		
問2	(1)	史料		理由			
	(2)		(3)	a	b	c	

3

問1	ア	イ	ウ
	エ	オ	カ
問2	資料	問題点	
	対策		

（注）この解答用紙は実物を縮小してあります。Ｂ５→Ｂ４(141%)に拡大コピーすると、ほぼ実物大の解答欄になります。

〔社　会〕60点(推定配点)

1 問１　１点　問２　各２点×8　問３～問５　各１点×3＜問５は完答＞　2 問１　各１点×9＜(5)は完答＞　問２　(1)　各２点×2　(2)　１点　(3)　各２点×3　3 問１　各２点×6　問２　問題点…４点，対策…４点

２０２３年度　光英ＶＥＲＩＴＡＳ中学校

理科解答用紙　特待選抜

番号		氏名		評点	／60

1

(1)		(2)		(3)	方法	例	
(4)	マグネシウム	鉄	アルミニウム	食塩	銅		

2

(1)	ア	イ	ウ	エ	オ	カ
キ	ク	(2)		(3)		

3

(1)		(2)		(3)		(4)	
(5)							

4

(1)		(2)		(3)	
(4)				(5)	

（注）この解答用紙は実物を縮小してあります。Ｂ５→Ｂ４(141%)に拡大コピーすると、ほぼ実物大の解答欄になります。

〔理　科〕60点(推定配点)

1 (1) 1点 (2)～(4) 各2点×7＜(3)は完答＞　2 (1) 各1点×8 (2) 3点 (3) 各2点×2

3, 4 各3点×10＜(2)は完答＞

二〇二三年度　光英ＶＥＲＩＴＡＳ中学校

国語解答用紙　特待選抜

番号　　氏名　　評点　／100

一

①　②　③　④　⑤

⑥　⑦　⑧　れる

二

三

問一

問二

問三

問四　相違点　共通点

問五

問六

問七

問八

問九

問十　〜

問十一　⑩　⑫

問十二　熱水噴出孔周辺の生物は　のに対して、　ふつうの深海底の生物は　から。

問十三

四

（注）この解答用紙は実物を縮小してあります。Ｂ５→Ａ３（163％）に拡大コピーすると、ほぼ実物大の解答欄になります。

〔国　語〕100点(推定配点)

一　各2点×8　二　4点　三　問1　4点　問2　3点　問3　4点　問4　各5点×2　問5　6点＜完答＞　問6　4点＜完答＞　問7　7点　問8, 問9　各4点×2　問10　5点　問11　各3点×2　問12　6点　問13　7点　四　10点

2022年度 光英VERITAS中学校

算数解答用紙 第1回

番号	
氏名	

評点
/100

1

(1)	
(2)	
(3)	
(4)	

2

(1)	分速　　m
(2)	円
(3)	個
(4)	人
(5)	%

3

(1)	cm^2
(2)	cm

4

(1)	光男　　cm，英子　　cm
(2)	光男　　歩，英子　　歩

5

(1)	cm
(2)	cm^2

6

(1)	cm
(2)	cm

7

(1)	cm
(2)	番
(3)	

（注）この解答用紙は実物を縮小してあります。Ｂ５→Ａ３（163%）に拡大コピーすると、ほぼ実物大の解答欄になります。

〔算　数〕100点(推定配点)

1～7　各５点×20＜4は各々完答＞

２０２２年度　光英ＶＥＲＩＴＡＳ中学校

社会解答用紙　第１回

番号		氏名		評点	／60

1

問1		問2		問3			
問4		問5		問6		問7	
問8 説明		地図					
問9		問10					
問11		問12		問13		地図	
問14		問15		問16		問17	
問18 地名		地図		問19		問20	
問21		問22		問23		問24	
問25		問26					

2

問	原因	
	対策	

（注）この解答用紙は実物を縮小してあります。Ｂ５→Ｂ４（141％）に拡大コピーすると、ほぼ実物大の解答欄になります。

〔社　会〕60点（推定配点）

1　問１　１点　問２～問５　各３点×４　問６～問８　各１点×４　問９，問10　各３点×２　問11　１点　問12　３点　問13　言葉…３点，地図…１点　問14，問15　各１点×２　問16　３点　問17　２点　問18，問19　各１点×３　問20　３点　問21～問23　各１点×３　問24　３点　問25，問26　各１点×２
2　各４点×２

２０２２年度　光英ＶＥＲＩＴＡＳ中学校

理科解答用紙　第１回

番号		氏名		評点	／60

1

(1)		(2)	低温	室温	高温
(3)		(4)			

2

(1)	①	②	

(2)		(3)	A	B	C

3

(1)		(2)		(3)	
(4)		(5)			

4

(1)	A	B	C

(2)		(3)	

（注）この解答用紙は実物を縮小してあります。Ｂ５→Ｂ４（141%）に拡大コピーすると、ほぼ実物大の解答欄になります。

〔理　科〕60点（推定配点）

1　(1)　3点　(2)　各2点×3　(3)，(4)　各3点×2　2　(1)，(2)　各3点×3＜(1)の②，(2)は完答＞　(3)　各2点×3　3，4　各3点×10

二〇二三年度　光英VERITAS中学校

国語解答用紙　第一回

番号　　氏名　　評点　／100

一　①　②　③　④　⑤　い
⑥　⑦　⑧　⑨　⑩　ねる

二
問一
問二　→　→　→
問三
問四　A　読み方　短文　B　読み方　短文
問五

三
問一
問二
問三
問四
問五
問六
問七　1　2
問八　A　B　C
問九

四

（注）この解答用紙は実物を縮小してあります。B5→A3（163%）に拡大コピーすると、ほぼ実物大の解答欄になります。

〔国　語〕100点（推定配点）

一，二　各2点×15＜二の問2，問4は完答＞　三　問1　5点　問2　8点　問3，問4　各5点×2　問5　8点　問6，問7　各5点×3　問8　各2点×3　問9　8点　四　10点

2022年度　光英VERITAS中学校

算数解答用紙　特待選抜

番号		氏名	

評点
/100

1

(1)	
(2)	
(3)	

2

(1)	度
(2)	g
(3)	
(4)	
(5)	通り

3

(1)	cm
(2)	秒後から　秒後

4

グー　人	チョキ　人	パー　人

5

(1)	cm
(2)	cm^2

6

一番大きい表面積	cm^2
一番小さい表面積	cm^2

7

(1)	番目
(2)	番目
(3)	

（注）この解答用紙は実物を縮小してあります。Ｂ５→Ａ３（163%）に拡大コピーすると、ほぼ実物大の解答欄になります。

〔算　数〕100点（推定配点）

1　(1)，(2)　各５点×２　(3)　６点　2～7　各６点×14＜3の(2)，4，6は完答＞

2022年度　光英VERITAS中学校

社会解答用紙　特待選抜　No.1

番号		氏名		評点	／60

1

問1			
問2	(1)		
	(2)		
問3			
問4	ア	イ	
	ウ	エ	
問5	(1)富山市	広島市	(2)
問6	①	②	③	④
問7			

2

問1			
問2		問3	
問4	Ⅰ	Ⅱ	
問5			
問6	(1)		
	(2) 富岡製糸場	記号	都道府県名
	八幡製鉄所	記号	都道府県名
問7	(1)		
	(2)		

２０２２年度　光英ＶＥＲＩＴＡＳ中学校

社会解答用紙　特待選抜　No.２

問8		問9	
問10			
問11			

3

問1		問2		問3	
問4					
問5					
問6					
問7	(1)		(2)		

（注）この解答用紙は実物を縮小してあります。Ｂ５→Ｂ４(141%)に拡大コピーすると、ほぼ実物大の解答欄になります。

〔社　会〕60点(推定配点)

1　問１　１点　問２～問４　各２点×７　問５～問７　各１点×８　2　問１，問２　各２点×２　問３　各１点×２　問４～問７　各２点×８＜問６の(2)は各々完答＞　問８，問９　各１点×２　問10　２点　問11　１点　3　問１～問４　各１点×４　問５　２点　問６　１点　問７　(1)　２点　(2)　１点

2022年度　光英VERITAS中学校

理科解答用紙　特待選抜

番号		氏名		評点	／60

1

(1)		(2)	カンジキウサギ 動物	カナダオオヤマネコ 動物
(3)				
(4)				

2

(1)		(2)			
(3)	mL～　mL	(4)		(5)	

3

(1)		(2)		(3)	cm	(4)	cm	(5)	cm

4

(1)		(2)	m	(3)		(4)		(5)	

（注）この解答用紙は実物を縮小してあります。B５→B４(141%)に拡大コピーすると、ほぼ実物大の解答欄になります。

〔理　科〕60点(推定配点)

1～4　各３点×20

二〇二二年度　光英ＶＥＲＩＴＡＳ中学校

国語解答用紙　特待選抜

番号		氏名		評点	/100

一

①		②		③		④		⑤	める
⑥		⑦		⑧		⑨		⑩	る

二

問一	
問二	→ → →
問三	
問四	A 読み方　短文　B 読み方　短文
問五	

三

問一	Ⅰ
	Ⅱ
問二	
問三	
問四	a　b　c
問五	時中
問六	→ → →
問七	
問八	
問九	

四

（注）この解答用紙は実物を縮小してあります。Ｂ５→Ａ３（163％）に拡大コピーすると、ほぼ実物大の解答欄になります。

〔国　語〕100点（推定配点）

一，二　各２点×15＜二の問２，問４は完答＞　三　問１　Ⅰ　８点　Ⅱ　５点　問２　８点　問３　６点＜完答＞　問４，問５　各２点×４　問６　４点＜完答＞　問７　８点　問８　５点　問９　８点　四　10点

2021年度　光英VERITAS中学校　理数特待選抜

理数解答用紙

番号		氏名		評点	/100

1

(1)		
(2)	毎秒	m
(3)		点
(4)		
(5)		個
(6)		cm

(7)	ア		イ		ウ	
	エ		オ		カ	

2

(1)		㎤
(2)		㎠

3

	問1	問2	問3	問4	問5
正解					

4

(1)	鏡ア	度
	鏡イ	度
(2)	鏡ア	度
	鏡イ	度
(3)		
(4)	鏡ア	鏡イ
	鏡ア	鏡イ
	鏡ア	鏡イ

（注）この解答用紙は実物を縮小してあります。175％拡大コピーをすると、ほぼ実物大の解答欄になります。

〔理　数〕100点(推定配点)

1, 2　各7点×9<1の(7)は完答>　3　各2点×5　4　(1), (2)　各3点×4　(3)　6点　(4)　各3点×3

2021年度 光英VERITAS中学校

算数解答用紙 第2回

番号		氏名	

評点
/100

(注意) 答えはすべて結果のみ書きなさい。

1

(1)	
(2)	
(3)	
(4)	

2

(1)	
(2)	度
(3)	円
(4)	日
(5)	g

3

(1)	分速　　m
(2)	分　　秒
(3)	m

4

(1)	通り
(2)	
(3)	通り

5

cm^2

6

cm^3

7

(1)	番目
(2)	番目と　　番目
(3)	

(注) この解答用紙は実物を縮小してあります。169%拡大コピーをすると、ほぼ実物大の解答欄になります。

〔算　数〕100点(推定配点)

1～7 各5点×20

２０２１年度　光英ＶＥＲＩＴＡＳ中学校

社会解答用紙　第２回

番号		氏名		評点	／60

1

問1		問2	(1)	(2)人物名	(2)歌の解釈《かいしゃく》

問3	(1)	(2)	(3)Ⅰ	(3)Ⅱ	(3)Ⅲ

問4	(1)	(2)	問5	(1)	(2)	(3)

問6	
	(1)
	(2)
	(3)
	(4) → → →
	(5)

問7	説明	人物名

問8	(1)Ⅰ	(1)Ⅱ	(2)

2

問1	ア	イ	ウ
	エ	オ	カ

問2		問3	

問4		問5		問6		問7	①国旗	①位置	②国旗	②位置

問7	③国旗	③位置	④国旗	④位置	問8	(1)	(2)	(3)

問9	ア	イ	ウ

（注）この解答用紙は実物を縮小してあります。Ｂ５→Ｂ４（141%）に拡大コピーすると、ほぼ実物大の解答欄になります。

〔社　会〕60点（推定配点）

1 問1～問4　各1点×11　問5　(1)　1点　(2)　2点　(3)　各1点×2　問6　(1)　1点　(2)　2点　(3)　3点　(4)　2点＜完答＞　(5)　1点　問7　説明…2点，人物名…1点　問8　各1点×3　2 問1～問3　各2点×8　問4～問9　各1点×13＜問7は各々完答＞

2021年度　　　光英ＶＥＲＩＴＡＳ中学校

理科解答用紙　第2回　No.1

番号		氏名		評点	／60

1

(1)		(2)		(3)	
(4)					
(5)					

2

(1)		(2)		(3)	
(4)		(5)			

3

(1)	cm	(2)		(3)	cm
(4)					

2021年度　　光英ＶＥＲＩＴＡＳ中学校

理科解答用紙　第2回　No.2

4

(1)

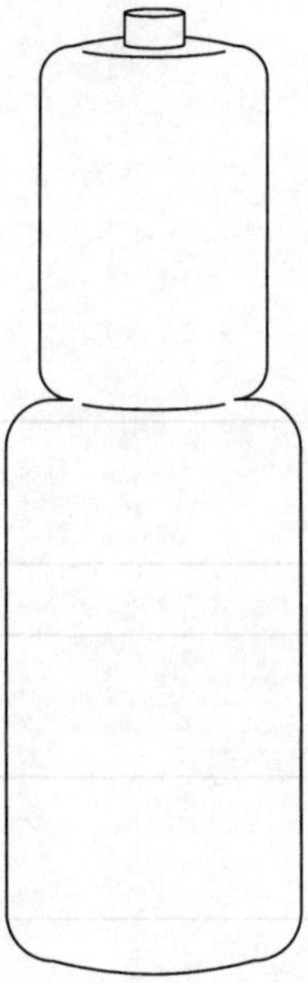

(2)

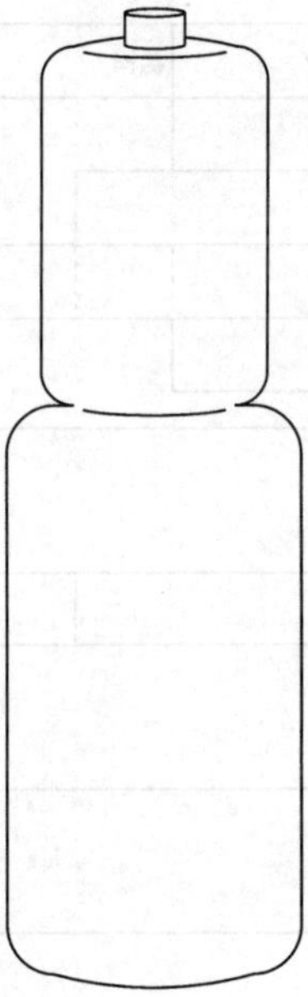

(3)

(4)

(注) この解答用紙は実物を縮小してあります。Ｂ５→Ｂ４(141%)に拡大コピーすると、ほぼ実物大の解答欄になります。

〔理　科〕60点(推定配点)

1, 2 各３点×10＜1の(3), 2の(2)は完答＞ 3 (1)～(3) 各３点×３ (4) ６点 4 (1)～(3) 各４点×３ (4) ３点

二〇二二年度　光英ＶＥＲＩＴＡＳ中学校

国語解答用紙　第二回

番号　　氏名　　評点　／100

一

①　②　③　④　⑤

⑥　⑦　⑧　⑨　える　⑩　びて

二

問一　番号　訂正

問二

問三

問四

問五

三

問一

問二

問三

問四

問五

問六

問七　→　→　問八

問九

四

（注）この解答用紙は実物を縮小してあります。Ｂ５→Ａ３（163%）に拡大コピーすると、ほぼ実物大の解答欄になります。

〔国　語〕100点(推定配点)

一，二　各2点×15＜二の問1は完答＞　三　問1～問3　各6点×3　問4，問5　各7点×2　問6，問7　各5点×2＜問7は完答＞　問8　10点＜完答＞　問9　8点　四　10点

2021年度　光英VERITAS中学校

算数解答用紙　特待選抜

番号		氏名	

評点
/100

（注意）答えはすべて結果のみ書きなさい。

1

(1)	
(2)	
(3)	

2

(1)	ウォン
(2)	度
(3)	時速　　km
(4)	
(5)	g

3

(1)	秒後
(2)	秒後

4

(1)	日
(2)	日

5

cm^2

6

cm

7

(1)	番目
(2)	
(3)	番目

（注）この解答用紙は実物を縮小してあります。169％拡大コピーをすると、ほぼ実物大の解答欄になります。

〔算　数〕100点（推定配点）

1　(1)，(2)　各5点×2　(3)　6点　2～7　各6点×14

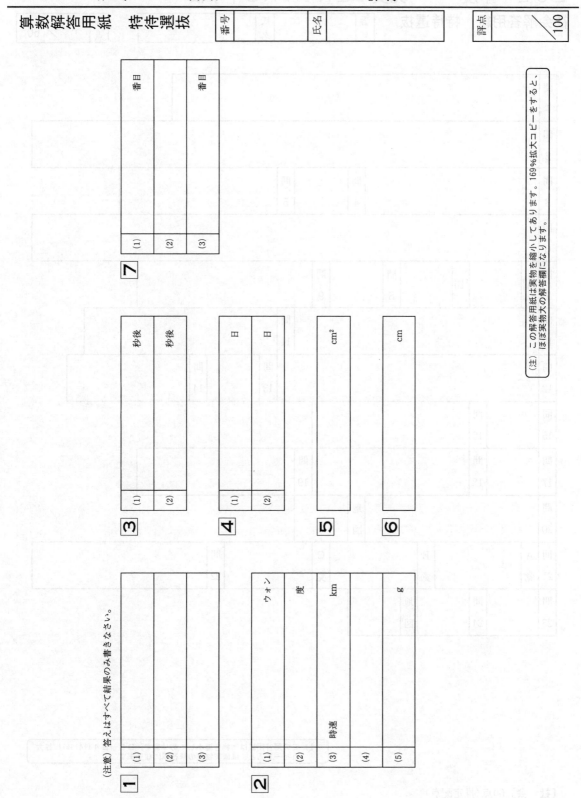

2021年度　光英VERITAS中学校

社会解答用紙　特待選抜

番号		氏名		評点	／60

問1							
問2							
問3		問4		問5			
問6							
問7	[A]		[B]		問8		問9
問10		問11					
問12		問13		問14			
問15		問16					
問17		問18		問19			
問20		地図					
問21	A党		B党		C党		問22
問23		問24		地図			

（注）この解答用紙は実物を縮小してあります。B５→B４(141％)に拡大コピーすると、ほぼ実物大の解答欄になります。

〔社　会〕60点(推定配点)

問１　２点　問２　４点　問３～問５　各２点×３　問６　４点　問７～問19　各２点×15　問20　用語…２点，地図…１点　問21　各１点×３　問22～問24　各２点×４

２０２１年度　光英ＶＥＲＩＴＡＳ中学校

理科解答用紙　特待選抜　No.1

番号		氏名		評点	／60

1

(1)		(2)		(3)	
(4)		(5)			

2

(1)		(2)	①		②				
(3)	①		②		③		④		⑤

3

(1)		(2)	→ →		
(3)		(4)		(5)	

２０２１年度　光英ＶＥＲＩＴＡＳ中学校

理科解答用紙　特待選抜　No.2

4

(1)		(2)		(3)		(4)	
(5)							

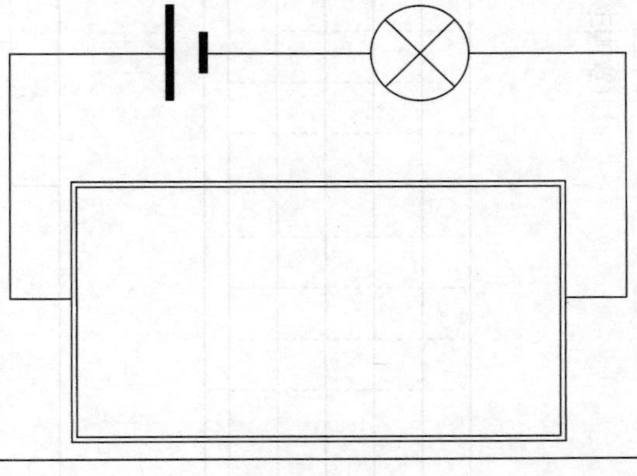

〔理　科〕60点(推定配点)

1　各３点×５＜(2)は完答＞　2　(1)　１点　(2), (3)　各２点×７　3, 4　各３点×10＜3の(2)は完答＞

二〇二二年度　光英VERITAS中学校

国語解答用紙　特待選抜

番号　　氏名　　評点　／100

一
① ② ③ ④ ⑤ り
⑥ ⑦ ⑧ い ⑨ ⑩

二
問一　番号　訂正
問二
問三
問四
問五

三
問一
問二　1　2
問三
問四　I　II　III　IV
問五　A　B　C
問六
問七
問八
問九　→　→
問十

四

(注) この解答用紙は実物を縮小してあります。B5→A3(163%)に拡大コピーすると、ほぼ実物大の解答欄になります。

〔国　語〕100点(推定配点)

一, 二　各2点×15<二の問1は完答>　三　問1　3点　問2　1　6点　2　3点　問3, 問4　各3点×5　問5　各2点×3　問6　8点　問7, 問8　各4点×2　問9　3点<完答>　問10　8点　四　10点

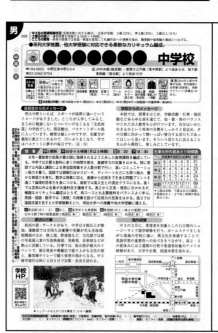

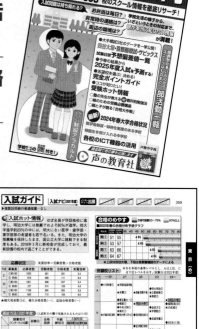